Privat Immobilien verkaufen

Raimund Wurzel

Privat Immobilien verkaufen

In acht Schritten zum erfolgreichen Notartermin

3. Auflage

Raimund Wurzel
Seligenstadt, Deutschland

ISBN 978-3-658-45492-0   ISBN 978-3-658-45493-7 (eBook)
https://doi.org/10.1007/978-3-658-45493-7

Die Deutsche Nationalbibliothek verzeichnet diese Publikation in der Deutschen Nationalbibliografie; detaillierte bibliografische Daten sind im Internet über https://portal.dnb.de abrufbar.

© Der/die Herausgeber bzw. der/die Autor(en), exklusiv lizenziert an Springer Fachmedien Wiesbaden GmbH, ein Teil von Springer Nature 2018, 2021, 2024

Das Werk einschließlich aller seiner Teile ist urheberrechtlich geschützt. Jede Verwertung, die nicht ausdrücklich vom Urheberrechtsgesetz zugelassen ist, bedarf der vorherigen Zustimmung des Verlags. Das gilt insbesondere für Vervielfältigungen, Bearbeitungen, Übersetzungen, Mikroverfilmungen und die Einspeicherung und Verarbeitung in elektronischen Systemen.
Die Wiedergabe von allgemein beschreibenden Bezeichnungen, Marken, Unternehmensnamen etc. in diesem Werk bedeutet nicht, dass diese frei durch jede Person benutzt werden dürfen. Die Berechtigung zur Benutzung unterliegt, auch ohne einen gesonderten Hinweis hierzu, den Regeln des Markenrechts. Die Rechte des/der jeweiligen Zeicheninhaber*in sind zu beachten.
Der Verlag, die Autor*innen und die Herausgeber*innen gehen davon aus, dass die Angaben und Informationen in diesem Werk zum Zeitpunkt der Veröffentlichung vollständig und korrekt sind. Weder der Verlag noch die Autor*innen oder die Herausgeber*innen übernehmen, ausdrücklich oder implizit, Gewähr für den Inhalt des Werkes, etwaige Fehler oder Äußerungen. Der Verlag bleibt im Hinblick auf geografische Zuordnungen und Gebietsbezeichnungen in veröffentlichten Karten und Institutionsadressen neutral.

Springer ist ein Imprint der eingetragenen Gesellschaft Springer Fachmedien Wiesbaden GmbH und ist ein Teil von Springer Nature.
Die Anschrift der Gesellschaft ist: Abraham-Lincoln-Str. 46, 65189 Wiesbaden, Germany

Wenn Sie dieses Produkt entsorgen, geben Sie das Papier bitte zum Recycling.

Vorwort zur dritten Auflage

Zeitenwende in der Immobilienwirtschaft – oder zurück auf Normal …?

Jetzt ist es wieder etwa drei Jahre her, seit ich die zweite überarbeitete Auflage veröffentlichte. Im April 2021 sah alles noch sehr gut aus mit der Immobilienwirtschaft und dem Verkauf von Immobilien. Niedrige Zinsen, steigende Preise, steigende Mieten, steigende Erträge, überproportionale Wertzuwächse, viele Neubauten – Wohn- und Gewerbegebäude, steigende Hoffnungen und das allgemeine Gefühl: es geht so fröhlich, gewinnbringend und zuversichtlich weiter …

Die Käufer konnten über etwa sechs bis sieben Jahre lang wählen zwischen 0,75 % und 1,5 % Zinsen plus 3 % Tilgung. Dadurch konnten sich auch Menschen in den unteren Lohngruppen plötzlich Immobilien leisten mit wenig Eigenkapital, manchmal – je nach Stellung und Branche – auch komplett ohne Eigenkapital oder zu mehr als 100 % des Kaufpreises. Das war das Positive. Zinsfestschreibungen zwischen 10 und 15 Jahren, in Einzelfällen 20 Jahre oder – ganz extrem – bis zur endgültigen Tilgung des Darlehens waren normal, hohe Tilgungen und Sondertilgungen waren normal, um mögliche Zinssteigerungen in der Zukunft zu kompensieren. Und wie man sieht: sie waren auch nötig.

Die Immobilienwirtschaft ist immer die wirtschaftliche Sparte mit den langsamsten Aktionen und Reaktionen, langen Planungszeiten, langen Genehmigungszeiten, langen Entscheidungszeiträumen und langen Herstellungsdauern. Also die Wirtschaft mit der langsamsten Geschwindigkeit und den trägsten Abläufen insgesamt.

Doch dann kam es dicke: erst Corona mit Lockdowns und monatelangen Stillständen in allen Bereichen der Wirtschaft und Kultur, des Lebens insgesamt. Dann der Ukraine-Krieg, den Putin angezettelt hat, als wir so langsam wieder aus Corona erwachten. Damit einhergehend die rasante Erhöhung der Energiekosten, die sich auf alle Produkte auswirkte, die Lieferprobleme in allen Bereichen des Konsums und der Investitionen.

Dies wirkte sich aus auf alle Preise und trieb die Inflation zeitweise in zweistellige Höhen.

Und dann kam unweigerlich der Hammer: Im Frühjahr 2022 mussten die Zentralbanken der USA und Europa die Zinsen erhöhen in schnellen, fast schon wöchentlichen Schritten und rasanten Steigerungen, um die sprunghaft steigende Inflation einzudämmen. Es war zwar vorauszusehen, dass die Minus-/Null-/Niedrigzinsphase irgendwann zu Ende gehen musste (ich erwähnte dies bereits vor drei Jahren im Vorwort zur zweiten Auflage), doch niemand erwartete es in dieser starken, schnellen und deutlichen Ausprägung.

Das Resultat: breite und tiefe Bremsspuren insbesondere in der Immobilienwirtschaft. Wer jetzt nicht Vorsorge betrieben hatte, musste leiden. Die Insolvenzen in Milliardenhöhe der Benkos dieser Welt und ihrer verschachtelten Unternehmen, der Abenteurer und Glücksritter, die mit Niedrigzinsen spekulierten und fast ausschließlich kreditgetriebene Investitionen durchführten, sprechen Bände. Oder die Vorstände großer Unternehmen, oft auch Immobilien-Aktiengesellschaften, waren zu kurzsichtig – dachten eher an Dividenden und Wertsteigerungen der Aktien, um die Anteilseigner zu befriedigen, als an die Nachhaltigkeit der Werte. Tausende Arbeitsplätze im Bau, im Immobilienmanagement und im Handel stehen auf dem Spiel oder fielen ganz weg, einhergehend mit einer mehrere Milliarden schweren Kapitalvernichtung durch die Abwertung der Immobilien, die Banken vornahmen. Da das alles täglich, fast schon stündlich den Medien zu entnehmen ist, muss ich hier keine weitere Aufzählung betreiben.

Jetzt wurde die Immobilienwirtschaft von der schnellsten Entwicklung heimgesucht, die es je in den letzten 50 Jahren gab. Die Nachfrage nach Wohnimmobilien brach abrupt ein – bei Neubauten noch mehr als bei Gebrauchtimmobilien, bei Gewerbimmobilien noch drastischer. Die Halden wuchsen. Bauträger stellten Baustellen ein, Bauunternehmen und Handwerker mussten Stornierungen von Aufträgen registrieren, Käufer von Neubau-Häusern und Neubau-Eigentumswohnungen bangen um ihre eingezahlten Gelder.

Innerhalb weniger Monate erhöhte sich die Zahl der Angebote an Häusern und Wohnungen um 50 %, im Gewerbe um 75 % – auch von unbebauten Grundstücken, die sonst weggingen wie warme Semmeln. Die Umsätze verminderten sich je nach Region und Bundesland und Art der Immobilien um teilweise bis zu 50 %. Mit einer positiven Nebenwirkung: die spekulativen Verkäufe sind verschwunden.

Durchschnittlich reduzierten sich die Stückzahlen der Transaktionen im Jahr 2022 um 16 %, von 1.025.000 auf 866.000, genauso verminderte sich der Geldumsatz von € 356,7 Mrd. auf € 301,1 Mrd. (Quelle: Immobilienmarktbericht Deutschland 2023 der Gutachterausschüsse in Deutschland). Resultat: Wertminderungen auf breiter Front. Das hat sich im Jahr 2023 fortgesetzt und ist im Jahr 2024-ff noch nicht zu Ende. Dies ergibt sich aus eigenem Erleben, da ich nach wie vor aktiv Immobilien vermittele und bewerte, als auch durch Nachfragen bei Wettbewerbern.

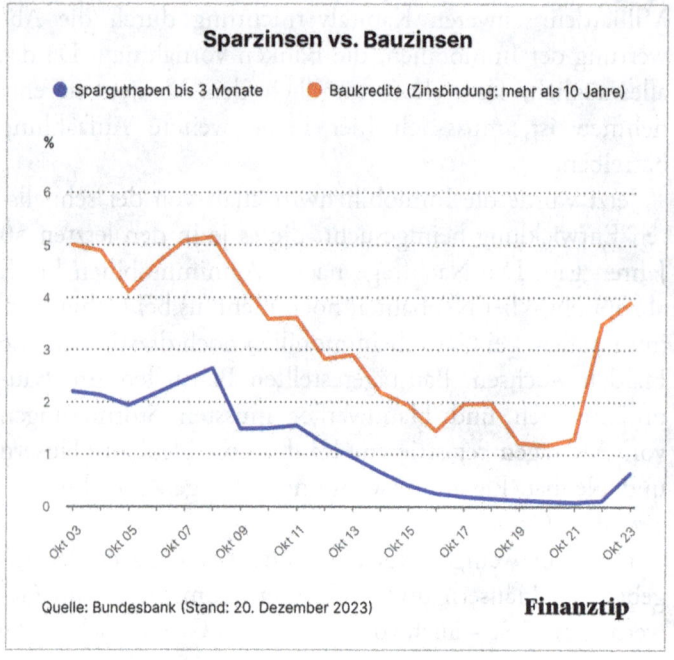

Infolgedessen reduzierten die Kreditinstitute die Beleihungslinien, was wiederum dazu führte, dass Wohnungsunternehmen durch die Minderbewertungen von mehreren Milliarden EURO in Schieflage gerieten, große Bestandshalter wie z. B. die Vonovia. Die Spirale nach unten begann und hört noch nicht auf.

Aber: waren es tatsächlich echte „Wertminderungen"? War es nicht eine Anpassung an normale Verhältnisse wie vor der Niedrigzins-/Minuszins-Politik? In meinem ersten Kapitel beschreibe ich die Entwicklung der vergangenen Jahrzehnte und erwähnte besonders die staatliche Interventionspolitik Anfang der 1990er-Jahre mit steuerlichen Regelungen der erhöhten Abschreibungen. Diese führten zu einer echten „Blase" der Preise, die Mitte der 90er-Jahre platzte und zu Wertanpassungen führte bis zum Jahr 2010. Danach gab es eine Stagnation, die zur Belebung führte ab ca. 2015 mit erst zögerlichen, dann starken Zuwächsen.

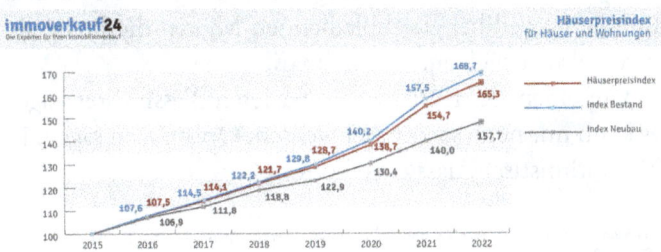

Durch die Zinspolitik der EZB und der Fed gab es seitdem rasante Wertsteigerungen – es waren also „quasi-staatliche" Eingriffe, eine weitreichende Folge der Finanzkrise der Jahre 2008/2009. Gleiche Ursache – gleiche Wirkung. Alarmrufe insbesondere der Deutschen Bundesbank, die vor Überbewertungen von Immobilien warnte, wurden geflissentlich überhört. Es kam, was kommen musste: eine unvermeidbare Marktbereinigung.

Um es in Zahlen einfach zu verdeutlichen:

Für eine Immobilie, die im Jahr 2021 € 300.000,00 kostete, haben Käufer einen Zins von 1 % + 3 % Tilgung bezahlt. Das sind 4 % Annuität = € 12.000,00 pro Jahr oder € 1000,00 pro Monat. Diesen Betrag konnten sich viele Leute leisten – es wurde gekauft wie verrückt.

Heute (Herbst 2024) zahlen Käufer einen Zins von etwa 3,5 % + 2 % Tilgung = 5,5 % = € 16.500,00 pro Jahr, oder monatlich € 1375,00. Ob der Zins in dieser Höhe auf längere Sicht bleibt, ist abzuwarten.

Der Preis der Immobilie bei diesem Rechenbeispiel müsste also um € 41.250,00 sinken, damit die gleichen Leute kaufen können, wie vorher – also um 13,75 %. Das ist die Tatsache, die durch tägliche Beispiele bestätigt wird. In meinen Bewertungen versus Preisvorstellungen der Verkäufer kommt dieses zutage – die erzielten Preise sind der Beweis: minus 15 %. Umgekehrt steigen die Brutto-Renditen, weil bei gleichbleibenden Mieten die Preise sinken – also zurück auf Normalmaß.

Um einen alten Witz zu strapazieren: Pessimisten sagen, es kann nur noch schlimmer werden, Optimisten sagen: ich bin optimistisch, dass es so kommt …

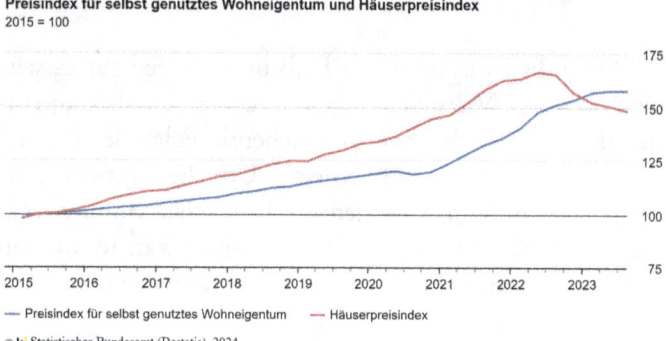

Preisindex für selbst genutztes Wohneigentum und Häuserpreisindex
2015 = 100

— Preisindex für selbst genutztes Wohneigentum   — Häuserpreisindex

© Statistisches Bundesamt (Destatis), 2024

Die Lohnrunden der Jahre 2023 und 2024 in überwiegend 2-stelligen Prozentsätzen können diese höheren Annuitäten nicht aufholen, zumal sich die Preise aller Waren und Dienstleistungen auch erhöhten und weiter erhöhen werden – und (wen wundert's?): die Betriebskosten der Immobilien. Ergo: die Sparzyklen verlängern sich – die Erhöhung der Einkommen werden sich erst zwei bis drei Jahre später auswirken, bis sie wieder auf die Immobilienpreise treffen, die erschwinglich sind. So wie in den Jahren 2010–2011 wird es in etwa im Jahr 2028 passieren – das ist eine Prognose, die ich mit den meisten Experten teile.

Das war der monetäre Zahlen-Daten-Fakten-Teil der Grobanalyse. Jetzt kommt der psychologische Teil, oder um eine Generalklausel in der Mediation zur strapazieren: „Gefühle haben immer recht".

Die im Jahr 2023 stressige und aggressiv geführte Diskussion über das Gebäude-Energiegesetz und andere Unsicherheiten, wie drohende EU-Verordnungen zur Energieeffizienz (zwangsweise Dämmungen und Heizungsumbauten wurden vom EU-Parlament abgelehnt) und andere Vorhaben der Bundesregierung führten allgemein zu starken Verunsicherungen.

Und sie wirken sich aus auf Kaufentscheidungen, Zurückhaltung macht sich breit, Preisreduzierungen werden abgewartet. Banken erhöhen Eigenkapitalanforderungen, 100 %-, gar 110 %-Finanzierungen gibt es nur noch ganz selten. Banken berücksichtigen plötzlich Energieausweise und die Höhe der Betriebskosten, insbesondere bei Eigentumswohnungen – und machten damit Finanzierungen unmöglich wegen der hohen Liquiditätsbelastung der Haushalte.

Dies führt zu weiteren Reduzierungen von Kaufmöglichkeiten. Und so geht die Spirale weiter. Wer kaufen könnte, wohnt ja schon gut und kann warten, die Fluktuation der Bevölkerung insgesamt hat nachgelassen. Einwanderer und Flüchtlinge belasten die Menge an Wohnraum – sie sind keine Käufer, sondern Mieter. Das lässt die Mieten steigen und einhergehend mit Preisreduzierungen die Renditen bei Wohnimmobilien.

Der Rhythmus ist vollkommen normal. Ich erlebe das jetzt zum dritten Mal in meinen jetzt 47 Jahren Tätigkeit in der Immobilienwirtschaft – und bleibe ganz gelassen. Das Schema ist immer gleich: Käufer bestimmen den Preis – Verkäufer bestimmen die Hoffnung.

In dieser dritten Auflage habe ich das **Gebäude-Energiegesetz** schematisch dargestellt, weil sich dieses Gesetz sehr stark auf die Preisbildung auswirkt. Der Energieausweis wird in einem nie zuvor gekannten Ausmaß beachtet und spielt bei Preisdiskussionen eine wichtige Rolle.

Positiv für Käufer, die sanieren und modernisieren wollen – oder müssen – dass der Staat und die KfW stattliche Zuschüsse und gering verzinsliche Darlehen für diese Zwecke zur Verfügung stellen – sowohl für Selbstbezieher als auch für Kapitalanleger. Dies ist für Verkäufer insofern tröstlich, weil sich Kaufpreisverhandlungen eher mäßigend auswirken könnten.

Weiter habe ich eine Innovation im Immobilienmarkt erwähnt, die ebenfalls zu Diskussionen führte aufgrund einer BAFIN-Darstellung, der **Teilverkauf** einer Immobilie.

In diesem Sinne empfehle ich Ihnen: bleiben Sie gelassen, wenn Sie Ihre Immobilie verkaufen möchten. Bleiben Sie aber auch zuversichtlich. Prüfen Sie die Beurteilungen über „den Immobilienmarkt", Stammtischparolen, Empfehlungen und Maklersprüche auf Gehalt. Hören Sie sich mehrere Meinungen an und stellen Sie diese auf den Prüfstand der Tatsachen – „Wahrheiten" gibt es viele aus dem jeweiligen Blickwinkel. Lesen Sie Fachartikel – aber glauben Sie nicht alles in der allgemeinen Absolutheit, sondern stellen Sie eine Beziehung her zu Ihrer persönlichen Situation. Vielleicht passt es – vielleicht nicht …

Um mit Heinz Erhardt zu sprechen: „Glauben Sie nicht alles, was Sie denken".

Der persönliche Rat einer erfahrenen Fachfrau und eines erfahrenen Fachmannes nach einer sachlichen und fachlich korrekten Analyse unter Einbeziehung Ihrer persönlichen Situation ist zwingend notwendig. Google und KI kann hier nicht helfen. Ebenso wenig die sog. „Bewertungstools" der Internet-Portale, die in Bandbreiten von 6-stelligen Summen irgendwelche Zahlen abgeben, die mit Ihrer Immobilie nichts zu tun haben – außer der Adresse, die Sie eingeben. Diese Internet-Techniken kennen Ihre Immobilie nicht, haben kein Gefühl, können Ihre Gefühle nicht deuten, nicht berücksichtigen und daher keine Empfehlung abgeben. Ganz schnell vergessen!

Und lesen Sie dieses Buch.

Denn: Techniken haben sich geändert – die Geschäftsprinzipien sind gleichgeblieben.

Alles Gute und viel Erfolg bei Ihrem Vorhaben.

Ihr Raimund Wurzel.

P.S.: gerne können Sie sich auch an mich persönlich wenden unter www.radix-training.com

Seligenstadt, Deutschland   Raimund Wurzel

Vorwort zur zweiten Auflage

Drei Jahre sind nun vergangen, seit mein erstes Buch, dieses „erzählende Sachbuch", erschien. Es hat sich zu einem immer wieder nachgefragten „Longseller" entwickelt. Meine Absicht, so etwas wie ein Standardwerk für den professionellen Immobilienverkauf zu schaffen, scheint gelungen. Mir kam es darauf an, neben den notwendigen fachlichen Hinweisen und rechtlichen Bedingungen insbesondere die emotionalen Situationen von Verkäufern und Käufern zu betrachten und Lösungen vorzuschlagen.

Wie es so ist: Beim nochmaligen Durchlesen mit zeitlichem Abstand fallen auch kleine Fehler auf, die korrigiert wurden. Kleinere stilistische „Unfälle" wurden ausgebügelt. Im rechtlichen Bereich habe ich aufgrund veränderter Bedingungen oder neuer Möglichkeiten kleine Ergänzungen vorgenommen, wie zum Beispiel beim Thema Leibrente.

In den vergangenen Jahren kam es für die Immobilienmakler und ihre Kunden zu gravierenden gesetzlichen Veränderungen. Die Absicht des Gesetzgebers, eine gewisse Ordnung in der Maklerwelt und für den professionellen

Umgang mit Immobilien zu schaffen, ist gelungen. Sehr zum Leidwesen mancher Immobilienmakler, die der Grund dafür sind, dass viele Eigentümer kein Vertrauen in die Branche haben, und die schon immer unfähig waren, die Professionalität anzuerkennen, die dazugehört, wenn man mit fremdem Eigentum umgeht und Eigentümer und Kaufinteressenten in Entscheidungen beeinflussen kann. Frei nach dem Motto: „Das haben wir doch schon immer so gemacht – warum muss der Gesetzgeber immer wieder eingreifen – da könnte ja jeder kommen – wo ist das Formular". Diese Makler haben nie verstanden oder nie verstehen wollen, dass Übertreibungen zu Lasten der Verbraucher immer wieder den Gesetzgeber auf den Plan rufen. Es ist die Aufgabe des Staates, ein Gleichgewicht, eine Ausgewogenheit herzustellen und Schaden zu Lasten von unkundigen Marktteilnehmern zu mindern. Auch die Immobilienbranche insgesamt hat Regelungen erfahren, die den Verbrauchern nutzen, aber auch den redlichen Profis und damit der Branche insgesamt.

Das Prinzip: „Jeder macht, was er will, keiner, was er soll, aber alle machen mit" gehört mit den neuen Regelungen der Vergangenheit an. Wenn es die Branche nicht selbst regelt, dann muss der Staat eben irgendwann eingreifen. Und so wurden im Jahr 2018 in der Gewerbeordnung (GewO) im § 34c und damit verbunden in der Makler- und Bauträgerverordnung (MaBV) im § 15b eine Pflicht zu Weiterbildungen gesetzlich festgeschrieben: 20 h in drei Jahren. Wenig genug, doch ein Anfang. Ende des Jahres 2020 endet die erste Frist für Immobilienmakler, die vor 2018 ihre Gewerbeerlaubnis erhalten haben. Für alle anderen beginnt die Dreijahresfrist mit der Erteilung der Erlaubnis, für Immobilienkaufleute und Immobilienfachwirte beginnt der Zeitraum mit Ablegen der IHK-Prüfung. Nach einem umfangreichen Telefonat mit meiner Ordnungsbehörde und auf Nachfragen bei Maklerkolleginnen und -kollegen werden die Aufsichtsbehörden (Gewerbeämter oder IHKen) hier sehr konsequent vorgehen: mit Ordnungsgeldern bei Verstoß und mit Widerruf der Gewerbeerlaubnis bei mehrfachem Verstoß gegen das Gesetz.

Die Branche beklagt den geringen Umfang der Weiterbildung, so auch ich. Wie es in vielen anderen Ländern aussieht, habe ich in Kap. 9 dieses Buches beschrieben. Insbesondere das österreichische Beispiel ist ein Maßstab für eine zukünftige Regelung in Deutschland. Im Rahmen der Reform des Wohnungseigentumsgesetzes (WEG) müssen die Wohnimmobilienverwalter einen Sachkundenachweis erbringen, um die Gewerbeerlaubnis nach § 34c GewO zu erhalten, wenn die Eigentümerversammlung es einfordert. Er war schon lange überfällig. Weil mit der WEG-Reform neue Verantwortlichkeiten auf die Verwalter zukommen, ist es umso dringlicher. Die Politik reagiert manchmal langsam und mit großer Gelassenheit, aber dann umso konkreter.

Und noch etwas hat in der Maklerschaft zu intensiven Diskussionen bis zu aggressiven Glaubenskriegen geführt: das neue Maklerrecht für Verbraucher. Nachdem das Bestellerprinzip bei Wohnungsvermietungen seit 2015 Wirkung entfaltet hatte und hier den Markt in Ordnung und Sicherheit für die Marktteilnehmer (Vermieter, Mieter, Makler) gebracht hatte (übrigens ohne Verminderung der über Makler vermieteten Wohnungen, dafür Konzentration der privaten Vermieter auf professionelle Vermittler), musste unweigerlich auch das sog. „Bestellerprinzip" für Immobilienverkäufe Gesetz werden.

Ergebnis nach vier Jahren Diskussion: Das neue „Gesetz über die Verteilung der Maklerkosten bei der Vermittlung von Kaufverträgen über Wohnungen und Einfamilienhäuser" ist am 12. Juni 2020 verabschiedet und am 23. Juni 2020 im Bundesgesetzblatt nach einer Übergangsfrist zur

Wirksamkeit von sechs Monaten veröffentlicht worden – also ein „Weihnachtsgeschenk" für Immobilienmakler. Das meine ich wirklich ernst. Denn die Makler können sich beim Gesetzgeber für die flexiblen Ausgestaltungsmöglichkeiten des Gesetzes und die offene Gestaltung der Höhe der Provisionen ehrlich bedanken. Es gibt drei Möglichkeiten der Kostenverteilung: jede Partei (Käufer und Verkäufer) zahlen den jeweils gleichen Betrag (doppelte Provision bei Doppeltätigkeit und Wahrung strengster Neutralität) oder jede Partei zahlt nur ihren Betrag allein (Käufer zahlt 100 % bei Suchauftrag, Verkäufer zahlt nichts; Verkäufer zahlt 100 % bei Verkaufsauftrag, Käufer zahlt nichts). Die Einzelheiten, die mit klaren Bedingungen einhergehen, finden Sie in Kap. 9.

Die letzte Abrundung für Immobilienmakler wäre der Sachkundenachweis nach einer Pflichtausbildung vor Gewerbeerlaubnis. Ich vermute stark, er wird kommen. Allerdings wird schon das neue Maklerrecht für Verbraucher zu einer Zeitenwende in der Branche führen. Die ewigen Nörgler, Abzocker und Provisionshaie, besser: Provisionspiraten werden vom Markt verschwinden, denn jetzt gibt es keine mündlichen oder konkludenten Verträge mehr, sondern die Textform (E-Mail) als mindeste Anforderung an eine Form. Die Verbraucher werden es zu schätzen wissen, denn jetzt gibt es eine hohe Vertragssicherheit für alle Beteiligten. Und die unsachgemäße und dümmliche Werbung mit „kostenlos für Verkäufer" (im IVD-Statut für IVD-Makler unzulässig!) oder gar Mehrfachangebote von verschiedenen Maklern oder unautorisierte Angebote gehören ab dem 23. Dezember 2020 zugunsten fairer Wettbewerbsbedingungen innerhalb der Makler der Vergangenheit an. Allerdings ist dies – wie oben erwähnt – nur gültig bei Einfamilienhäusern und Eigentumswohnungen.

Immerhin rund 80 % des gesamten Immobiliengeschäftes in Deutschland entfallen auf die klassischen privaten Immobilien wie Eigentumswohnungen und Einfamilienhäuser und solche mit Einliegerwohnung (kleiner Webfehler im Gesetz: Zweifamilienhäuser sind auch klassische Privatimmobilien) und Eigentumswohnungen. Alle anderen Geschäfte: Grundstücke, gewerbliche Immobilien, Wohnhäuser ab zwei bis drei Wohnungen, Wohn- und Geschäftshäuser, Industrieprojekte werden nach den bisherigen Regeln über Maklerprovisionen honoriert bei erfolgreicher Vermittlung. Die Professionalität schreitet voran, denn Verbraucher werden nur gut ausgebildeten, kenntnisreichen und erfahrenen Maklern und solchen mit einem umfangreichen Dienstleistungsangebot ihr Vertrauen schenken.

Ich danke allen Käufern meines Buches für die sehr gute Aufnahme des Buches in der Branche, die positiven Rezensionen, die ermutigenden Kritiken und die Verbesserungsvorschläge, denen ich gern nachgekommen bin. Viele Menschen haben Kontakt mit mir aufgenommen und konnten von den Informationen im persönlichen Gespräch profitieren, in zahlreichen Telefonaten und E-Mails ein Problem lösen oder private oder geschäftliche Vorgänge positiv abschließen. Für Teilnehmer an den Lehrgängen zum Immobilienmakler (IHK) oder in letzter Zeit auch für Seminarteilnehmer zum Immobilienfachwirt und Immobilienkaufmann (fast nur online) und den vorgeschriebenen Weiterbildungsmaßnahmen war mein Buch eine wertvolle Ergänzung zur Welt der Praxis.

Zu guter Letzt möchte ich eine Episode erzählen, deren Darstellung mir der Eigentümer des Anwesens gestattet hatte. Eines Tages im Frühsommer des Jahres 2019 erhielt ich eine E-Mail mit der Bitte um eine Auskunft, wie er denn den Verkauf seines Elternhauses abwickeln solle, insbesondere der Preis war die zentrale Frage – was sonst … Das Haus steht in einer westfälischen Großstadt in dem vielleicht besten Wohnviertel dieser Stadt aus der Gründerzeit, genauer der Jugendstilzeit, Baujahr 1908 und stilistisch nicht verändert. Es lag ihm eine Einschätzung in Briefform eines bundesweit tätigen Maklernetzwerkes vor, das bekannt ist für hochwertige, hochpreisige Immobilien: 2,4 Mio. €. Außerdem gab es eine Bewertung einer Bekannten aus dem Golfclub in Höhe von etwa 2,2 Mio. €. Der Eigentümer bat mich, das zu prüfen. Da ich ohnehin in der Gegend zu tun hatte und auch einem Bekannten in der Nähe dieses Hauses einen kurzen Besuch abstatten wollte (die Welt ist klein …), fuhr ich zum Haus. Nach einer intensiven Begehung und einem gemütlichen, fröhlichen Plausch bei Kaffee und Torte hatte ich leise Zweifel an den Ergebnissen beider Einschätzungen der Makler. Zu Hause bewertete ich das Anwesen sachverständig konservativ mit 2,1 Mio. €, zumal einige Modernisierungen notwendig waren. Kurz bevor ich ging, zeigte mir der Eigentümer noch ein sehr gefälliges Inserat in der regionalen Zeitung. Sehr schön aufgemacht, gute Fotos, platziert auf der Fußleiste über die gesamte Seitenbreite – auch der Text war gefühlvoll und wenig technisch. Ich fragte den Eigentümer, ob das Haus im Internet zu sehen sei, denn das dort vorhandene Angebot in der Stadt und der nahen Region endete beim teuersten Haus im US-Südstaatenstil mit einem Preis von 1,6 Mio. €, etwa 20 km nordöstlich in einer Kleinstadt, allerdings mit dreifach größerem Grundstück, jünger und saniert. „Nein", war die Antwort, „die Maklerin meint, dass die Interessenten für ein solch wertvolles Anwesen dort nicht zu finden seien." Ich entgegnete: „Ohne Internet werden Sie nicht weit kommen. Niemand in der Region oder in der Stadt wird so viel Geld hinlegen – wenn es überhaupt jemanden gibt, der hier ein solch teures Haus sucht. Zwar finden 80 % der Käufer ihr neues Haus in der Region. Aber es kommt auf die anderen 20 % an, die Sie ohne Internet nicht finden werden. Dann haben Sie 100 % der Interessenten erreicht." Er würde die Maklerin schon davon überzeugen, denn meine Argumente pro Internet seien plausibel. Ungefähr sechs oder acht Wochen später rief der Eigentümer an: „Besten Dank für Ihren wertvollen Hinweis mit dem Internet – ich habe meine Maklerin überzeugen können. Es haben sich mehrere Interessenten gemeldet, drei davon wollten es kaufen und haben sich überboten. Wir haben es für 2,8 Mio. € verkauft. Die Maklerin hat es abgewickelt". Alle diese Interessenten kamen von weit her und konnten das Zeitungsinserat nicht lesen.

Was ist die Moral von der Geschicht? Ohne guten Makler geht es nicht. Oder: kein Makler ist teurer als ein Makler. Mein Hinweis war entscheidend für die Erzielung eines Preises, der weitab jeder Schätzung lag. Dass dies ein herausragender Einzelfall ist, versteht sich von selbst.

In diesem Sinne, liebe Leserinnen und Leser, wünsche ich Ihnen viel Erfolg bei Ihren privaten Verkaufsbemühungen. Nutzen Sie das Fachwissen, die Erfahrungen und Verbindungen, die Netzwerke guter Immobilienfachleute. Vielleicht sehen Sie auch Makler jetzt mit anderen Augen oder nehmen nur die fähigsten. Nutzen Sie die Informationen in diesem Buch zur Mehrung Ihrer Kenntnisse und vielleicht auch für neue Erkenntnisse.

Im April 2021   Raimund Wurzel

Vorwort

Seit nunmehr 40 Jahren bin ich selbstständig im Immobiliengeschäft tätig, als Makler, Sachverständiger und Dozent. Ich habe Kunden umfänglich beraten und Immobilien vermittelt, Bauträger-Neubauprojekte verkauft und Projektierungen durchgeführt. Zudem habe ich selbst gebaut, die eigenen Neubauten verkauft und war beratend bei Finanzierungen und Immobilien-Konzeptentwicklungen tätig. Dabei habe ich festgestellt: In kaum einem anderen Geschäft scheint es so viele Vorurteile und Halbwahrheiten zu geben wie in der Immobilienbranche. Je nach persönlichen Erfahrungen und Gesprächen mit Notaren, Anwälten, Maklern, Nachbarn, guten Freunden, selbst ernannten Fachleuten und „Experten" (auch in den einschlägigen Fernsehsendungen in den privaten Programmen und den Ratgebersendungen im öffentlich-rechtlichen Bereich) werden Meinungen geprägt, die sehr oft an objektiven Sachverhalten und einem sich daraus ergebenden sinnvollen Verhalten vorbeigehen – und viel Geld kosten können. Sie verursachen oftmals auch Verdruss und schaffen zusätzliche Unsicherheiten. Manches Mal bleibt der sogenannte „gesunde Menschenverstand" auf der Strecke.

Wenn ich Freunden und Bekannten, Kolleginnen und Kollegen meine täglichen Erlebnisse erzähle, bekomme ich häufig zu hören: „Da könntest Du ja ein Buch schreiben!"

Seit etwa 30 Jahren habe ich vielen Menschen, die im Maklergeschäft tätig sind oder waren, bei Einzelproblemen im Immobilienverkauf geholfen. Seit knapp 25 Jahren bilde ich überwiegend Immobilienmakler zum Erreichen des IHK-Zertifikats aus. In vielen Fällen coache und berate ich Makler beim Aufbau des eigenen Maklerunternehmens und beim Einstieg in das professionelle Maklergeschäft. Mit Erstaunen und Entsetzen stelle ich immer wieder fest, wie wenig Fachwissen in der Branche vorhanden ist, in einer Branche, die davon lebt, Menschen in ihren Immobilienangelegenheiten zu helfen und zu beraten.

Weil dies so ist, wollen die meisten Eigentümer und Interessenten Immobilientransaktionen ohne fachliche Beratung und Begleitung selbst durchführen. Sie machen dann entscheidende Fehler.

Der einzige Beruf, der das Thema „Immobilie" fachlich umfassend in all seinen Facetten erfasst und der dann angemessen beraten kann, ist der kenntnisreiche Makler. Die Bank kann über Finanzierungen fachlich ordentlich beraten, der Anwalt betreut den juristischen Bereich, der Notar darf nicht parteilich beraten, sondern darf nur dafür sorgen, dass die getroffenen Vereinbarungen auch korrekt und durchführbar sind. Der Steuerberater und Wirtschaftsprüfer ist fit in steuerlichen Angelegenheiten. Der einzige Beruf, der darüber hinaus auch die wirtschaftliche Seite der Immobilie in Bezug auf die jeweilige persönliche Situation im Griff haben kann und muss, sozusagen die „eierlegende Wollmilchsau, auf der man auch reiten kann", ist der umfassend ausgebildete Immobilienspezialist, der Makler eben.

In Verbrauchervorträgen von Immobilienmaklern in ganz Deutschland konnte ich feststellen, dass es ein enormes Unwissen beim Thema „Immobilienverkauf" gibt. Auch herrscht großes Misstrauen gegenüber Maklern, weil jeder mit seiner Volljährigkeit und ohne Ausbildung in diesem Beruf tätig werden kann. Hier ist meines Erachtens nicht zuletzt der Gesetzgeber gefragt. Das wirtschaftliche Vermögen der Menschen ist durchaus schützenswert. Einige neue Vorschriften tragen dem bereits Rechnung, etwa im Bereich der Immobilienfinanzierung (zum Beispiel die Wohnimmobilienkreditrichtlinie) und in den Vorschriften der §§ 34a bis i der Gewerbeordnung, wonach Angehörige der Berufe im Finanzdienstleistungssektor ihre Sachkunde nachweisen müssen – mit Ausnahme des § 34c Gewerbeordnung (Makler, Bauträger und Baubetreuer). Der Gesetzgeber tut sich aber hier weiterhin schwer, obwohl die Branche seit Jahrzehnten auf eine Pflichtausbildung in diesem Bereich drängt.

Dieses Buch habe ich geschrieben, weil immer noch etwa 40 bis 60 % der Immobilienverkäufer ihre Immobilie privat verkaufen möchten. Es ist das erste Buch in seiner Art, das sich umfangreich sowohl mit den Zahlen, Daten und Fakten als auch mit den unterschiedlichen psychologischen Aspekten und persönlichen Gegebenheiten auf der Seite der Verkäufer und der möglichen Käufer beschäftigt. Ich möchte private Eigentümer, die auch gern ohne professionelle Hilfe ihre Immobilie verkaufen möchten, dabei unterstützen, alles richtig zu machen, um das beste Ergebnis zu erzielen.

Dazu waren mir nicht nur präzise Schilderungen der Abläufe und drastische Beispiele aus der Wirklichkeit wichtig, sondern auch Veranschaulichungen mit Hilfe von Formularen. Hilfestellung biete ich auch gern persönlich. Sprechen Sie mich direkt an, am besten per E-Mail. Entweder kann ich selbst helfen oder Sie an Fachleute oder Fachinstitutionen verweisen. Die Formulare stehen im Downloadbereich auf meiner Homepage www.radix-training.com zur freien Verfügung.

Menschen, die es sich nicht zutrauen oder schlicht keine Zeit und wenig Möglichkeiten haben, den Immobilienverkauf selbst in die Hand zu nehmen, gebe ich in Kap. 9 umfangreiche Hinweise im Umgang mit Maklern.

Insofern ist dieses Buch auch eine sinnstiftende und lesenswerte Lektüre für Makler.

Sie wissen jetzt, was die Eigentümer und privaten Immobilienanbieter wissen und welche Schlussfolgerungen daraus zu ziehen sind. Möge es ein Buch sein, das zur Professionalität des Immobilienverkaufs beiträgt.

Lange habe ich gezögert, ein solches Buch zu schreiben. Immer wenn ich Seminare gab oder Vorträge hielt, hieß es aus der Branche: „Wollen Sie alle Geheimnisse verraten? Sie ziehen doch Wettbewerb heran und schaden damit Ihrem eigenen Geschäft! Sie machen die Eigentümer schlau und nehmen der Maklerbranche Geschäft weg!"

Meine Erfahrung ist komplett gegenteilig: Wenn es mehr Makler gibt, die professionell arbeiten, werden die Menschen mehr Vertrauen in die Branche haben. Und wenn die Menschen wissen, wie komplex der Vorgang eines guten Immobilienverkaufs ist, werden die Menschen die Arbeit der Makler mehr schätzen und achten.

Ich danke in Summe zahlreichen Mitgliedern und Freundinnen und Freunden aus dem Verband GSA German Speakers Association. Ihre vielen Beispiele haben in mir den Impuls gesetzt, das Projekt Buch anzugehen und geholfen, die Verbindung zu einem der besten Fachbuchverlage zu finden. Ich danke meinem Lektor, Herrn Guido Notthoff, der sich sofort für dieses Projekt begeistern ließ.

Herzlichen Dank an meinen Freund und Impulsgeber Steve Kroeger aus Hamburg, der mich begeisterte, den Kilimandscharo zu besteigen und mich motivierte, mein persönliches Ziel, meinen persönlichen Gipfel zu erreichen. Dieses Buch ist im übertragenen Sinn mein persönlicher Kilimandscharo.

Zum Ziel motivierte mich auch Ute Flockenhaus, der ich erstmals bei einem kurzen Buch-Workshop bei meiner ersten GSA-Convention in München und bei ihrem eintägigen Buch-Seminar in Bremen begegnete, in dem mir erstmals die Feinheiten eines solchen Projektes näher gebracht wurden.

Beim GSA-Buchworkshop habe ich auch meine liebe Freundin Karen Christine Angermeyer kennengelernt, die zahlreiche tolle Kinderbücher schrieb und vor einiger Zeit auch ihren eigenen Verlag „Sorriso" gründete. Ihr sandte ich mein erstes Kapitel. Sie gab es ihrem Lebenspartner zum Lesen – zu meiner Überraschung ein Makler. So kam sowohl von literaturfachlicher Seite als auch aus immobilienfachlicher Ecke die Ermutigung: „Mach genau so weiter!"

Danke auch an Herrn Dieter Sonnenholzer, Vorsitzender des Bundesverbandes ausgebildeter Trainer und Berater (BaTB), der mir meine erste Veröffentlichung, sozusagen den „Buch-Probelauf", als Mitautor des Buches „BaTB Vertriebsexperten" ermöglichte. Zu diesem Werk schrieb ich den Beitrag „Immobilien verkaufen – die Königsdisziplin des Verkaufs … – Der Immobilienmarkt – der Markt der 1000 Märkte".

Mein Dank gilt auch allen meinen Geschäftspartnern sowie Maklerinnen und Maklern in dem von mir gegründeten Maklernetzwerk DIV Deutscher ImmobilienberaterVerbund, den vielen außerordentlich kompetenten Kolleginnen und Kollegen, die ich über Werner Berghaus vom „Immobilienprofi" im CompetenceClub kennenlernen durfte, zahlreichen Profi-Maklern aller Sparten innerhalb und außerhalb des IVD, zahlreichen Dozenten und Fachleuten angrenzender Branchen und selbstverständlich meinen Kunden und Seminarteilnehmern.

Ganz ausdrücklich möchte ich mich bei einem lieben Freund noch einmal posthum bedanken, dem leider zu früh verstorbenen Dr. Jochen Sommer. Er hat mit seiner Entwicklung des Konzeptes „Makeln21" und seinem Buch „Der 4-Tage-Firmenscan" Meilensteine für ein beispielgebendes betriebswirtschaftliches und allumfassendes Maklerkonzept geschaffen. In vielen langen Gesprächen über Jahre haben wir uns immer wieder ausgetauscht und viele Gemeinsamkeiten im Maklergeschäft entdeckt und erarbeitet. Es war für uns beide immer eine große Bereicherung. Das Konzept „Makeln21" wird fortgesetzt durch Werner Berghaus, Köln, Herausgeber der Zeitschrift „Immobilienprofi". Es wird die Maklerbranche weiter positiv prägen. Zum Nutzen der Kunden.

Die übergroße Fülle der Informationen und Meinungen sind in diesem Buch konzentriert zusammengeflossen.

Ich wünsche Ihnen – ob Sie privater Eigentümer sind oder werden möchten, oder auch als Makler tätig sind – viel Freude und gehaltvolle Erkenntnisse beim Lesen und ein gutes Ergebnis beim Befolgen der vielen Tipps. Es wird Ihnen bei Ihrem privaten Vorhaben, Ihre Immobilie bestens zu verkaufen, helfen – oder auch ohne Verkauf bei Ihrem Immobilien-Engagement Nutzen bringen.

Raimund Wurzel

Inhaltsverzeichnis

1 Sechs Richtige – so gewinnen Sie immer! ... 1
  1.1 Die erste Richtige: Planung............. 2
  1.2 Die zweite Richtige: realistische Darstellung........................ 5
  1.3 Die dritte Richtige: vernünftige Preisvorstellung..................... 10
  1.4 Die vierte Richtige: vollständige Dokumente........................ 21
    1.4.1 Wichtigstes Dokument: Grundbuchauszug................ 22
    1.4.2 Nächstes Dokument: Auszug aus dem Baulastenverzeichnis 25
    1.4.3 Lageplan oder Flurkarte 27
    1.4.4 Baugenehmigung und Baubeschreibung................. 27
      1.4.4.1 Baubeschreibung......... 29
      1.4.4.2 Bauzeichnungen 29
    1.4.5 Berechnungen der Wohnfläche, des umbauten Raumes und der Brutto-Grundfläche 30

    1.4.5.1 Besonderheiten bei Wohnungseigentum oder (gewerblichem) Teileigentum 37
  1.4.6 Versicherungsnachweis 39
  1.4.7 Grundsteuerbescheid der Gemeinde 41
  1.4.8 Energieausweis 42
  1.4.9 Reparaturen, Renovierungen, Sanierungen und Modernisierungen 43
  1.4.10 Besonderheiten beim Verkauf eines unbebauten Grundstücks 45
  1.4.11 Altlasten, Baumkataster, Bodendenkmal, Bombenfunde, alte Munition 47
  1.4.12 Besonderheit für bebaute, aber „übergroße" Grundstücke 50
  1.4.13 Besonderheiten bei vermieteten Gebäuden oder Wohnungen 51
  1.4.14 Steuerliche Hinweise 52
  1.4.15 Erschließungskosten 53
 1.5 Die fünfte Richtige: Erreichbarkeit 55
 1.6 Die sechste Richtige: gutes Zeitmanagement 57
Literatur 60

2 Machen Sie es wie die Profis! 61
 2.1 Machen Sie einen Plan – abhängig vom Verkaufsgrund 63
 2.2 Es gibt immer einen Grund 64
  2.2.1 Aus eins mach zwei 66
  2.2.2 Hilfe ich habe geerbt – was tun? 71
  2.2.3 Wirtschaftlicher Abstieg – Insolvenz – die Bank will das Geld zurück 76

        2.2.4 Neuer Arbeitsplatz – neue Liebe –
              neues Heim – Familienzuwachs..... 86
        2.2.5 Haus zu groß – Pflegefall – Was
              ist zu tun?...................... 91
   2.3 Sie brauchen dringend Geld und wollen
       im Haus wohnen bleiben?............... 104
        2.3.1 Sie wollen einen Teil Ihrer „stillen
              Reserven" lebendig machen?....... 104
   2.4 Freiwillige Selbstverpflichtung........... 109
        2.4.1 Standards zur höheren
              Transparenz von
              Immobilien-Teilverkauf-Verträgen... 109
                2.4.1.1 Präambel............... 109
   Literatur.................................. 114

3 **Finden Sie den richtigen Preis**.............. 115
   3.1 Prägnante Beispiele von
       Persönlichkeitsstrukturen................ 116
   3.2 Sonderbares und Exotisches – der
       „merkantile Minderwert"................. 155
   3.3 Das Gebäude-Energie-Gesetz –
       Schreckgespenst? Panikmache?
       Hysterie?........................... 162
        3.3.1 Fluch oder Segen – oder
              „verfluchter Segen"?............. 162
   3.4 § 1 Zweck und Ziel.................... 164
        3.4.1 Nun zu den Förderungen.......... 167
   Literatur.................................. 177

4 **Bieten Sie Ihre Immobilie wirkungsvoll an** ... 179
   4.1 Vorbereitung........................ 179
   4.2 Legen Sie die Zielgruppe fest............ 189
   4.3 Sog statt Druck...................... 191
   4.4 Es muss nicht immer Homestaging
       sein – zeigen Sie Ihre Immobilie von der
       Schokoladenseite.................... 208

        4.5   Zielgruppenansprache 214
   Literatur 215

5 **Exposé und Präsentation: Schnittpunkt auf dem Weg zum Käufer** 217

6 **Marketing – Ihre Immobilie wird öffentlich** ... 257
   6.1   Marketing – was ist das und warum ist das wichtig? 259
         6.1.1 Nachbarschaftsbriefe 262
         6.1.2 Flyer 263
         6.1.3 Verkaufsschilder 264
         6.1.4 Inserate 267
         6.1.5 Internet 268
         6.1.6 Öffentliche Besichtigungen 270
   6.2   Erster Kontakt: Blind Date mit Vorspiel am Telefon 273

7 **Let's begin with the show! – die Immobilienpräsentation** 283
   7.1   Grundgedanken 283
   7.2   Drehbuch und Regieanweisung 293
         7.2.1 Der erste Eindruck ist nicht wiederholbar 294
         7.2.2 Seien Sie anwesend! 297
         7.2.3 Der Umgang mit Interessenten 297
         7.2.4 Was verbleibt im Haus? – das Zubehör 303
         7.2.5 Jetzt wird es ernst: Preisverhandlungen 303
         7.2.6 Wenn Interessenten zum Problem werden 310
         7.2.7 Einigung und weiterer Ablauf 311

8 **Krönung all Ihrer Bemühungen – der Kaufvertrag** 315

9 Nachtrag: Oder doch lieber zum Profi? 375
   9.1 Kompetenzen – die drei wichtigsten Fähigkeiten 378
   9.2 Immobilienmakler als Partner des Verbrauchers 379
      9.2.1 Immobilienberater als neues Berufsbild 381
      9.2.2 Honorar statt Provision 381
   9.3 Maklerstrukturen in Deutschland 387
   9.4 Wie und von wem wird ein Makler beauftragt? 393
      9.4.1 Was bedeutet „Nachweis der Gelegenheit zum Abschluss eines Vertrages"? 397
      9.4.2 Was bedeutet „Vermittlung eines Vertrages"? 402
      9.4.3 Was sind „aufschiebende Bedingungen"? 403
      9.4.4 Was sind Aufwendungen, die ersetzt werden können? 403
      9.4.5 Was bedeutet: „den Umständen nach"? 405
   9.5 Das neue Makler-Vertragsrecht für Verbraucher ... das Bestellerprinzip „light"? 408
   9.6 Das „Gesetz über die Verteilung der Maklerkosten bei der Vermittlung von Kaufverträgen über Wohnungen und Einfamilienhäuser" 410
   9.7 Jeder macht was er will, keiner was er soll, aber alle machen mit 418
   9.8 Wie finde ich jetzt den richtigen Makler für den Verkauf bzw. die Vermietung meiner Immobilie? 427

- 9.8.1 Sie werden jetzt Chef 431
- 9.8.2 Zehn Grundsätze des Immobilienverband Deutschland (IVD) 433
- 9.8.3 Letzter Filter: der Marketingplan. ... 437
- 9.8.4 Vertragstypen 439
  - 9.8.4.1 Allgemeinauftrag......... 440
  - 9.8.4.2 Einfacher Alleinauftrag 442
  - 9.8.4.3 Qualifizierter Alleinauftrag 442
  - 9.8.4.4 Mein eigener Vertragsentwurf: Verkaufs-/Marketingauftrag. 444
  - 9.8.4.5 Haben Sie jetzt einen sogenannten „Vertragskater"? 460

Literatur 463

Über den Autor

Raimund Wurzel Jahrgang 1950, wohnt in Seligenstadt am Main.

Seit 1977 lebt und erlebt er die Praxis als Immobilienmakler und -berater mit Leidenschaft und Hingabe. Er liebt es, seine Erfahrungen, sein gesamtes Know-how und das in den Jahren gewachsene, enorme Fachwissen und seine vielfältigen Erfahrungen einzusetzen, um die Kunden, die Immobilien verkaufen und kaufen, bestens und mit Gewinn für alle Beteiligten zu beraten.

Durch seine Tätigkeit als Dozent an öffentlichen und privaten Ausbildungsinstituten und als Trainer und Coach sowie in zahlreichen Vorträgen vor Fachpublikum oder in privaten Vortragsveranstaltungen gibt er dies an Jüngere, am Immobiliengeschäft interessierte und darin Tätige weiter.

Seit 1995 unterrichtet er Immobilienmakler, seit geraumer Zeit auch Verwalter und Immobilienbewerter. Er verknüpft als einer der wenigen Trainer das immobilienwirtschaftliche Wissen mit dem praktischen Können.

Mit seinem breiten Wissen und seiner jahrzehntelangen Berufs- und Lebenserfahrung gehört er zu einer sehr seltenen Spezies, zu der kleinen Hand voll an Ausbildern und Trainern in Deutschland mit einer derart ausnahmslos hohen Qualifikation.

Als gelernter Hotelkaufmann hat er begriffen, was Dienstleistung bedeutet und wie er Menschen begegnen muss, ihre Wünsche und Bedürfnisse zu erkennen und zu erfüllen.

Stationen und Tätigkeiten:

- als Immobilienmakler,
- Sachverständiger für Immobilienbewertungen
- Vermögensberater,
- Leitungsfunktionen in Maklernetzwerken und Bauträgertätigkeit.

Ausbildungen zum

- Sachverständigen für Immobilienbewertungen (VWA Kiel)
- Fachwirt in der Grundstücks- und Wohnungswirtschaft (IHK)
- Immobilienmediator (DIA)

Dazu hat er sich selbst zur ständigen Weiterbildung in vielen Facetten der Immobilienwirtschaft, der Unternehmensführung, Persönlichkeitsentwicklung, Motivation und Marketing verpflichtet.

Insbesondere ist er auf Existenzgründungen spezialisiert. Hierzu befähigt ihn, dass er in seiner Laufbahn immer selbstständig gearbeitet hat, lange Jahre als Handelsvertreter oder als Franchisenehmer. Er hat aus den gesammelten intensiven Erfahrungen – auch mit internationalen Netzwerken – im Jahr 2008 einen Verbund selbstständiger Maklerunternehmen gegründet, das Maklernetzwerk DIV Deutscher ImmobilienberaterVerbund.

Seine Überzeugung als erfahrener Ausbilder, Unternehmensgründer und ständiger Begleiter von aktiven Maklern ist, dass gerade für Angehörige seines Berufsstandes der Elfenbeinturm die schlechteste Immobilie ist.

Formulare und Muster-Berechnungen aus diesem Buch können Sie von seiner Homepage herunterladen: www.radix-training.com
Wenn Sie Fragen haben zu Ihrem privaten Immobilienverkauf oder zu Immobilienmaklern können Sie schreiben unter wurzel@radix-training.com oder per Brief an die Büroadresse: Raimund Wurzel, radix-Training, Kurt-Blaum-Platz 1, 63450 Hanau.

1

Sechs Richtige – so gewinnen Sie immer!

> **„Das nächste Mal tippe ich andere Zahlen!"**
>
> Sicher haben Sie schon einmal Lotto gespielt und vergebens auf den Sechser mit Zusatzzahl gewartet. Wieder nichts! Oder doch? Zwei Richtige mit Zusatzzahl sind schon mal drin, drei Richtige, vier Richtige. Das ist ja mal was! Den Einsatz wieder rausgeholt. Der Reiz bleibt. Na ja, das nächste Mal. Die Hoffnung stirbt zuletzt.
>
> Der Einsatz beim Lotto ist überschaubar, vor Spielsucht wird sowieso gewarnt. Das Risiko liegt im zweistelligen Eurobereich. Meistens zahlen Sie in bar. Sie sehen und fühlen den Einsatz körperlich. Die Scheine knistern, das Kleingeld klimpert.
>
> Ab und zu spiele ich auch mal Lotto. Immer dann, wenn ich mit dem ICE zu Vorträgen oder Seminaren fahre, gehe ich am Bahnhofsbuchladen vorbei. Ein Buch ist immer drin und direkt daneben lockt die Lottokasse. Das Ganze geschieht ungeplant, aus der Situation heraus, je nach Laune wird der QuickTipp angesteuert. Da brauche ich nicht lange nachzudenken. Wenn ich nicht gewinne, waren es nicht meine Zahlen. Ich kann die Schuld auf den Computer schieben.

> In meiner jahrzehntelangen beruflichen Praxis habe ich es immer wieder erlebt, dass sich der Vorgang des Immobilienverkaufs bei Privatleuten ähnlich abspielt. Mit zwei wesentlichen Unterschieden – und daraus erheblichen Konsequenzen:
> Beim Immobilienverkauf stehen meistens fünf- bis siebenstellige Euro-Beträge zur Disposition.
> Eine Wiederholung des Vorgangs ist nie mehr möglich, wenn es einmal schiefgegangen ist. Das bedeutet: Der erste Schuss muss sitzen! Es gibt keine Chance für einen zweiten!
> Das ist kein oberflächliches Gerede. Man macht es nicht mal so im Vorbeigehen und nebenbei, sondern es ist äußerst anspruchsvoll und verlangt höchste Präzision im Vorgehen und die Beachtung auch kleinster, unbedeutend erscheinender Dinge.
> In diesem ersten Kapitel möchte ich Ihnen einen Überblick verschaffen. In den weiteren sieben Kapiteln werden alle Vorgänge stark verfeinert dargestellt. Sie erhalten viele Tipps und Hinweise für hoch professionelles Vorgehen.
> Und in den Geschichten aus der Wirklichkeit, die ich tatsächlich erlebt habe, können Sie beispielhaft erkennen, wie Umstände zu lösen sind oder wie Sie es lieber nicht machen sollten …

1.1 Die erste Richtige: Planung

Auch **Edmund Hillary** ist nicht per Zufall auf dem Gipfel des Mount Everest gelandet. Er ging nicht eines Morgens einfach spazieren und war am Ende des Spaziergangs ganz überrascht, wo er sich befand. Nach dem Motto: „Hoppla, wo bin ich denn hier gelandet, das ist also der Gipfel?" wird er kaum gehandelt haben. Der Expedition auf den höchsten Berg der Welt ging eine sehr intensive, präzise, jahrelange Planung voraus. Der Erfolg machte ihn weltberühmt – und den Sherpa **Tenzing Norgay** dazu.

Sicherlich planen Sie auch Ihren nächsten Urlaub – und sei er noch so kurz. Auch Ihr nächster Besuch im Theater oder bei Verwandten ist meistens geplant, selten spontan. Sie treffen Vorbereitungen, stimmen sich ein, machen sich hübsch, ziehen sich gut an, informieren sich über den Weg, die Fahrtstrecke, Sehenswürdigkeiten auf der Route, das Theaterstück, die Vorstellung. Sie informieren sich darüber, wo Sie auf der Fahrt Rast machen, loten Übernachtungsmöglichkeiten aus, schauen, wo Sie nach der Vorstellung einkehren, um den Abend würdig und stimmungsvoll abzuschließen. Ihre Verwandten sind informiert, Sie kaufen Geschenke oder andere Mitbringsel, Sie planen die Zeit des Abschieds. Bis ins Kleinste. Und das alles ist völlig normal – so normal, dass es einem gar nicht mehr bewusst wird.

Ich erlebe es oft, dass sich beim Immobilienverkauf, also bei einem deutlich größeren und umfangreicheren Vorhaben, die Betroffenen nur höchst unvollständig Gedanken zur Planung, zum Vorgehen, zum Ablauf und zu den Risiken machen. Ich habe den Eindruck, das geschieht bestenfalls nebenbei. Dabei ist es in den meisten Fällen existenziell wichtig. Häufig steht das gesamte Familienvermögen auf dem Spiel. Man verkauft nicht einfach so eine Immobilie. Es gibt immer einen sehr gewichtigen Grund.

Machen Sie sich also bitte intensiv Gedanken über den Verlauf des Verkaufsvorgangs, bevor Sie mit dem Angebot an den Markt gehen. Vermeiden Sie, einfach „einen Versuch" zu starten („Mal sehen, was dabei herauskommt"). Es handelt sich schließlich um Ihr oftmals einziges Vermögen, das Sie mit harter Arbeit, Blut, Schweiß und Tränen erbaut oder mit Ihrem gesparten oder ererbten Geld erworben haben. Oder es ist das Erbe, das Ihre Vorfahren hart erarbeitet und durch viele Krisen und Kriege gebracht haben.

Sie sehen: Das Vorhaben „Immobilienverkauf" ist ein hoch emotionaler Vorgang. Es ist nicht „nur" ein Umzug von A nach B, eine Vermögensumschichtung oder ein Vermögensaufbau. Es ist ein Vorhaben von großer finanzieller bzw. wirtschaftlicher, manchmal existenzieller Tragweite für Sie und Ihre Familie. Ihre Immobilie ist schlicht und ergreifend das wirtschaftlich wertvollste Gut, das Ihnen gehört.

> **Übersicht**
>
> Planen Sie den Verkauf Ihrer Immobilie richtig und stellen Sie sich zunächst folgende wichtige Fragen:
>
> - Bis wann soll der Verkauf abgeschlossen sein?
> - Wie setze ich den Angebotspreis an?
> - Welche Werbemedien sollen genutzt werden?
> - Wie stelle ich meine Erreichbarkeit sicher?
> - Welche Informationen gebe ich am Telefon?
> - Wie sichere ich die Finanzierung?
> - Zu welchem Notar werde ich gehen?
> - Welche Unterlagen halte ich bereit?
> - Wann soll der Kaufpreis bezahlt sein?
> - Sind noch Pfandfreigaben einzuholen?
> - Wann soll die Immobilie übergeben werden?

Machen Sie so etwas wie ein Brainstorming – zusammen mit Ihrer Partnerin oder Ihrem Partner und auch Ihren Kindern (auch die wollen und sollen mitreden). Schreiben Sie zu jedem Punkt Ihre Gedanken auf, holen Sie die Akten aus dem Schrank, ordnen Sie Ihre Dokumente.

Wenn Sie diese Fragen im Vorfeld geklärt haben, dann haben Sie schon einen groben Überblick, wie der Ablauf aussehen soll. In den folgenden Kapiteln werden Sie lernen und erfahren, welche Antworten Sie für sich speziell geben können.

> Jede Immobilie, jeder Verkaufsvorgang ist anders – genauso unterschiedlich wie die Menschen, die sie besitzen oder erwerben wollen.

> Verallgemeinerungen sind gerade im Immobiliengeschäft untauglich. Daher ist dies die einzige Verallgemeinerung.

1.2 Die zweite Richtige: realistische Darstellung

Sie haben Ihre Immobilie sicherlich immer gut gepflegt. Im Laufe der Zeit haben Sie viel investiert: Sie haben renoviert, um Ihr Heim für sich und Ihre Lieben geschmackvoll, stilvoll und gemütlich zu gestalten. Ihr Haus, Ihre Wohnung haben Sie ganz nach Ihrem persönlichen Geschmack ausgestattet und eingerichtet. Sie haben die Haustechnik auf Vordermann gebracht. Sie haben wertvolle Dinge eingebaut: einen offenen Kamin oder Kachelofen. Ihre Einbauküche entspricht den modernsten technischen Anforderungen. Sie ist schick und elegant, gar eine Markenküche, sie ist Ihnen wie auf den Leib geschneidert. Aus einer Kochnische oder der typischen platzsparenden Einbauküche nach dem Muster der sogenannten „Frankfurter Küche" aus den Zwanzigerjahren des vorigen Jahrhunderts haben Sie eine Wohnküche gestaltet. Sie können Ihre Familie, Freunde und Verwandte aufs Beste bewirten. Ihre Kochkunst hat sich gerade durch diese schöne neue Küche deutlich gebessert und Sie haben endlich wieder Spaß am Kochen. Kurz: Ihr Herz hängt daran. Schließlich ist die Küche der Mittelpunkt. Gerade bei Festen und Feiern ist die Küche der meistbesuchte Platz. Hier kommen Leib und Seele und die Menschen zusammen, die Ihnen am Herzen liegen.

Oder Sie haben Ihr Domizil gründlich renoviert, entweder als Sie es erwarben oder von Ihren Eltern erbten. Sie haben das Bad erneuert und dabei die besten Fliesen und schönsten Sanitärobjekte genommen. Vielleicht haben Sie es auch sehr exklusiv von einem Unternehmen gestalten lassen, das sich auf Bäder spezialisiert hat und Ihnen Ihr persönliches Wellness-Center aus einem Guss neu herstellte, mit allen Sanitärelementen, Elektrik und Elektronik, den Installationen und den Sanitäreinrichtungen mit Whirlpool, Dampfdusche, Sauna, Solarium und Massagebank.

Den Schlafbereich haben Sie auch sehr persönlich und nach Ihren Vorlieben eingerichtet und eine separate Ankleide geschaffen, eine Schminkecke und begehbare Schränke sind eingebaut. Die Kinderzimmer durften sich Ihre Kleinen auch selbst gestalten. Es sollte an nichts fehlen. Ihr Arbeitszimmer ist zweckmäßig und nüchtern, ein Gästezimmer ist einfach und gemütlich. Im Keller der Hobbyraum; die Kellerbar ist mittlerweile out. Dort können jetzt Ihre Kids ungestört toben.

Und erst der Wohn- und Essbereich – der repräsentative Raum, der Raum für die Familie und Ihren Besuch, in den Sie sich nach getaner Arbeit zum Lesen, Plauschen, Fernsehen und Spielen zurückziehen, wo Sie Ihre Gäste und Freunde empfangen. Mit dem Blick durch die breiten Fenster in den gepflegten Garten oder von der Terrasse der Penthouse-Wohnung über die ganze Stadt, am gemütlichen Kachelofen mit Sitzbank oder am prasselnden Kaminfeuer bei einem Glas Rotwein. Hier sind Sie zu Hause, hier fühlen Sie sich wohl. Sie sind stolz auf das, was Sie geschaffen haben.

Oder Sie haben sich an eine „alte Hütte" herangetraut, an ein altes Fachwerkhaus, einen Kotten (so nennt man die kleinen Bauernhäuser auf dem Lande in Westfalen), eine ehemalige Hofstelle, ein ehemaliges Bauerngehöft, einen stilvollen Altbau aus der Gründerzeit oder aus den Dreißigerjahren, der noch mit Muße und handwerklich-künstlerischem Anspruch erstellt wurde und Geschichten erzählen kann. Ihr Ehrgeiz war es, dieses Gebäude wieder zum Leben zu erwecken. Sie haben mit dem Denkmalschutz gestritten, mit Handwerkern verhandelt, den Architekten ausgetauscht, das Bauamt überzeugt. Sie haben Ihren Zeitplan völlig aus den Augen verloren, gutem Geld schlechtes hinterhergeworfen. Sie haben selbst angepackt und wissen jetzt, wie Zementstaub riecht und schmeckt. Ihre Freunde und Kinder haben geholfen. So etwas nennt man „Muskelhypothek".

1 Sechs Richtige – so gewinnen Sie immer!

Ihr vermietetes Appartement, Ihre erste Zweizimmer-Startwohnung ist etwas, das Ihnen ganz allein gehört. Sie haben einen persönlichen Wert geschaffen. Sie dürfen mit Fug und Recht stolz darauf sein – unabhängig vom Euro-Betrag, der zu Buche steht.

Sie haben sich ein kleines Vermögen erarbeitet und sich ein Mehrfamilienhaus oder ein Wohn- und Geschäftshaus zugelegt, etwa für Ihre Altersvorsorge. Sie hatten meistens gute Mieter. Die wenigen, die Ihnen Ärger machten, sind bewältigt. Manchmal hat Ihr Anwalt dabei ganz gut verdient, Ihr Steuerberater sowieso. Sie haben durch ständige Wartungs-, Renovierungs- oder Modernisierungs-arbeiten ganze Generationen von Handwerksfamilien am Leben gehalten. Sie haben damit Werte geschaffen, auf die Werterhaltung und die Wertbeständigkeit geachtet, damit Sie im Alter als Selbstständiger oder Freiberufler nicht auf Ihre staatliche (eben nicht: stattliche) Rente angewiesen sind. Sie haben Ihr „Betongold!"

Angesichts Ihres Vorhabens, Ihre Immobilie in nächster Zeit zu verkaufen, lesen Sie nun viel bewusster die Zeitung oder einschlägige Fachzeitschriften und surfen im Internet. Die jetzt für Sie wichtigen Reizworte und Schlagzeilen springen Ihnen ins Auge. Da ist von dauerhaften Wertsteigerungen die Rede, von ständig steigenden Mieten, von Schlangen von Wohnungsbewerbern an den Haustüren, von steigenden Renditen, von extremer Verknappung auf dem Wohnungsmarkt. Und Sie schöpfen Hoffnung auf den höchsten Preis, den schnellsten Verkauf, den Barzahler (vorzugsweise aus Russland, dem Nahen Osten oder China).

Hinzu kommen die lockenden Schlagworte von Internet-Unternehmen, die an Ihrer Adresse interessiert sind, um sie für 20 bis 50 % der Provision oder mehrere hundert Euro an Immobilienmakler zu verkaufen, getreu dem Motto: „Wir suchen für Sie den richtigen Makler!" oder „Wie Sie zehn bis 20 % mehr aus Ihrer Immobilie erlösen!" Man nennt diese Unternehmen auch „Lead-Verkäufer". Sie sind aus der Finanzdienstleistungsbranche bekannt und jetzt auch als Adresslieferanten für Immobilienmakler tätig. Dahinter stecken oft auch finanzstarke Unternehmen, wie die Hamburger Otto-Gruppe, neu das Internetportal ImmobilienScout24, die das Letzte aus der Wertschöpfungskette herausholen wollen. In den letzten drei Jahren haben sich noch mehr solche Unternehmen etabliert, die sogenannten „Proptechs", die auch „hybrid" makeln und meistens „kostenlose Bewertungen" offerieren. Hybrid bedeutet, dass sie sowohl eigene Makler haben als auch versuchen, alles online anzuwickeln. Hier ist die Welt der Immobilienvermittlung ein bisschen bunter, auch verwirrender geworden.

Das alles prägt Ihren Blick auf Ihre Immobilie. Und es beeinflusst auch Ihr Handeln. Und Sie haben Recht: Ihre Immobilie ist selbstverständlich die beste. Und das versuchen Sie, Ihren potenziellen Käufern zu vermitteln. Sie präsentieren aus Ihrer ganz eigenen Emotion und Ansicht Ihre Immobilie auf dem Markt. Daraus schöpfen Sie Ihre eigene Hoffnung.

Dann stoßen Sie auf die Hoffnung von Interessenten, die Sie gekonnt schürten. Sie schildern Ihre Immobilie in den schillerndsten Farben. Sie erzählen von Ihren „Heldentaten" bei der Renovierung, Sanierung, Modernisierung. Sie berichten, warum Sie was gemacht haben und für wen. Und dass Sie sich gar nicht vorstellen konnten, jemals von hier wegzuziehen. Und dass Sie die besten Handwerker, den namhaftesten Architekten in der Region beschäftigten. Und natürlich die besten Materialien verwendet wurden, ökologisch einwandfrei, biologisch unbedenklich, energieeffizient selbstverständlich. Jetzt haben Sie die Hoffnung Ihrer Interessenten zusätzlich geschürt und geprägt. Und damit meistens auch falsche Vorstellungen von Ihrer Immobilie. Denn der Interessent erwartet jetzt noch mehr, als Sie zu bieten haben. Vor allem beim Preis!

1 Sechs Richtige – so gewinnen Sie immer!

Was passiert jetzt? Sie schaffen am Telefon, im Exposé oder im persönlichen Gespräch ein Bild, das der Interessent mit seinen ebenso persönlichen Vorstellungen und seinem individuellen Geschmack in Übereinstimmung bringen muss. Angenommen, Sie haben einen eher biederen Geschmack und lieben Holz, ländliches Flair. Der Krach der nahe liegenden Eisenbahn bringt Sie nicht um den wohlverdienten Schlaf und die Einflugschneise lässt Sie von fernen Ländern träumen, die nahe gelegene Autobahnauffahrt ist für Sie besonders wichtig und Ihre Immobilie ist dadurch extrem verkehrsgünstig. Ihr Interessent mag es dagegen eher schlicht und ruhig. Ihrer Schilderung entnimmt er, dass seine Erwartungen an Lage, Ausstattung, Einrichtung und Bau- und Pflegezustand erfüllt zu sein scheinen. Und dann wird er mit der Realität konfrontiert.

Geschmäcker, Ansichten, Wohlgefühle beim Wohnen und Renditeerwartungen sind nun einmal verschieden. Wenn Interessenten erst einmal ein Bild im Kopf haben, das mit der Wirklichkeit nicht im Einklang steht, werden sie enttäuscht sein. Das hat oft nichts mit dem tatsächlichen, objektiven Zustand zu tun. Es ist der Eindruck, falsch informiert zu sein. Obwohl Sie nichts Falsches gesagt und geschildert haben. Sie haben es aus Ihrer Sicht geschildert. Und die ist erst einmal richtig. Es kommt darauf auch nicht an. Es kommt darauf an, was die Interessenten darüber denken und fühlen. Immobilienkauf ist zu 100 % eine Gefühlssache – eine rein emotionale Angelegenheit, auch wenn es um Renditen geht. Und die Glaubwürdigkeit, das Vertrauen in die Information steht dabei an erster Stelle. Dann erst kommen die Fragen: Könnte ich mich hier wohlfühlen? Ist die Rendite der Kapitalanlage für mich gefühlt in Ordnung? Wenn es hier zu Unstimmigkeiten kommt, haben Sie eine sehr schlechte Ausgangsposition für einen erfolgreichen Abschluss.

> Die Beachtung des von Andrew Carnegie (US-amerikanischer Stahlindustrieller, Bauherr der Carnegie-Hall in New York) geprägten Satzes: „Man soll Fische nicht mit Erdbeeren und Schlagsahne ködern, bloß weil man selbst gern Erdbeeren mit Schlagsahne isst" (er wurde in der Marketing- und Werbewirtschaft umgebaut zu dem gebräuchlichen, schon sprichwörtlichen Satz: „Der Köder muss dem Fisch schmecken, nicht dem Angler!"), vermeidet, dass Hoffnungen auf Hoffnungen stoßen. Vielmehr fordert er, dass geweckte Hoffnungen von Hoffnungen erfüllt werden.

> Schildern Sie Ihre Immobilie so neutral wie möglich! Vermeiden Sie Superlative und subjektive persönliche Einschätzungen. Erzählen Sie keine Heldentaten. Berichten Sie nicht, warum und für wen oder was Sie sich krumm geschafft haben. Und vor allem: Erzählen Sie niemandem, was sie alles selbst gemacht haben – Ihr potenzieller Käufer wird sich umschauen und sich sagen: „Das sieht man". Was für den einen schön und attraktiv ist, muss noch lange nicht den Geschmack und die Erwartungen eines anderen treffen!

1.3 Die dritte Richtige: vernünftige Preisvorstellung

Der Immobilienmarkt: ein Markt der 1000 Märkte! Immobilien sind, wie Sie jetzt schon wissen, individuell, so individuell wie die Menschen, die sie geschaffen haben. Es gibt gewisse zeitlich abzugrenzende Stilrichtungen von der Antike bis heute. Es gibt landschaftlich geprägte Bauweisen, zum Beispiel der typische Klinkerbau in Norddeutschland, oft mit Reet gedeckte Dächer, und der typische Putzbau im Süden der Republik mit keramischen Dachsteinen. Im Bergischen Land und an der Mosel sind Gebäude häufig mit Schiefer gedeckt oder verkleidet. In alten mittelgroßen Städten gibt es die typischen in sich geschlossenen Gründerzeit-

oder Jugendstilviertel, Kleinstädte und Dörfer haben häufig einen Kern aus jahrhundertealten Fachwerkhäusern. In den Neubaugebieten sind auch modische Trends zu erkennen: das von Bauhaus-Architektur geprägte Sechzigerjahre-Viertel mit Flachdach-Bungalows, die Fünfzigerjahre-Siedlung mit den kleinen eingeschossigen Siedlungshäusern und den spitzen, steilen Satteldächern und dann die Achtziger-/ Neunzigerjahre- Architektur mit Erkern und Dachgauben. Und in neuerer Zeit gewinnen die Pultdächer vieler gewerblicher Bauten und Verwaltungsgebäuden aus den Sechzigerjahren des vergangenen Jahrhunderts und Walm- oder Zeltdächer (jetzt mediterran geprägt) an Wertschätzung. Und die typischen Reihenhaussiedlungen und Eigentumswohnungen überfluten die Städte und Dörfer, gar nicht zu reden von den zahlreichen Hochhaussiedlungen der Siebziger- und Achtzigerjahre und die typischen Sozialbau-Wohnblocks aus den Sechzigern, Eigentums- und Mietwohnungen für die schnell wachsende Bevölkerung.

Bei aller Verwechselbarkeit und Vereinheitlichung der äußeren architektonischen Gestaltung, die unter anderem den Dämmvorschriften der alten EnEV (Energie-Einspar-Verordnung) und dem neuen Gebäudeenergiegesetz ab 1. November 2020 und dem Nachfolgegesetz seit 01.01.2024 geschuldet ist, sowie der Raumaufteilung und Raumgestaltung (der Trend zu Wohnküchen oder in den Wohnbereich integrierten Küchen nimmt seit Jahren zu – auch aus Platzgründen nicht nur in städtischen Gebieten) ist und bleibt immer jede Immobilie so individuell wie der Mensch, der sie besitzt.

Bei bestehenden, gebrauchten Immobilien (Fachleute sprechen von „Bestandsimmobilien") richtet sich der erzielbare Preis allein nach der Nachfrage am Markt. Und die kann mit Blick auf die Lagen, den Immobilientypen und vor allem auf den Zeitpunkt des Verkaufs sehr unterschiedlich sein.

Hinsichtlich des Verkaufszeitpunktes müssen Sie eines beherzigen: Jeder Zeitpunkt ist richtig. „Man" verkauft nicht, weil es jetzt die besten Preise gibt, oder „man" unterlässt es, wenn die Zeitungen schreiben, dass die Immobilienpreise sinken. Verkauft wird, weil es triftige Gründe dafür gibt: Trennung/Scheidung, Erbschaft, Aufhebung einer Eigentümergemeinschaft, Vergrößerung durch Familienzuwachs, Verkleinerung aus Altersgründen, die Kinder sind aus dem Haus, wirtschaftlicher Aufstieg oder auch wirtschaftlicher Abstieg (zum Beispiel Arbeitslosigkeit, Insolvenz). Jeder einzelne Grund bedarf eines individuellen Vorgehens, einer besonderen Strategie, eines professionellen Verhandlungsgeschicks, großer Gelassenheit und oft viel Geduld. Und wenn Verkauf und Kauf im gleichen Zeitraum stattfinden, dann ist es sowieso egal, weil sich der Markt gleich entwickelt – von regionalen und örtlichen Besonderheiten und Unterschieden abgesehen.

Der Markt ist immer in Bewegung, mal langsamer, mal schneller, mal rauf, mal runter, je nach Konjunktur, Zinsniveau, Steuerpolitik, Arbeitsmarktlage und Bedarf. Die Älteren unter uns sind dauerhafte Wertsteigerungen gewöhnt. Unmittelbar nach dem Krieg, als etwa 30 % des Wohnraumes zerstört waren und Millionen Flüchtlinge aus den ehemals deutschen Ostgebieten, aus der damaligen Tschechoslowakei, Polen, West-Russland, der Ukraine, vom Balkan und aus dem Baltikum kamen, wurden schnell und billig Wohnungen und Häuser gebaut. Privat, von Wohnungsbaugesellschaften und Genossenschaften. Bis zur ersten großen Arbeitslosigkeit der Sechzigerjahre gab es einen nie gekannten Bauboom, bestenfalls vergleichbar mit dem Bauboom der Gründerzeit zwischen 1880 und dem Beginn des Ersten Weltkriegs. Das Bausparen wurde gefördert, der Staat hatte (und hat bis heute) zum Ziel, den Eigentumsanteil der Bevölkerung zu steigern, dann kamen die Subventionen: Bausparprämie, Wohnungsbauprämie, erhöhte Abschreibungen. (Spot in die Gegenwart: In jüngster Zeit will man den Neubau fördern mit erhöhten Abschreibungen bei Vermietung: degressiv 5 % pro Jahr in den kommenden 5 Jahren. Nebenbei: Wo bleiben die Erleichterungen bei Neubauten für Selbstbezieher?)

Dies alles führte dazu, dass auch Familien mit geringem Einkommen in der Lage waren, Immobilieneigentum zu schaffen oder zu erwerben. Mit der Einführung des Wohnungseigentumsgesetzes Mitte der Fünfzigerjahre verstärkte sich der Trend zum privaten Eigentum zu erschwinglichen Preisen, zum Selbstbezug oder zur Vermietung als Kapitalanlage. Jeder durfte nun auch zum kleinen Spekulanten werden. Damit erhöhte sich die Verknappung, spekulative Elemente wurden wach, die Fachwelt sprach von exorbitanten Wertsteigerungen und steuerfreien Gewinnen beim Verkauf. Die Menschen erlebten dies und spekulierten mit – damals meistens mit Erfolg. Eine Vielzahl von Bauträgerunternehmen und Baugeschäften entstand, das Maklerwesen gewann an Attraktivität, zumal der Zugang zum Beruf so gut wie nicht reglementiert war, und auch heute noch ohne Fachwissen und ohne berufliche Qualifikation ergriffen werden kann. Die Goldgräberzeit begann – in Stadt und Land. In der Stadt, weil dort die Verknappung besonders hoch und der Eigentumswechsel besonders häufig ist und auf dem Land, weil dort Grundstückspreise und Baukosten recht niedrig waren.

Fortlaufende Steuererleichterungen und andere staatliche Subventionen taten ein Übriges: 7b-Abschreibung (sogar eine Wiesbadener Bauträgerfirma benannte sich nach diesem Paragrafen im Einkommensteuerrecht), danach die Abschreibung nach § 10e EStG, die hohe degressive Abschreibung für vermietete Wohnungs-Neubauten und Gewerbeimmobilien zu Anfang der Neunzigerjahre des vergangenen Jahrhunderts, später dann die Eigenheimzulage (in doppelter Höhe für Wohnungsneubauten bei

Selbstbezug) führten zu fortlaufenden Preissteigerungen im Grundstücksmarkt, bei den Lohnkosten und Kosten für die Baustoffe. Insbesondere die Ausgaben für Löhne und Gehälter prägen die Baukosten bei Neubauten und der Modernisierung: 70 % aller Kosten am Bau sind personenbezogene Kosten. Die anderen 30 % sind für Materialien, Baustoffe, Baugeräte und Maschinen, Gebühren, Steuern und Versicherungen.

Hinzu kam die erhöhte Wohnungsnachfrage nach der Wende 1989/1990. Der Boom setzte sprunghaft ein. Neubaugebiete wurden so schnell wie nie durch Änderung der gesetzlichen Genehmigungsbedingungen und Beschleunigung der Genehmigungen (das damalige Städtebauförderungsgesetz) ausgewiesen. Insbesondere die außerordentlich hohen Abschreibungsquoten für Neubauten und Sanierungen in den neuen Bundesländern verstärkten den Boom zusätzlich. Die Nachfrage wurde damit künstlich angetrieben, über den tatsächlichen Bedarf an Wohn- und Gewerbeimmobilien hinaus. Böse Zungen behaupteten sogar, dass angesichts des Geburtenrückgangs nur noch ein Trieb bei den Deutschen funktionierte: der Steuerspartrieb. Damit einher ging die starke Rationalisierung in der Gebäudeerstellung, die freigiebige Handhabung der Finanzierungen durch Banken, Versicherungen und Bausparkassen. Sogar Städte, Landkreise und andere Institutionen, zum Beispiel Pensionskassen, Baugemeinschaften und Verbände, investierten massenhaft und mit sehr ansehnlichen Summen in Immobilien und Immobilienfonds. Immobilienvertriebe verdienten sich eine goldene Nase. Es herrschte eine ausgeprägte Goldgräberstimmung. Jeder hat sich mitreißen lassen. Bedenkenträger wurden gnadenlos abgestraft. Alle wollten gewinnen, wenigen gelang es.

Also: Wertsteigerungen ohne Ende – oder doch nicht? Als Mitte bis Ende der Neunzigerjahre der Bedarf gedeckt war, keine neuen Marktzentren auf der grünen Wiese mehr gebraucht wurden und damit einhergehend sich Leerstand in den Läden der Innenstädte breitmachte, sich auch die Leerstände und Pleiten der gewerblichen Investoren vermehrten und aufgrund der Überproduktion Wohnungsleerstände zunahmen, trat Ernüchterung ein und die Preissteigerungen kamen zu einem Ende, trotz fallender Darlehenszinsen. Die Märkte waren gesättigt. Baufirmen, Makler und Bauträger gingen Pleite, Betrugsanzeigen häuften sich, die Finanzämter wollten die Verluste nicht mehr anerkennen („keine ernsthaften Bestrebungen, Erträge zu erwirtschaften und Gewinne zu erzielen", testierten die Finanzbehörden). Zunächst unmerklich, dann aber mit wachsender Geschwindigkeit.

Ab dem Jahr 2000 war kein Neubau aus den vergangenen Jahren seit 1990 mehr mit Gewinn zu verkaufen. Von etwa 1995 an bis zum Jahr 2010 betrug die kumulierte Wertminderung von Wohngebäuden je nach Region zwischen 15 und 50 %. Sogar die Mieten und die Grundstückspreise sanken in dieser Zeit um die gleichen Prozentsätze. Bei gewerblichen Neubauten war es teilweise noch dramatischer. Die meisten Käufer von Eigentumswohnungen büßten ihr Erspartes ein und mussten im Falle eines Verkaufs noch Teile des nicht durch den erzielbaren Preis gedeckten Darlehens zusätzlich an die Bank zahlen. Banken, die das Immobilienspiel der Neunzigerjahre mitspielten und ohne zu rechnen und zu prüfen jeden Darlehensantrag durchwinkten, wurden mit Verlusten bestraft, sogar manchmal auch wegen Betrugs, Übervorteilung, arglistiger Täuschung strafrechtlich und zivilrechtlich verfolgt. Schadenersatz musste gezahlt werden, Geld- und Freiheitsstrafen wurden verhängt. Viele Vertriebsgesellschaften (sogenannte „Strukturvertriebe") stellten ihren Betrieb ein. Viele dieser „Strucki" genannten Verkäufer, meistens Handelsvertreter, sprangen über die Klinge. Selbstmorde von Immobilienvertrieblern und Käufern wurden auch in der Presse publik. Es floss viel Blut, im echten und im übertragenen Sinne. In diesem historischen und wirtschaftlichen Kontext muss auch die internationale Finanzkrise gesehen werden. So schlimm, wie es die Deutschen, die Spanier und die Franzosen mit ihrer Subventionspolitik trieben, konnten es die US-Amerikaner allemal: Sie überboten mit der Kreditpolitik ihrer Banken und Bausparkassen das europäische Finanzdilemma um ein Vielfaches. Deutsche Banken beteiligten sich daran. Dies alles ist der Grund für die Situation, in der wir uns heute befinden und noch für lange Zeit befinden werden (bekannt unter „Finanzkrise", „Immobilienblase", „Euro-Krise", „Zinskrise").

Die Situation der Jahre seit 2018, dem Erscheinen der ersten Auflage dieses Buches, bis heute im Jahr 2024 gleicht fast identisch der geschilderten Situation in den 1990er-Jahren. In meinem Vorwort habe ich darauf hingewiesen. Die Finanzkrise der Jahre 2008/2009 führte dazu, dass die EZB, die Europäische Zentralbank, die um die Erde zirkulierenden Anleihen in Zig-Milliarden Größenordnungen kaufen musste, um die Geldwertstabilität zu erhalten (die einzige Aufgabe der EZB!), die Basiszinssätze bis zu Minus-Zinsen senkten (Folge: die anlegenden Banken bekamen weniger Geld zurück, als sie an die EZB zahlten) und somit eine Signalwirkung auf die anderen Geldanlagen (z. B. Anleihen der Staaten) ausübte. Die Darlehenszinsen für Immobilien mit 10- bis 15-jähriger Zinsbindung sanken auf 0,5 % bis 1,5 % pro Jahr. Manchmal gab es sogar Zinsen in Höhe von 1,75 % bis zur endgültigen Tilgung des Darlehens. Natürlich hoben die Banken die Tilgungen an zwischen 2,5 % bis 4 % p.a., um möglichen Zinsanpassungen nach oben bei geringeren Restdarlehen nach Auslauf des niedrigen Zinses das Risiko zu hoher Annuitäten zu nehmen.

Dies führte seit nach einer stagnativen Phase zwischen 2010 und 2015/2016 ab etwa 2018/2019 zu einem rasanten Aufwärtstrend der Immobilienpreise, einhergehend mit dem Sinken der Renditen bei Kapitalanlagen in Immobilien (die Differenz zwischen Darlehenszinsen und Mieten war durch den niedrigen Zins bestens zu kompensieren). Nach 2020 gab es noch eine Beschleunigung der Aufwärtsbewegung mit Preissteigerungen im zweistelligen Bereich pro Jahr. Manche verdoppelten oder verdreifachten den Kaufpreis bei Erwerb ohne Zutun, bis die Situation im Frühjahr 2022 radikal kippte durch den rasanten Anstieg der Darlehenszinsen bis zum Drei- bis Vierfachen: aus 1 %–1,5 % p.a. wurden plötzlich 4,5 %–5 % p.a. in wenigen Monaten. Enormer Rückgang der Nachfrage nach Immobilien, Stopp von Neubauvorhaben, Pleiten von Immobilienkonzernen, Gefährdung von großen Bestandshaltern sind die Folgen. Es wurden bis zu 20 % weniger Immobilien verkauft zu bis 20 % geringeren Preisen – siehe auch die Daten im Vorwort zur dritten Auflage.

Sie Sie unschwer erkennen können, hat sich der Markt durch staatliche Eingriffe (Steuerpolitik) und „quasistaatliche" Eingriffe (Zinspolitik) immer wieder verändert. Das Ergebnis ist immer das Gleiche – siehe oben. Der Zyklus wird anhalten und ab 2028 – so die übereinstimmende Meinung namhafter Volkswirte – wird wieder eine Belebung einsetzen. Bis dahin ist mit einer hohen Stabilität zu rechnen.

„Was hat das jetzt mit meiner persönlichen und wirtschaftlichen Situation zu tun?", werden Sie fragen. Mit der Situation Ihrer Immobilie im Markt? Alles! Denn das Umfeld, das wirtschaftliche Klima, von der Vergangenheit, durch Stammtischsprüche und Schlagzeilen geprägte Vorurteile und Allgemeinplätze beeinflussen die Stimmung und damit auch das Preisgefühl für Immobilien, ebenso auch Ihre individuelle Beurteilung Ihrer eigenen Immobilie. Durch die Vielfalt an Informationen und Eindrücken, insbesondere durch die interessierten Branchen und Berufe, wie Makler, Bauträger, Finanzberater, Ihre Freunde, Bekannten sowie die sogenannten „Expertenmeinungen" (ich habe auch eine!) wird es kaum möglich sein, ein objektives Bild über die Marktsituation Ihrer Immobilie zu gewinnen.

> **Fragen**
> Gibt es wieder einen Hype? Und wann?
> Gibt es einen Bedarf? Und wenn ja: wie hoch ist er?
> Gibt es eine Verknappung für den Immobilientyp, den Sie gerade besitzen? Oder für das Umfeld, die Umgebung, die Lage?
> Welchen Wert haben Wohnungen in Hochhäusern? In welcher Etage? Nach welcher Himmelsrichtung? Mit welchen Raumgrößen? Mit oder ohne Terrasse?
> Ist das Einfamilienhaus auf dem Lande heute noch „en vogue"?
> Und welcher Typ davon?
> Und aus welchem Baujahr und in welchem Erhaltungszustand?
> Trifft meine Preisvorstellung den Markt?

Ihre ganz persönliche Preisvorstellung, besser: Wertvorstellung, noch besser: Ihr Wunsch- oder Hoffnungspreis ist zunächst geprägt vom Preis und den Kosten, die Sie beim Erwerb zahlten (Steuern, Gebühren, Provisionen) und den Kosten, die für Renovierung, Modernisierung und Sanierung sowie für fortlaufende Maßnahmen zur Erhaltung und Verbesserung Ihres persönlichen Wohnwertes und für die Werterhaltung der Substanz anfielen. Das addieren Sie nun, weil Sie alle Quittungen und Rechnungen fein säuberlich aufbewahrten. Dazu rechnen Sie auch die Zinsen, die Sie an die Bank zahlten und die „üblichen" Wertsteigerungsraten von durchschnittlich mindestens einem Prozent pro Jahr, in Städten bis zu zehn Prozent, bei Eigentumswohnungen noch mehr. Das haben Sie aus glaubwürdigen Quellen, wie Veröffentlichungen von Banken, der Bundesbank, echter und selbst ernannter Experten, der Maklerverbände oder der wohnungswirtschaftlichen Verbände. Und durch Fragen im Bekanntenkreis, am Arbeitsplatz, im Verein, im Urlaub, beim Stammtisch oder sonst irgendwo haben Sie Informationen aufgeschnappt. Jetzt geht das Preisniveau aus geschilderten Gründen und der sich daraus ergebenden Atmosphäre eben wieder mal nach unten.

Am Ende steht dann irgendeine Zahl. Vielleicht kommt sie Ihnen etwas hoch vor, denn Sie haben sich auch schon mal auf den einschlägigen Immobilienportalen im Internet herumgetrieben und festgestellt: ganz schön hohe Preise! Die vergangenen Hochpreisjahre lappen nach ... Was Sie da auf den Fotos sehen: alles schlechter und weniger wert als ihre Immobilie. Ungepflegte Häuser, Fotos vom Gäste-WC mit offenem Klodeckel, Einrichtungen im Stil des viel zitierten „Gelsenkirchener Barocks" aus der Zeit des „frühen Woolworth" oder des „späten Neckermann", abgeschabte Teppichböden, geschmacklose Bäder, veraltete Einbauküchen, ungepflegte Außenanlagen, unbrauchbare Schwimmbäder, kitschige offene Kamine und Kachelöfen, überalterte Kellerbar und so weiter. Und wie viel rufen die dafür auf? Und dazu kommt auch noch Provision? Wofür eigentlich? Unerhört! Skandal! Sie fühlen sich in Ihrer Einschätzung bestätigt und schlagen auf den Preis noch die Provision auf, die ein möglicher Makler verdienen würde. Das können Sie auch selbst verdienen. Wo kommen wir denn hin, dass irgendwelche Leute an Ihrer Immobilie verdienen? Ohne Leistung! Denn die im Internet sichtbare Maklerleistung steht für Sie in keinem Verhältnis zur Provision. Denn was die können, das können Sie auch. Und die Internetportale helfen Ihnen dabei: mit einer großen Reichweite, rechtlichen Hinweisen und einem Programm zur Bewertung Ihrer eigenen Immobilie. Sie brauchen nur ein paar wenige Daten einzugeben und in Minutenschnelle und für wenige Euro haben Sie den Wert, der Ihre Einschätzung bestätigt. Es gibt auch ein paar Online-Bewertungsprotale für die ganz Genauen unter Ihnen. Da brauchen Sie keinen Makler, keinen Sachverständigen. Die kosten doch nur überflüssiges Geld. Das kann man sich sparen. Und was soll ich Ihnen sagen? Sie haben für sich sogar Recht, mindestens zu 80 %. Das alles ist natürlich stark subjektiv geprägt. Es ist Ihr ureigener Eindruck und die Meinung, die Sie sich gebildet haben.

> **Beispiel**
>
> Dazu kommt noch ein wesentlicher psychologischer Aspekt: In der Sozialforschung gibt es den Begriff des „Endowment-Effektes". Damit wird der sogenannte „Besitztums-Effekt" beschrieben: Alles, was uns gehört, ist grundsätzlich wertvoller als das, was anderen gehört. Rolf Dobelli hat es in seinem Buch „Die Kunst des klaren Denkens" sehr plastisch und aus eigenem Erleben geschildert (vgl. Dobelli 2011). In seinem Buch beschreibt er, wie er einmal einen BMW erwarb. Ursprünglich für 50.000 € angeboten, erwarb er ihn für 40.000 €. Bei einem Tankstopp am nächsten Tag sprach ihn der Tankwart an und bot ihm für das Auto 53.000 €. Das Auto war in seinen, Dobellis, Augen beim Kauf maximal 40.000 € wert. Der Tankwart bot deutlich mehr. Trotzdem lehnte er ab, das Fahrzeug zu verkaufen. Es war ihm jetzt deutlich mehr wert als dieser höhere Betrag. Das ist genau der Denkfehler. Denn sonst hätte er beim Verkauf cash 13.000 € verdient. Das bedeutet: Wenn wir etwas verkaufen, verlangen wir deutlich mehr Geld, als wir bereit wären, selbst dafür auszugeben.
>
> Noch krasser ist der von Rolf Dobelli in diesem Buch erwähnte Versuch des bekannten Sozialforschers und Psychologen Dan Ariely. Er führte mit seinen Studenten ein Experiment durch, bei dem er Eintrittskarten zu einem wichtigen Basketballspiel verloste. Anschließend fragte er jene Studenten, die leer ausgegangen waren, wie viel sie bereit gewesen wären, für eine Karte zu bezahlen. Die meisten gaben einen Preis von ca. 170 US$ an. Dann fragte er die Studenten, für wie viel sie bereit wären, ihre gewonnene Karte zu verkaufen. Der durchschnittliche Preis lag bei 2400 US$. Dobelli schließt diesen Absatz mit der Erkenntnis: „Die einfache Tatsache, dass wir etwas besitzen, verleiht dieser Sache offenbar Wert".

Und gerade bei einer eigenen Immobilie (egal, ob sie selbst darin wohnen oder ob sie vermietet ist) ist die emotionale Bindung noch deutlich höher als bei einer Eintrittskarte oder einem Auto. Hinzu kommt der Trennungsschmerz. Diesen emotionalen Mehrwert und den Preis der Trennung soll jetzt ein eventueller Käufer mit bezahlen. Das ist natürlich absurd. Das macht niemand. Den „richtigen" Angebotspreis festzulegen ist daher einer der wichtigsten Punkte in der Vorbereitung des Immobilienverkaufes. Liegt der Preis zu niedrig, verschenken Sie Geld. Liegt Ihre Vorstellung zu hoch, verprellen Sie Kaufinteressenten.

> Eine ausführliche Marktanalyse ist unerlässlich! Orientieren Sie sich an den Angeboten Ihrer Konkurrenz, holen Sie Daten über ähnliche, bereits verkaufte Immobilien ein und vergleichen Sie genau.

> Seien Sie ehrlich zu sich selbst und versetzen Sie sich in die Situation des Käufers! Stellen Sie sich die Frage: Wäre ich bereit den geforderten Preis zu bezahlen? Wenn Sie im Zweifel sind, wie viel Geld Sie für Ihr Haus, Ihre Wohnung verlangen können, wenden Sie sich an Spezialisten. Es geht um einen großen Teil Ihres Vermögens! Wie das geht und welche Spezialisten geeignet sind, das lesen Sie in einem späteren Kapitel.

1.4 Die vierte Richtige: vollständige Dokumente

> **Von der Wiege bis zur Bahre – Formulare, Formulare**
> Kaufinteressenten möchten sich natürlich genau über Ihre Immobilie informieren, bevor der Entschluss zum Kauf gefasst wird. Stellen Sie also sicher, dass Sie alle nötigen Doku-

mente bereithalten, um keine Auskunft schuldig zu bleiben! Und nun begeben Sie sich in Ihr Büro, schauen Sie im Wohnzimmerschrank nach, im Bücherschrank, in Ihren Akten. Vielleicht haben Sie die Dokumente sogar schon gescannt. Sicher haben Sie alles gut abgeheftet und aufbewahrt. Die Sicherheitsbewegten unter Ihnen haben die Dokumente vielleicht im eigenen Tresor oder im Bankschließfach. Und da Sie nicht täglich mit diesen Dingen zu tun haben und diese auch Jahrzehnte lang nicht benötigen, kommen Ihnen manche sehr unbekannt vor.

Aber keine Bange: bei Ämtern, Behörden, Ihrer Hausbank oder Ihrer Versicherung sind die Dokumente allemal aufbewahrt. Es kostet halt ein bisschen Zeit und Mühe, sie zu besorgen.

In jüngster Zeit verlangen Banken häufig die Original-Baugenehmigung. Bei einem Haus Baujahr 1912 gab es gottseidank noch die Bauakte im städtischen Archiv – gut lesbar und in Sütterlin-Schrift … Sie verlangen oft von Architekten und Sachverständigen testierte Wohnflächenberechnungen. Oder nachgezeichnete Pläne, wenn keine mehr vorhanden sind. Je vollständiger Sie Ihre Dokumente haben, umso besser und geschmeidiger der Verkaufsvorgang.

1.4.1 Wichtigstes Dokument: Grundbuchauszug

Das Grundbuch besteht aus mehreren Teilen. Und es genießt den sogenannten „öffentlichen Glauben". Das bedeutet kurz gesagt: Was drinsteht, gibt es und es stimmt. Was nicht drin steht, gibt es nicht. So einfach ist das.

Die Teile des Grundbuchs sind.

a) **Das Deckblatt** mit der Bezeichnung des Amtsgerichtes, bei dem das Grundbuch geführt ist, die Gemeinde/Stadt, die Gemarkung oder der Bezirk und die Nummer des Grundbuches.

b) **Das Bestandsverzeichnis.** Dort ist das Flurstück oder das Grundstück (wenn es aus mehreren Flurstücken/ Parzellen besteht, die eine einheitliche wirtschaftliche Nutzung darstellen) mit der Flurnummer und der Flurstücknummer (oder mehreren Flurstücknummern) sowie mit den jeweiligen vom Katasteramt gemessenen Größen in ha (Hektar), ar (Ar) und Quadratmetern verzeichnet. Da diese amtlich vermessen sind, sind sie immer richtig. Im Bestandsverzeichnis sind auch Rechte dieses Grundstücks an anderen Grundstücken registriert, zum Beispiel Wegerechte, Geh- und Fahrrechte, Versorgungsrechte und das Erbbaurecht, wenn es sich um ein Erbbau-Grundbuch handelt. Bei Eigentumswohnungen oder bei gewerblichem Teileigentum sind die zum Eigentum gehörenden Bruchteile am gesamten Grundstück (= Gemeinschaftseigentum) und dazu gehörende Teile wie zum Beispiel Garage, Hobbyraum, Sondernutzungsrechte an Gärten, Terrassen oder Stellplätze für Autos und Fahrräder, die zum jeweiligen Sondereigentum gehören oder als Sondernutzungsrecht zugeordnet sind, verzeichnet. Diese Eintragungen sind aus der Teilungserklärung übertragen. Auch dies ist grundsätzlich richtig, weil sie von einem Notar angefertigt ist und vom Grundbuchamt anhand der Abgeschlossenheitsbescheinigung und den Teilungsplänen (aus den genehmigten Bauplänen) in Verbindung mit der Teilungserklärung penibel geprüft wurde.

c) **Die erste Abteilung (römisch I).** Dort steht der jeweilige Eigentümer (oder mehrere) im Verhältnis der Anteile am Eigentum, bei Ehepaaren meistens jeweils klassisch die Hälfte. Geteilte Erbengemeinschaften mit den jeweiligen Anteilen der einzelnen Erben, bei ungeteilten Erbengemeinschaften sind sie in einer mit Kleinbuchstaben gegliederten Reihenfolge registriert. Der Unterschied: Bei geteilten Erbengemeinschaften können einzelne Erben individuell ihre Anteile veräußern, was bei ungeteilten Gemeinschaften nicht geht, weil es keine einzelnen Teilmengen gibt.

d) **Die zweite Abteilung (römisch II).** Dort sind Rechte und Beschränkungen am Grundstück eingetragen. Es gibt Rechte, die den Wert, die Nutzung oder die Verfügung des Grundstücks regeln und einschränken, und solche, die dem Grundstück nutzen. Beginnen wir mit denen: Es sind die Versorgungsrechte und Zugangsrechte für Versorgungsunternehmen, wie Wasserwerke, E-Werke, Stadtwerke, Fernheizwerke oder dergleichen. Und dann gibt es die vielfältigsten anderen Regelungen für Dritte (sogenannte persönlich beschränkte Dienstbarkeiten) oder Rechte am Grundstück (Grunddienstbarkeiten) oder Verfügungen. Zu den persönlich beschränkten Dienstbarkeiten gehören Wohnrechte, Nießbrauchrechte, individuelle Wege-, Geh- und Fahrrechte für bestimmte Personen sowie Vorkaufsrechte. Grunddienstbarkeiten können sein: Erbbaurechte, Überbau- und Grenzregelungen, Wege-, Geh- und Fahrrechte für bestimmte Grundstücke oder Leitungsrechte. Eingetragene Verfügungen können sein: Anordnung zur Zwangsversteigerung oder Zwangsverwaltung, Testamentsvollstreckung, Vormerkungen für Eigentumsumschreibung (die sogenannte Auflassungsvormerkung), Eintragungen im Denkmalkataster und Grundstücksumlegungen. Für alle diese Eintragungen gibt es Verträge (diese sind in der Grundakte aufbewahrt) oder amtliche Verfügungen. Diese sind zum Teil öffentlich, wie zum Beispiel Zwangsversteigerungen.

e) **Die dritte Abteilung (römisch III).** Dort sind alle finanziellen Belastungen, wie Grundschulden, Hypotheken oder Rentenschulden (zum Beispiel Leibrenten), Zinsen und Nebenleistungen eingetragen. Zinsen und Nebenleistungen sind oft aus Gründen der Sicherung sehr hoch eingetragen; die mit den jeweiligen Personen oder Institutionen in Darlehensverträgen vereinbarten zu zahlenden Zinsen gelten zwischen den Parteien. Alle Eintragungen sind nominal, unabhängig davon, wie viel Restschulden noch an die jeweiligen Institute zu zahlen sind. Ebenso ist ggf. vermerkt, wie hoch der jeweils aktuelle Erbbauzins ist oder in welcher Höhe die Leibrente nach vertraglichen Anpassungen zu zahlen ist. Manchmal entdeckt man bei Ein-Zimmer-Appartments noch eine Eintragung über eine oder zwei Millionen D-Mark. Die Erklärung: Banken tragen bei Eigentumswohnungs-Neubauten immer die gesamte Kreditsumme auf jedes einzelne Wohnungseigentum ein. Da diese Gelder nicht mehr bei den Banken zu Buche stehen, werden diese Summen bei nächster Gelegenheit, zum Beispiel beim Verkauf immer gelöscht.

1.4.2 Nächstes Dokument: Auszug aus dem Baulastenverzeichnis

Es handelt sich hierbei um ein baurechtliches Dokument. Vorausgegangen ist eine Baugenehmigung, zum Beispiel für eine sogenannte „Hinterland-Bebauung". Das vordere, meist an einer Straße liegende Grundstück ist das sogenannte „dienende Grundstück", über dessen Teilfläche die Zuwegung sowie die Ver- und Entsorgung des hinteren Grundstücksteils technisch vorgenommen wird. Das hintere Grundstück wird auch als das „herrschende Grundstück" bezeichnet. Das Gleiche gilt für Grenzbebauungen oder für das Unterschreiten von Gebäude-Mindestabständen. Die Eintragungen sind grafisch dargestellt auf einem Lageplan und mit einem Text erläutert. Oft werden diese Dinge auch im Grundbuch geregelt (siehe oben). Dies geschieht im Bereich des „privaten Rechts" von Nachbar zu Nachbar.

Das Grundbuch gehört zu diesem Rechtsgebiet und ist im BGB, dem „Bürgerlichen Gesetzbuch", geregelt. Baugenehmigungen gehören zum Bereich des „öffentlichen Rechts". Dies gilt für und gegen jedermann. Daher kann in das Baulastenverzeichnis bei der Genehmigungsbehörde (Bauamt) auch jeder einsehen, was beim Grundbuch nicht möglich ist. Dazu muss ein berechtigtes Interesse nachgewiesen werden. Das wird aus Gründen des Datenschutzes sehr streng ausgelegt. Nicht einmal Notare dürfen aus Lust und Laune Einsicht nehmen. Es muss immer ein triftiger Grund definiert werden oder es muss eine Vollmacht des Eigentümers vorliegen. Das bedeutet auch, dass private Rechtsverhältnisse im Grundbuch durch Einigung zwischen zwei Parteien eingetragen, geändert oder gelöscht werden können. Beim öffentlichen Recht geht dies nur durch eine öffentliche Genehmigung. Regelungen solcher Art sind fast schon „ewig" gültig und haben daher eine höhere Sicherheit. Baulastenverzeichnisse gibt es in allen Bundesländern, außer in Bayern.

In Baden-Württemberg, genauer: im Landesteil Württemberg gibt es eine eher seltene Besonderheit: das „Servitutenbuch". Es ist eine Verfügung für das Königreich Württemberg vom 6. Dezember 1836. Servitutenbücher sind Spezialverzeichnisse, in denen die dauerhaften Grunddienstbarkeiten (Servituten) eines Grundbuchbezirks oder einer Gemeinde eingetragen sind. Diese bestehen unabhängig vom jeweiligen Eigentümer fort und lasten auf dem Grundstück zu Gunsten eines Dritten. Der Eigentümer eines dienenden Grundstücks muss Einschränkungen hinnehmen, kann bestimmte Handlungen auf seinem Grundstück nicht durchführen oder muss bestimmte Handlungen auf seinem Grundstück erdulden. Diese wurden ab 01.01.1900 in die Abt. II der Grundbücher übernommen. Die Originale sind in alter deutscher Schrift handschriftlich erstellt – sehr schwer lesbar für heutige Generationen.

Wenn Sie mehr wissen wollen: https://www.leo-bw.de/themenmodul/sudwestdeutsche-archivalienkunde/archivaliengattungen/amtsbucher/servitutenbucher.

1.4.3 Lageplan oder Flurkarte

Dieses Dokument gibt es bei den Vermessungsämtern, Ämtern für Bodenmanagement, früher „Katasteramt" genannt. Es handelt sich um eine Zeichnung des Flurstücks, der Parzelle bzw. des Grundstücks nach der amtlichen Vermessung. Es ist nach einem bestimmten Nummernschlüssel registriert und bezeichnet die Grenzen und die Größe eines bestimmten vermessenen Teils der Erdoberfläche. Das Grundstücksregister ist auch öffentlich und genießt ebenso den sogenannten „öffentlichen Glauben". Allerdings: Eine Einsicht, wem welches Grundstück gehört, ist nicht öffentlich und unterliegt analog zum Grundbuch dem Datenschutz.

Mit diesem Dokument in Verbindung mit der Registrierung im Bestandsverzeichnis des Grundbuches kann das Eigentum definiert bzw. identifiziert werden. Darin sind auch das Gebäude und eventuelle Nebengebäude eingezeichnet.

Im sogenannten „Flurstücknachweis" sind die genaue Größe, die Lage nach Längen- und Breitengraden sowie die Art der Nutzung, zum Beispiel Unland (zu nichts nütze), Acker- und Weideland, Verkehrsfläche (Straßen, Wege) oder Hof- und Gebäudefläche, registriert.

1.4.4 Baugenehmigung und Baubeschreibung

Prüfen Sie, ob Ihr Haus eine Baugenehmigung hat – oder ob spätere An- und Ausbauten genehmigt sind. Sie fragen sich: es steht doch, warum soll es nicht genehmigt sein? Immer noch gibt es Gebäude aus den späten Vierziger- und frühen Fünfzigerjahren des 20. Jahrhunderts, die nicht genehmigt sind. Sie stehen zumeist am Rande oder außerhalb von Ortschaften, einer geschlossenen Bebauung oder in Wochenend- und Freizeitgebieten. Manches Mal hat der vorige Eigentümer das Dach ausgebaut (im entsprechenden Bebauungsplan sind Dachausbauten nicht genehmigt) oder einen Wintergarten angebaut. Und hier gibt es keinen gesetzlichen Bestandsschutz. Die Eigentümer haften für diesen Mangel. Vor dem Verkauf müssen Sie also genau prüfen und notfalls nachgenehmigen lassen. Das ist in der Regel problemlos. Es kostet natürlich etwas. Allerdings werden Sie diese Kosten über einen besseren Kaufpreis kompensieren und natürlich auch darüber, dass keine Fragen offen bleiben.

In einem kleinen Ort im Schwäbischen südlich von Stuttgart musste ich eine vor etwa 25 Jahren gebaute Scheune nachgenehmigen lassen – incl. Standsicherheitsnachweis. Kosten etwa € 5000,00 für Architekt und Statiker. Das war eine Investition in den Wert der Immobilie – ein sehr guter Kaufpreis wurde erzielt. Hätte ein Käufer in gutem Glauben diese Liegenschaft erworben und später festgestellt, dass die Scheune als Ersatzbau einer an der Stelle abgebrochenen Scheune ohne Genehmigung errichtet wurde, müsste der Eigentümer für den Schaden haften – der wäre unabsehbar und sehr viel teurer.

> Hören Sie bitte nicht auf Makler, die Provision schnuppern, oder auf Nachbarn und andere Leute, die Ihnen sagen: „Bloß keine schlafenden Hunde wecken!" Ihr Käufer wird Sie schon wachrütteln, wenn etwas nicht stimmt oder nicht zulässig ist.

1.4.4.1 Baubeschreibung

Zu jedem Bauantrag, zu jeder Baugenehmigung gibt es eine Baubeschreibung. Darin werden in amtlichen Kürzeln die Materialien bezeichnet, aus denen das Gebäude besteht und erbaut ist, zum Beispiel die Mauerwandstärke der Außen- und Innenwände, die Decken, die Dachdeckung, die Dämm-Materialien, die Heizung sowie die Sanitär- und Elektroinstallationen. Zur Baugenehmigung gehören auch der Wärme- und Schallschutznachweis sowie die statische Berechnung. Beigefügt sind auch die Entwässerungspläne für den Anschluss an das öffentliche Netz.

Wenn Sie Ihr Haus oder Ihre Eigentumswohnung als Neubau erworben haben, wird Ihnen Ihr Bauträger oder Ihr Bauunternehmer auch eine ausführliche und sehr umfangreiche Bau- und Leistungsbeschreibung ausgehändigt haben. Dies gehört zu den Lieferbedingungen, nach denen das Bauwerk abgerechnet und bezahlt wird. Damit werden Sie in die Lage versetzt, jederzeit die Teilleistungen kontrollieren und prüfen zu können, bevor Sie sie bezahlen. Dazu gehören selbstverständlich auch eine umfangreiche und genaue Berechnung der Wohn- und Nutzflächen, die Berechnung des umbauten Raumes (in Kubikmetern) oder der Bruttogeschossfläche (BGF), die Gestaltung der Außenanlagen mit Pflanzflächen, Garagen und Stellplätzen sowie bei Wohnungseigentum der obligatorische Spielplatz und die Plätze für Mülltonnen.

1.4.4.2 Bauzeichnungen

Bauzeichnungen sind ebenso fester Bestandteil einer Baugenehmigung. In der Baugenehmigungsakte sind die Pläne (Grundrisse der einzelnen Etagen und der Querschnitt durch das Gebäude) für Laien nicht immer klar durchschaubar, weil sie mit vielen Zeichen und Maßen versehen sind. Meistens werden noch hübsche und verkäuferisch gezeichnete Grundrisse mit Beispiel-Möblierung und den Sanitäreinrichtungen illustriert. Dies hilft Ihnen bei der Aufstellung eines Verkaufsexposés. Oft sind diese Pläne im Maßstab 1:50 angelegt (das ist der Maßstab für die Ausführung der einzelnen Bauelemente, der später speziell den Bauhandwerkern dient), in der Regel jedoch 1:100 (ein Zentimeter in der Zeichnung entspricht einem Meter in der Realität). Im Internet gibt es Dienstleister, die aufgrund der Originalpläne aus der Bauakte hübsche, bunte und verkäuferisch aufgemachte Pläne liefern. Aber Achtung: Diese sind nie maßstabsgerecht. Sie sind nur dazu gedacht, das Angebot positiv darzustellen, um dem Interessenten eine Vorstellung über die Größenverhältnisse zu vermitteln und sind dazu auch mit Beispielen für eine Einrichtung versehen.

Bei Neubauprojekten von Reihenhäusern oder Eigentumswohnungen werden vom Bauträger immer ordentliche Grundrisse geliefert, die auch von Laien gut gelesen werden können.

1.4.5 Berechnungen der Wohnfläche, des umbauten Raumes und der Brutto-Grundfläche

Es gibt vier unterschiedliche Normen für die Wohnflächenberechnung. Zudem gibt es keine einheitliche Definition für das Wort „Wohnfläche". Alle Normen für Wohnflächenberechnungen gelten für den öffentlich geförderten Wohnungsbau. Für den frei finanzierten Wohnungsbau (die überwiegende Mehrzahl der Wohnungen) existiert keine allgemein anerkannte Norm. Allerdings wird übereinstimmend in der Branche und in der Rechtsprechung die jeweils aktuelle Norm der Wohnflächenberechnung herangezogen. Bei Altbauten gilt dann immer die Norm, nach der die Flächen einmal berechnet wurden.

Zunächst die DIN 277: Sie regelt die Berechnungen der Grundflächen und Rauminhalte von Bauwerken im Hochbau. Sinn und Zweck der DIN 277 ist in erster Linie, für Baukostenkalkulationen im Sinne der DIN 276 einheitliche und vergleichbare Grundlagen zu schaffen.

Nach der DIN 277 geht man von der Brutto-Grundfläche (BGF) aus, die über die Außenmaße des Gebäudes bestimmt wird. Davon wird die Konstruktionsfläche abgezogen, die alle Wände, Stützen usw. enthält. Übrig bleibt die Netto-Grundfläche (NGF). Die Netto-Grundfläche unterteilt sich wiederum in Nutzfläche (NF), Funktionsfläche (FF) und Verkehrsfläche (VF). Die Nutzfläche unterteilt sich nochmals in Hauptnutzfläche und Nebennutzfläche. Mit der Wohnfläche etwa vergleichbar sind die Flächen von Hauptnutzfläche, Nebennutzfläche und Verkehrsfläche. Derzeit gültig ist die Fassung vom Juni 1987.

Und nun zur DIN 283. Sie dient der Berechnung von Wohnflächen:

- Wohn-/Schlafräume (auch Wohndielen und ausreichend beheizbare Wintergärten). Abhängig von der Größe wird unterschieden in Wohn- und Schlafzimmer (mindestens zehn Quadratmeter) und Wohn- und Schlafkammern (mindestens sechs Quadratmeter und weniger als zehn Quadratmeter).
- Küchen, die in Wohnküchen (mindestens zwölf Quadratmeter) und Kochküchen unterteilt werden.
- Nebenräume, zum Beispiel Dielen, Schrankräume, Abstellräume, Windfänge, Vorräume, Flure, Treppen innerhalb der Wohnung einschließlich Treppenabsätze, Galerien, Aborte, Wasch-, Dusch- und Baderäume, Spülküchen, Speisekammern, Besenkammern und dergleichen, Veranden, nicht ausreichend beheizbare Wintergärten, Hauslauben (Loggien), Balkone und gedeckte Freisitze.

Die DIN 283 wurde im Oktober 1983 zurückgezogen. Irgendeinen Maßstab benötigt man natürlich, um die Flächen, die gebaut, vermietet oder verkauft werden, einheitlich zu berechnen. Dazu diente dann die Zweite Berechnungsverordnung (II. BV). Die II. BV war bis zur Ablösung durch die Wohnflächenverordnung (WoFlV) im Januar 2004 die gültige Verordnung für die Wohnflächenermittlung bei öffentlich geförderten Wohngebäuden.

Zur Wohnfläche gehören folgende Grundflächen:

- Grundflächen der Räume, die ausschließlich Wohnzwecken dienen
- Wintergärten, Schwimmbäder und ähnliche nach allen Seiten geschlossene Räume, wenn sie ausschließlich zu der Wohnung gehören
- Balkone, Loggien, Dachgärten und Terrassen, wenn sie ausschließlich zur Wohnung gehören

Nicht zur Wohnfläche gehören die Grundflächen folgender Räume:

- Zubehörräume wie Kellerräume, Waschküchen, Abstellräume außerhalb der Wohnung, Dachböden, Trockenräume, Schuppen (Holzlegen), Garagen und ähnliche Räume
- Wirtschaftsräume wie Futterküchen, Vorratsräume, Backstuben, Räucherkammern, Ställe, Scheunen, Abstellräume und ähnliche Räume
- Räume, die bezüglich ihrer Nutzung, nicht den Anforderungen des Bauordnungsrechts genügen
- Geschäftsräume

Seit dem 1. Januar 2004 ist die II. BV nicht mehr gültig. Die (Wohnflächenverordnung (WoFlV) wurde am 25. November 2003 verkündet, trat am 1. Januar 2004 in

Kraft und ersetzt die II. BV, die bis dahin Grundlage für Wohnflächenberechnungen öffentlich geförderter Wohnungen war. Sie dient der Wohnflächenermittlung für den öffentlich geförderten Wohnungsbau.

Zur Wohnfläche gehören folgende Grundflächen:

- die Grundflächen der Räume, die ausschließlich zu einer Wohnung gehören
- Wintergärten, Schwimmbäder und ähnliche nach allen Seiten geschlossene Räume, wenn sie ausschließlich zu einer Wohnung gehören
- Balkone, Loggien, Dachgärten und Terrassen, wenn sie ausschließlich zu einer Wohnung gehören

Nicht zur Wohnfläche gehören die Grundflächen folgender Räume:

- Zubehörräume wie Kellerräume, Abstellräume u. Kellerersatzräume außerhalb der Wohnung
- Garagen
- Räume, die nicht bezüglich ihrer Nutzung, den Anforderungen des Bauordnungsrechts genügen
- Geschäftsräume

In Tab. 1.1 erkennen Sie die Unterschiede der einzelnen Berechnungsarten.

> Wenn Sie keine Berechnungen in Ihren Dokumenten finden, dann lassen Sie von einem Architekten ein Aufmaß vornehmen. Er wird es nach der aktuellen Methode vornehmen. Damit schaffen Sie sich eine rechtlich saubere Grundlage für Ihren zukünftigen Käufer. Es kann dann nicht mehr zu Missverständnissen oder gar rechtlichen Auseinandersetzungen oder gar zu nachträglichen Preisminderungen wegen Schadenersatz kommen. Die bisherigen Berechnungen nach den oben genannten Vorschriften behalten ihre Gültigkeit. Die Flächen müssen nicht nachberechnet werden.

Tab. 1.1 Berechnung der Wohnfläche

Raumteile	DIN 283 (%)	II. BV (%)	WoflV (%)	DIN 277 (%)	SW-RL (%)
Räume allgemein mit einer lichten Höhe von mindestens **2 m**	100	100	100	100	100
Räume allgemein mit einer lichten *Höhe* von mindestens **1 m**	50	50	50	100	100
Räume allgemein mit einer lichten Höhe von **weniger als 1,5 m**	Keine Regelung	Keine Regelung	Keine Regelung	100	100
Kriechkeller, nicht begehbare **Hohlräume** mit einer Höhe von *weniger* als *1,20 m*	Keine Regelung	Keine Regelung	Keine Regelung	0	0
Allseits umschlossene *ausreichend* **beheizbare Wintergärten**	100	50	100	100	100
Allseits umschlossene *nicht ausreichend* **beheizbare Wintergärten**	50	Keine Regelung	Keine Regelung	100	100
Allseits umschlossene *nicht beheizbare* **Wintergärten**	Keine Regelung	Keine Regelung	50	100	100
Gedeckte *Loggien, Terrassen, Balkone*	25	bis zu 50	25 bis 50	100	0
Nicht gedeckte Loggien, Balkone, Terrassen	0	bis zu 50	25 bis 50	100	0
Dachgärten	keine Regelung	bis zu 50	25 bis 50	100	0
Flächenanteile unter Treppen	100 % wenn lichte Höhe mind. 2 m sonst: 0	100 % wenn lichte Höhe mind. 2 m sonst: 0	Keine Regelung	100	100

Beispiel

Auch hier muss ich ein drastisches Beispiel erwähnen. Ein Stammkunde, dem ich vor knapp 35 Jahren das Einfamilienhaus verkaufte, in dem er und seine Familie bis heute wohnen, war mit seiner Handwerksfirma (Sanitär, Bäder) erfolgreich und wollte Geld anlegen. Ich fand ein Mehrfamilienhaus aus der Gründerzeit. Bei der Recherche fiel mir auf, dass bei vier von sieben Wohnungen keine genauen Flächenangaben existierten, geschweige denn Flächenberechnungen. Die Wohnungen wurden in der Vergangenheit vielfach baulich verändert. Nie wurden genaue Pläne gezeichnet oder gar Berechnungen durchgeführt. Der Verkäufer war ein Frankfurter Gemüsehändler und der typische Selfmademan. Der Käufer hat zwei Meisterbriefe (Heizung und Sanitär) und ist ebenfalls der typische Selfmademan, aber er verstand etwas vom Bau, von Berechnungen und Normen. Er legte nun großen Wert auf eine saubere Wohnflächenberechnung. Gerade auch wegen der Mieter und der Berechnung der korrekten Miete gemäß Mietspiegel. Das tat ich auch, denn ich musste ein Wertgutachten anfertigen, um den Kaufpreis zu bestimmen. Gemeinsam mit einem Architekten führte ich nun mit Zollstock, Maßband und Infrarot-Messgerät das Aufmaß durch. Im Kaufvertrag wurde die Wohnfläche auch als zugesicherte Eigenschaft erwähnt. Der Käufer baute nun das Dachgeschoss als zusätzliche Wohnung aus. Ein Teil war schon (inoffiziell) als Wohnung genutzt. Es galt nun, den anderen Teil des Dachbodens zusätzlich auszubauen, die vorhandene Wohnung zu sanieren und als Wohnraum zu legalisieren. Die Absicht war, das Haus nach Renovierungs- und Sanierungsarbeiten wieder zu verkaufen. Gesagt, getan: Nach zwei Jahren bekam ich den Verkaufsauftrag. Der Gewinn nach Abzug des Kaufpreises, der damaligen Erwerbskosten und der Sanierungen ergab sich nach einer neuen Bewertung auch aufgrund neuer Mietverträge durch Mieterwechsel und Neuvermietung der beiden Dachwohnungen in der Höhe von rund 60.000 €. Durch den gestiegenen Netto-Mieterlös war der neue Preis, gemessen an den üblichen Renditeerwartungen, die ein Anleger an ein solches Investment hat, mehr als gerechtfertigt. Ich führte eine neue Wertermittlung durch und erhielt zu diesem Zweck auch die neuen Flächenangaben des Dachausbaus.

> Da der Verkäufer Handwerker ist, hatte er diese sicher korrekt berechnet, zumal mir die Berechnungen vorlagen.
> Etwa ein halbes Jahr nach dem Kauf durch eine Investorengemeinschaft, bestehend aus zwei Herren, die sich schon seit Jahren mit Investitionen in Immobilieneigentum beschäftigten, kam es zur Mängelrüge. Obwohl die Flächen im Kaufvertrag und durch die Berechnungen definiert waren, verlangten die Käufer einen Teil des Kaufpreises, nämlich 40.000 €, zurück. Es waren sehr genau zehn Prozent des Kaufpreises. Begründung: arglistige Täuschung wegen falscher Wohnflächenangaben im Dachgeschoss. Die Höhe des Schadens ermittelte sich aus den Flächenangaben im Kaufvertrag im Verhältnis zu den neu gemessenen Flächen. Was war geschehen? Die Käufer ließen von einem Architekten die Flächen nachmessen. Nach der aktuellen Wohnflächenverordnung war die gemessene Fläche rund zehn Prozent geringer als die Angaben meines Auftraggebers. Mein Auftraggeber hatte die Grundfläche der Wohnungen gemessen und vergessen, die Flächen unter den Dachschrägen nur anteilig zu berücksichtigen. Obwohl die Käufer die Angaben im Kaufvertrag akzeptierten und auch die Berechnungen meines Auftraggebers erhielten, gewannen sie den Prozess über zwei Instanzen. Denn die vom Verkäufer zugesicherten Eigenschaften konnten nicht geliefert werden. Ergo: Er haftete dafür in Form des Schadenersatzes in voller Höhe (plus Verfahrenskosten). Der Gewinn war komplett weg.

Und nun kommen wir zu den beiden Begriffen „umbauter Raum" und „Brutto-Grundfläche". Beide kennen Sie jetzt. Wie Sie oben gelesen haben, ist das Maß des umbauten Raumes in Kubikmetern Grundlage für die Berechnung der Baukosten beim Neubau. Bis vor etwa fünfzehn Jahren benutzten die Sachverständigen auch diese Maßeinheit, um Sachwertermittlungen durchzuführen. Mit den neuen Regelungen zur Wertermittlung wurden die Berechnungen der Gebäudewerte auf die Brutto-Grundflächen umgestellt, weil diese objektiver sind. Allerdings verwenden einige Banken immer noch die alte Kubikmeter-Berechnungsregelung. Das bedeutet für Sie: Liefern Sie Ihrem Käufer beide Maße. Dann klappt es auch mit den Banken.

1.4.5.1 Besonderheiten bei Wohnungseigentum oder (gewerblichem) Teileigentum

Es ist immer notwendig, dem potenziellen Käufer die Teilungserklärung auszuhändigen. Da hier nicht nur Ihre Wohnung oder Ihre Gewerbeeinheit verkauft wird, sondern auch ein Anteil am Gemeinschaftseigentum, muss der Erwerber dieses kennen. Und das ist in der Teilungserklärung geschildert. In der Gemeinschaftsordnung (meistens eine Urkunde zusammen mit der Teilungserklärung) stehen alle Rechte und Pflichten der Eigentümergemeinschaft, der Eigentümer untereinander und die Regelungen der Verwaltung. Dies ist im Wohnungseigentumsgesetz (WEG) geregelt. Allerdings können die Eigentümer abweichend vom Gesetz individuelle Regeln für die Nutzung und die Bewirtschaftung für das gemeinschaftliche Eigentum treffen. Es ist das Schöne an diesem Gesetz, dass es die Anwender selbst ausgestalten können. Machen Sie also eine Kopie und händigen Sie diese nur demjenigen aus, der auch tatsächlich kaufen wird. Grundsätzlich gilt der Grundbuchstand – nur bezogen auf den Bestand. Die Gebrauchsregelungen sind dort nicht hinterlegt ... Der Käufer muss nämlich beim Notar erklären, dass er die Teilungserklärung ausgehändigt bekam oder zumindest zur Kenntnis genommen hat. Der gute Notar macht auf die Gefahr aufmerksam, die entsteht, wenn der Käufer keine Kenntnis von der Teilungserklärung und der Gemeinschaftsordnung hat. Dies sollten Sie vermeiden. Es verunsichert Käufer. Das Scheitern des Kaufvertrages ist das Risiko. Ja, so streng sind die Bräuche.

Noch einige Besonderheiten …
Händigen Sie dem potenziellen Erwerber noch folgende wichtigen Dokumente aus – und zwar für die letzten drei zurückliegenden Jahre:

- Wohngeldabrechnungen
- Protokolle der Eigentümerversammlungen
- Stand der Instandhaltungsrückstellung
- Wirtschaftsplan für das folgende Wirtschaftsjahr

Im Übrigen muss der Verwalter einem Kaufinteressenten Einsicht in die Beschluss-Sammlung geben; hier gilt kein Datenschutz.

Und jetzt bitte genau aufpassen! Angenommen, Ihre Eigentümerversammlung hat einen Beschluss gefasst, dass zum Beispiel in den nächsten drei Jahren die Fassade und das Dach saniert werden sollen. Und angenommen, es wurde beschlossen, dass in den kommenden drei Jahren die Eigentümer eine Sonderumlage für diesen Zweck zahlen, die in monatlichen Raten angespart wird. Es gehört zu Ihren vorvertraglichen Aufklärungspflichten, dass Sie dies dem Erwerber mitteilen und auch in den Kaufvertrag einfügen lassen. Angenommen, Sie „vergessen" es, weil Sie denken, dass ein Käufer vom Kauf abgeschreckt wird, dann machen Sie einen großen Fehler! Auch wenn Sie von dem Beschluss nichts wissen, weil das Protokoll verloren ging, Sie gerade im Ausland weilten oder als Kapitalanleger weit weg von der Anlage wohnen, gilt, dass Sie als Miteigentümer es in genau dieser Eigenschaft wissen müssen. Ihnen wird dieses Wissen also automatisch zugerechnet. Und damit haften Sie zwangsläufig für den Mangel, der daraus entsteht, dass Sie es nicht mitgeteilt haben und müssen dem Erwerber den daraus entstandenen Schaden ersetzen. Das BGB nennt dies „arglistige Täuschung" – im Volksmund „versteckte Mängel" genannt (§ 123 BGB).

> **Auch hier gilt**
>
> Sofortige Aufklärung über diese Dinge ist wichtig. Das wirkt wegen der Offenheit und Transparenz des Angebotes und im Umgang mit dem potenziellen Erwerber positiv und erspart sogar oftmals Verhandlungen, wenn Sie erklären, dass Sie dies bei der Preisbildung und Preisfindung bereits berücksichtigt haben. Machen Sie also den Weg frei und beseitigen Sie Hindernisse und Hürden. Dann läuft der Verkauf geschmeidiger …

1.4.6 Versicherungsnachweis

Jede Immobilie ist gegen Elementarschäden versichert, gegen Feuer, Sturm, Hagel, manchmal gegen Erdbeben (zum Beispiel in Südwest-Deutschland) oder Überschwemmungen (in Flusstälern) und Vandalismus (zum Beispiel in Städten). In diesen Versicherungen sind manchmal Summen eingetragen, manchmal nur die Bemerkung, dass die Höhe der jeweils aktuellen Beschaffungskosten Maßstab ist. Früher waren es die sogenannten 14er-Werte in Reichsmark. Das rührt daher, dass im Jahr 1914, dem Jahr des Beginns des Ersten Weltkrieges, der Goldgehalt der Reichsmark/Goldmark noch dem Wert des darin enthaltenen Goldes entsprach und damit dem realen Gegenwert von Lieferungen und Leistungen, zum Beispiel in der Bauwirtschaft. Seitdem sind die durch politische und kriegerische sowie revolutionäre Umstände hervorgerufenen Wertverschiebungen (man denke an die eingeführten Notwährungen wie die Rentenmark und die Kriegswirtschaft in der Nazizeit zwischen 1933 und 1945, nicht zuletzt auch durch die Kriegshandlungen während des Zweiten Weltkrieges) dieser „Basis"-Gebäude-/Versicherungswerte nicht geändert, sondern durch Indizes fortgeführt und hochgerechnet worden. Das hat sich fortgesetzt bis in unsere Zeit, zuletzt bis etwa Mitte der Neunzigerjahre. Was bislang staatliche Zwangsversicherung war, wurde privatisiert. Auch die Wertbestimmungen wurden geändert. Früher gab es noch den sogenannten „Zeitwert". Das bedeutete: Die Versicherungsprämie dafür war geringfügig günstiger als eine „Neuwert"-Versicherung. Beim Zeitwert wurde lediglich der Wert der Immobilie zum Zeitpunkt der Zerstörung versichert, das heißt der abgeschriebene Wert. Durch die allgemeine Kostenentwicklung und die technische Fortentwicklung im Neubau mussten die Geschädigten die Differenz zwischen dem Zeitwert und den Kosten eines Neubaus oder einer Wiederinstandsetzung selbst aufbringen. Diese Versicherung wurde abgeschafft, da der Prämienunterschied derart gering war, dass die dadurch entstandenen Mehrkosten in keinem Verhältnis zu dem besseren Schutz standen. Daher werden Sie in den Policen keine Wertangaben mehr finden, außer der Aussage, dass der jeweilige Wert zum Zeitpunkt der Wiederherstellung erstattet wird. Das sind die aktuellen Kosten der Wiederherstellung oder gar des Neubaus, inklusive der Entsorgung der Bauruine oder der Beseitigung von Schadstoffen durch Brand, Löscharbeiten, Verunreinigung des Untergrundes.

Manchmal steht auch der Neubauwert zum Zeitpunkt der Erstellung/Fertigstellung des Gebäudes als Zahl in der Police. Dies verführt oft dazu, diesen Wert als Preis anzunehmen, der verlangt werden kann. Dieser Wert wird jedoch durch die Abnutzung oft gemindert oder durch zusätzliche Aufwendungen erhöht, zum Beispiel nachträglicher Dachausbau oder Anbau eines Wintergartens. In diesen Fällen prüfen Sie bitte nach, ob Sie diese zusätzlichen Aufwendungen versichert haben. Wenn nicht, dann lassen Sie das bitte nachversichern, auch wenn sich dadurch die Prämie erhöht. Sie haben dadurch einen dem Wert entsprechenden, angepassten Versicherungsschutz und können dies dem potenziellen Käufer nachweisen. Es soll auch schon mal vorkommen, dass ein Gebäude nicht versichert ist, weil Eigentümer vergessen haben die Prämie zu zahlen. Bei Vererbungen kommt dies hin und wieder vor. Prüfen Sie ganz besonders in diesen Fällen bitte, ob das Gebäude versichert ist. Das erhöht nebenbei auch die Wertschätzung für Ihr Angebot.

Aktuell Aufgrund der in letzter Zeit aufgetretenen Katastrophen, wie der Ahrtal-Überschwemmungen, gibt es konkrete Überlegungen, die Elementarversicherung wieder zur Pflicht zu machen. Inclusive einer Wiederaufbauverpflichtung, um Mißbrauch zu verhindern. Dies allerdings nicht in dem gefährdeten Gebiet, in dem das Bauwerk irreparabel beschädigt oder vernichtet wurde.

1.4.7 Grundsteuerbescheid der Gemeinde

Der Grundsteuerbescheid der Gemeinde stellt fest, wie viel jährliche Grundsteuer „B" zu zahlen ist. Früher galt der Einheitswert, festgestellt auf Berechnungen vom 1. Januar 1964 (!). Bei Immobilien in den neuen Bundesländern galten die Werte von 1. Januar 1935 (!), für die Festsetzung der Vermögensteuer (seit dem 1. Januar 1997 entfallen durch ein Urteil des Bundesverfassungsgerichtes wegen der Ungleichbehandlung mit dem übrigen Vermögen), der Erbschaft- und der Schenkungsteuer. Die Werte wurden immer der jeweiligen Kostenentwicklung angepasst (indexiert). Nachdem das Bundesverfassungsgericht festgestellt hat, dass Bargeldwerte und Sachwerte gleich zu behandeln sind (nach Verkehrswerten oder Kaufpreisen), galten die Einheitswerte nur noch zur Feststellung der Grundsteuer als Grundsteuermessbetrag. Das Bundesverfassungsgericht hat auch festgelegt, dass die Grundsteuer nur nach einer in ganz Deutschland einheitlichen Berechnung erhoben werden darf. Die Finanzbehörden stellen den jeweiligen Grundsteuer-Meßbetrag fest, nach dem sich die Gemeinden richten müssen.

Aktuell Die Grundsteuerreform wurde jetzt per Bundesgesetz mit einer Musterberechnung beschlossen und gilt ab 01.01.2025. Sie wird in den Bundesländern unterschiedlich geregelt. Es gelten prinzipiell zunächst die Bodenrichtwerte zum 01.01.2022. Zahlreiche Eigentümer haben jetzt schon den Grundsteuermessbescheid erhalten. Nun entscheidet der jeweilige Hebesatz der Gemeinden darüber, ob jemand mehr oder weniger zahlt. Die Einsprüche gegen diese Bescheide sind bereits bei den Behörden eingegangen. Jetzt entscheiden Gerichte darüber. Ausgang ungewiss. Große Unsicherheit herrscht bei der Wertverteilung Bauland/Gartenland auf einer Parzelle. Auch hier müssen sich die Gutachterausschüsse der jeweiligen Länder einigen. In Baden-Württemberg gibt es etwa 190, in Sachsen-Anhalt nur einen. Käufer achten zunehmend darauf. Ob sich dies hinsichtlich des Wertes einer Immobilie auswirken kann, ist ungewiss.

1.4.8 Energieausweis

Es gibt den Verbrauchsausweis und den Bedarfsausweis. Bei Eigentumswohnungen handelt es sich in der Regel um den Verbrauchsausweis. Den hat meistens Ihr Abrechnungsdienstleister (zum Beispiel ista oder brunata) für das gesamte Gebäude nach dem Verbrauch der letzten drei Jahre vor Ausweiserstellung ausgestellt. Daraus geht natürlich nicht hervor, wie der Verbrauch Ihrer Wohnung einzuschätzen ist. Dazu sind die Temperaturgewohnheiten und -gefühle der jeweiligen Bewohner zu unterschiedlich. Den Energieausweis hat Ihr Verwalter.

Bei Wohnhäusern und Gewerbeimmobilien gibt es sowohl den Verbrauchsausweis als auch den Bedarfsausweis. Der Verbrauchsausweis wird nach den letzten Energierechnungen Ihrer Versorger aus den letzten drei Jahren (Öl-, Gas-, und Stromrechnungen für Wärmeerzeuger) erstellt.

Bei Wohn-/und Geschäftshäusern müssen zwei Energieausweise erstellt werden: für die Wohnräume und für die Gewerberäume jeweils einen.

Der Bedarfsausweis wird anhand der Bausubstanz erstellt: Art und Stärke des Mauerwerks, Anzahl und Größe der Fenster, Größe der Außenhaut in Quadratmetern, Dachform und Dämmung, Kellerhöhe und dessen Dämmung. Hierzu bedarf es eines ausführlichen Gutachtens durch spezielle Energie-Sachverständige oder zertifizierte Gutachter, durch den Schornsteinfeger und den Heizungsbaumeister.

Beide Energieausweise gelten zehn Jahre ab der Erstellung. Bei Abweichungen von der Norm werden Vorschläge zur Verbesserung der Werte gemacht (zum Beispiel Dämmung der Außenwand, Dämmung der Kellerdecke, Dämmung der obersten Geschossdecke, Austausch der Heizung, neue Fenster etc.). Jeweils aktuelle Einzelheiten erfahren Sie im Internet bei der „dena" (Deutsche Energieagentur) oder bei Ihrem Heizungsbauer, Ihrem Schornsteinfeger oder einem TÜV- bzw. dena-zertifizierten Energieberater.

Bei Gebäuden, die unter Denkmalschutz stehen (dies stellen Sie durch einen Anruf beim Bauamt fest; dort wird das Denkmalkataster geführt) benötigen Sie keinen Energieausweis.

1.4.9 Reparaturen, Renovierungen, Sanierungen und Modernisierungen

Wenn Sie Ihr selbst bezogenes Wohnhaus oder Ihre Eigentumswohnung verkaufen, notieren Sie bitte ganz penibel, wann Sie welche Renovierungen, Sanierungen, Modernisierungen oder Reparaturen vorgenommen haben. Führen Sie ein „Hausbuch", in dem Sie alles vermerken. Heben Sie alle Rechnungen auf. Allerdings: Keine große Rolle spielen geschmackliche Dinge, wie zum Beispiel Tapeten, Boden- oder Wandbeläge. Große und wertbestimmende Faktoren sind Eingriffe in die Bausubstanz, weil sie die Lebensdauer Ihrer Immobilie positiv beeinflussen. Das ist das Entscheidende. Haben Sie die Heizung erneuert? Nur den Heizkessel oder das gesamte System? Gab es Umstellungen des Energieträgers (von Öl auf Erdgas oder von Strom auf Pellet-Heizung)? Haben Sie eine Solaranlage oder gar eine Fotovoltaikanlage errichtet? Wurden die Rohrleitungen erneuert oder die Elektrik auf den neuesten Stand der Technik gebracht? Das Original-Baujahr ist nicht entscheidend, sondern, wie lange das Gebäude für den Käufer zu nutzen sein wird, ohne sofort bauliche Maßnahmen nach der Übernahme zu ergreifen. Das Baujahr ist nur dann kaufentscheidend, wenn es sich um bestimmte architektonische oder stilistische Epochen handelt, wie zum Beispiel Gründerzeit, Jugendstil, Bauhaus-Stil, Renaissance, Barock, Biedermeier, Dreißigerjahre-Baustil, Historismus, Neo-Klassizismus. Diese erfreuen sich immer größer Beliebtheit und erzielen auch im renovierungs- oder modernisierungsbedürftigen Zustand gute Preise.

Bei einer Eigentumswohnung sind die baulichen Maßnahmen, zum Beispiel Fassadendämmung, Dachsanierung, Heizungserneuerung, Erneuerungen der Steigleitungen immer den Protokollen zu entnehmen. Notieren Sie bitte solche Modernisierungen, die Sie in Ihrer Wohnung vorgenommen haben, zum Beispiel Austausch der Fenster (es sei denn, es ist eine Gemeinschaftsaufgabe; dies regelt die Teilungserklärung und die Gemeinschaftsordnung), Erneuerung des Bades oder der Elektroleitungen, Erneuerung der Heizkörper (diese gehören in der Regel zum Sondereigentum), Austausch der Türen – was auch immer. Sie müssen nicht notieren, wann Sie tapeziert haben oder die

Holzdecke anbrachten. Das sind geschmackliche Dinge, die nur einen geringen Einfluss haben, es sei denn, die Holzdecke ist besonders gemütlich dunkel und dieser Eindruck wird noch verstärkt durch die mit Ziegelverblendung verkleidete Wand im Essbereich. Heutzutage mögen es die Leute eher hell und freundlich. Auch wenn sie der Meinung sind, das sei wieder „in", weil es „Vintage" ist.

1.4.10 Besonderheiten beim Verkauf eines unbebauten Grundstücks

Wenn Sie ein unbebautes Grundstück verkaufen, dann benötigen Sie natürlich den Lageplan und den Flurstücknachweis. Zusätzlich nehmen Sie bitte Einsicht in den Flächennutzungsplan. Das können Sie persönlich tun, beim zuständigen Stadtplanungsamt oder auch im Internet. Für jede Gemeinde, Stadt oder Zusammenschluss von Kommunen in einem sogenannten „Planungsverband" existiert dieser Flächennutzungsplan innerhalb der Grenzen der jeweiligen „Gebietskörperschaft". Das ist der amtliche Ausdruck. Dort sind die Nutzungen des gesamten jeweiligen Gebietes bestimmt: Wald, Feld, Wiese, Brachland, Sondergebiete (zum Beispiel Klinik, Supermärkte, Hafen, Deponie), Sport-/Freizeit, Verkehrswege, Gewerbe, Industrie, Wohngebiete. Sie sind farblich unterschieden und dienen der Planung für die nächsten zehn bis 20 Jahre. Entweder sind diese Gebiete schon entsprechend genutzt bzw. bebaut, oder es soll in bestimmten Gebieten die zukünftige Entwicklung durch neue Bebauungs- oder Entwicklungspläne gesichert werden.

Aus diesem Flächennutzungsplan, der immer unverbindlich ist und jederzeit geändert werden kann, werden Bebauungspläne entwickelt – der Sammelbegriff beider heißt

„Bauleitplan". Die Bebauungspläne müssen sich nach den Vorgaben im Flächennutzungsplan richten. Auch diese sind öffentlich und von jedermann einsehbar; direkt beim Planungsamt oder im Internet. Stellen Sie also fest, ob Ihr unbebautes Grundstück in einem Gebiet mit Bebauungsplan liegt oder ob in der nächsten Zeit ein Bebauungsplan aufgestellt werden soll. Im letzteren Fall könnte es sich um Bauerwartungsland handeln, und zwar nur dann, wenn es den Aufstellungsbeschluss bereits rechtswirksam gegeben hat. Der Kaufpreis ist dann spekulativ geprägt (Bauland wird „erwartet") und höher als für reines Acker- und Weideland. Falls dies der Fall ist und Sie nicht sofort wegen einer Notlage Geld brauchen, empfehle ich: Warten Sie, bis der Bebauungsplan rechtskräftig ist. Wie lange das dauert, kann wegen der komplizierten Verfahren und der Anhörung der betroffenen Eigentümer, Ämter und Behörden, die ihre Kommentare abgeben (man spricht hier von den „Trägern öffentlicher Belange"), niemand genau sagen. Die Zeitspannen gehen von zwei Jahren bis 30 Jahre. Das sind aber Ausnahmen.

In einem Bebauungsplan ist genau festgelegt, wo was wie gebaut werden darf oder schon gebaut ist. Es gibt Baulinien, Baugrenzen und Baufenster, Straßen, Wege, Plätze, Flächen für den allgemeinen Bedarf, Grünzonen, Kindergarten, Schulen und vieles mehr. Planungsgrundlagen sind das Baugesetzbuch (BauGB) für die Art und Nutzung der zu bebauenden und bebauten Flächen, die Baunutzungsverordnung (BauNV) für das Maß und den Umfang der Nutzung im Verhältnis zu den Grundstücksgrößen und die Planzeichenverordnung (PlanVO), in der die grafischen Darstellungen bestimmt sind.

Dazu kommt die jeweilige Landesbauordnung (LBO). Anhand dieser Verordnung wird (landestypisch) festgelegt, wie die Gebäude auszusehen haben, welche Pflanzen gesetzt werden dürfen (zumeist heimische Bäume und Sträucher), wie hoch die Zäune sein dürfen und welche erlaubt sind. Firstrichtungen, Dachformen, Fenstergrößen, farbliche Gestaltung und vieles mehr wird sehr genau geregelt.

> Im **Baugesetzbuch** wird geregelt, **was** gebaut werden darf, in der **Landesbauordnung** wird geregelt, **wie** gebaut werden darf.

1.4.11 Altlasten, Baumkataster, Bodendenkmal, Bombenfunde, alte Munition

Ganz speziell bei Gewerbe- oder Industriegrundstücken sowie auch bei Baugebieten, die ehemals industriell, gewerblich oder militärisch genutzt wurden, schauen Sie bitte in das Altlastenkataster. Für Altlasten, sprich: Kontaminationen (Verunreinigungen) der Böden mit gefährlichen Chemikalien, gibt es in jeder Gemeinde eine Liste der verunreinigten Böden oder der verdächtigen Flächen.

Ein Interessent für ein solches Grundstück würde nie ohne eine sogenannte „Freistellungserklärung" des jeweiligen Umweltamtes kaufen. Banken finanzieren grundsätzlich nur bei Vorlage dieser Papiere. Wenn Sie ein solches Grundstück besitzen, schauen Sie bitte nach. Und wenn es im Bereich von „verdächtigen" Flächen liegt, müssen Sie eine Bodenuntersuchung durchführen. Bei positivem Befund sind Sie verpflichtet, diese Altlasten zu beseitigen.

In Gebieten in oder in der Nähe von Großstädten oder ehemaligen Feldflugplätzen aus dem Zweiten Weltkrieg, die bombardiert wurden, gibt es Luftaufnahmen der Amerikaner und Engländer über die bombardierten Flächen. Anhand dieser Fotografien, die vollständig zur Verfügung stehen, kann festgestellt werden, ob Verdacht auf Munitionsrückstände besteht. Auch hier muss der jeweilige Eigentümer den Kampfmittelräumdienst beauftragen, den Untergrund zu untersuchen. Auch heutzutage werden noch Bomben mit erheblicher Sprengkraft gefunden. Immer wieder wird in den Medien berichtet, dass bei Abriss, Umbau oder Neubau das eine oder andere Stadtgebiet großräumig wegen eines Bombenfundes evakuiert werden muss; selbst fast 80 Jahre nach Ende des Krieges.

> **Beispiel**
>
> Vielleicht haben Sie schon einmal davon gehört oder gelesen, dass vor vielen Jahren bei der Verbreiterung der Autobahn A3 bei Aschaffenburg eine Bombe explodierte, als ein Raupenfahrer über diese Stelle fuhr. Der Fahrer war sofort tot. Mitte der Fünfzigerjahre wurde diese Strecke gebaut. Als Schulkinder hatten wir einen Wandertag zur Baustelle … Jahrzehnte haben Millionen Fahrzeuge diese Stelle passiert. Millionenfache Erschütterungen wurden erzeugt. Die Fläche liegt weit außerhalb der Stadt. Es gab demnach keinen begründeten Verdacht. Trotzdem ist eine Bombe, die in dieser Gegend abgeworfen wurde, als Blindgänger liegen geblieben.

Auskünfte darüber erhalten Sie bei den zuständigen Bauämtern.

Wenn schöne alte Bäume mit dicken Stämmen und breiten Kronen (meist Kastanien, Eichen, Ulmen oder Linden) auf Ihrem Grundstück wachsen, ergibt sich natürlich ein sehr positives Erscheinungsbild für Ihre Immobilie. Man mag eben alte Bäume. In vielen Städten und Gemeinden gibt es eine sogenannte „Baumschutzsatzung". Bevor Sie also einem potenziellen Käufer Ihrer Immobilie leichtfertig signalisieren: „… und wenn er Ihnen nicht gefällt oder Ihnen das Laub zu viel Arbeit macht und sich die Nachbarn beschweren, dann hauen Sie ihn doch einfach um!", sollten Sie bei Ihrem Bauamt nachfragen, ob diese Bäume durch diese Satzung geschützt und in jedem Fall zu erhalten oder nach Abschluss von Baumaßnahmen, bei denen die Bäume im Wege stehen, wieder zu ersetzen sind. Vielleicht ist dies auch per Bebauungsplan geregelt, auch das gibt es. Recherchieren Sie also genau, bevor Sie Ihre Käufer informieren.

Angenommen, Sie besitzen ein Grundstück außerhalb der Stadt, für das ein neuer Bebauungsplan erstellt wird: Dann sollten Sie prüfen, ob sich aus grauer Vorzeit dort vielleicht Grabstätten unserer Altvordern befinden. Oder wenn aus den Archiven hervorgeht, dass in der Nähe eine römische Ansiedlung stand oder ein Kastell oder ein altrömischer Bauhof, oder keltische oder fränkische Grabfelder, dann sollten Sie prüfen, ob etwas im Untergrund schlummert.

> **Beispiel**
>
> Ich hatte einmal ein Grundstück in der Altstadt von Hanau-Kesselstadt erworben. Es lag im Bereich eines ehemaligen römischen Bauhofs. Dort hatten die Römer Baumaterialien gelagert, das durch Boote vom nahen Main (auch als der „nasse Limes" bekannt) angeliefert wurde. Unmittelbar nach der Baugenehmigung und kurz vor Baubeginn rief mich der städtische Archäologe an und machte mich darauf aufmerksam, dass er das Grundstück gemäß der hessischen Denkmalschutzrichtlinien untersuchen müsse. Dies dürfte nur maximal vier Wochen dauern und ich müsste die Kosten dafür tragen; rund 10.000 DM. Ich konnte nun nicht beweisen, dass der Verkäufer dies hätte wissen müssen. So musste ich die Kosten übernehmen. Das Grundstück wurde an einigen Stellen bis zu einem Meter tief abgetragen (merke: alles, was in einem Meter Tiefe gefunden wird, könnte römisch sein). Das Resultat: Die kleine Mannschaft fand einen mit Mainkieseln geschotterten Fußweg und eine farbig glasierte Keramikscherbe; vielleicht ein Teil einer Schale. Ich durfte diese Scherbe nicht einmal behalten. Sie liegt jetzt unbeachtet im Lager des Museums in Hanau. Ein Foto davon habe ich gemacht – sicher das teuerste Foto meines Lebens.

1.4.12 Besonderheit für bebaute, aber „übergroße" Grundstücke

Angenommen, Ihnen gehört ein älteres Haus aus den Vierziger- bis Siebzigerjahren des 20. Jahrhunderts. Dann kann es sein, dass es nie einen Bebauungsplan gab oder dass er seine Gültigkeit bereits verloren hat. Das geschieht in der Regel nach etwa 30 Jahren. Oder die sogenannte „Verkehrsauffassung" für Gebäude und Grundstücksgrößen hat sich geändert. Vielleicht gab es einen Bebauungsplan, in dem Flachdächer vorgeschrieben waren. Aufgrund der Baulandknappheit wurde zum Beispiel beschlossen, dass diese Dachform geändert werden und ein Sattel-, Pult- oder Walmdach errichtet werden kann, um zusätzlichen Wohnraum zu schaffen, ohne zusätzliche Freiflächen zu verbrauchen (insbesondere in Ballungsgebieten). Oder die Mindestgrößen für Grundstücke wurden herabgesetzt. Wo es überwiegend Grundstücke zwischen 700 und 1000 Quadratmetern mit kleinen Siedlungshäusern gibt (wegen der Selbstversorgung nach dem Krieg mit Gartenfrüchten oder für Kleintierhaltung), können jetzt größere Häuser mit mehr Wohnungen gebaut werden. Dies wird im Fachjargon „Nachverdichtung" genannt. Es ist dies eine immer notwendiger werdende politische Maßnahme, um die Zersiedelung der Landschaft einzudämmen.

Für den Fall, dass es keinen Bebauungsplan gibt, kann nach dem viel zitierten § 34 BauGB gebaut werden. Dieser Paragraf besagt, dass im Innenbereich (innerhalb geschlossener Bebauungen) und an erschlossenen Verkehrswegen anlehnend an bzw. ähnlich der umgebenden Bebauung hinsichtlich Art, Maß und Nutzung Gebäude neu errichtet oder erweitert werden kann.

> Prüfen Sie beim Bauamt, welche Möglichkeiten Ihr bebautes Grundstück für einen Käufer hat. Vielleicht kann das Gebäude abgerissen werden, um damit Platz für mehrere Wohnungen zu schaffen. Vielleicht kann das Grundstück auch geteilt werden. Der Kaufpreis bestimmt sich nämlich daraus, wie viel Wohnfläche und wie viel Wohnungen errichtet werden können. Und dieser Preis kann von den amtlichen Bodenrichtwerten, die aus Verkäufen der Vergangenheit ermittelt wurden, erheblich nach oben abweichen. Prinzip: je höher die wirtschaftliche Nutzbarkeit, um so höher der Preis.

1.4.13 Besonderheiten bei vermieteten Gebäuden oder Wohnungen

Falls Sie eine vermietete Eigentumswohnung, ein Mietwohnhaus (auch Rentenhaus oder Zinshaus genannt) oder ein vermietetes Wohn-/Gewerbeanwesen verkaufen, müssen Sie neben den üblichen oben genannten Dokumenten auch die Mietverhältnisse darstellen.

Bei einer vermieteten Eigentumswohnung tun Sie dies am besten, indem Sie den Mietvertrag und das Schreiben des Mieters, dass er Ihre letzte Mieterhöhung akzeptiert hat, aushändigen. Außerdem benennen Sie die Kosten, die Sie nicht auf den Mieter abwälzen dürfen. Diese sind immer getrennt in der Wohngeldabrechnung des Verwalters aufgeführt (umlagefähige und nicht umlagefähige Betriebskosten).

Bei einem Anwesen mit mehreren Parteien stellen Sie bitte eine Liste auf, in der Sie genau angeben, wer in welcher Wohnung wohnt oder welche Gewerbefläche nutzt, den Beginn des jeweiligen Mietvertrages, die Netto-Kaltmiete, die Betriebskosten-Vorauszahlung, den Zeitpunkt der letzten Mieterhöhung, besondere individuelle Vereinbarungen mit Mietern (zum Beispiel Einbauküche,

Renovierung bei Auszug, Garagen-/Abstellplatz, Gartennutzung), ob es einen gerichtlich auszufechtenden Streit gibt oder ob ein Mieter gekündigt hat.

Dazu erwähnen Sie bitte die Kosten der Verwaltung (wenn Sie einen externen Verwalter haben) und die in den letzten Jahren angefallenen, nicht umlagefähigen Kosten (Reparaturen, Instandsetzungen, Sanierungen, Modernisierungen). Dies dient auch als Nachweis dafür, wie sorgfältig sie mit Ihrer Immobilie und den Mietern umgegangen sind. Das hat einen bedeutenden Einfluss auf die ideelle Wertschätzung und den erzielbaren Preis Ihrer Immobilie.

1.4.14 Steuerliche Hinweise

Wie Sie vielleicht wissen, gibt es eine sogenannte steuerliche „Spekulationsfrist". Wenn vermietete Immobilien innerhalb von zehn Jahren ab Kauf (es gilt das Datum des Kaufvertrages) mit Gewinn verkauft werden, wird der Gewinn zum Einkommen des Verkaufsjahres addiert (ebenfalls Datum des Kaufvertrages) und mit diesem zusammen versteuert.

Wie wird der Gewinn errechnet? Ganz einfach: Kaufpreis plus Kosten beim Erwerb plus Investitionen minus Abschreibungen. Der Verkaufspreis wird dagegen gerechnet. Das bedeutet Gewinn (oder vielleicht Verlust?). Dieser Gewinn wird besteuert. Der Verlust bleibt unberücksichtigt. Sollten Sie allerdings diese Immobilie in Ihrem gewerblichen Betriebsvermögen halten und innerhalb von vier Jahren ab Verkauf eine neue Immobilie erwerben und den Gewinn in die neue Immobilie „transferieren", wird der Gewinn nicht besteuert. Wenn Sie also Immobilien als Anlagevermögen eines Unternehmens (zum Beispiel gewerblicher Immobilienhandel, Produktion, Dienstleistungen, Gewerbe, Handwerk) veräußern und Sie Rücklagen zum Erwerb neuer Immobilien zur Erweiterung oder Verlagerung Ihres Unternehmens bilden (§ 6b Einkommensteuer-Verordnung).

Wenn Sie mehr als drei Immobilien innerhalb von fünf Jahren verkaufen, kann das Finanzamt Ihnen diese Vorgänge als „gewerblichen Grundstückshandel" unterstellen. Der jeweilige Gewinn ist der Einkommensteuer zuzurechnen. Hinzu kommt eine mögliche Gewerbesteuer auf den Gewinn. Dies betrifft Verkäufer, die ein Mehrfamilienhaus in Wohnungseigentum aufteilen und die Wohnungen einzeln verkaufen. Es sind eben dann mehrere Verkaufsfälle. Wenn Sie das aufgeteilte Mehrfamilienhaus en bloc veräußern, dann zählt es als ein Verkaufsfall. Bevor Sie das Finanzamt missversteht, ist es gut, Rücksprache zu halten.

Sollte der Fall eintreten, dass Sie mit dem Verkauf einer solchen Immobilie Ihre privaten Investitionen in Immobilien endgültig beenden, dann kann Sie das Finanzamt von der Gewerbesteuer befreien. Sprechen Sie auch hier vorher mit dem Finanzamt und handeln Sie das entsprechend aus. Das kann auch gern Ihr Steuerberater erledigen.

Wenn Sie dann allerdings wieder Blut geleckt haben und neu investieren, lebt der alte Umstand wieder auf und die Gewerbesteuer wird berechnet. Ja, Finanzämter sind da sehr berechnend. Gerade bei den zuletzt genannten Umständen empfehle ich dringend, einen Steuerberater zu konsultieren, der sich auf Immobilien und Steuern versteht. Hier gibt es manche legale Gestaltungsmöglichkeiten.

1.4.15 Erschließungskosten

Mit Erschließungskosten bezeichnet man die Aufwendungen für den Bau von Straßen, Fuß- und Fahrradwegen, Plätzen, Parkanlagen, Lärmschutzmaßnahmen, Versorgungs- und Entsorgungseinrichtungen (im fachlichen Sprachgebrauch „Medien" genannt). Darunter fallen die Wasser-, Abwasser-, Strom-, Telefon/Kabel-, Erdgas- und Fernheizungsleitungen. Diese Leitungen befinden sich in der Mitte der Straße (Abwasser) oder unter den Bürgersteigen. Zu den jeweiligen Flurstücken gibt es Abzweigungen, von denen aus die Gebäude angeschlossen werden. Diese „Anschlusskosten" sind vom jeweiligen Bauherren aufzubringen.

Oftmals werden die Erschließungskosten, die nach einem bestimmten Schlüssel (Grundstücksgröße, Baumasse, Breite des Grundstücks an der Straße) auf alle Eigentümer im Baugebiet umgelegt werden, sehr spät abgerechnet. Das ist immer ein „schöner" Grund, mit den Behörden zu streiten. Dieser Umstand bewirkte jede Menge Urteile von Verwaltungsgerichten bis hin zum Bundesverwaltungsgericht.

Besorgen Sie sich bei Ihrem Bauamt (das Tiefbauamt ist in der Regel zuständig) einen Freistellungsbescheid. Insbesondere dann, wenn Ihr Haus noch nicht zehn Jahre alt ist. Sie bekommen, sofern Sie bezahlt sind, auch hier das Testat darüber, dass keine Erschließungskosten mehr fällig sind. Käufer und die finanzierenden Banken legen großen Wert darauf, damit es keine bösen Überraschungen gibt. Sollte es noch Nachforderungen geben, dann kann es sein, dass die genaue Summe noch nicht festliegt. Einen groben Kostenrahmen kann Ihnen das Amt sicher nennen. Und falls nicht, müssen Sie mit dem Käufer aufgrund der aktuellen Sachlage eine Vereinbarung über die Kostentragung treffen. Das kann natürlich nur ein Preisnachlass sein oder eine Übernahmeerklärung. Ein erfahrener Notar kann hier Hilfestellung geben. Und: in jeder Stadt oder Gemeinde gibt es individuelle Regelungen. Das steht in den Satzungen. Bitte informieren Sie sich gründlich.

> Alle diese Dokumente sind Bestandteil eines Verkaufsexposés und machen es damit aussagefähig und glaubhaft. Sie sind auch elementarer Bestandteil bei der Beantragung der Bankfinanzierung und unterstützen damit den Wert des Angebotes per se. Denn wenn der Erwerber saubere Unterlagen bekommt, eine umfangreiche Dokumentation, dann schwindet das natürliche Misstrauen. Das Vertrauen in das Angebot wird gestützt und verhindert oft überflüssige Verhandlungen. Es bleibt eben keine Frage offen. In einem der späteren Kapitel erhalten Sie weitere Hinweise zur Erstellung eines Bildexposés.

1.5 Die fünfte Richtige: Erreichbarkeit

„Guten Tag, Sie sprechen mit dem Anrufbeantworter von Klaus, Beate und Jan-Oliver!"
Mehr oder weniger kreative Nachrichten hören wir Makler, wenn wir anrufen und es ist niemand zu Hause. Warum erwähne ich das? Nun, es gibt einige Spitzbuben und -mädchen, die manchmal scharf sind auf Häuser und Wohnungen. Nicht etwa, weil sie sich für einen Kauf interessieren. Nein! Sie interessieren sich für deren Inhalt. Und wenn niemand zu Hause ist, dann ist es ein Leichtes, das Haus – und Sie – um manchen Inhalt zu erleichtern.

Sie glauben, diese Leute finden Ihr Haus oder Ihre Wohnung nicht, weil Sie keine Adresse angegeben haben? Weit gefehlt. Sicher stellen Sie Bilder ins Internet, damit Ihre potenziellen Interessenten sehen, was Sie anzubieten haben. Anhand der Bilder und durch Herumfragen ist es leicht möglich, zu Ihrem Domizil zu gelangen.

Nun, ich will den Teufel nicht an die Wand malen. Es ist sicher auszuschließen, dass dies sehr häufig vorkommt. Die Gefahr ist aber vorhanden. Wie sagte schon der Dichter Joachim Ringelnatz: „Sicher ist, dass nichts sicher ist – und auch das ist nicht sicher!"

Es ist schon eine große Hürde, wenn Sie telefonisch nicht oder nur schwer erreichbar sind. Die meisten Menschen rufen immer noch lieber an, als eine E-Mail-Nachricht zu senden oder über ein Internetportal zu reagieren. Der Mensch sucht immer lieber den direkten Kontakt zum Menschen. Das ist durchaus zweckmäßig, denn man bekommt so schnell eine Antwort auf eine wichtige Frage zu einem Angebot. Und es spricht sich für viele immer noch leichter und besser, als den Aufwand zu treiben, den PC einzuschalten, sich an die Tastatur zu setzen und zu schreiben.

Selbst in Zeiten wie diesen, in denen über 50 % der Interessenten über mobile Internetgeräte wie Smartphones und Tablets nach Immobilien recherchieren, wird immer noch lieber telefoniert.

Zunächst: Bieten Sie Ihre Immobilie nicht online an, wenn Ihr Urlaub kurz bevorsteht. Der Immobilienmarkt bietet Interessenten eine große Auswahl an Angeboten! Ein Interessent wird nicht zehn Mal versuchen, Sie zu erreichen, sondern wendet sich anderen Anbietern zu, wenn sich immer nur Ihr Anrufbeantworter meldet.

Es gibt professionelle Telefondienstleister bzw. Telefonsekretariate, die für Sie Anrufe entgegennehmen. Das ist allemal besser, als die Telefonnummer eines Freundes, Nachbarn oder Verwandten anzugeben. Sicher, die machen das ganz gern, aber wissen Sie, ob die auch immer erreichbar sind? Professionelle Agenturen arbeiten für monatliche Pauschaltarife oder rechnen nach der Stückzahl der Anrufe ab. Die Gebühren bewegen sich zwischen 0,60 und 1,50 € pro Anruf oder Minute, plus einer geringen Einrichtungsgebühr. Diese Agenturen melden sich dann mit Ihrem Namen, registrieren die Anrufe und es entsteht beim Anrufer der Eindruck, es ist jemand zu Hause. Sie können sehr präzise vereinbaren, wie sich die Agentur melden soll und genau vorschreiben, was sie sagen sollen. Lassen Sie die

Agentur auf keinen Fall Angaben über Zeiten machen, in denen Sie nicht zu Hause sind oder gar im Urlaub. Zu vermeiden sind außerdem Adressangaben nach dem Motto: „Ich will nur mal von außen gucken!" Denken Sie stets daran: Anrufer haben nicht immer lautere Absichten.

Die Meldung über die Anrufe erhalten Sie per SMS oder über E-Mail. Sie können dann bequem zurückrufen, wann immer es Ihnen passt und Sie Lust und Laune haben, zu telefonieren. Es ist immer entscheidend für den Erfolg eines Anrufs, wie Sie drauf sind. Schlechte Laune am Telefon schreckt manchen Interessenten ab. Und es gibt einen ganz entscheidenden Vorteil: Es geht kein Anruf mehr verloren. Je mehr Interessenten Sie erreichen, umso besser und stabiler ist Ihr Kaufpreis zu erzielen und der Verkauf kann schneller abgewickelt werden.

> **Tipp**
> Stellen Sie sicher, dass Interessenten Sie erreichen können. Planen Sie auch genügen Zeit für Besichtigungen ein. Besonders abends und am Wochenende!

1.6 Die sechste Richtige: gutes Zeitmanagement

Wenn Sie es eilig haben, müssen Sie langsam gehen!

So lautet ein Buchtitel des mir auch sehr gut persönlich bekannten Zeitmanagement-Experten Professor Lothar Seiwert. Wenn Sie bei allen oben genannten Dingen noch einigermaßen den Rahmen bestimmen können, wird es bei der Verkaufsdauer kaum gelingen. Denn bei Prognosen haben wir einen unkalkulierbaren Faktor: die Zukunft.

Die nötige Zeit für einen Immobilienverkauf wird häufig stark unter- und auch überschätzt. Beides kann fatale Folgen haben!

Wer glaubt, den Verkauf seines Hauses in vier Wochen abwickeln zu können, kommt schnell unter Druck, wenn der angepeilte Umzugstermin näher rückt und noch kein Käufer gefunden ist. Unter Druck sind Sie als Verkäufer regelmäßig in der schlechteren Verhandlungsposition.

Aber auch ein zu langer Verkaufszeitraum drückt den Preis! Eine Immobilie, die seit einem halben Jahr oder sogar länger angeboten wird, erweckt bei Interessenten den Eindruck eines Ladenhüters. Und wer möchte schon ein Haus kaufen, das sonst offensichtlich keiner haben will?

Als gesichert kann angenommen werden: Je teurer die Immobilie, umso länger dauert es. Je weiter weg sie von den Zentren entfernt ist, desto länger wird es dauern, einen Käufer zu finden.

Daumenformeln gibt es genug.

> Als sicher kann gelten: Ist die Immobilie gleich morgen verkauft, war der Preis zu niedrig. Geht übers Jahr nichts, dann ist sie mit Sicherheit zu teuer. Das sind ganz einfache Wahrheiten. Die stimmen immer. Ausnahmen? Ja, die gibt es. Sie bestätigen eben die Regel. Richten Sie sich also nicht nach den Ausnahmen, von denen Sie hören. Richten Sie sich nicht nach den Wundergeschichten, die Ihnen zu Ohren kommen, nach den Märchen Ihrer Nachbarn oder nach denen, die Ihnen manche Makler erzählen.

Angenommen, Ihre Dokumente sind unvollständig und Sie haben Mühe, diese rechtzeitig zu beschaffen, dann kann es sein, dass ein ernsthafter Interessent wieder abspringt, weil es zu lange dauert. Dinge sind oder erscheinen unklar, der berühmte „Haken" wird gesucht und gefunden! Interessenten werden schnell ungeduldig. Es gibt noch „andere Mütter mit schönen Töchtern". Niemand muss kaufen und ruckzuck, ist der Käufer weg, „abgesprungen" und die Suche beginnt von Neuem.

Glauben Sie eher den Geschichten, die von Schwierigkeiten berichten, von Fehlern, die gemacht wurden, von Fehleinschätzungen oder Fehlverhalten. Nur daran können Sie ermessen, wie Sie sich verhalten sollten, um nicht die gleichen Fehler zu machen.

Und nun zu den Formularen
Es ist nun die Zeit gekommen, in der Sie sich auf den Weg machen, um Ihr Zuhause, Ihre Wohnung oder Ihr Wohnhaus neu kennenzulernen. Im Anhang des Buches finden Sie die notwendigen Formulare. Sie wurden von mir vor mehr als 25 Jahren entwickelt und werden stetig weiterentwickelt, zum Teil auch durch Mitwirkung von lieben Kolleginnen und Kollegen.

Es sind die umfangreichsten und ausführlichsten Datenaufnahmebögen, die ich kenne. Sie gliedern sich in die fünf Hauptgruppen von Immobilien:

- Ein-, Zwei- und Dreifamilienhäuser
- Eigentumswohnungen und (gewerbliches) Teileigentum
- Mehrfamilienhäuser, Wohn- und Geschäftshäuser
- Gewerbe- und Industrie
- Grundstücke

Sie sind für professionelle Immobilienmakler entwickelt worden. Wenn Sie nun mit Maklern zusammenarbeiten wollen, dann können Sie jetzt feststellen, wer von diesen Kolleginnen und Kollegen ein Profi ist. Wenn ein Makler mit solchen oder ähnlichen Formularen arbeitet, können Sie sicher sein, dass er eine professionelle Arbeit abliefert (oder in einem meiner Seminare war). Sie können diese Datenaufnahmebögen auch von meiner Homepage „www.radix-training.com" aus dem Internet herunterladen. Die

Sortierung des Inhalts ist quasi wie eine Regieanweisung zum Durchgang durch das Haus: von außen nach innen, vom Keller zum Dach. Rechts oben am Kopf der Formulare sehen Sie die Liste der Dokumente, die Sie benötigen. Mit diesen Formularen können Sie kaum ein Detail vergessen. Sie werden automatisch dazu angehalten, sehr sorgfältig, langsam und sehr genau zu schauen und zu notieren. Ihr Käufer wird es Ihnen danken. Dieses Vorgehen vermeidet, wie schon erwähnt, misstrauische Nachfragen und Bedenken. Damit erleichtert es Ihnen die Verhandlungen, der Preis ist glaubwürdig und die Finanzierung geht schnell – und damit beeinflusst es die Kaufentscheidung positiv.

> Je zügiger Sie Ihre Immobilie verkaufen können, desto besser wird der Preis sein, den Sie erzielen! Der Erste ist meistens der Beste. Planen Sie aber nicht zu knapp, um nicht unter Zugzwang zu geraten!

… und wie geht's jetzt weiter?

Wenn Sie diese „sechs Richtigen" tippen, besser: genau befolgen, haben Sie den Hauptgewinn schon in der Tasche. Sie brauchen keine Zusatzzahl. Ihren Mittippern sind Sie damit schon ein gutes Stück voraus. In den nächsten sieben Kapiteln mache ich Sie vertraut mit den wichtigen Details.
Viel Erfolg und Freude beim Lernen!

Literatur

Dobelli, R. (2011): Die Kunst des klaren Denken, Verlag Hanser, München 2011.

2

Machen Sie es wie die Profis!

Wie ich es Ihnen im ersten Kapitel schon angedeutet hatte: Planen Sie! Je genauer, desto erfolgreicher werden Sie bei Ihren Verkaufsbemühungen sein. Die präzise Planung ist das A und O für einen erfolgreichen Verkauf in angemessener Zeit und zum besten Preis!

Beispiel

Im März 2015 habe ich mit vier Mitstreitern eine Seminarreise zum Kilimandscharo unternommen. Unser Reiseleiter Steve Kröger, ein bergerfahrener Trainer (er bestieg die sieben höchsten Gipfel der jeweiligen Erdteile, im Fachjargon die „Seven-Summits" genannt), Persönlichkeits- und Motivationscoach, sandte uns drei DIN-A4-Seiten mit der Beschreibung notwendiger Kleidungs- und Ausrüstungsgegenstände, Medikamente, Hygieneartikel, Impfempfehlungen. Es war an alles gedacht, vom Blasenpflaster bis zur wattierten Jacke für extreme Minustemperaturen. Bei der Ankunft in der Lodge, gelegen auf einem weitläufigen Parkgrundstück in der Ebene östlich des Berges in Tansania, zwischen den Städten Moshi und Arusha, mussten wir alles ausbreiten. Es wurde penibel geprüft, ob alles dabei war. Ein paar Kleinigkeiten, wie die Teller an den Stöcken und ein Schlafsack, wurden besorgt, dann Haken dran – alles okay! Selbstverständlich habe ich mich zu Hause ebenfalls vorbereitet: Krafttraining (fast 50 Jahre ohne aktiven Sport mussten irgendwie aufgeholt werden), Ausdauertraining und Gewichtsreduktion! Ein Jahr Vorbereitung war notwendig, um es zu schaffen. Ohne Planung, ohne intensive Vorbereitung und ohne eine Vorstellung davon, wie es durchzuführen ist, und ohne die innere Einstellung, dass ich durchhalten werde, hätte ich es bestenfalls bis zur ersten Hütte auf 2700 m geschafft. Der Gipfel des Kilimandscharo ist immerhin 5895 m hoch.

Wenn Sie eine Urlaubsreise planen, wenn Sie ein Picknick machen, wenn Sie eine Geschäftsreise unternehmen, einen Theaterbesuch. Was immer Sie tun: Sie bereiten sich vor und planen. Viele Dinge sind Routine. Es geht Ihnen locker von der Hand. Den Koffer packen Sie fast blind. Sie wissen, was Sie anziehen und mitnehmen, Sie bereiten sich auf Regen vor, wenn es ein Picknick im Freien sein soll. Wenn Sie einen Besuch abstatten, werden Sie ein Gastgeschenk mitbringen und für das Theater ziehen Sie sich was Gutes an. Damen perfektionieren Frisur und Make-up – und das Opernglas nicht zu vergessen.

Genauso oft, wie ich auf den Kilimandscharo steige (vielleicht noch ein zweites Mal?), genauso oft verkaufen Sie Ihre Immobilie. Der Verkauf einer Immobilie ist für die meisten unserer Mitbürger die wirtschaftlich bedeutendste und eine der seltensten großen Unternehmungen in ihrem Leben. Daher kann es nur geringe Erfahrungen damit geben und erst recht keine Routine.

2 Machen Sie es wie die Profis!

Es gibt viele Dinge, die Sie beim Immobilienverkauf tun müssen und es gibt solche, die Sie auf keinen Fall tun dürfen. Nur dann kann das Werk gelingen. Vorausgesetzt, Sie möchten wirklich professionell und erfolgreich verkaufen! Im Folgenden erhalten Sie wichtige Tipps, wie Sie es richtig machen.

2.1 Machen Sie einen Plan – abhängig vom Verkaufsgrund

Und davon ist abhängig, was danach passiert

Haben Sie eine neue Wohnung, ein neues Haus oder eine alternative Kapitalanlage?

Weiß Ihre geschiedene Frau, Ihr geschiedener Mann, wo es hingeht?

Wollen Sie ein Grundstück kaufen und neu bauen?

Wechseln Sie den Arbeitsplatz und wollen Sie erst einmal etwas mieten? Oder gleich kaufen?

Wie teuer wird das neue Domizil?

Wollen Sie das Geld erst einmal deponieren, bis Sie etwas Neues gefunden haben?

Wie lange wollen Sie sich mit der Suche Zeit lassen?

Kann ein Käufer schnell einziehen, weil Sie flexibel sind? Oder hat ein Käufer Zeit mit dem Einzug? Oder wollen Sie verkaufen und weiter darin wohnen bleiben?

Können Sie zwischenzeitlich bei Eltern, Verwandten oder Freunden unterkommen?

Wohin mit dem Geld?

Wie lange hat die Bank noch Zeit?

Welcher der Erben braucht dringend Geld? Wenn ein Teil nicht verkaufen will: Was machen Sie dann?

Wann stellt ein Gläubiger den Antrag auf Zwangsvollstreckung? Oder gar ein Miteigentümer den Antrag auf Zwangsversteigerung zur Aufhebung der Erben- oder Eigentümergemeinschaft?

Fragen über Fragen. Jeder Umstand ist anders, jede Gefühlslage verlangt eine besondere Strategie oder ein ganz spezielles, sensibles Vorgehen. Manchem fällt die Trennung leicht, manchem eher schwer. Es schwirrt im Kopf. Orientierung wird gesucht. Man stochert im Nebel. Wo anfangen? Was zuerst? Welche Reihenfolge? Dies mündet in die alles entscheidende Frage: Bis wann muss die Immobilie verkauft sein?

2.2 Es gibt immer einen Grund

Die Umstände – oder: fünf wesentliche Verkaufsgründe
Eine Immobilie verkauft man nicht einfach, nur um sie zu verkaufen. Kurz vor der Finanzkrise Mitte bis Ende der 2000er-Jahre gingen die amerikanischen Makler und in deren Schlepptau die Banken (oder umgekehrt) auf Immobilieneigentümer zu und motivierten sie zum Immobilienverkauf. Das ging ganz einfach, denn US-Amerikaner sind leicht zu begeistern. Außerdem sind Amerikaner grundsätzlich flexibel. Das Pionierwesen wirkt noch. Die Makler versprachen den Eigentümern einen sehr guten Preis und boten gleichzeitig eine neue Immobilie mit besserem Komfort, einer besseren Lage, mehr Zimmern und mehr Wohnfläche an. Die Bank gab zum Verkaufspreis des alten Hauses einen Kredit in gleicher Höhe. Die Kreditsumme orientierte sich ausschließlich am Haushaltseinkommen. Dazu gab es noch den Zweitwagen, auch auf den Hauskredit. Und so gab es einen wenige Jahre dauernden Bau- und Immobilienboom, der nur noch vom Goldrausch übertroffen wurde: die zu Recht viel gescholtene „Immobilienblase".

Hinzu kam, dass es für Tausende dieser Finanzierungen auch Kreditausfallversicherungen gab. Diese verdoppelten quasi das Geldvolumen der Kredite, wurden in Pakete geschnürt und mit hohen Renditen zum Kauf angeboten. Man packte wegen der Risikoverteilung gute und schlechte Papiere zusammen und verkaufte sie über Banken und Sparkassen auch in Deutschland an Anleger mit eben diesen hohen Renditeversprechungen. Wenn eine der größten Banken der Welt so etwas anbietet, dann musste es einfach gut sein. Das löste dann über die Immobilienblase eine Geldmengenblase aus, die durch keinerlei Substanzwerte, also Immobilienwerte, gedeckt war. Daraus ergab sich die aktuelle und noch lange anhaltende Zins- und Kreditsituation. Die Gelder rauschen immer noch um den Erdball – wie ein Luftballon, dem die Luft ausgeht.

Da die Banken in Deutschland allgemein etwas vorsichtiger sind, das neue Pfandbriefgesetz (das am 19. Juli 2005 das Hypothekenbankgesetz abgelöst hat) per se schon recht streng ist, die Verbraucher- und die Beleihungsrichtlinien zugunsten der Sicherheit der Kreditnehmer angepasst wurden, und weil wir andere Strukturen und Bewertungskriterien haben (die Immobilie dient als Sicherheit, die Eigentümer haften zusätzlich persönlich mit ihrem gesamten Vermögen für die Darlehen), scheidet die oben geschilderte Motivation als Verkaufsgrund aus.

Jetzt kam als neue Vorsichtsmaßnahme die neue Wohnimmobilienkreditrichtlinie (seit dem 21. März 2016) für Verbraucher, eine EU-Verbraucherrichtlinie mit geringfügiger Anpassung an deutsche Verhältnisse, hinzu. Das bedeutet: 100-Prozent-Beleihungen wird es kaum mehr geben (es sei denn, der Kreditnehmer bietet zusätzliche Sicherheiten) und die Kreditnehmer müssen nachweisen, ob sie in der Lage sind, die monatlichen Raten über den Zeitraum der Zinsfestschreibung zu bezahlen. Für die Zeit danach wird ein Szenario erstellt, ob die Kreditbedienung bei höheren Zinsen auch noch möglich ist und ob das Darlehen bis zur endgültigen Tilgung auch bedient werden kann. Dann wird es für Verbraucher noch etwas schwerer werden, Immobilien zu finanzieren. Ab dem Lebensalter von 55 oder 60 Jahren (bei einer statistischen Lebenserwartung von 80 Jahren und mehr) wird es kaum mehr Kredite geben. Es könnte sogar geschehen, dass sich Entscheidungen zum Kauf verlangsamen, die Banken wegen des Risikos auf die Preise drücken und sich der Immobilienmarkt nach den teilweise exorbitanten Preissteigerungen seit 2010 langsam abkühlt. Trotz allem gibt es Gründe, eine Immobilie zu verkaufen, unabhängig davon, wie „der Immobilienmarkt" aussieht oder sich die Bedingungen auf dem Finanzmarkt aktuell darstellen.

2.2.1 Aus eins mach zwei …

Der am häufigsten genannte Grund für den Verkauf ist die Ehescheidung oder die Trennung einer Partnerschaft bzw. eingetragenen Lebensgemeinschaft. Ein in den Siebziger- und Achtzigerjahren tätiges großes Maklerunternehmen aus Frankfurt mit zahlreichen Filialen im Rhein-Main-Gebiet, das weit überwiegend Neubauprojekte für Bauträger verkaufte, hat einmal herausgefunden, dass in Neubaugebieten nach drei Jahren die ersten Scheidungen stattfanden. Das deckt sich mit meinen Erfahrungen. In einem Zeitraum von drei bis sieben Jahren ergibt sich oft diese Situation. Folgerichtig hat das Unternehmen drei Jahre nach Erstbezug der Wohnungen und Häuser durch Rundschreiben wieder auf sich aufmerksam gemacht und daraus erfolgreiche Geschäfte durch einen zweiten Verkauf wegen Scheidung erzielt.

Gerade dann, wenn große Emotionen eine Rolle spielen, zur persönlichen Trennung auch noch die drohende Trennung von der lieb gewonnenen Immobilie kommt, wird es in den meisten Fällen tragisch. Sind zusätzlich Kinder betroffen, auch noch schulpflichtige, vervielfacht sich das Drama durch drohenden Schulwechsel und Verlust der Freunde.

Aus gemeinsamen und gleich gerichteten Interessen werden über Nacht zwei individuelle und auseinanderdriftende, im schlimmsten Falle gegeneinander gerichtete Interessen.

Dann hören sich die zukünftig ehemaligen Ehepartner um. Im Freundeskreis, am Stammtisch, in der Firma, beim guten Kumpel oder der besten Freundin. So viele Ratschläge, Empfehlungen, gespickt mit eigenen Erfahrungen, Gehörtem von Dritten gab es noch nie. Hinzu kommen die Inhalte der klugen Ratgeber, die zu Dutzenden in den Buchhandlungen zu finden sind, Rechtsanwälte werden aufeinandergehetzt, Eltern und Schwiegereltern eingebunden und aufgestachelt. Schließlich gibt auch der neue Partner bzw. die neue Partnerin noch gut gemeinte Ratschläge. Je nach Temperament wird es ein kalter oder heißer Rosenkrieg. Die Fantasie kennt keine Grenzen. Das gemeinsam geschaffene Vermögen steht auf dem Spiel!

> Jetzt heißt es, cool bleiben! Bei allen persönlichen Differenzen, Anfeindungen und Einflüssen von außen sollten Sie sich zumindest in einem einig sein: in der Bewahrung des gemeinsamen Vermögens!

Beispiel

Ich wurde darum gebeten, ein Einfamilienhaus zu bewerten. Das Ehepaar empfing mich gemeinsam, und nach dem ersten Smalltalk eröffnete es mir den Grund für die Bewertung: Scheidung. Die Kinder waren aus dem Haus, alles schien klar. Zumal beide am Tisch saßen und mir den Eindruck vermittelten, dass man sich bei allen persönlichen Differenzen im Hinblick auf die wertvolle Immobilie einig war.

Doch weit gefehlt: Nach meiner Bewertung begann eine Spirale der Komplikationen. Durch unkontrollierbare, nicht steuerbare, unberechenbare Einflüsse von außen (Freunde, zukünftige Lebenspartner, die jeweiligen Eltern), dazu die gegnerischen Anwälte (jeder wusste es besser, oder wollte Recht haben, oder hatte die besten Erfolgsaussichten und/oder wollte möglichst ordentlich verdienen) schmolz das Vermögen wie Butter in der Sonne.

Nach meiner Wertermittlung für das Haus, zu der mich beide beauftragten, beantragte die Ehefrau ein neues Gutachten über ihren Anwalt. Damit war der Ehemann wiederum nicht einverstanden. Er beauftragte ein Gegengutachten über seinen Anwalt. Da beide Gutachten Parteigutachten waren, musste die jeweils andere Partei diese nicht anerkennen. Also gab es ein Schiedsgutachten, beauftragt vom Richter. Diesem mussten sich dann beide Parteien unterwerfen. Um es kurz zu machen: Der Streit dauerte rund drei Jahre. In dieser Zeit wurde durch Gerichts- und Anwaltskosten sowie Kosten für die zusätzlichen Gutachten das gesamte Barvermögen aufgebraucht, das nach dem Verkauf und Abzug der Bankdarlehen übrig blieb. Hinzu kam, dass einer der beiden nicht mehr verkaufen wollte und der andere das Haus zum Zwecke der Auseinandersetzung der Eigentümergemeinschaft zur Zwangsversteigerung brachte, was wiederum durch ein neues Gutachten, die Versteigerungskosten und den typisch geringeren Verkaufspreis bei einer Zwangsversteigerung gegenüber einem freihändigen kontrollierten Verkauf den Erlös minderte.

Bei allem Schmerz, bei allen gegenseitigen Verletzungen: Behalten Sie klaren Kopf. Einigkeit über das Vermögen in Uneinigkeit ist das Motto. Zum Schutz und Erhalt des gemeinsamen Vermögens. Nur dadurch holt jeder für sich das Maximum heraus.

2 Machen Sie es wie die Profis!

Erster und wichtigster Tipp – spart Energie und Verdruss

Wenn Sie sich allein nur sehr schwer einigen können, scheuen Sie sich nicht, Hilfe Dritter in Anspruch zu nehmen. Nehmen Sie sich einen Mediator, eine Mediatorin. Gute Mediatoren schaffen es, dass Sie sich über das Verfahren einigen. Mittlerweile gibt es speziell geschulte Immobilienmediatoren (Deutsche Immobilienakademie DIA, Freiburg, Bundesverband Mediation BM, Berlin). Mit deren Hilfe und Kenntnissen über Immobilien und das spezielle Immobilienrecht (es sind zumeist langjährig erfahrene Immobilienkaufleute oder Fachwirte) und der Sensibilität für die Situation werden Sie es gemeinsam schaffen, eine Lösung zu finden, von der alle profitieren.

Zweiter Tipp – spart Geld

Die Immobilie ist in der Regel von beiden Ehepartnern zu jeweils der Hälfte erworben. Damit ist sie schon ideell aufgeteilt und braucht nicht mehr in die Scheidungsmasse eingebaut zu werden. Das reduziert die Anwalts- und Gerichtskosten um mehrere Tausend Euro. Sollte dies nicht der Fall sein, können die beiden Eheleute mit einer einfachen notariellen Beurkundung dies nachholen. Auch das ist billiger, als die Einbeziehung in die Scheidungsmasse. Noch günstiger: In einer notariellen Urkunde wird festgelegt, dass der jeweils andere die Hälfte des Erlöses nach Abzug der Darlehen bekommt. Bitte beachten Sie: Das sind lediglich Empfehlungen – im Einzelfall kann es anders aussehen.

Dritter Tipp – erhält Vermögen

Lassen Sie sich von mindestens zwei, besser drei Immobilienmaklern (nur mit einer Ausbildung in Wertermittlung) eine Schätzung des möglichen Verkaufspreises ausarbeiten. Sehr gute Makler haben obligatorisch eine solche Ausbildung. Der ermittelte Preis soll eine Schwankungsbreite von etwa

> fünf Prozent um einen Mittelwert haben. Warum Makler? Ganz einfach: Makler sind Marktteilnehmer und wissen, wie Preise erzielt werden. Sie rechnen nicht einfach irgendwelche Zahlen richtig zusammen, sondern wissen auch, wie welche Immobilie am besten verkauft werden kann.

Aus meiner langjährigen Erfahrung kann ich mit Fug und Recht behaupten, dass Gutachten von vereidigten Sachverständigen für Wertermittlung eher selten den möglichen Kaufpreis herausfinden. Besser sind die neu ausgebildeten Diplom-Sachverständigen oder die zertifizierten Sachverständigen. Zertifizierte Sachverständige sind zur ständigen Weiterbildung verpflichtet. Doch auch diese sind in der Regel keine Marktteilnehmer. Zur Ehrenrettung der hauptberuflichen vereidigten Sachverständigen sei gesagt: Sie sind alle sehr gut ausgebildet und verfügen über hohen Sachverstand.

Zu Beginn meiner Sachverständigenausbildung im Jahr 1993 an der VWA in Kiel fragte uns einer der Lehrer, der im Jahr 2015 verstorbene Hauke Petersen, ein vereidigter Sachverständiger für Wertermittlung und Makler: „Wer, glauben Sie, ist der beste Sachverständige?" Wir rätselten – natürlich ergebnislos. Die ironische, einfache Antwort: „Der ortskundige Makler! Er stellt sich vor ein Haus, geht in eine Wohnung und weiß in dem Moment: Für soundso viel Geld kann ich verkaufen. Das ist dann der Verkehrswert. Und als Sachverständiger rechne ich, um es zu beweisen".

Jetzt kennen Sie den möglichen Preis oder auch „Wert" Ihres gemeinsamen Immobilieneigentums. Zur Erinnerung: Im ersten Kapitel machte ich Sie darauf aufmerksam, dass es möglicherweise zu Diskrepanzen zwischen Ihrer Wertvorstellung und dem, was am Markt zu erzielen ist, kommen kann. Und nur das, was am Markt zu erzielen ist, kann Maßstab sein.

> Kurz gesagt: Eine Immobilie ist so viel wert, wie jemand bereit ist, dafür zu bezahlen.

Was sind die Konsequenzen? Stellen Sie sich vor, Sie einigen sich auf einen Preis nach Ihrer Vorstellung. Sie haben genügend freie Mittel und Möglichkeiten, Ihrem (ehemaligen) Ehepartner die Hälfte des von Ihnen beiden ermittelten Wertes, auf den Sie sich geeinigt haben, auszuzahlen. Dann haben Sie die ganze Immobilie. Kurze Zeit später beschließen Sie, die Immobilie zu verkaufen, weil eine neue Liebe lockt und Sie wollen wegziehen. Und zu Ihrer Überraschung (besser: zu Ihrem Entsetzen) erzielen Sie weit weniger, als der Gesamtwert der ehemaligen Einigung betragen hatte. Sie haben Ihrem ehemaligen Ehepartner also mehr ausgezahlt als die Hälfte des aktuellen Kaufpreises. Und umgekehrt: Sie würden mehr erzielen und der andere erführe das, dann würden Sie sich freuen und der andere wäre der „Gelackmeierte".

2.2.2 Hilfe ich habe geerbt – was tun?

„Des einen Tod – des andern Brot". Sie haben nun einen geliebten Menschen verloren, Vater, Mutter, Partner. Die Trauer ist groß. Der Verlust schmerzt. Die Beisetzung ist geschehen. Das tägliche Leben gewinnt langsam wieder die Oberhand. Eine Immobilie wird vererbt. Sie gehören zu den „glücklichen" Erben oder sind gar Alleinerbe. Dann brauchen Sie nichts weiter zu tun, als das Erbe anzunehmen, wenn es denn unbelastet oder nur gering belastet ist und eine mögliche Erbschaftsteuer zu zahlen. Erbschaftsteuer? Wie es so ist: Alles, was Vater Staat von uns verlangt, erscheint uns überhöht. Wir fühlen uns übervorteilt. Und jetzt? Was tun?

Kühlen Kopf bewahren! Prüfen Sie zunächst den Verkehrswert, den das Finanzamt angesetzt hat. Bei Ein- und Zweifamilienhäusern ist es in erster Linie der Sachwert, bei Eigentumswohnungen und Grundstücken der Vergleichswert, bei Immobilien, die der Ertragserzielung dienen (Mehrfamilienhäuser, Wohn- und Geschäftshäuser, Gewerbeimmobilien), der Ertragswert, der jeweils die Basis für den zu besteuernden Verkehrswert darstellt. Und hier gehen Sie so vor, wie oben beim Thema Scheidung erwähnt. Lassen Sie sich zur Kontrolle eine Schätzung anfertigen von einem Sachverständigen für Wertermittlung.

Nach aktueller Regelung (Urteil des Bundesverfassungsgerichtes aus dem Jahr 1997; s. oben unter „Einheitswert") sollen Immobilienwerte dem Wert von Bargeld entsprechen. Das ist der Verkehrswert, der in der Nähe des zu besteuernden Wertes liegen soll. Der Verkehrswert ist der „Preis, der ... erzielt werden könnte" (s. § 194 BauGB). Hierzu erkundigen Sie sich bei Ihrem Steuerberater oder im Internet. Das Erbrecht ist sehr kompliziert und mit Ausnahmen gespickt, zum Beispiel für Unternehmen, Mittelständler und Landwirte, sodass an dieser Stelle und in diesem Buch kein Platz dafür ist.

Sie müssen wissen, dass bei den Finanzämtern Sachverständige für die Bewertung von Immobilien, also gelernte Sachverständige, angestellt sind. Diese prüfen Ihre Bewertung auf Plausibilität. Ist sie in Ordnung, wird sie anerkannt, auch wenn der Wert Ihres Sachverständigen unter der Einschätzung des Finanzamtes liegt. Das dürfte oftmals die Regel sein.

> **Beispiel**
> Ich wurde beauftragt, ein Mehrfamilienhaus zu verkaufen. Es steht an einer stark befahrenen Straße (innerstädtische Führung einer Bundesstraße). Hinter dem Haus liegt ein gro-

ßer Park. Das Anwesen stammt aus der Gründerzeit und wurde nach dem Krieg wiederaufgebaut und in Teilen saniert. Das Dach wurde mit zwei Wohnungen zusätzlich ausgebaut. Es hat jetzt acht Wohnungen und drei Garagen, neue Fenster mit Wärmedämmglas und Etagenheizungen. Um die ortsübliche Miete zu halten, mussten zahlreiche Renovierungen im Keller, im Treppenhaus, an der Haustür, an den Briefkästen und an den Balkonen durchgeführt werden. Ohne diese Maßnahmen hätten Mietminderungen gedroht. Das Finanzamt hatte aufgrund der bekannten Mieten (das geht aus der Steuererklärung des Eigentümers hervor) einen Verkehrswert von 500.000 € herausgefunden. Die Erbin hätte nach Abzug eines Freibetrages eine Erbschaftsteuer in Höhe von rund 45.000 € zahlen müssen (nach altem Recht). Meine Schätzung ergab nach Abzug der notwendigen Sanierungsmaßnahmen und Anpassung des Liegenschaftszinses, der am Markt von Anlegern für Immobilien in vergleichbarer Lage mit acht Prozent kalkuliert wird (das Finanzamt hatte nach den pauschalen Vorgaben im offiziellen Grundstücksmarktbericht vier Prozent angesetzt), nur einen möglichen Kaufpreis/Verkehrswert von 350.000 €. Die Ersparnis bei der Erbschaftsteuer lag bei annähernd 20.000 €. Das Finanzamt hatte die Bewertung anerkannt, weil ich dem Gutachter beim Finanzamt klar machen konnte, dass meine Ausführungen plausibel sind und der Ansatz der Rendite marktüblich ist. Das Anwesen wurde viel später auch verkauft zum Preis von 340.000 €, dem echten Verkehrswert. Meine Verkehrswertschätzung stimmte fast auf den Punkt genau.

Angenommen, Sie haben nicht allein geerbt, sondern mit Geschwistern oder anderen Menschen, die nicht zur Verwandtschaft gehören. Auch hier gibt es wieder zwei Möglichkeiten: Himmel oder Hölle, Friede-Freude-Eierkuchen oder Horror.

Im besten Fall einigen Sie sich auf einen Preis und verkaufen gemeinsam oder zahlen die Miterben aus und übernehmen die Immobilie.

Im schlechtesten Falle haben wir es wieder mit starken Zentrifugalkräften zu tun: Manche wissen alles besser, haben schon so viel gehört und gelesen, mit allen möglichen Maklern gesprochen und vielleicht schon welche mit dem Verkauf beauftragt. Alles driftet auseinander, keiner weiß wohin, nach dem Motto: „Jeder macht was er will, keiner was er soll – und alle machen mit". Aus der Mediation weiß ich: Gefühle haben immer recht.

Auch hier gilt es, das Vermögen durch koordiniertes, vernünftiges Verhalten zu sichern. Besonnenheit und Gelassenheit sind hier die wichtigsten Eigenschaften. Durch unnötigen Erbstreit gehen manchmal Millionenvermögen den Bach hinunter. Es stehen zudem Arbeitsplätze auf dem Spiel. Das können Sie dann in den Wirtschaftsnachrichten oder der einschlägigen Promi-Presse nachlesen.

Sie machen es dann richtig, wenn Sie sich mit Ihren Miterben einigen. Wenn es nicht anders geht, dann beauftragen Sie einen unbeteiligten Dritten (auch hier rate ich dringend zur fachlichen Mediation; s. unter „Scheidung") mit einer Verkehrswertschätzung und gehen dann erst in den Verkauf. Dabei darf es dann nur einen Anbieter geben, entweder eine Person aus der Erbengemeinschaft, die wirklich etwas davon versteht, oder einen Makler, der im Auftrag aller Erben, der gesamten Erben- oder Eigentümergemeinschaft handelt und von diesen auch sein Honorar erhält.

Beispiel

Ein mir bekannter Steuerberater rief mich mit der Bitte an, für seine Mandantin (die selbst nicht in Erscheinung treten wollte) eine Schätzung für ein Drei-Familienhaus abzugeben, das sie unlängst erbte. Die Erbengemeinschaft bestand aus drei Geschwistern: einem Wissenschaftler im Ruhestand (verheiratet, mit guter Pension und eigenem Haus), einer alleinstehenden älteren Dame, die vom Drittel des Erbes und eigenem Ersparten ihre Wohnung, in der sie zur Miete wohnte, kaufen wollte, und die ebenfalls alleinstehende jüngste Schwester, die in ihrem eigenen Haus (sie

> war Alleinerbin nur für dieses Haus) wohnte. Ihr war es völlig egal, ob sie Miete bekommt oder ein Drittel aus dem Dreifamilienhaus. Sie hatte also keine feste Meinung und wurde glücklicherweise in dem Verfahren von ihrem Steuerberater vertreten. Aus dem Umstand, dass nur eine Erbin das Geld aus dem Haus brauchte, musste es also verkauft werden. Da eine Summe von 300.000 € sehr gut durch drei teilbar ist, hatte man sich innerhalb der Gemeinschaft auf diesen Preis geeinigt. Meine Preisermittlung betrug jedoch 240.000 €, weil die Mieten extrem niedrig waren und zudem ein hoher Instandhaltungs- und Modernisierungsstau bestand. Über zwei Jahre hinweg zogen sich zähe Verhandlungen. Fernmündlich, bei mir im Büro (mit nur einem Erben), in einer Autobahnraststätte (mit zwei Erben) und per Fax wurden Meinungen ausgetauscht. Inzwischen hatte sich der Preis für die Eigentumswohnung der älteren Dame leicht erhöht, Guthabenzinsen waren gesunken, Reparaturkosten sind angefallen, die Mieter haben sich über undichte Fenster beschwert, es gab zwischenzeitlich einen Wasserrohrbruch und immer musste der weiter entfernt wohnende Wissenschaftler anreisen und nach dem Rechten sehen. Ich habe dann alle Parteien in mein Büro eingeladen, weil ich merkte, dass keiner der Beteiligten mehr Lust auf diese Immobilie hatte und alle nur endlich verkaufen wollten. Gesagt getan, runde Tische wirken Wunder. Der Kaufpreis wurde knapp höher kalkuliert – plus Vertriebskosten. Nach nur einer Stunde Veröffentlichung im Internet war der Käufer gefunden.

Glücklicherweise hatte sich der Markt vor Ort positiv entwickelt, sodass der Zeitverlust wirtschaftlich ausgeglichen werden konnte. Darauf kann man sich jedoch nicht verlassen. Allerdings muss man berücksichtigen: Hätte der Verkauf zwei Jahre zuvor stattgefunden, wäre viel Verdruss erspart geblieben und jeder hätte Bargeld gehabt, um sich Wünsche erfüllen zu können. Schnelles Geld ist gutes Geld.

> Da niemand weiß, wie sich Märkte und Preise und schlicht die allgemeinen Umstände, auch die eigenen Lebensumstände in Zukunft darstellen und ergeben werden, rate ich zum sofortigen Verkauf, sofern es kein Erbe übernimmt oder Sie selbst einziehen wollen. Spekulatives Abwarten hat sich in den seltensten Fällen ausgezahlt. Und die größte Gefahr bei Erbengemeinschaften besteht darin, dass sich einzelne Erben dazu entschließen könnten, die Zwangsversteigerung zur Aufhebung der Erbengemeinschaft zu beantragen. Das ist auch wirtschaftlich in der Regel die schlechteste Lösung, und der eventuell noch in homöopathischen Mengen vorhandene Familienfrieden ist vollständig verloren.

2.2.3 Wirtschaftlicher Abstieg – Insolvenz – die Bank will das Geld zurück

Sicher kennen Sie das: Heute rufen sie „Hosianna" – Sie haben Erfolg, Ihre Firma läuft super, Ihr Job ist sicher, alle wollen Ihr Freund sein. Und morgen rufen sie: „Kreuziget ihn!" Ihre Kunden zahlen nicht, Ihre Firma ist pleite, Sie werden entlassen, Sie müssen Insolvenz anmelden (private oder geschäftliche). Und Ihre wahren Freunde können Sie jetzt an einer Hand abzählen.

„Himmelhoch jauchzend – zu Tode betrübt" (Goethe). Manchmal geschehen diese Dinge in zeitlich enger Folge. In jedem Falle ist Ihr Immobilieneigentum betroffen. Das haben Sie der Bank zum Pfand gegeben für den Kredit zur Finanzierung Ihrer Immobilie, vielleicht sogar zur Finanzierung Ihres Betriebs oder Ihrer selbstständigen Tätigkeit. Wenn es Ihnen selbst nicht so erging, dann seien Sie froh. Sicher haben Sie das oben Geschilderte schon einmal im Freundeskreis oder bei Bekannten erlebt, oder in der Nachbarschaft, im Verein.

Jetzt will die Bank das Geld zurück. Die Schuldner bemühen sich intensiv, ihre Verbindlichkeiten zu erfüllen. Es wird etwas gezahlt. Der Bitte um Stundung der Tilgung kommt die Bank nach. Die Bank will helfen – durchaus eigennützig. Trotzdem: Es klappt nicht, den Zahlungsverpflichtungen nachzukommen. Und dann macht die Bank „das Buch zu", wie es im Jargon heißt.

Und schon ist die Bank nicht mehr „der Partner an Ihrer Seite", sondern Ihr Gegner. Wenn die Sonne scheint, dann ist alles gut, aber sobald es regnet, nimmt die Bank den Regenschirm auch noch weg. Sie kennen diese Sprüche sicher.

Um es klar zu sagen: Den Banken gefallen diese Situationen nicht. In der Regel sind sie um eine gute Lösung bemüht, die beiden Parteien dient. Es ist zudem eine vertrackte psychologische Situation. Der Schuldner fühlt sich als Versager. Er fühlt sich der Familie gegenüber schuldig. Scheitern stand nicht auf dem Plan. Briefe werden nicht mehr geöffnet, nach außen wird „heile Welt" gespielt. Die Kinder dürfen nichts mitbekommen, Eltern und Schwiegereltern schon gar nicht. Die Welt bricht zusammen. Die Zukunft wird ungewiss. Das traute Heim steht auf dem Spiel. Man will es aber nicht wahrhaben. Das alte Spiel: Kopf in den Sand.

Und plötzlich steht ein gerichtlich bestellter Sachverständiger vor dem Haus und will eine Schätzung vornehmen, weil die Bank die Zwangsversteigerung beantragt hat. Man lässt ihn nicht herein. Immerhin ist es noch das Haus oder die Wohnung der Eigentümer. Sie haben Hausrecht.

Die Zeit vergeht. Die Zwangsversteigerung findet statt und der neue Eigentümer will ins Haus. Der Gerichtsvollzieher verschafft den Zugang. Manchmal steht der Rest in der Zeitung. Die Angelegenheit endet hin und wieder dramatisch.

So weit darf es nicht kommen. Wenn Ihnen „das Wasser bis zum Hals steht, dürfen Sie den Kopf nicht hängen lassen" sagt der Volksmund.

Was ist zu tun? Sprechen Sie unbedingt offen mit der Bank. Wenn Sie es selbst nicht mehr können, weil Sie den Mitarbeiter nicht leiden können und aggressiv werden, oder die Gespräche nicht konstruktiv geführt werden können, suchen Sie sich Hilfe; entweder bei einem Anwalt, am besten einem Fachanwalt für Immobilienrecht, oder bei einem sachkundigen Immobilienmakler. Dieser sollte im Idealfall als Immobilienfachwirt, Immobilienwirt oder Immobilienkaufmann ausgebildet sein und eine Qualifikation als Immobilienbewerter vorweisen können. Wenn er gleichzeitig Sachverständiger für Immobilienbewertung ist, umso besser. Lange Praxiserfahrung auch mit kritischen Fällen ist sehr nützlich. Er sollte zudem Verhandlungsgeschick haben. Suchen Sie nach einigen Maklern und lassen Sie sich Lösungsvorschläge erarbeiten. Anhand dieser Vorschläge und deren Plausibilität können Sie sehr schnell erkennen, wer der richtige Partner für Sie ist. Er muss Ihnen helfen können, die Kohlen aus dem Feuer zu holen und er muss von der Bank akzeptiert werden. Dann geben Sie ihm Verhandlungsvollmacht. Ohne diese wird die Bank nicht mit ihm reden dürfen.

Wie gehen Sie nun gemeinsam vor? Ihr Makler muss eine sachgerechte und detaillierte, formgerechte Wertermittlung vornehmen. Außerdem muss er der Bank einen Preis vorschlagen, zu dem mit einer an Sicherheit grenzenden Wahrscheinlichkeit Ihre Immobilie verkauft werden kann; natürlich mit einer Zeitangabe, zu der die Bank voraussichtlich mit der Rückzahlung der Restschulden rechnen kann. Denn die Bank weiß auch, dass ein freihändiger Verkauf oft mehr bringt als eine Zwangsversteigerung. Auch hier bestätigen Ausnahmen die Regel.

Achtung: Manchmal haben Banken eigene Immobilienmaklerfirmen als Tochtergesellschaften

Hier gibt es eine klare Interessenkollision. Die Bank will das Geld möglichst schnell zurück und empfiehlt „ihre eigene Immobilienabteilung": „... die machen das schon". Jetzt stellt sich die Frage: „Wessen Interessen vertritt die Maklerfirma der Bank? Die Interessen des Eigentümers/Schuldners, der den Verkaufsauftrag erteilt hat? Oder die Interessen der Bankmutter, die das Geld will?" In jedem Fall wird auch noch Provision damit verdient. „Das auch noch!", werden Sie ausrufen: „Mit der Not der Leute Geld machen!" Moral hin oder her – in jedem Fall gibt es eine eklatante Interessenkollision. Viele Banken und Sparkassen lehnen es auch ab, in Notfällen aus dem eigenen Haus Verkaufsaufträge anzunehmen. Das ist auch genau richtig so. Es sollte grundsätzlich verboten sein, solche Geschäfte abzuschließen, die an Kopplungsgeschäfte erinnern.

Hier gilt meine dringende Empfehlung: Finger weg vom Bankmakler

Verkaufen Sie entweder selbst ohne fremde Hilfe (wenn Sie das können und es sich zutrauen, nachdem Sie dieses Buch gründlich gelesen haben) oder Sie suchen sich die Hilfe eines Dritten, eines Fachanwalts, für die rechtlichen Dinge und eines sehr sachkundigen Maklers, wie ich ihn oben beschrieben habe, für die verkäuferische Abwicklung. Und vergessen Sie nie, mit der Bank ständig den Stand der Dinge zu besprechen und zu berichten, was sich gerade tut. Nur dann können Sie sicher sein, dass der Sachbearbeiter nicht mit dem Ansinnen einer Zwangsversteigerung zuschlägt. Denn jeder Sachbearbeiter hat einen Vorgesetzten. Die Banken haben Satzungen und Geschäftsbedingungen. Es gibt dabei immer Spielräume. Bitte reizen Sie diese nicht aus. Sonst gehen Banken streng formal vor. Das wird Ihnen ganz sicher nicht gefallen. Drinnen droht die eigene Revisionsabteilung (und auch Sachbearbeiter wollen beruflich weiterkommen). Draußen lauert die „BaFin", die Bundesanstalt für Finanzdienstleistungsaufsicht.

> **Beispiel**
>
> Aufgrund eines Suchinserates in der regionalen Zeitung erhielt ich den Anruf eines Eigentümers aus einer Kleinstadt. Angeboten wurde mir ein zum größten Teil vermietetes Gewerbeanwesen, bestehend aus zwei Gebäuden und einer großen Freifläche. Ich besichtigte dieses ehemalige Möbelhaus ausführlich. Hinzu kam ein zweites, größeres gewerbliches Anwesen in einem entfernt gelegenen, reinen Gewerbegebiet nahe der Autobahn. Der dortige Mieter war zwischenzeitlich ausgezogen und hatte ein paar größere Schäden im Estrich hinterlassen. Dieses zweigeschossige, ehemals als Möbelhaus erbaute Anwesen, war danach als Lager genutzt und der Estrich war zu weich für schwere Gabelstapler.
>
> Im Büro beugte ich mich über die Pläne und andere zahlreiche notwendige Dokumente, um die ich bei der Terminvereinbarung gebeten hatte. Dabei führten wir den üblichen Smalltalk. Der Eigentümer war ein stattlicher älterer Herr, der mich um zwei Köpfe überragte – ein typischer Geschäftsmann, wie man ihn sich so landläufig vorstellt. Laute Stimme, aufrechter Gang, selbstbewusste Haltung, gelocktes dichtes Haar, wehend nach hinten gekämmt. Bei der Frage, was ihn denn zum Verkauf bewegt, änderte sich seine Körperhaltung. Es kamen die üblichen Gründe zur Sprache: das Alter, Geschäftsaufgabe, das „Möbelgeschäft haben die Großen kaputt gemacht, der Mittelstand leidet darunter". Hinzu kommt auch noch der Gebäudeschaden. Der ehemalige Mieter weigert sich, Schadenersatz zu leisten.
>
> Wichtig ist zu wissen, dass der Eigentümer das jahrzehntealte Geschäft in der zweiten Generation führte, ausgebaut und erweitert hat. Alle am Ort hatten dort immer ihre Möbel gekauft. Es war sozusagen eine Institution für Wohnungseinrichtungen, insbesondere für junge Paare. Dort kaufte man die Erstausstattung. Er redete mit Stolz davon. Trotzdem merkte ich an seiner Stimme und an seiner Körperhaltung, dass da noch etwas im Hintergrund lauerte, was ihm zu schaffen machte. Mit meiner geschäftlichen Erfahrung und meinen Kenntnissen, aus bestimmten sachlichen Umständen in Kombination mit Körpersprache und Mimik Schlüsse zu ziehen, wagte ich Klartext. Mittlerweile hatte ich ein Gefühl für ihn entwickelt, um mir das zu erlauben. Ich fragte also konkret und klar heraus: „Will die

Bank Geld?" Damit hatte ich voll ins Schwarze getroffen. Er sackte ein wenig zusammen und ich bemerkte eine leichte Rührung in seinen Augen: „Der Banker von der XY-Bank aus der Filiale Mannheim kommt morgen zu mir. Er will wohl die Zwangsversteigerung vorbereiten. Er hat die Angelegenheit von einem ehemaligen Kollegen aus Frankfurt übernommen und will jetzt die Sache vom Tisch kriegen. Eigentlich ist er nicht zuständig, muss es aber bearbeiten". Das war seine Aussage. Ich merkte: Da schwelte schon etwas sehr lang. Die Bank hat jetzt wohl doch die Geduld verloren. Stellen Sie sich die Situation vor: Ein Geschäftsmann, der jahrzehntelang alle Probleme mit dem Möbelverkauf, der Personalführung, im Umgang mit Kunden und Reklamationen sowie mit Lieferantenverhandlungen erfolgreich bewältigte, steht plötzlich vor einer Situation, die ihn existenziell bedroht. Das ist eine Situation, die für ihn völlig neu ist. Er muss sich jetzt von lieb gewonnenen Vorstellungen trennen, womöglich von seiner Immobilie. Immer gelang ihm alles in seinem Berufsleben. Und jetzt? Er hat es mit einer für ihn völlig unbekannten Lage mit ungewisser Zukunft zu tun. Es dauert sehr lange, bis man aus dieser „Ich-kann-alles-Mentalität" herauskommt und die raue Wirklichkeit erkennt.

Nun gehöre ich zu den Menschen, die sich durch solche Dinge gern herausfordern lassen. Dass persönliche Befindlichkeiten eines Bankmitarbeiters ein Grund sein können, eine Zwangsvollstreckung in ein (überschlägig gerechnet) mehrere Millionen Mark wertes Immobilienvermögen zu betreiben, ist ja wohl die Höhe. Und sogleich auch die Lebensversicherung zu pfänden und das private Wohnhaus in bester Lage! Das geht gar nicht! Der Mensch von der Bank war drauf und dran, ein Vermögen und ein Leben zu zerstören. Ich war erbost und machte dem Eigentümer Mut. Ich hatte recht schnell die Situation der Liegenschaften erfasst. Den Schuldenstand kannte ich auch. Ich hatte die mögliche Lösung auch schnell im Kopf.

Da die Dokumentation der Gebäude umfassend war, mir alle Mietverträge vorlagen und die notwendigen Modernisierungen und Renovierungen pauschal erfasst werden konnten, der Bebauungsplan bezüglich des freien Grundstücksteils wegen der Nähe zur Autobahn keine Gebäude mehr zuließ, sondern bestenfalls Stellplätze für Autos, konnte eine Bewertung sehr schnell durchgeführt werden.

Die beiden Gebäude des älteren Gewerbeanwesens, das „Mutterhaus" des Möbelhändlers sozusagen, waren baulich intern aufgeteilt worden. Die einzelnen Räumlichkeiten waren durch Brandmauern getrennt, um eine Vermietung in kleinen Teilen zu ermöglichen. Im größeren Gebäude gab es in einem Teil eine zweite Etage. Dort waren das „Chefbüro", mehrere Büroräume, das Konferenzzimmer und die Buchhaltung untergebracht. Im Erdgeschoss hatten Handwerksunternehmen und verschiedene Handelsunternehmen sowie ein gastronomischer Betrieb die Räume gemietet, gegenüber waren ein Fitness-Studio, eine Schreinerei und Restauration für antike Möbel sowie der dazu gehörende Möbelhandel untergebracht. Meine Idee war es nun, alles en bloc zum Ertragswert zu verkaufen, oder, ganz gewagt, den einzelnen Mietern die jeweiligen Räumlichkeiten als gewerbliches Teileigentum anzubieten.

Das Ganze musste nun gut vorbereitet werden. Der Banker war für den kommenden Tag am frühen Nachmittag, von Mannheim kommend, angemeldet.

Ich hatte quasi über Nacht zwei Wertermittlungen vorbereitet: eine für das gesamte Anwesen nach der reinen Ertragswertmethode und eine zweite Bewertung, bestehend aus der Summe der einzelnen Bewertungen der Teileigentumseinheiten. Dazu kam das neue, leer stehende ehemalige Möbelhaus, das nach der reinen Ertragswertmethode zu bewerten war.

Ergebnis: Die Summen der reinen Ertragswerte deckten gerade die Schulden (mit dem Risiko des Mindererlöses durch Kaufpreisverhandlungen). Wenn jedoch alle Mieter ihre einzelnen Einheiten als gewerbliches Teileigentum kaufen würden, ergäbe dies einen Barüberschuss nach der Rückzahlung der Restschuld von etwa 400.000 DM. Und dies mussten wir dem Banker gleich um 14.00 Uhr „verkaufen". Wir hatten bis dahin noch mit keinem der Mieter gesprochen. Der Eigentümer, der ein sehr gutes persönliches, fast freundschaftliches Verhältnis mit den Mietern pflegte und der auch allgemein sehr beliebt war, weil er immer als ordentlicher Kaufmann aufgetreten ist, war guten Mutes. Einige Mieter waren auch Kunden und zugleich Lieferanten zu Zeiten, als das Möbelhaus noch in Betrieb war. Er wurde auch schon selbst darauf angesprochen, ob es nicht möglich wäre, einen Teil zu erwerben. Das waren sicherlich schon sehr gute Voraussetzungen für mein Geschäftsmodell.

Derart mit Selbstbewusstsein ausgestattet und nach dem Motto „Frechheit siegt" traten wir nun zu zweit den zwei Bankern gegenüber und stellten ihn vor die Alternative: entweder Verkauf en bloc oder Verkauf als Teileigentum. Er zog daraufhin den bereits ausgefüllten Antrag zur Zwangsversteigerung aus der Tasche und meinte: „Teilung geht nicht, da müssen Sie uns um Erlaubnis fragen!" Ich entgegnete: „Der Eigentümer ist nach wie vor Eigentümer. Er kann verkaufen, er kann teilen. Es ist sein Eigentum, mit dem er nach Belieben verfahren kann. So steht es im BGB! Antrag zur Vormerkung zur Zwangsversteigerung hin oder her – wir teilen das Anwesen und verkaufen es an die einzelnen Mieter. Dann bleibt noch Geld übrig, aus dem Zinsen für den Rest der Darlehen gezahlt werden können, bis das zweite Gewerbeanwesen verkauft ist". Im Übrigen steigt der Wert einer Immobilie insgesamt, wenn eine Aufteilung nach dem Wohnungseigentumsgesetz erfolgt ist. Das ist also für die Bank eher noch zum Vorteil.

Die beiden Banker zogen von dannen und wir machten uns an die Arbeit: Das Bauamt genehmigte die Teilung und für das freie Brachland auch die Auto-Stellplätze. Die Mieter wurden in einer Versammlung über die Flächen und die Kaufpreise informiert. Da die Zinsen mittlerweile leicht gesunken waren, war die Belastung nach dem Kauf durch Zins und Tilgung niedriger als die Miete. Das war zusätzlich zur Eigenschaft, künftig Eigentümer zu sein, die beste Kaufmotivation. Die ortsansässige Bank arbeitete ein Finanzierungsmodell aus. Alle Käufer finanzierten bei der gleichen Bank. Nach sechs Monaten war das Thema durch. Die Kaufpreise waren höher als die Verbindlichkeiten auf diesem Gebäudeteil.

Mittlerweile wechselte der Sachbearbeiter der Bank. Der ehemalige Kollege war froh, dieses Projekt abzugeben und die ganze Angelegenheit wurde jetzt in der Abteilung „Workout" bearbeitet. Nein, das ist kein Fitnessstudio. So nennt man im Bankjargon nun das, was früher „Abwicklung" hieß.

Der neue Kollege bei der Bank war sehr angenehm, konstruktiv, ein absolut kompetenter Profi, wie ich nach meinem ersten Gespräch am Telefon merkte. Er wollte ebenso wie wir Zwangsmaßnahmen vermeiden. Er ging genau unseren Weg mit. Um Vorfälligkeitsentschädigungen in enormer

> Höhe zu vermeiden, wurden die Kaufpreise auf Zwischenkonten gelagert und an die Darlehen abgetreten. Nach Ende der Zinsbindung wurden die Beträge verrechnet. Durch die Zinsen auf den Guthabenkonten durch die nach und nach gezahlten Kaufpreise konnten die Kosten sogar ein wenig kompensiert werden.
>
> Ein Jahr nach der letzten Kaufpreiszahlung wurde auch ein Käufer, ein Textillogistiker, gefunden, der das ehemalige Möbelhaus erwarb, um dort Textilien zu konfektionieren. Die Gebäudestruktur und die Bauweise waren ideal dafür geeignet, insbesondere die Lage zwischen Bahnhof und Autobahn.
>
> **Das gute Ende:** der Eigentümer konnte ohne Zwang planmäßig seine Immobilien verkaufen, war alle Verbindlichkeiten los, konnte seinen (jetzt lastenfreien!) Bungalow behalten und seine Lebensversicherung war auch gerettet. Und er hatte 300.000 DM übrig. Und damit war auch die Zukunft der Familie gerettet.

Was im Großen geht, geht auch im Kleinen. Behalten Sie klaren Kopf. Aus jedem negativen Ereignis, wie einer Insolvenz (privat oder geschäftlich) wird bei gutem Willen aller Beteiligten etwas Gutes herauskommen. Über manche Schatten müssen Sie springen.

Durch geschicktes Verhandeln und glaubwürdiges, professionelles Auftreten kann sogar erreicht werden, dass das Finanzamt eine Zwangsversteigerung zurückzieht oder eine Bank ein Zwangsversteigerungsverfahren einstweilen einstellt. Das geht für sechs Monate. Auf diese Weise bleibt ausreichend Zeit für den planmäßigen freien Verkauf.

Sie müssen wissen: Als Eigentümer (das sind Sie solange, bis ein anderer an Ihrer Stelle im Grundbuch steht) haben Sie Handlungsfreiheit. Wenn die Bank ihr Geld bekommt (und sei es kurz vor dem Zuschlag im Zwangsversteigerungstermin), ist ihr auch egal, woher es kommt. Sie können immer freihändig verkaufen, vorausgesetzt, die Bank ist einverstanden und der Betrag ist hoch genug, um Ihre Schulden zu decken.

Allerdings gibt es ein Imageproblem: Wenn Käufer den Zwangsversteigerungsvermerk im Grundbuch sehen, könnten sie auf den Gedanken kommen, die Immobilie bei Gericht billiger zu bekommen. Da jedoch mit der Zwangsversteigerung auch eine Portion Unsicherheit entsteht (zum Beispiel dass ein anderer die Immobilie bekommt), wird ein ernsthafter Interessent dennoch kaufen. Denn ob der ausgehandelte Kaufpreis dann noch zu Buche steht oder gar ein höherer Preis geboten werden könnte, diese Unsicherheit wird die Entscheidung immer zugunsten eines normalen Kaufs ausfallen lassen.

Die rechtlichen, wirtschaftlichen und finanziellen Bedingungen und Umstände machen eine fachkundige Begleitung unbedingt notwendig. Wenden Sie sich daher an einen Fachanwalt für Immobilienrecht oder an einen sehr gut ausgebildeten Makler (Immobilienkaufmann, Fachwirt) mit langjähriger Erfahrung und Ausbildung in Immobilienbewertung. Ich habe es oben schon einmal ausführlich dargestellt.

Vermeiden Sie die „Hilfe" dubioser, gut meinend aussehender und vollmundig klingender Menschen, mit deren Briefen Sie bombardiert werden. Schon die in den Briefen ausgesprochenen Versprechungen, angebotenen Kredite zur Ablösung der Bankkredite, die „Tricks und Tipps" sollten Sie misstrauisch machen. Auch die Art und Form der Schreiben, ganz abgesehen von der Papierqualität, sollte Sie Abstand wahren lassen. Diese Leute wollen nur Ihr Bestes: Ihr Geld! Und das brauchen Sie jetzt dringend für wichtigere Dinge.

> Wenden Sie sich immer an Profis. Auch die kosten Geld, sorgen aber für eine professionelle Lösung Ihres Problems.

2.2.4 Neuer Arbeitsplatz – neue Liebe – neues Heim – Familienzuwachs

Jetzt haben wir es mit einem positiven Verkaufsgrund zu tun. Sie haben geheiratet oder sind eine Partnerschaft mit einem geliebten Menschen eingegangen. Beide haben eine Immobilie, die aber jeweils für beide zusammen zu klein ist. Jetzt muss ein größeres Heim her, auch weil es Familienzuwachs gibt: Sie erwarten ein Kind oder die Eltern ziehen mit ein und geben einen Teil des notwendigen Kapitals dazu.

Sie haben es geschafft! Beruflich läuft alles wunderbar und es tun sich neue Möglichkeiten auf, die jedoch auch eine wohnliche Veränderung mit sich bringen. Sie wurden versetzt, befördert, haben ein lukratives Angebot erhalten oder Ähnliches. Glückwunsch! Oder Sie haben einfach nur das Bedürfnis, ganz woanders neu anzufangen. Oder Sie folgen gar Ihrer neuen Liebe in eine andere, weit entfernte Stadt.

Egal, was in Ihrem Leben auch passieren mag: Überaus wichtig ist, bezüglich Ihrer Immobilienfragen zum richtigen Zeitpunkt die richtigen Schritte einzuleiten. Fehler bei Entscheidungen können Sie hierbei unter Umständen ein kleines oder größeres Vermögen kosten.

Wie gehen Sie nun vor? Kaufen Sie zuerst etwas oder verkaufen Sie zuerst? Je nach wirtschaftlicher Lage kann es durchaus parallel geschehen. Zum größeren Teil wird es jedoch so sein, dass zuerst die Immobilie verkauft werden muss, um das notwendige flüssige Eigenkapital zu bekommen, auf das die finanzierende Bank großen Wert legt.

Wenn Sie aber Ihre Immobilie verkaufen (Ihr Haus oder Ihre Eigentumswohnung), dann müssen Sie ja irgendwohin ziehen. Ein neues Heim konnten Sie ja aber noch nicht kaufen, weil Sie noch nicht verkauft haben. Die Katze beißt sich also in den eigenen Schwanz.

Was ist zu tun? Ganz einfach: Lassen Sie von einem geeigneten Fachmenschen, am besten einem guten, qualifizierten Makler, die Feststellung des möglichen Kaufpreises durchführen. Das ist der Preis, zu dem mit an Sicherheit grenzender Wahrscheinlichkeit Ihre Immobilie verkauft werden kann. Ziehen Sie noch einen zweiten, besser einen dritten Makler hinzu. Schauen Sie im Internet, welche Immobilien am Markt angeboten werden, die Ihrer Immobilie hinsichtlich Art, Lage, Größe und Grundstücksgröße sowie Bau- und Pflegezustand ähnlich sind. Dann haben Sie einen ersten Überblick. Dann nehmen Sie die Ihnen bekannten Zahlen und ziehen daraus einen Mittelwert und vergleichen diesen Mittelwert mit Ihrem ersten Gefühl eines Verkaufspreises, der Ihnen vorschwebt. Vergleichen Sie diese Zahlen mit den Werten, die Ihnen die Makler nennen.

Sortieren Sie den Makler mit der höchsten Zahl aus. Er wird nur auf den Auftrag aus sein und Sie nach und nach herunterhandeln. Auch der Makler mit der niedrigsten Zahl sollte eher keine Beachtung finden. Er wird nur an einer schnellen Provision durch schnellen Verkauf interessiert sein. Von dem Wert, von dem Sie überzeugt sind, ziehen Sie dann zur Vorsicht zehn Prozent als Sicherheit ab.

Jetzt können Sie auf die Suche nach einer neuen Immobilie gehen. Bitte beachten Sie, dass Sie in der Regel 20 % Eigenkapital benötigen, bevor Ihre Bank darangeht, Ihre Finanzierung zu bearbeiten.

Sehr häufig kommt es immer noch vor, dass ein Reihenhaus oder eine Eigentumswohnung verkauft werden soll, die in der Zeit zwischen 1991 und 1998 erworben wurde. Damals waren die Kaufpreise sehr hoch, teilweise überhöht. Warum das so ist, habe ich im ersten Kapitel beschrieben. Im Ergebnis kann es also sein, dass Sie trotz einprozentiger Tilgung p. a. nur etwa 25 bis 40 % des Darlehens zurückgezahlt haben. Damals haben die Banken (insbesondere bei

Neubauten oder sanierten Altbauten) Kaufpreise auch zu 100 % finanziert. Bei denkmalgeschützten Altbauten waren die Preise (und es sind sie heute noch) wegen der hohen Abschreibungen auf die Sanierungskosten überproportional höher.

Im Zweitverkauf allerdings müssen sich diese Immobilien nach den Marktpreisen der gebrauchten Immobilien richten. Und dann werden sich manche Mitmenschen die Augen reiben, wie hoch die Fallhöhe vom damaligen Kaufpreis zum heutigen Marktpreis ist. Sie liegt derzeit immer noch zwischen 15 und 35 %. Und diese Preisdifferenz zehrt die Tilgung wieder auf. Kontostand und Kaufpreis stimmen überein. Das bedeutet: Der erwartete Liquiditätsüberschuss bleibt aus. Ein Verkauf nach dem Motto: „Was ich bezahlt habe, will ich wieder raushaben!" wird nicht funktionieren. Einem potenziellen Erwerber ist es schlichtweg egal, was Sie einmal bezahlt haben.

Der Markt damals war eben der Markt damals und ist nicht mit dem heutigen Markt zu vergleichen. Andere Finanzierungsbedingungen, geänderte steuerliche Regelungen, das geänderte Verhalten der Banken, höhere Ansprüche der Finanzierungsinstitute an die nachhaltige Bedienbarkeit der Darlehen, die neuen Wohnimmobilienkreditrichtlinien für Verbraucher – eben ein anderer Markt mit anderen Einflüssen als vor über 20 Jahren.

Dann sagen Sie sich: „Gut, wenn ich nicht verkaufen kann, dann vermiete ich meine Wohnung, mein Haus!" Gut gemeint – schlecht zu machen. Warum?

Sie denken: „Die Netto-Kaltmiete eines Mieters kann möglicherweise meine Zins- und Tilgungsraten decken. Dann werde ich bei einer neuen Finanzierung eines neuen Heims 100 % des Kaufpreises finanzieren können. Da ich getilgt habe, würde die Bank die alte Immobilie als zusätzliche Sicherheit bekommen". Logisch – denken Sie. Das machen wir.

2 Machen Sie es wie die Profis!

Das ist jetzt Ihre Rechnung ohne den Wirt, sprich: die Bank. Wie rechnet die Bank? Zunächst wird sie den Beleihungswert Ihrer alten Immobilie neu feststellen. Der könnte (s. oben) niedriger sein als zum Kaufzeitpunkt. Zusätzlich wird sie dabei feststellen, dass Ihre Miete bestenfalls in einer Höhe zwischen 40 und 60 % bewertet wird. Der fehlende Betrag ist das sogenannte „Mietausfallrisiko". Das heißt, dass Sie die entgehende Miete nach Auszug eines Mieters aus eigener Tasche tragen müssten. Das geht von Ihrem verfügbaren Einkommen ab. Wenn Sie über mehrere Monate keinen Mieter finden (in Großstädten oder gesuchten Mittel- und Universitätsstädten eher unwahrscheinlich), dann legen Sie halt drauf. Wenn Sie einen Mieter haben, der nicht zahlt und den Sie verklagen müssen (plus Räumungsklage, plus Vorauszahlung der Räumungskosten an den Gerichtsvollzieher bei Zwangsräumung), dann haben Sie einen kapitalen Schaden erlitten, ohne eventuelle Schäden am Gebäude, an der Wohnung zu nennen. Das alles beurteilt die Bank.

Wenn nun Ihr neuer Partner, Ihre neue Partnerin (oder Sie selbst) kein frisches, angespartes oder ererbtes Eigenkapital hat, scheidet ein Verkauf, und damit ein Kauf, eben aus.

In diesem Fall empfehle ich: Beten Sie, dass Ihr Mieter gesund bleibt, möglichst lange in Ihrer Wohnung oder in Ihrem Reihenhaus wohnt und immer pünktlich die Miete zahlt (sofern Sie sowieso schon vermietet haben). Oder bleiben Sie einfach in Ihrem bisherigen Heim wohnen und arrangieren sich mit der neuen Partnerin oder dem neuen Partner. Eine Lösung werden Sie allemal finden, weil Sie sich lieben.

Vielleicht hilft auch Ihr neuer Arbeitgeber, wenn er sie unbedingt möchte. In mancher leitenden Position gibt es durchaus Umzugshilfen und Hilfen beim Erwerb eines neuen Domizils, wenn Ihr Arbeitgeber großen Wert darauf legt, Sie lange zu behalten. Arbeiten Sie diese Umstände in die Vertragsverhandlungen ein.

Wenn Sie sich nicht sicher sind, wie lange Sie es beim neuen Arbeitgeber aushalten, oder wenn Sie nur für ein Projekt in eine andere Stadt ziehen, dann mieten Sie erst einmal etwas und vermieten Sie Ihre Immobilie mit einem Zeitmietvertrag unter der Bedingung, dass Sie nach der vereinbarten Zeit wieder einziehen werden (§ 575 BGB). Ob Sie einen geeigneten Mieter finden, der genau weiß, wann er wieder ausziehen wird? Probieren Sie es.

§ 575 BGB: Zeitmietvertrag

(1) Ein Mietverhältnis kann auf bestimmte Zeit eingegangen werden, wenn der Vermieter nach Ablauf der Mietzeit

1. die Räume als Wohnung für sich, seine Familienangehörigen oder Angehörige seines Haushalts nutzen will,

2. in zulässiger Weise die Räume beseitigen oder so wesentlich verändern oder instand setzen will, dass die Maßnahmen durch eine Fortsetzung des Mietverhältnisses erheblich erschwert würden, oder

3. die Räume an einen zur Dienstleistung Verpflichteten vermieten will und er dem Mieter den Grund der Befristung bei Vertragsschluss schriftlich mitteilt. Anderenfalls gilt das Mietverhältnis als auf unbestimmte Zeit abgeschlossen.

(2) Der Mieter kann vom Vermieter frühestens vier Monate vor Ablauf der Befristung verlangen, dass dieser ihm binnen eines Monats mitteilt, ob der

Befristungsgrund noch besteht. Erfolgt die Mitteilung später, so kann der Mieter eine Verlängerung des Mietverhältnisses um den Zeitraum der Verspätung verlangen.

(3) Tritt der Grund der Befristung erst später ein, so kann der Mieter eine Verlängerung des Mietverhältnisses um einen entsprechenden Zeitraum verlangen. Entfällt der Grund, so kann der Mieter eine Verlängerung auf unbestimmte Zeit verlangen. Die Beweislast für den Eintritt des Befristungsgrundes und die Dauer der Verzögerung trifft den Vermieter.

(4) Eine zum Nachteil des Mieters abweichende Vereinbarung ist unwirksam.

> Hinweis: Solche Situationen sind Standard. Allerdings möchte ich Ihnen jetzt Hoffnung geben. Aktuell hat der Markt auch im ländlichen Bereich abseits des Speckgürtels stetig an Verkaufsgeschwindigkeit zugenommen, die Preise sind auch dort seit 2016 gestiegen, sodass sich die Erlöse positiv gestalten und die alten Kaufpreise überholen. Eine echte Wertsteigerung ist eingetreten. Dennoch: Eine pauschale Beurteilung ist auch hier nicht ratsam. Prüfen Sie die Preislage differenziert wie oben beschrieben durch eine individuelle Wertermittlung.

2.2.5 Haus zu groß – Pflegefall – Was ist zu tun?

Ihr Haus, Ihre Wohnung war stets wohliger Mittelpunkt des Familienlebens. Doch Jahre bzw. Jahrzehnte später ändert sich die Situation unweigerlich mit dem Auszug der Kinder. Das Zuhause ist für Sie allein nun viel zu groß,

Zimmer stehen leer, der große Garten macht enorm viel Arbeit und auch die Kosten werden zur Belastung. Die Treppen im Reihenhaus oder in der Doppelhaushälfte können Sie nur noch mit Mühe gehen. Vielleicht sollten Sie doch umziehen und sich verkleinern?

Vielleicht ist es auch ganz anders und Sie werden vom Schicksal getroffen. Sie verlieren Ihren Partner oder die eigene Gesundheit macht Ihnen Sorgen, sodass Sie in Ihrem bisherigen geliebten Zuhause nicht mehr bleiben können.

In beiden Fällen sollte trotz Kummer unbedingt gut durchdacht werden, was mit der Immobilie geschehen soll. Es ist zunächst zwingend notwendig, Vorsorge dafür zu treffen, falls Sie nicht mehr Herr Ihrer eigenen Entscheidungen sind, zum Beispiel durch einen Unfall, wegen Diabetes ins Koma fallen, dement werden oder an Alzheimer erkranken.

> **Tipp**
>
> Hier mein wichtigster Rat: Gehen Sie rechtzeitig (unabhängig von Ihrem aktuellen Alter) zu einem Fachanwalt für Familienrecht und lassen Sie sich intensiv und sachgerecht beraten und zwar zu den Themen
>
> - Patientenvollmacht
> - Pflegevollmacht
> - Testament

Diese Dokumente müssen Sie zur Sicherheit bei einem Notar beurkunden lassen. Dann haben Sie für den Fall der Fälle Vorsorge getroffen. Ihr Vermögen, das Sie sich mühsam erarbeitet haben, soll Ihnen zu Lebzeiten dienen, und danach möchten Sie ein geordnetes Erbe hinterlassen.

Es gibt nun viele kluge und weniger kluge Ratschläge, was Sie mit Ihrer Immobilie machen können.

Ich will mich auf die praktikablen, einfachen und vernünftigen Vorschläge beschränken und dazu beitragen, dass Sie den besten wirtschaftlichen Nutzen aus Ihrer Immobilie für einen neuen, nämlich den letzten Abschnitt Ihres Lebens ziehen.

Wenn Sie sich im Klaren darüber sind, dass Sie Ihre Immobilie aus einem der oben geschilderten Gründe nicht mehr bewirtschaften können, dann sollten Sie sich mit dem Gedanken vertraut machen, sich von ihr zu trennen, endgültig und unwiderruflich. Machen Sie eine Zäsur. Beginnen Sie einen neuen Lebensabschnitt in einer neuen Immobilie.

Sie werden feststellen: Das bringt plötzlich neuen Schwung in Ihr Leben, Sie gewinnen an Vitalität. Sie schöpfen plötzlich Optimismus, neuen Mut aufs Leben und Freude auf etwas Neues. Sie erleben eine neue Gegend mit neuen Nachbarn. Sie können mit dem erzielten Kapital aus dem Verkauf plötzlich das realisieren, was Sie schon immer wollten: dorthin ziehen, wo Sie am liebsten Urlaub machten.

Wichtig: Schließen Sie das alte Kapitel ab. Trennen Sie sich. Das ist anfänglich ein sicher schmerzlicher Prozess. Aber solange Sie körperlich und geistig fit sind, werden Sie es schaffen. Und erst wenn Sie sich emotional von Ihrem Haus, Ihrer Wohnung entfernt haben, dann sollten Sie an den Verkauf gehen. Freuen Sie sich auf den neuen Lebensabschnitt.

Wie oft habe ich es in meiner beruflichen Laufbahn seit 1977 erlebt, dass mich Eigentümer mit dem Verkauf ihres Hauses beauftragt haben. Da waren die Kinderzimmer noch eingerichtet, obwohl die Kinder schon mehr als 20 Jahre nicht mehr zurückkamen – außer zu Besuch mit den Enkeln. Die Eigentümer bewohnten nur noch das Wohn- bzw. Esszimmer, ihr Schlafzimmer, Küche und Bad. Alle anderen Zimmer und die Kellerbar wurden nicht mehr genutzt, aber stetig sauber gehalten. Der spröde Charme der Sechziger-, Siebziger und Achtzigerjahre durchzog das Haus. Und die Eigentümer erzählten mit Stolz und leuchtenden Augen, wie viel Mühe es gemacht hat, das Haus zu bauen und welche Entbehrungen man auf sich nahm. Jahrelang wurde kein Urlaub gemacht. Jeder Pfennig, jede Mark wurde drei bis acht Mal umgedreht, bevor man sie ausgegeben hat. Es sollte doch für die Kinder sein. Die sollten es doch mal besser haben. Und die Kinder? Ja, die waren fortgezogen zum Studium, zu einem Arbeitsplatz weit weg von Zuhause. Sie haben Lebenspartner kennengelernt und die neue Liebe zog sie fort, weit weg von Zuhause, ins Ausland oder gar nach Übersee. Keines der Kinder hatte jemals einen Gedanken daran verschwendet, das Haus der Kindheit wieder zu bewohnen. Das sind Ausnahmen – überwiegend in ländlichen Gegenden.

So schwelgte man in Erinnerungen und Hoffnungen. Jetzt kommt die Sprache auf das Haus: „Ja, früher hat man besser gebaut, viel solider. Schauen Sie sich doch mal die Neubauten heute an; wie billig und schnell die gebaut werden. Das Reihenhaus kostet doch schon 350.000 bis 500.000 €. Mein Haus ist doch doppelt so groß und hat viel mehr Grundstück. Außerdem ist es frei stehend. Da guckt man nicht dem Nachbarn auf den Teller. Dann muss das doch auch doppelt so viel Geld bringen".

Ich stelle fest: Es wird sehr schwer sein, den Menschen das Gefühl zu geben, dass wir heute in einer anderen Zeit leben, dass sich die Prioritäten verschoben haben, dass die großen Grundstücke eher nicht mehr gesucht sind und dass die heutigen Käufer auch völlig andere geschmackliche Vorstellungen vom Wohnen haben. Der Zeitgeschmack hat sich geändert. Dunkelgrün, beige, gelb und braun sind eben out. Die gemütliche dunkle Holzdecke findet keine Freunde mehr, ebenso wenig wie die ehemals sehr teuren

„Florentiner Fliesen". Das Bad und das Gäste-WC (so sehr diese auch gepflegt wurden) werden schon aus hygienischen Gründen ausgetauscht – ganz abgesehen von dem notwendigen Stilwechsel. Es sind genau diese Elemente, die einen neuen Aufwand für die Käufer bedeuten und daher vom Kaufpreis, den sich die Eigentümer vorstellten (besser: vom „Hoffnungspreis") abzuziehen sind.

Dazu kommt die technische Anpassung: eine neue, energiesparende Heizung, neue Fenster, Außenwanddämmung und Dämmung des Dachbodens und des Kellers gegen Wärmeverlust. Vielleicht muss die Elektrik erneuert oder aufgerüstet werden, die Sanitärleitungen, was immer technisch notwendig ist.

Genau dies empfindet der Eigentümer als Respektlosigkeit, als Angriff auf seine Person, seine Familie, seine Bemühungen. Vieles, was er selbst gemacht hat, gerät in seinen Augen in Misskredit. Hier entsteht die typische Konfliktlinie. Und der Verkauf wird zunächst scheitern.

Solche Immobilien stehen noch jahrelang herum, sind am Markt präsent. Immer wieder wird der Versuch gemacht, zu verkaufen. Der mögliche Kaufpreis wird immer geringer, weil das Haus immer älter wird. Neue Energienormen tun ihr Übriges. So putzen die Eigentümer weiter die leeren Zimmer, mähen den Rasen oder lassen ihn mähen.

Lassen Sie es nicht so weit kommen. Nehmen Sie in Würde Abschied von Ihrem alten Zuhause. Geben Sie Jüngeren die Chance, Eigentum zu erwerben und zu schaffen. Lassen Sie deren Kinder in Ihrem Garten aufwachsen. Freuen Sie sich daran, dass Sie Ihren Nachfolgern ein wunderbares Domizil geschaffen haben. Freuen Sie sich daran, wie Ihre Nachfolger aus Ihrem Haus etwas Schönes, Lebenswertes machen.

> Und auch hier sollten Sie sich (wie oben schon beschrieben) mit der neu gewonnenen Klarheit und ohne die sentimental geprägte Bindung an das alte Eigentum, die den Blick vernebelt, mit Zahlen, Daten und Fakten versorgen, die Ihnen helfen, einen möglichen und erzielbaren Preis zu definieren.

Sie hängen trotzdem noch an Ihrer Immobilie?
Sie wollen beileibe nicht ausziehen und Ihr Leben in genau Ihrer Immobilie auch beenden. Denn Sie haben sich beim Kauf oder Bau geschworen: „Hier ziehe ich nicht mehr aus!" Und Sie haben sich umgehört, welche Möglichkeiten es noch gibt. Geld aus der Immobilie zu ziehen und dennoch im lieb gewonnenen Eigenheim zu bleiben. Sicher haben Sie schon etwas von einer „Leibrente" oder der sogenannten „Umkehr-Hypothek" gehört. Tolle Sache – bringt Ihnen das etwas?

Beginnen wir mit der Leibrente.

Leibrente

1. Begriff:
   Wiederkehrende Zahlung, die davon abhängig ist, ob eine oder mehrere Person(en), die vorab festgelegten Fälligkeiten erlebt (erleben). Das BGB regelt Dauer und Betrag der Rente (§ 759), die Vorauszahlung (§ 760) und die Form des Leibrentenversprechens (§ 761).
2. Erscheinungsformen:

   a) Eine lebenslängliche Leibrente wird periodisch wiederkehrend gezahlt, solange die Person, auf die die Rente abgeschlossen wurde, lebt.

   b) Aufgeschobene Leibrenten sehen die erste Zahlung nicht zum Zeitpunkt des Vertragsabschlusses vor, sondern erst zu einem in der Zukunft liegenden Termin.

   c) Steigende Leibrenten sehen monoton steigende Zahlungen vor.

d) Temporäre Leibrenten werden abhängig vom Erleben einer Person geleistet, allerdings nur maximal bis zu einem vorab festgelegten Zeitpunkt.
e) Leibrente mit garantierter Beitragsrückzahlung: Stirbt die Person, auf die die Leibrente Bezug nimmt, vor einem festgelegten Zeitpunkt (i. d. R. der Rentenbeginn), werden alle bis zum Zeitpunkt des Todes erbrachten Beiträge für die Leibrente zurückerstattet.
f) Leibrente mit Rentengarantie: Unabhängig davon, ob die Person, auf die sich die Leibrente bezieht, einen in der Zukunft liegenden Auszahlungstermin erlebt, werden sämtliche Leistungen bis zu diesem Zeitpunkt fällig.

(Quelle: Gabler Wirtschaftslexikon)

Auch in der bäuerlichen Wirtschaft war die Leibrente oder das „Leibgeding" (und ist es teilweise noch heute) ein Versorgungsinstrument für den Altbauern, der seine Wohnung auf dem Hof hat (oft eine separate kleine Wohnung, das sogenannte Altenteil als Leibgeding) und aus den Erträgen des Hofes eine Rente erhielt, seine Leibrente, die seine Nachkommen bis zum Tode der Berechtigten zahlten. Dafür gaben die Altbauern das Eigentum an den Nachfolger ab und sicherten ihre Ansprüche im Grundbuch.

Beispiel

Jetzt erzähle ich Ihnen eine schöne Geschichte aus Südfrankreich – die berühmteste Geschichte zum Thema Leibrente – hier zitiert aus Wikipedia:
Jeanne Louise Calment (* 21. Februar 1875 in Arles, Frankreich; † 4. August 1997 ebenda) hält seit 1990 den Rekord

des höchsten erreichten Lebensalters eines Menschen. Sie war der erste Mensch, der erwiesenermaßen seinen 116. bis 122. Geburtstag erreichte. Die in Arles geborene Südfranzösin war die Tochter des Schiffbauers Nicolas (1838–1931) und seiner Frau Marguerite Calment geborene Gilles (1838–1924), die einer Müllersfamilie entstammte. Ihr Bruder war François Calment (1865–1962). Jeanne heiratete am 8. April 1896 Fernand Nicolas Calment (1868–1942), einen Cousin zweiten Grades – ihre Großväter waren Brüder. Er war vermögender Ladenbesitzer und versetzte Jeanne Calment in die Lage, nie viel arbeiten zu müssen, sondern ein geruhsames Leben führen und Hobbys wie dem Tennis, Radfahren, Schwimmen, Rollschuhlaufen, Klavierspielen und der Opernkunst nachgehen zu können. Ihr Mann verstarb im Jahr 1942 an einer Vergiftung durch einen Nachtisch mit verdorbenen, eingemachten Kirschen. Calments Tochter, Yvonne (1898–1934), starb an einer Lungenentzündung. Danach zog sie ihren Enkel Frédéric (1926–1963) groß, der später Arzt wurde und im Alter von 36 Jahren bei einem Motorradunfall ums Leben kam.

Und jetzt zur Leibrente

Zwei Jahre nach dem Tod des Enkels verkaufte die damals 90-Jährige ihre Wohnung gegen Zahlung einer Leibrente von 2500 Francs pro Monat an den 47-jährigen Rechtsanwalt Andre-François Raffray. Nach ihrem Tod sollte die Wohnung an Raffray fallen. Raffray erlebte das Ende seiner Zahlungsverpflichtung jedoch nicht mehr. Als er im Dezember 1995 mit 77 Jahren an Krebs verstarb, musste seine Witwe die Rentenzahlungen fortsetzen. Die rund 900.000 Francs, die er bis dahin bezahlt hatte, entsprachen dem dreifachen Marktpreis der Wohnung.

Wie Sie sehen: Leibrente ist das „Spiel mit dem Tod". Die Leibrente ist eine stetig (monatlich oder jährlich) wiederkehrende Zahlung, ähnlich einer Rente aus der Lebensversicherung oder einer staatlichen Rente oder Pension. Bei der Leibrente wird der Wert einer Immobilie zugrunde gelegt. Dieser Kapitalwert wird mit einem Zins auf die Zeit bis zum statistischen Sterbealter nach der jeweils gültigen Sterbetabelle verteilt.

Die Konsequenz: Je früher Sie sterben, umso billiger wird die Immobilie für den jeweiligen Geber der Leibrente, also den Erwerber Ihrer Immobilie. Je später Sie sterben, umso teurer wird es für ihn. Hinzu kommt, dass Sie sich von einem einzigen Menschen, der Ihnen die Leibrente zahlt, abhängig machen. Also müssen Sie sich gegen einen möglichen längeren Zahlungsausfall oder gar gegen eine Insolvenz absichern. Sie sehen: Es wird ganz schön kompliziert und durchaus auch riskant.

Nun haben sich einige Institutionen aufgemacht, um durch Kapitalstärke dieses wirtschaftliche Risiko abzumildern bzw. erst gar nicht entstehen zu lassen. Diese nehmen die Immobilie zu etwa 60 % des geschätzten Verkehrswertes in Zahlung. Die Zahlung der Leibrente erfolgt dann auf dieser Basis in monatlichen Raten bis zum Lebensende. Da nicht abzusehen ist, wie lange Sie leben, muss eben ein Sicherheitspuffer geschaffen werden. Das sind die fehlenden 40 %. Wenn diese Firma insolvent werden sollte durch unfähige Geschäftsführer oder Vorstände, oder gar das Misslingen dieses Modells, dann müssen Sie sich auch wiederum absichern oder diese Firma fragen, wie sie sich für Sie für diesen Fall absichert.

> Auch hier gilt: Safety first – Sicherheit zuerst.

Es gibt wunderbare Modellrechnungen und sehr kreative Gestaltungsmöglichkeiten. Papier ist bekanntlich sehr geduldig und auch das Internet ist voll davon. Es gibt eine Reihe von Firmen, die mit dem Thema „Leibrente" oder „Zeitrente" gutes Geld mit Lösungen für Menschen verdienen möchten, die sich in keinem Fall von ihrer lieb gewonnenen Immobilie trennen möchten. Sie möchten weiter darin wohnen bzw. mit ihrem vermieteten Mehrfamilienhaus oder Wohn- und Geschäftshaus (das dann von dieser Firma verwaltet) diese Leibrente „verzehren". Und was geschieht danach, wenn das Vermögen verzehrt ist und sie partout nicht sterben wollen, wie es in der Sterbetafel vorgesehen ist?

Die gleiche Frage müssen Sie sich auch mit der sogenannten „Umkehrhypothek" stellen. Was ist das nun wieder? In den USA hat sich dieses Modell entwickelt. Es nennt sich dort „Reverse Mortgage". Es ist eine einfache finanzmathematische Rechnung. Die lastenfreie Immobilie wird durch eine Hypothek der Bank belastet. Nun zahlen Sie als Eigentümer keine Zinsen und keine Tilgung an die Bank, sondern die Bank zahlt Ihnen diese Hypothek in monatlichen Raten aus (daher also „umgekehrte" Zahlung). Die Wertgrenze liegt ebenfalls bei 60 % des Verkehrswertes, die Zinsen der Hypothek verringern geringfügig die Zahlung der monatlichen Rente. Und auch hier muss wieder die Frage gestellt werden: „Was passiert, wenn die 60 % aufgebraucht sind?" Dann gibt es eben den Sicherheitsspielraum von 40 % immer noch. Und dann? Geht das Haus an die Bank? Muss ich ausziehen? Bin ich nicht früh genug gestorben?

Was Sie dabei auch nicht vergessen dürfen: Solange Sie Ihr verrentetes Haus oder eine Wohnung bewohnen, müssen Sie für seine Unterhaltung sorgen, damit es seinen Wert behält, aufgrund dessen Sie Anspruch auf Ihre Umkehrhypothekenzahlung haben,– die oben beschriebenen 60 % des Verkehrswertes.

Die deutschen Banken haben dieses Modell hin und wieder durchgespielt. Nahezu alle Banken und Bausparkassen haben es eingestellt. Auch Lebensversicherungen und Pensionskassen, die quasi „geborene, natürliche" Partner von Leib- oder Zeitrentenmodellen wären, haben es nicht im Zentrum ihrer wirtschaftlichen Bemühungen.

Nun gibt es ein seit etwa 10 Jahren existierendes Unternehmen auf dem deutschen Markt, die **„Deutsche Leibrenten Grundbesitz AG"**. Diese hat ein (meiner Ansicht nach) faires Modell entwickelt: das Leibrentenmodell mit lebenslangem Wohnrecht, eingetragen in Abt. II des Grundbuches an erster Rangstelle für den (dann ehemaligen) Eigentümer. Die Rentenzahlung wird erstrangig in Abt. III des Grundbuchs gesichert. Die Immobilie wird an das Unternehmen verkauft. Kaufpreisbasis ist der Schätzwert eines TÜV-Gutachters für Wertermittlungen. Abschließen kann man einen solchen Vertrag ab dem Lebensalter von 69 oder 70 Jahren. Der Wert des Eigentums wird in ein monatliches Nutzungsentgelt für die Immobilie und eine monatliche Rentenzahlung eingeteilt. Auch eine Einmalzahlung aus einem Teil des Wertes zum Ablösen einer Grundschuld oder eine notwendige Modernisierung ist möglich. Der neue Eigentümer sorgt für die Instandhaltung der Immobilie, der Empfänger der Leibrente ist wie ein Mieter gestellt, allerdings mit lebenslangem Wohnrecht, verbunden mit dem Recht der Vermietung (ähnlich einem Nießbrauchrecht), eingetragen an der ersten Rangstelle im Grundbuch. Gerade in einer Zeit, in der die Renten niedrig sind und oftmals nicht reichen, den Lebensunterhalt zu decken, geschweige denn die Unterhaltung des Hauses zu gewährleisten, ist ein solches Modell durchaus geeignet.

Es gibt hier zwei wesentliche Bedingungen: es handelt sich um eine Zeitrente von maximal 15 Jahren; ab dem Lebensalter von 90 Jahren wird kein Vertrag mehr abgeschlossen.

Es gibt noch ein interessantes Modell, das sich ein wenig von den üblichen Leibrentenmodellen abhebt. Es wurde von Ralf Schwarzhof aus Mülheim/Ruhr entwickelt, Geschäftsführer der **Fa. Immotax Leibrentenbörse GmbH**. Zunächst wird, wie bei allen Modellen, eine

Wertermittlung durchgeführt, um den aktuellen Verkehrswert zu schätzen. Das ist die Grundlage. Dann wird aus diesem Verkehrswert abhängig vom Alter der Eigentümer im Verhältnis zur statistischen Lebensdauer nach der jeweils aktuellen Sterbetabelle die monatliche Leibrente errechnet.

Dann wird das Haus am Markt vermögenden Menschen offeriert, die eine Geldanlage suchen und auch Zeit haben. Dies geschieht nach einem „Bieterverfahren". Das hat den Vorteil, dass die Eigentümer sich denjenigen aussuchen können, der passt und das Vertrauen (und die Immobilie) bekommt. Es ist im Gegensatz zur Versteigerung kein Zuschlag möglich, sondern die freie Wahl unter verschiedenen Leibrenten-Angeboten.

Dann wird die Immobilie verkauft und im Kaufvertrag werden die Sicherheiten vereinbart, die dann im Grundbuch stehen: Höhe der Leibrente (mit eventuellen Wertanpassungen nach Verbraucherpreisindex), Höhe der Zeitrente (wenn die Rente nur über einen bestimmten Zeitraum gezahlt werden soll), ein Wohnrecht an erster Rangstelle, eine Rückfallklausel. Dies kann für alle Arten von Immobilien vereinbart werden, unabhängig davon, ob das Grundstück noch belastet ist. Mehr unter www.leibenten-boerse.de.

Ein typisches Beispiel mag verdeutlichen, warum es sinnvoll ist, einen solchen Vertrag abzuschließen.

> **Beispiel**
>
> Eine verwitwete 77 Jahre alte Dame ist Eigentümerin eines kleinen Bungalows. Sie hat zwei Söhne. Der eine Sohn, der leibliche, lebt in Spanien – und dort auf der Straße. Er ist nicht sesshaft, Alkoholiker, Spieler und total heruntergekommen. Der zweite Sohn ist der Sohn des vor vielen Jahren verstorbenen Ehemannes. Zu ihm gab es nie eine emotionale Bindung. Das beruhte auf Gegenseitigkeit. Dieser Sohn hat eine gesicherte Existenz. Für die Dame gibt es kei-

nen Grund, das Haus zu vererben. Der eine Sohn, so drückte sie es drastisch aus, soll „mein Haus nicht verspielen und versaufen", der andere Sohn braucht das Erbe nicht, zumal er sich nicht um sie kümmerte, als sie zwei Schlaganfälle hatte. Trotz dieser zwei Schlaganfälle ist die Dame lebensfroh, bei wachem Verstand. Nur das Gehen macht einige Mühe. Um ihre Bewegungsfähigkeit und ihre allgemeine Elastizität zu erhalten und zu verbessern, besucht sie einen Fitnessclub. Sie steht mitten im Leben, besucht ihre Freundinnen, fährt mit ihrem flotten BMW Cabrio zum Einkaufen, zu Ausflügen und bestreitet ihren Lebensunterhalt sehr selbstständig und mit großer Energie. Sie hat auch ihren Humor behalten. Sie sieht ihren weiteren Lebensverlauf sehr realistisch. Das Wichtigste für sie ist, so lange wie möglich im Haus wohnen zu bleiben und kein Erbe zu hinterlassen. Sie entschied sich für das Modell der Leibrente.

Ich nahm also zunächst eine Wertermittlung vor. Das Ergebnis: 350.000 €. Die Deutsche Leibrenten Grundbesitz AG errechnete auf Wunsch der Eigentümerin folgende Werte:

- Eine Einmalzahlung in Höhe von 35.000 €.
- Eine monatliche Barauszahlung in Höhe von 1100 €.
- Ein monatliches Nutzungsentgelt in Höhe von 900 € – das entspricht einer monatliche Miete; dieser Betrag wird nicht bezahlt, sondern ist der Wert des Wohnens.

Angenommen, die Dame müsste in ein Pflegeheim, dann würde das Haus vermietet. Die monatliche Barauszahlung plus der Miete stünde ihr dann in bar zu und würde helfen, die enormen Kosten der Pflege zu decken.

Nach dem Ableben der Dame wird das Haus verkauft. Der Erlös steht dem Eigentümer zu, dem Leibrenten-Unternehmen. Damit ist das Erbe für die beiden Söhne weg. Renten werden nicht vererbt.

Wie Sie sehen, gibt es durchaus Gründe, den Weg der Leibrente zu beschreiten. Es sind erfahrungsgemäß immer sehr private, persönliche Gründe, diesen Entschluss zu fassen. Das oben beschriebene Modell ist fair gestaltet, mit höchst möglichen Sicherungen für den Leibrentenempfänger ausgestattet und daher als Lösung geeignet.

> Wenn es sich wirtschaftlich für Sie rechnet, verkaufen Sie Ihre Immobilie zu 100 % des Verkehrswertes, beziehen Sie Ihre normale Alters- oder Firmenrente bzw. Ihre Pension für den normalen Lebensunterhalt. Kaufen Sie etwas Neues, Kleineres, Bequemeres oder mieten Sie eine neue Wohnung. Machen Sie sich unabhängig von Eigentum. Machen Sie es sich für den neuen Lebensabschnitt schön, genießen Sie das Leben. Schlagen Sie sich nicht mit Grundbüchern, Sicherheiten und Zahlungen Dritter herum, die Sie nicht kontrollieren können. Verzehren Sie Ihr Eigentum zu 100 %. Sie haben es sich verdient!

Fazit

Ich bin Ihnen noch eine Antwort auf die oben gestellte Frage schuldig: Wann ist der richtige Verkaufszeitpunkt? Immer! Und zwar immer dann, wenn Sie für sich Klarheit haben und sich innerlich von Ihrer Immobilie verabschiedeten. Wenn Sie den Weg für einen ungehinderten Eigentumswechsel frei gemacht haben. Und wieder gilt der Grundsatz: Nur schnelles Geld ist gutes Geld.

2.3 Sie brauchen dringend Geld und wollen im Haus wohnen bleiben?

2.3.1 Sie wollen einen Teil Ihrer „stillen Reserven" lebendig machen?

Im Jahr 2018 kamen einige findige Leute auf die Idee, eine Immobilie nur zum Teil zu kaufen, den Eigentümern das Geld zu geben, damit sie die Liquidität aus ihrer Immobilie nutzen können für irgendwelche Zwecke. Und weiter im Haus oder in der Wohnung wohnen bleiben, im jahrzehntelang gewohnten Umfeld.

Es handelt sich hier um ein Geschäftsmodell, das immer mehr beachtet wird. Dass die Initiatoren damit auch Geld verdienen möchten, ist selbstverständlich. Wenn es für den Verbraucher in seiner jeweiligen Lebenssituation nützlich ist, dann ist dagegen nichts einzuwenden. Wie jedes Geschäft hat auch dieses Geschäft Risiken.

Das Modell nennt sich „Teilverkauf", auch „Teilkauf". Ein junges, sehr interessantes Modell, das im Laufe der Jahre gereift ist.

Zurzeit gibt es etwa fünf oder sechs Gesellschaften, die das Geschäft betreiben. Vier davon haben sich im Januar 2023 zu einem einheitlichen Verhalten verabredet und einen Ehrenkodex formuliert, nachdem durch Presseveröffentlichungen in der Öffentlichkeit etwas Aufruhr erzeugt wurde aufgrund eines Berichtes der BaFin, der Bundesanstalt für Finanzdienstleistungsaufsicht, die dem Verbraucherschutz verpflichtet ist (siehe Homepage www.bafin.de).

Es ist mit einem Risiko behaftet, einen zweiten Eigentümer im Grundbuch stehen zu haben, der vielleicht auch insolvent werden könnte. Oder als Miteigentümer plötzlich Kapriolen dreht. Daher müssen Sie darauf achten, mit welchem Partner Sie das Geschäft machen wollen. Bis heute sind noch keine Komplikationen bekannt geworden. Die Gesellschaften achten peinlich darauf, dass alles ordentlich abgewickelt wird. Denn das Geschäftsmodell kann schnell zu Ende sein, wenn unlautere Handlungen passieren. Der nächste Immobilienskandal wäre in der Welt, die nun reichlich gesegnet ist mit alten und neuen Immobilienskandalen …

Es gibt neben privaten Gesellschaften eine Bank, die das Geschäft betreibt, eine Tochtergesellschaft der Vereinigte Volksbank Raiffeisenbank e.G., die vobahome GmbH – Immobilien-Teilverkauf in Heidelberg. Sie ist eine der Gesellschaften, die den Ehrenkodex forciert hat.

Es gibt vielerlei Gründe, einen Teilverkauf zu erwägen. Dazu beschreibe ich fünf konkrete Fälle, die sich tatsächlich so abspielten:

1. ein Ehepaar ist Eigentümer einer großen Eigentumswohnung zu je ½ Anteilen – das Übliche eben. Der Ehemann ist geschieden von seiner ersten Frau; aus dieser Ehe stammen zwei Kinder. Da diese Kinder und die Ex-Frau den Ex-Mann und Vater abgrundtief hassen, möchte er nicht, dass im Falle einer möglichen Erbschaft sein Anteil, daraus der Pflichtteil, an die Kinder geht. Er verkauft nun seinen halben Anteil, hat ein lebenslanges Wohnrecht und zahlt eine Nutzungsentschädigung an die Gesellschaft, die jetzt zu ½ Miteigentümerin ist.
2. ein Mann möchte seinem Sohn helfen, der zukünftigen Ex-Frau eine Abfindung zu zahlen im Rahmen der Scheidung. Der Sohn kann die Summe von € 250.000,00 nicht alleine stemmen. Er kann auch keinen Kredit aufnehmen, der Vater aufgrund des hohen Alters von 85 Jahren auch nicht. Also wird etwa 15 % des Villenanwesens verkauft, das Geld bekommt der Sohn, der sich im Innenverhältnis mit dem Vater die Nutzungsentschädigung für diese 15 % teilt.
3. ein Architekt und seine Frau, beide kinderlos, haben einen großen Walmdachbungalow mit Einliegerwohnung in bester Lage am Südwesthang. Eine große Renovierung und Modernisierung stehen an. Das dafür notwendige Kapital steckt im Haus und nicht auf dem Konto. Auch hier ist wegen des Alters beider Eigentümer keine Kreditfinanzierung einer Bank möglich. Also haben die beiden etwa 35 % des Hauswertes verkauft und können nur modernisieren, renovieren und sanieren. Dadurch gewinnt das Anwesen an Wert – das dient jetzt beiden Eigentümern (Ehepaar und Gesellschaft) als Wertsicherung – eine win-win-Situation.

4. Zwei Kinder haben ihr Elternhaus, ein einfaches ehemaliges Bauernhaus, geerbt. Die Schwester möchte sich ihr Erbteil auszahlen lassen, der Bruder ist aufgrund seines Alters nicht in der Lage, einen Kredit aufzunehmen. Also verkauft die Schwester ihren Teil an die Teilkauf-Gesellschaft, der Bruder zahlt die Nutzungsentschädigung an die Firma und kann im elterlichen Haus wohnen bleiben.
5. Der Eigentümer eines exclusiven Wohnhauses auf dem Lande möchte sich entschulden und zusätzliches Geld haben für private Zwecke. Er verkauft etwa 40 % seines Anwesens an die Teilkaufgesellschaft, auch weil wieder das Alter hinderlich ist für eine Erhöhung des bestehenden Kredites.

Hervorstechend ist immer das Alter der Eigentümer, die deshalb nicht mehr kreditfähig sind.

Es gibt sicher noch zahlreiche andere Gründe, die wertvolle Immobilie zum Teil zu Geld zu machen, die stille Reserve zu aktivieren. Voraussetzung ist immer eine lastenfreie Immobilie, oder durch den Teilverkauf lastenfrei gemachte Immobilie und die Fähigkeit der Eigentümer, dem Teilkäufer eine Nutzungsentschädigung zu zahlen für das investierte Kapital.

Diese Nutzungsentschädigung orientiert sich am Kapitalmarktzins für langfristige Darlehen plus 1 %. Das ist in etwa die Regel.

Immobilien im Erbbaurecht werden nicht gekauft, sondern nur Immobilien, bei denen die Eigentümer auch Grundstückseigentümer sind.

Folgende Eigenschaften enthält ein Teilverkauf (zitiert aus dem Geschäftsmodell der vobahome):

- Sie können die Immobilie irgendwann komplett verkaufen, Ihr Miteigentümer muss dann auch verkaufen.

- Sie können Ihren ehemaligen Teil zurückkaufen
- Sie können Ihren Teil, den Sie behalten haben, natürlich vererben
- Sie nehmen weiter gemäß ihrem Miteigentumsanteil teil an der Wertentwicklung Ihrer Immobilie
- Sie bekommen ein Nießbrauchrecht, das auch Ihr lebenslanges Wohnen in Ihrer Immobilie sichert
- Wenn Sie Ihre Immobilie an Angehörige verkaufen möchten, haben diese ein besonderes Ankaufsrecht
- Bei Modernisierungen, Instandsetzungen oder energetischen Maßnahmen zahlen beide Eigentümer ihre Kosten zum jeweiligen Anteil – es dient der Werterhaltung der Immobilie und daher auch der Wertsicherung des jeweiligen Anteils
- Die Nutzungsentschädigung ist 10 Jahre fest
- Es wird eine Grundschuld zugunsten der Käuferin eingetragen
- Es gibt keine Altersgrenze
- Sie können maximal 50 % des Verkehrswertes Ihrer Immobilie verkaufen, mindestens € 100.000,00
- Durch das Nießbrauchrecht in Abt. II des Grundbuches ist der Teilverkauf auch insolvenzfest, solange die Nutzungsentschädigung gezahlt wird

Diese Eigenschaften variieren leicht von Unternehmen zu Unternehmen. Ebenso die Kosten.

Daher meine dringende Empfehlung: vergleichen Sie die Angebote und legen Sie größten Wert auf die Sicherheit, erst dann können Sie die Kosten vergleichen. Das billigste Angebot ist nicht immer das beste. Zusätzlich beachten Sie die Form der Abwicklung. Sind die Bedingungen flexibel, werden Ihre persönlichen Interessen gewahrt, gibt es geschmeidig verlaufende Verhandlungen – und: haben Sie ein gutes Gefühl.

Da es sich hier um eine hochsensible Angelegenheit im Bereich des privaten Immobilieneigentums handelt und dem Verbraucherrecht unterliegt, veröffentliche ich den Ehrenkodex, die sog. „Freiwillige Selbstverpflichtung".

2.4 Freiwillige Selbstverpflichtung

2.4.1 Standards zur höheren Transparenz von Immobilien-Teilverkauf-Verträgen

2.4.1.1 Präambel

Der Immobilien-Teilverkauf ist ein in Deutschland relativ junges Modell der Immobilienverrentung. Der erste Anbieter wurde 2018 gegründet, weitere kamen in den nachfolgenden Jahren hinzu. Aktuell wird der Immobilien-Teilverkauf in Deutschland von neun Unternehmen angeboten (Stand: Dezember 2022). Das Vertragswerk für den Immobilien-Teilverkauf setzt sich aus verschiedenen Regelungen zusammen: Neben denen zum Verkauf selbst enthält es Bestimmungen zum Nießbrauch, die Miteigentümervereinbarung sowie weitere Vereinbarungen unter anderem den Rückkauf, das Rangverhältnis, die Kosten und die Vollmachten betreffend. Ein Vertrag über einen Immobilien-Teilverkauf regelt also umfassend alle Belange rund um die Partnerschaft, die aufgrund der Miteigentümerschaft zwischen dem Teilverkaufenden (bisherige Eigentümer*in) und dem Teilankaufenden (Teilverkauf-Anbieter) besteht.

Für den Immobilien-Teilverkauf gelten in Deutschland die allgemeinen rechtlichen Vorschriften, die einzelnen Vertragsbestandteile betreffend. Besondere Vorgaben für die Gestaltung und Durchführung von Immobilien-Teilverkaufsverträgen gibt es nicht. Je nach Teilverkauf-Anbieter unterscheiden sich die Teilverkaufs-Verträge in einzelnen Punkten – eine Tatsache, die eine Vergleichbarkeit der Angebote für Verbraucher*innen erschwert. Die hier unterzeichnenden Anbieter verpflichten sich daher freiwillig zur Einhaltung der nachfolgend definierten Standards, um eine bessere Vergleichbarkeit zu gewährleisten und damit eine höhere Transparenz zu schaffen.

1. Transparente und verständliche Regelungen
Die Verträge über den Immobilien-Teilverkauf werden so gestaltet, dass sie maximale Transparenz gewährleisten. Sämtliche Punkte den Teilverkauf, das Nießbrauchrecht, die Miteigentümerschaft und das Ende der Partnerschaft betreffend werden vertraglich geregelt und fixiert. Dabei sind verständliche Formulierungen bzw. Erläuterungen zu verwenden. Ziel ist es, Unklarheiten zu vermeiden, die im späteren Verlauf der Partnerschaft zu Missverständnissen und Unstimmigkeiten führen. Sämtliche Vertragsunterlagen werden den Kund*innen spätestens vier Wochen vor dem Notartermin zur Verfügung gestellt, sodass ausreichend Zeit für eine Prüfung bleibt.

2. Beratung durch qualifizierte Mitarbeitende
Sowohl im Vertriebsprozess als auch in der späteren Kundenbetreuung erfolgt die Beratung ausschließlich durch dafür qualifizierte Mitarbeitende. Qualifiziert ist, wer über eine entsprechende Berufsausbildung oder ein Studium verfügt. In Frage kommende Berufsbilder sind beispielsweise Notarfachangestellte, Immobilien- oder Bankkaufleute. Die hier unterzeichnenden Anbieter verpflichten sich, ihre Mitarbeitenden regelmäßig zu schulen und das Fachwissen zu überprüfen.

3. Faire Wertermittlung der Immobilie
Ein entscheidender Unterschied des Immobilien-Teilverkaufs zu anderen Modellen der Immobilienverrentung ist, dass die

Teilverkaufenden anteilig den fairen Wert ihrer Immobilie erhalten. Die Ermittlung dieses Wertes darf ausschließlich von einem/einer unabhängigen, zertifizierten Gutachter*in vorgenommen werden. Sollte kein Immobilien-Teilverkauf zustandekommen, übernehmen die Teilverkauf-Anbieter die Kosten für die Gutachter*in.

4. Kostentransparenz

Alle Kosten, den Immobilien-Teilverkauf betreffend, werden transparent, vollständig und nachvollziehbar aufgeschlüsselt. Das betrifft folgende Aspekte:

- Ankaufskosten: Das umfasst die Kosten für die Notar*in, die Gutachter*in, Grundbucheintragungen und Grunderwerbsteuer. In den Verträgen ist klar geregelt, wie hoch diese Kosten sind und wer sie wann trägt.
- Kosten für die Nutzung des verkauften Anteils: Für die Nutzung des verkauften Anteils wird einmonatliches Nutzungsentgelt (siehe Punkt 6) fällig. Die Höhe und die möglicherweise zeitliche Fixierung werden vertraglich festgehalten.
- Instandhaltung/laufende Kosten (siehe Punkt 8): In den Verträgen wird klar geregelt, wie die Kosten für den laufenden Unterhalt der Immobilie aufgeteilt werden. Das umfasst Schönheitsreparaturen, Renovierungen, Instandhaltungsmaßnahmen, aber auch die öffentlichen Lasten (z. B. Grundsteuer).
- Verkaufskosten (siehe Punkt 9): Alle Kosten, die bei einem späteren Gesamtverkauf an Dritte oder beim Rückkauf anfallen, werden transparent dargestellt.

5. Insolvenzfestes Niessbrauchrecht

Damit die Immobilie weiterhin wie gewohnt genutzt werden kann, wird ein Nießbrauchrecht ins Grundbuch eingetragen. Dabei ist es unwesentlich, in welchem Rang das

Nießbrauchrecht eingetragen wird, solange es bei einer möglichen Insolvenz des Teilverkauf-Anbieters nicht erlischt. Hierfür werden klare vertragliche Regelungen, auch mit dem Refinanzierer des Teilankaufs, getroffen. Das Nießbrauchrecht kann insbesondere nur dann erlöschen, wenn sich die Verkaufenden nicht vertragskonform verhalten, weil z. B. das Nutzungsentgelt über einen längeren Zeitraum nicht gezahlt wird (siehe Punkt 7).

6. Kalkulierbares Nutzungsentgelt
Das Nutzungsentgelt ist ein elementarer Bestandteil des Teilverkauf-Vertrags, da der Ankauf der Immobilien refinanziert werden muss und dadurch für die Teilankäufer Kosten entstehen. Aufgrund der langfristigen Partnerschaft zwischen den Teilverkaufenden und dem Teilankäufer liegt auch bei der Vereinbarung des Nutzungsentgelts der Fokus auf Transparenz, Planbarkeit und Fairness. Den Kund*innen wird klar und eindeutig ausgewiesen, welche monatlichen Kosten auf sie zukommen.

Da die Refinanzierungen meist nur über einen gewissen Zeitraum abgeschlossen werden, ist auch die Höhe des Nutzungsentgelts oftmals zeitlich fixiert. Für den Fall einer zeitlichen Fixierung wird bereits bei Vertragsabschluss offengelegt, nach welchen Kriterien die spätere Neu-Kalkulation erfolgt. Grundsätzlich empfehlen die Teilverkauf-Anbieter, eine möglichst lange zeitliche Fixierung zu wählen.

7. Schutz der Teilverkaufenden in wirtschaftlichen Notlagen
Sollte die Nutzungsgebühr über einen längeren Zeitraum, mindestens jedoch über sechs Monate, nicht gezahlt werden, so hat der Teilkäufer das Recht, das Nießbrauchrecht erlöschen zu lassen und gemeinsam mit dem Teilverkaufenden den Gesamtverkauf der Immobilie anzustoßen. Da

diese Situation weder im Interesse des Teilankäufers noch der Kund*innen ist, werden folgende Maßnahmen umgesetzt:

- Planbarkeit: Die Teilverkauf-Anbieter raten grundsätzlich zu einer längeren zeitlichen Fixierung des Nutzungsentgelts.
- Sozialverträgliche Lösung: Sollte es zu einer Zahlungsunfähigkeit der Kund*innen kommen, wird stets eine sozialverträgliche Lösung angestrebt. Diese kann von Stundungen über Hilfe durch Stiftungen bis hin zu einem Wechsel in ein alternatives Verrentungsmodell wie dem Nießbrauchmodell reichen. Es soll in jedem Fall vermieden werden, dass hochbetagte Menschen ihr Zuhause verlieren.

8. Beteiligung an Instandhaltungskosten

Ein Werterhalt bzw. eine Wertsteigerung der Immobilie ist sowohl im Interesse der Teilverkauf-Anbieter als auch ihrer Kund*innen. Grundsätzlich können aber ausschließlich Letztere entscheiden, ob und wie sie in ihre Immobilie investieren. Die Kund*innen bleiben die wirtschaftlichen Eigentümer*innen, die Teilankäufer sind lediglich stille Miteigentümer. Auch den Zeitpunkt eines Gesamtverkaufs bestimmen allein die Kund*innen. Durch das Nießbrauchrecht fließen ihnen auch eventuelle Einnahmen aus einer Vermietung zu 100 % zu. Aus diesen Gründen beteiligen sich die Teilankäufer nicht an laufenden Instandhaltungskosten. Da es aber auch in ihrem Interesse ist, den Wert der Immobilie zu erhalten, ist eine Beteiligung an entsprechenden wertsteigernden Maßnahmen möglich. Dies kann in unterschiedlicher Form erfolgen, beispielsweise anhand eines vorab klar definierten Maßnahmen-Katalogs, über ein fixes Modernisierungsbudget oder über eine Vereinbarung im Vorwege des Teilverkaufs.

9. Abwicklung des Gesamtverkaufs

Der Gesamtverkauf kann ausschließlich durch die Teilverkaufenden oder ihre Erb*innen angestoßen werden. Wichtige Ausnahme: der Verzug bei der Zahlung des Nutzungsentgelts (siehe Punkt 7).

Bereits bei Abschluss des Teilverkauf-Vertrags ist klar geregelt, welche Kosten bei einem späteren Gesamtverkauf (oder auch Rückkauf) anfallen. Auch ist vertraglich geregelt, in welchem Zustand sich die Immobilie befinden muss. Ähnlich wie beim Auszug aus einem Mietobjekt sollte bereits bei Vertragsschluss dokumentiert sein, ob und wenn ja, welche Schönheitsreparaturen vor einem Gesamtverkauf erfolgen müssen.

10. Weiterverkauf des Anteils

Ein Weiterverkauf des angekauften Immobilien-Anteils an Dritte ist grundsätzlich ausgeschlossen. Die Teilverkauf-Anbieter bleiben im Rahmen eines Ankaufs langjährige stille Miteigentümer der Immobilie. Ein Handel von Immobilien-Anteilen ist vertraglich ausgeschlossen.

11. Dokumentation und Prüfung

Die hier unterzeichnenden Teilverkauf-Anbieter verpflichten sich, alle in den Punkten 1–10 genannten Regelungen in ihren Verträgen umzusetzen. Entsprechende Auszüge aus ihren Vertragswerken werden jährlich einer Prüfung unterzogen (vgl. Kuppig et al. 2022).

Literatur

Kuppig, C., Schabert, J., Miller, D., Wenninger, B., Weiss, T., Neuhaus, C. (2022): Standards zur höheren Transparenz von Immobilien-Teilverkauf-Verträgen, unter: https://ev-liquidhome.de/qualitaetskodex/, abgerufen am 15. Juli 2024.

3

Finden Sie den richtigen Preis

> „Ja …", werden Sie fragen: „Was ist der ‚richtige' Preis?"
>
> Das kann ich Ihnen ganz einfach beantworten: Es ist der Preis, den jemand bereit ist, für Ihre Immobilie zu zahlen und mit dem Sie einverstanden sind. Genau das ist die Konfliktlinie. Sie hängt von Ihrer ganz speziellen Persönlichkeit ab, Ihren privaten Wünschen, Ihren wirtschaftlichen und persönlichen Zwängen sowie Ihrer sozialen und finanziellen Situation, Ihren Ängsten und Befürchtungen, Ihren privaten Beziehungen und von den Informationen, die Sie medial erreichen – und wie Sie diese im Zusammenhang und unter Einbeziehung, im Einklang oder in Übereinstimmung mit Ihren ganz persönlichen Rahmenbedingungen verarbeiten und daraus für sich Ihre ganz persönliche Ansicht und Meinung schaffen.

3.1 Prägnante Beispiele von Persönlichkeitsstrukturen

In vielen Dingen irren klassische Verkaufstechniken.
Sie gehen davon aus, dass eine Theorie oder Lehre auf alles und jeden übertragbar ist. Gießkannenprinzip und ‚Wir-sind-alle-toll-Methoden' erfreuen sich allgemeiner Beliebtheit.

Es folgte eine Weiterentwicklung dieser Methoden und Trainingstechniken, die sich immer stärker spezialisierten und sich mehr auf die reinen Techniken ausrichteten. Gegenwärtig existiert eine große Medienvielfalt mit einer unüberschaubaren Menge an Inhalten. Die Überbetonung der Technik und Medienvielfalt hat ein Defizit an praktischer Menschenkenntnis hervorgerufen. Wenn wir den Menschen nur in seiner engen und starren Rolle als Kunden wahrnehmen.

Menschen lassen sich nicht in ein Schema pressen. Da hilft nur die Besinnung auf die natürlichen Grundlagen menschlichen Verhaltens. Jeder Mensch handelt entsprechend der natürlichen Anlagen seiner individuellen Persönlichkeitsstruktur. Dafür gibt es eine „Sortiermethode", um die Persönlichkeitsstruktur zu erkennen und die Basis der Entscheidungen herauszufinden, die „Entscheidungsebene". Alle Menschen haben alle Eigenschaften, allerdings in jeweils unterschiedlicher Ausprägung und Betonung.

Jeder von Ihnen kennt das. Es gibt nun eine wissenschaftlich begründete und erforschte Methode, dies herauszufinden. Sie wurde von einem guten Freund weiterentwickelt und nennt sich „Anthroprofil" (http://www.anthroprofil.de).

Zur Vereinfachung wurden drei Farben gewählt, doch es ist keine „Schubladisierung" von Menschen. Es ist ein einfaches Instrument, um die herausragende Persönlichkeitsstruktur zu erkennen, danach zu handeln und zu kommunizieren nach dem Motto: „Ich bin okay – Du bist okay". So werden Missverständnisse und Konflikte vermieden (Zitat aus einem Vortrag von Rudolf Vogl und Raimund Wurzel).

Personen, die gern im Mittelpunkt stehen („die Roten")
Hier geht es um die Sorte Mensch, die sich trendy, fortschrittlich und dominant fühlt. Sie ist durchsetzungsfähig, spontan und dynamisch. Formulare sind ihr ein Gräuel. Diese Personen sind in leitender Funktion tätig oder selbstständig. Sie sind sich Ihres Status bewusst. Sie sind risikobereit, impulsiv, entscheidungs- und experimentierfreudig. Sie werden immer länger auf einem höheren Preis beharren. Motto: „Versuch macht klug". Sie lassen es eher drauf ankommen. Grundsatz: „Ich kenne meinen Preis!"

Personen, die moderat daherkommen („die Grünen")
Diese Menschen sind eher gemütlich und familiär. Freunde sind wichtig. Sie sind der typische „Kumpel", den jeder mag. Vielleicht haben sie eine romantische Seele, ein Faible für alte Sachen und können nichts wegwerfen. Sie sind eher der soziale Typ, gesellig, optimistisch. Sie sprühen vor Ideen und sind begeisterungsfähig. Dann sind sie nach kurzem Zögern (sie trennen sich ungern von Dingen) doch bereit, preislich nachzugeben, vor allem bei Menschen, die Sie mögen. Motto: „Sie sollen hier genauso glücklich werden, wie wir!"

Typisch rationale Personen („die Blauen")
Hier handelt es sich um den „Rechner", der lange überlegt, bis er zum Entschluss kommt. Er will alles ganz genau wissen und schätzt Berechenbarkeit, Zuverlässigkeit und Pünktlichkeit. Er geht strukturiert vor, neigt zu Perfektion,

will Risiken möglichst ausschließen. Er ist eben der Analytiker. Er wird sicherlich mehrere Bewertungen einholen und sich konkret für den Preis entscheiden, der sauber analysiert ist und nach seinen Berechnungen auch in klingende Münze verwandelt werden kann. Er braucht auch deswegen etwas länger, auf Verhandlungsangebote einzugehen. Motto: „Da muss ich noch mal eine Nacht drüber nachdenken".

Diese drei Persönlichkeitsstrukturen sind in Jahrzehnten von Gehirn- und Sozialforschern herausgefunden worden. Bei jedem Menschen finden sich diese drei Eigenschaften bzw. Verhaltensformen zu unterschiedlichen Anteilen. Sie hängen ursächlich mit der Entwicklung unseres Gehirns zusammen. Das bedeutet für Sie, wie auch für mich: Niemand kann aus seiner Haut. Es können sich je nach Lebenserfahrung, Umwelteinflüssen und Alter geringfügige Änderungen im Verhalten oder in der Entscheidungsfindung ergeben. Das Verhältnis der drei Elemente verändert sich jedoch nur sehr wenig. Die ererbten Grundstrukturen bleiben deutlich erhalten. Aus dieser Ursachenforschung wurden Anwendungsmodelle geschaffen, um herauszufinden, wie der Mensch „tickt" und wie mit seinem Profil bzw. seinen dominanten Eigenschaften umgegangen werden kann. Diese Anwendung nennt man auch „Biostrukturanalyse".

Gemeinsam mit einem der erfahrensten Entwickler und Anwender, Rudolf Vogl aus Schlüchtern in Hessen, habe ich diese Analyse auf Immobilien angewendet, speziell auf Häuser. Daraus haben sich das „Kundenprofil" und überdies das „Immobilienprofil" entwickelt. Wir haben es mithilfe mehrerer Makler vielfach angewendet und seine Tauglichkeit bewiesen. Das Ergebnis habe ich diesem Buch beigefügt. Unter www.anthroprofil.de können Sie Ihr eigenes Profil bzw. das Profil Ihres Hauses herausfinden und daraus das Profil Ihres künftigen Käufers. Es kann Ihnen sicher helfen – oder Ihrem Makler, falls Sie einen beauftragen wollen.

3 Finden Sie den richtigen Preis

Eines haben diese drei Beispiel-Persönlichkeiten gemeinsam: Sie betrachten die ganze Angelegenheit immer aus ihrer eigenen Perspektive, von ihrem eigenen Standort aus. Und das ist der entscheidende Denkfehler: Sie kaufen Ihre Immobilie nicht. Sie betrachten den von Ihnen vermuteten, erhofften Preis als Bestätigung Ihrer damaligen Kaufentscheidung. Psychologisch verständlich – praktisch untauglich. Wenn Sie einen Kaufpreis festlegen wollen, dann müssen Sie sich in die „Schuhe der Anderen" stellen, die Außenposition einnehmen, sich quasi von außen betrachten. Nein, nicht im Spiegel – da betrachten Sie sich selbst. Stellen Sie sich neben sich. Sie kennen sicher die Werbung für einen Weichspüler, in dem filmisch dargestellt wird, wie als (schlechtes) „Gewissen" aus der bunten Dame plötzlich eine matt-schwarz-weiße „Doppelgängerin" heraustritt und an das Gewissen der guten Hausfrau erinnert. Eine geniale Werbung – ein bisschen kitschig, dennoch auf den Punkt getroffen.

Geben Sie es zu: Das ist sehr schwer. Es gelingt den wenigsten, aus sich herauszutreten und eine Gegenposition einzunehmen. Keine Bange – es gibt Hilfe von Dritten.

Hilfestellung bieten (die Reihenfolge ist keine Betonung der Wichtigkeit oder Kompetenz):

- Gutachterausschüsse der Städte und Gemeinden
- Diplom-Sachverständige für Bewertung von Immobilien
- Zertifizierte Sachverständige, ebenfalls für Immobilienbewertung
- Freie Sachverständige für die Bewertung von bebauten und unbebauten Grundstücken und grundstücksgleichen Rechten
- Immobilienmakler mit Ausbildung in Wertermittlung
- Internetportale für Immobilien
- Online-Bewertungen von privaten Anbietern oder Banken
- Immobilien-Vergleichsportale im Internet
- Ortsgerichte (nur in Hessen)
- Richtwertportale der Gutachterausschüsse der Länder

Alle genannten Quellen sind gut. Wenn Sie mehrere unterschiedliche Quellen nutzen, werden Sie immer unterschiedliche Ergebnisse bekommen. Selbst bei gleich qualifizierten Gutachtern erhalten Sie unterschiedliche Bewertungen. Denn immer spielt auch der persönliche Eindruck eine große Rolle dafür, wie er die Verkaufsmöglichkeit einschätzt und zu welchem Preis er kommt. Der eine liebt Fachwerkhäuser. Diese wird er dann eher ein bisschen positiver einstufen. Ein anderer mag eher Stahl-Glas-Beton und den rechten Winkel. Für ihn ist der Flachdachbungalow, die ans Bauhaus angelehnte Architektur, der Favorit. Ergo wird seine Bewertung bei Häusern dieses Typs auch eher positiv ausfallen und das Fachwerkhaus oder der Fünfziger-, Sechzigerjahre-Altbau wird dann eben als „alte Hütte" negativer eingestuft. Auch Gutachter haben Gefühle. Hinzu kommt die jeweils individuelle Marktkenntnis.

Und jetzt kommen Sie! Wie wollen Sie diese unterschiedlichen Angaben beurteilen? Und dann kommen auch noch diejenigen, die behaupten, mit ihrem jeweiligen Marketing den besten Preis in der besten Verkaufszeit zu erzielen: die Makler und (wie oben schon erwähnt) die sogenannten „Lead-Verkäufer", also die Adresshändler, die teilweise behaupten, sie könnten zehn bis 20 % mehr erzielen. Mehr als was? Mehr als Sie wollen? Mehr als die Nachbarn und gute Freunde erzählen? Oder die üblichen Besserwisser aus Verein, Club oder Stammtisch, weil die auch schon mal eine Immobilie verkauft haben? Je nach Persönlichkeit entscheiden Sie sich für irgendeinen Weg – privat oder über Makler.

Und noch etwas: Objektivität gibt es nicht! Immer wieder höre ich von Fachleuten und Laien: „Das Preis-Leistungs-Verhältnis stimmt nicht, das ist nicht objektiv". Oder: „Das liegt doch völlig über dem Verkehrswert!" Oder: „Der Verkehrswert ist viel höher, das kann man aber nur

20 % billiger verkaufen!" Sie sehen: Alles ist subjektiv. Jeder beurteilt es aus seiner individuellen Sicht und nach seinen persönlichen oder geschäftlichen Interessen.

Damit Sie demnächst beurteilen können, wie Sie einen möglichen Kaufpreis aus den unterschiedlichen Quellen und Lieferanten herausfiltern, der für Sie in Ordnung ist (das ist eine reine Gefühlsentscheidung), machen wir einen kleinen Exkurs zur Wertermittlung von Immobilien. Sie lernen die Zusammenhänge kennen und die Prinzipien, mit denen Fachleute rechnen. Denn erst kommt die Berechnung – dann die Beurteilung.

Die Wertermittlung in Deutschland ist geregelt in der Verordnung über die Grundsätze für die Ermittlung der Verkehrswerte von Grundstücken (Immobilienwertermittlungsverordnung; ImmoWertV) vom 19. Mai 2010.

Dazu gibt es die

- Wertermittlungsrichtlinien (WertR 2006) vom März 2006
- Sachwertrichtlinie (SW-RL) vom 5. September 2012
- Vergleichswertrichtlinie (VW-RL) vom 20. März 2014
- Ertragswertrichtlinie (EW-RL) vom 12. November 2015

Über allem steht ein wichtiger Paragraf aus dem Baugesetzbuch.

§ 194 BauGB Verkehrswert: Der Verkehrswert (Marktwert) wird durch den Preis bestimmt, der in dem Zeitpunkt, auf den sich die Ermittlung bezieht, im gewöhnlichen Geschäftsverkehr nach den rechtlichen Gegebenheiten und tatsächlichen Eigenschaften, der sonstigen Beschaffenheit und der Lage des Grundstücks oder des sonstigen Gegenstands der Wertermittlung ohne Rücksicht auf ungewöhnliche oder persönliche Verhältnisse zu erzielen wäre.

Ich erkläre Ihnen diesen Paragrafen in einfachen und Ihnen als Laien verständlichen Worten.

Das wichtigste Wort ist das Wort „Verkehrswert (Marktwert)"
Das ist der Begriff für das Ergebnis des Handels und Wandels im Grundstücksgeschäftsverkehr. Daher wird auch vom „Marktwert" gesprochen. Es handelt sich um das Ergebnis des Geschäftes als Kaufpreis in einem Kaufvertrag, um keinen theoretischen Wert, sondern um das, worauf sich die Marktteilnehmer (Käufer/Verkäufer) geeinigt haben.

Und genau das drückt sich aus in dem Satzteil „… wird durch den Preis bestimmt …"
Sie haben richtig verstanden: Der (gemeinsam vereinbarte) Preis bestimmt den Wert, nicht umgekehrt. Wenn Sie sagen: „Das ist es mir wert", dann ist das Ihre persönliche Meinung oder Hoffnung. Wenn der Käufer sagt: „Das ist es mir wert", dann ist es dessen Ansicht. In der Verhandlung zwischen Ihnen und dem Käufer wird dann der Preis ermittelt, der je nach Situation am Markt zwischen beiden Ansichten und Hoffnungen liegt – oder auch darüber.

Weiter: „… der Zeitpunkt, auf den sich die Ermittlung bezieht …"
Wir sprechen also vom sogenannten „Stichtagsprinzip". Oft werde ich gefragt: „Wie entwickeln sich die Preise in der Zukunft? Was glauben Sie, kann ich in einem oder in drei Jahren erzielen?" Dann muss ich den Fragesteller enttäuschen. Prognosen haben bekanntlich mit der Zukunft zu tun und die ist, wie Sie wissen, unberechenbar. Allerdings kann man sagen, dass Ergebnisse von Wertermittlungen durchaus eine Haltbarkeit von etwa drei Mo-

naten bis zu einem halben Jahr haben. Je nach Marktentwicklung muss danach noch einmal bewertet werden oder eben nicht und der Wert kann fortgeschrieben werden.

Es ist jedoch möglich, Wertermittlungen für zurückliegende Zeitpunkte festzulegen, beispielsweise wenn Immobilien in Unternehmen eingebracht wurden, und man hatte vergessen, Werte dafür festzulegen und muss sich jetzt damit auseinandersetzen, weil sich Geschäftspartner trennen oder für eine Bilanz die Werte benötigt werden. Die häufigsten Fälle sind Ehescheidungen oder Trennungen von eheähnlichen Partnerschaften. Er hat beispielsweise das Geld für das Grundstück, sie bezahlt aus einer Erbschaft oder Geschenk der Eltern das Haus. Im Fall der Trennung muss man sich über den Einbringungswert auseinandersetzen, falls man es nicht schon vorausschauend in einem Ehevertrag geregelt hat. Da nun die alten Werte bekannt sind (Grundstückspreise/Richtwerte, Herstellungskosten), kann auf den Zeitpunkt der Einbringung der Verkehrswert ermittelt werden.

Nächster Teilsatz: „im gewöhnlichen Geschäftsverkehr ..."
Im Hypothekenbank-Gesetz von 1899, fortgeschrieben im neuen Pfandbriefgesetz steht in § 16:

„... zwischen einem verkaufsbereiten Verkäufer und einem kaufbereiten Erwerber, nach angemessenem Vermarktungszeitraum, in einer Transaktion im gewöhnlichen Geschäftsverkehr verkauft werden könnte, wobei jede Partei mit Sachkenntnis, Umsicht und ohne Zwang handelt".

Also auch Banken brauchen etwas Eigenes. Mit dem Ausdruck des „gewöhnlichen Geschäftsverkehrs" ist das Verhalten der Marktteilnehmer mit allen psychologischen

Elementen beschreiben, auch den spekulativen, welche die Banken im Gesetz theoretisch (!) ausschließen.

Und nun zu den „… rechtlichen Gegebenheiten …"
Die „rechtlichen Gegebenheiten" finden Sie im Grundbuch und in den Verträgen über die Immobilie: Erbbaurecht, Eigentum, belastet mit Nießbrauchrechten oder Wohnrechten, liegt es im Sanierungsgebiet oder gibt es öffentliche und baurechtliche Verordnungen, eben alles, was Sie im Grundbuch finden können im Bestandsverzeichnis oder in Abteilung II, dazu: ist die Immobilie vermietet oder verpachtet.

Was sind die „… tatsächlichen Eigenschaften …"?
Die „tatsächlichen Eigenschaften" beschreiben die Art der Immobilie und die Nutzbarkeit bzw. Verwendbarkeit. Dabei unterscheiden wir grundsätzlich Immobilien zum reinen oder teilweisen Selbstbezug oder Immobilien als Investitionsgut/Kapitalanlage/Renditeobjekt (Nutzung durch Dritte): Grundstück ohne Bebauung, Einfamilienhaus, Zweifamilienhaus, Mehrfamilienhaus, Wochenendgrundstück mit Bebauung, Wohn- und Geschäftshaus, Gewerbeanwesen, Industriehalle oder -betrieb, Eigentumswohnung, gewerbliches Teileigentum, Acker mit und ohne Feldscheune, landwirtschaftlicher Betrieb, Bürohaus, Tankstelle, Gasthaus, Hotel, Apotheke, Einkaufscenter, Theater, Kino, Schule, Kindergarten, Krankenhaus, Museum, Alten- und Pflegeheime, Amts- und Verwaltungsgebäude – alle Gebäude also, die Sie täglich sehen.

Dazu kommt die sogenannte „… sonstige Beschaffenheit …"
Mit „sonstiger Beschaffenheit" ist die Bauweise gemeint (zum Beispiel Massivhaus, Fertighaus, Skelettbauweise in

Stahl oder Beton), die Gebäude- und Dachform, der Baustil, der Bau- und Pflegezustand sowie die Modernisierungs-, Sanierungs- oder Renovierungsmaßnahmen, die notwendig sind, um die zukünftige Nutzung zu gewährleisten oder durch Um-/An-/Ausbauten oder mögliche Erweiterungen eine bessere Nutzung zu entwickeln. Oder: Entkernung und Ausbau des erhaltenswerten Rohbaus, Abriss und Neubau oder Ersatzbau. Bei leeren Grundstücken meint man die Prüfung, ob und wie sie genutzt und/oder bebaut werden können und die Bodenbeschaffenheit (Tragfähigkeit, Grundwassertiefe, Altlasten).

Jetzt kommen wir zum fast schon wichtigsten Thema: „… und der Lage des Grundstücks …"
Ihnen sind sicher die „3 L" bei Immobilien bekannt: Lage-Lage-Lage. Entgegen aller neueren Interpretationen und innovativen Ansätze behaupte ich: Das ist immer noch das wesentliche Element bei der ersten Beurteilung einer Immobilie. Natürlich gibt es auch differenziertere Betrachtungen, wie Lifestyle, Wohnwert, Freizeitwert, Wohnumfeld. Die individuelle Lage ist und bleibt aber das anfänglich Entscheidende.

Wir unterscheiden „Makrolage" und „Mikrolage".

> **Beispiel**
>
> Von oben betrachtet ist Rhein-Main die Großregion. Hanau im Osten mit seiner direkten Umgebung ist dann die Teilregion als Stadt. Weiter betrachtet ist Hanau die Makrolage und einer der Stadtteile die Mikrolage. Einer der Stadtteile, nehmen wir „Steinheim", ist die Makrolage und die ehemalige Gemarkung „Klein-Steinheim" (der nördliche Bezirk) ist die Mikrolage. Das ist wiederum die Makrolage. Die Berliner Straße ist dort die Mikrolage.

Dieses Schema können Sie überall einsetzen und anwenden. Jede dieser Makro- bzw. Mikrolagen hat einen bestimmten Ruf, ein bestimmtes Image, und ist entsprechend mehr oder weniger beliebt. Es bilden sich Vorurteile oder auch gerechtfertigte Urteile (je nach Geschmack und Standpunkt oder Zweck), die sich auf die Nachfrage auswirken oder von denen Nachfrage ausgehen. Es entstehen daraus gesuchte Wohn- oder Gewerbelagen, dort ist die Verknappung besonders hoch. Ergo haben wir dort höhere Werte. Es gibt Gegenden, die sind weniger beliebt oder belebt. Diese Werte sind dann eben niedriger. Dieses Prinzip ist normal.

Wir können grob vier großräumige Lageelemente bezeichnen:

- **Oberzentren:** Dort finden Sie alle Infrastruktur-, Versorgungs- und Kultureinrichtungen wie Spezialkaufhäuser, Theater, Oper, mehrere Kinos, große Hotels, Universität und Fachhochschulen, ICE-Bahnhof, Behörden, Ministerien, Museen. Das sind in der Regel die Großstädte, Universitätsstädte oder Hauptstädte der Länder; meistens Städte mit über 100.000 Einwohnern.
- **Mittelzentren:** Das sind meistens die Städte, die zwar eine zentrale Versorgungsfunktion haben, bei denen allerdings einige der oben genannten Einrichtungen fehlen, wie ein eigenes Theater, ein ICE-Anschluss oder gar ein Ministerium, allerdings kann es eine Kreisstadt mit Verwaltungszentrum sein. Dort gibt es keine Universität, vielleicht eine Akademie, die Dependance einer Fachhochschule oder ein Krankenhaus mit Anschluss an die Uniklinik der nächsten Großstadt. Die Größe schwankt zwischen 50.000 und 100.000 Einwohnern.
- **Unterzentren:** Das sind zumeist Kleinstädte mit einem Kino, Bahnanschluss, einer Vielfalt kulturtreibender

Vereine, manchmal einem Krankenhaus, Schulen bis zum Abitur, Behörden oder Teile von Verwaltungseinheiten (zum Beispiel Kfz-Zulassung); meist zwischen 15.000 und 50.000 Einwohnern.
* **Kleinzentren:** Das sind kleinere Ortschaften und Städtchen bis etwa 20.000 Einwohner, die den umgebenden ländlichen Raum versorgen.

Das ist von Bundesland zu Bundesland unterschiedlich geordnet und definiert, je nach der Struktur. Um den ländlichen Raum zu beleben, werden sehr oft Ämter und Behörden in die Provinz verlegt, um dort für eine wirtschaftliche Stabilität zu sorgen und der Entleerung entgegenzuwirken bzw. umgekehrt, die Ballungsräume nicht zu überfordern. Beispielsweise wurde das bayerische Eichamt nach Hof verlegt; in Grafenau im Bayerischen Wald befindet sich ein großer Teil des Münchener Finanzamtes.

Das ist in Deutschland Tradition, weil wir historisch föderal aufgebaut sind (das kommt aus der Kleinstaaterei des 17./18. Jahrhunderts). Es ist eine polyzentrische Struktur im Gegensatz zu Frankreich, das einen zentralistischen Staatsaufbau hat, und ganz zu schweigen von den Entwicklungen der Länder in Asien, Afrika und Südamerika, deren Städte ungeordnet wachsen.

In jedem dieser Zentren haben wir wieder grob vier Kategorien. Wir unterscheiden

* **Schlechte Gegend in der Stadt, Randlage/außerhalb/ländlich/Dorf:** Gemeint sind Gegenden, in denen man nicht gern wohnt oder in denen Menschen wohnen, denen durchschnittlich weniger Geld zur Verfügung steht bzw. die bewusst preiswert wohnen möchten oder (gerade im ländlichen Raum) die gern im Grünen preiswert wohnen wollen und deren Kinder nicht in der Stadt aufwachsen sollen.

- **Ländlich, aber stadtnah, mittlere Lage, kleinbürgerliche Prägung, kleinstädtisch:** Dort ist es gemütlich, dort wohnt man ganz gern, das sind die typischen Siedlungen der Fünfziger- und Sechzigerjahre mit den spitzgiebeligen Einfamilienhäusern, die Reihenhaussiedlungen ab den Achtzigerjahren, die kleinen frei stehenden Einfamilienhäuser auf kleinen Grundstücken ab den Neunzigerjahren, die Neubaugebiete auf dem Land und in den Speckgürteln der Städte und Ballungsräume.
- **Gut bürgerliche Lage, städtisch geprägt, gehobene Lage auf dem Land:** Das sind Lagen, in denen man nur allzu gern wohnen möchte und die besonders anziehend sind. Es sind oftmals die alten Stadtviertel aus der Gründerzeit bis in die Dreißigerjahre des 20. Jahrhunderts, die sanierten Altstadtkerne der Kleinstädte und Dörfer, dort wiederum die wenigen Straßen mit den Villen von Eigentümern mittelständischer Betriebe, der Ärzte, Apotheker, Beamten oder leitenden Angestellten bzw. die sogenannten Szeneviertel der Großstädte und Metropolen.
- **Exklusive Lage:** Das sind beste Lagen, in denen jeder wohnen möchte – die typischen Villenlagen. Das sind etwa drei bis fünf Prozent aller Wohnlagen.

Im gewerblichen Bereich legen die dort ansässigen Eigentümer oder Mieter besonderen Wert auf gute Erreichbarkeit mit öffentlichen Verkehrsmitteln und mögliche Synergieeffekte mit benachbartem Gewerbe bzw. einer „guten Adresse" aus Gründen des Marketings. Im Bereich „Konsum" ist der Faktor „Passantenfrequenz" oder Alleinlage (auf dem Land, zum Beispiel bei Einkaufsmärkten) entscheidend. Je höher die Frequenz, desto höher auch die Preise der Grundstücke, der Mieten und Pachten.

Investoren in Wohnimmobilien achten sehr auf das Risiko der Mieterfluktuation, das auf dem Lande schwerer zu handhaben ist als in der Stadt. Das bedeutet, dass die Vermietung einer leeren Wohnung auf dem Lande in der Regel länger dauert als in der Stadt.

Dazu beurteilt ein potenzieller Käufer in der Mikrolage die Himmelsrichtung der Gartenseite oder Balkonseite, oder die Lage zur viel befahrenen Straße, zur Bahn, die Entfernung zum Kindergarten oder zu Einkaufsmärkten, er achtet darauf, wer in mittelbarer oder unmittelbarer Nachbarschaft wohnt, wie die Gebäude in der Umgebung aussehen. Hochhausgegenden sind eher unbeliebt, viel Grün drum herum ist eher beliebt als die Nähe zu Gewerbeansiedlungen.

Zur Lage gehört auch das Grundstücksprofil: Hat es eine starke Hanglage, die alpine Fähigkeiten voraussetzt, um es zu bewirtschaften, oder ist es leicht geneigt (aber Fußballspielen mit den Kindern ist dort auch nicht möglich)? Gibt es freien Blick auf die umliegende Landschaft oder ist gerade die Lage auf der Höhe im Winter bei Schnee schwer zu erreichen? Ist das Grundstück von allen gut einsehbar oder liegt es geschützt? Liegt ein Grundstück am Bach, in Flussnähe oder an einem See mit direktem Zugang? Ist es direkt am Waldrand, mitten im Wohngebiet oder in einer grünen Insel mitten in der City? Dies alles sind Eigenschaften, die sich (je nach aktuellem Angebot und Nachfrage) auf den Kaufpreis auswirken.

Was bedeutet nun der Inhalt des Satzteils „... sonstigen Gegenstands der Wertermittlung ..."?
Das sind die Nebengebäude, Garagen, die Außenanlagen (Gartenanlage und Pflanzungen, Hausanschlüsse, Umzäunungen, Spiel- und Grillplätze, Gartenbeleuchtung, Wege, Zufahrten und Abstellplätze für Mülltonnen, Autos

und Fahrräder), Schwimmbecken oder Schwimmhallen. Dazu zählen auch Extras, wie Einbauküche, offener Kamin, Kachelofen oder Sauna. Im gewerblichen Bereich können es die besonderen Betriebseinrichtungen sein, etwa Portalkräne, Lastenaufzüge, besondere Sicherungs- und Alarmeinrichtungen, eine Betriebskantine, Sozialräume, Hebebühnen, Montagegruben, IT-Vernetzung, doppelte Böden, und vieles mehr, was für den jeweiligen Betrieb notwendig oder wünschenswert und komfortabel ist. Es sind die Dinge, die nicht zur üblichen Ausstattung gehören, um ein Gebäude zweckdienlich zu bewirtschaften, wie Heizung oder Bad in einem Wohnhaus oder einer Eigentumswohnung.

Vorletzte Erläuterung in § 194 BauGB: „… ohne Rücksicht auf ungewöhnliche oder persönliche Verhältnisse …"
Ungewöhnliche Verhältnisse sind bei Hotels oder Mehrfamilienhäusern bzw. manchmal bei Bürogebäuden die Nutzung als Asylantenheim oder Flüchtlingsunterkunft. Diese Nutzung ist zum einen zeitlich begrenzt, es ist keine übliche Wohn- oder Gewerbenutzung und niemand weiß, wie stark die Gebäude nach Ende der Nutzung in Anspruch genommen wurden. Kann noch renoviert oder modernisiert werden, oder ist ein Abriss wegen des hohen Verschleißes unvermeidbar? Ungewöhnliche Verhältnisse sind auch erzielte Preise aus Zwangsversteigerungen, weil es sich nicht um einen offenen Markt handelt, sondern sich der Verkauf unter bestimmten „Zwangslagen" entwickelt hat. Oftmals werden Preise erzielt, die weit über dem amtlichen Schätzwert liegen, weil sich zwei Kontrahenten gegenübersitzen, die das „Corpus Delicti" dem jeweils anderen nicht gönnen, sich der Markt vor Ort sprunghaft nach oben entwickelt hat oder weil es aktuell keinen Bieter gibt und

die Immobilie wird im letzten Termin weit unter dem Wert zugeschlagen, der erzielt worden wäre, wenn es einen ordnungsgemäßen Verkauf im freien Markt gegeben hätte.

Persönliche Verhältnisse sind zum Beispiel bei Eigentumswohnungen gegeben, die an Eltern oder Kinder günstiger vermietet werden, als es der Markt möglich machen würde. Oder das neu errichtete Gewerbeanwesen wird von der Gesellschaft des privaten Bauherrn etwas teurer gemietet, als die üblichen Gewerbemieten in der Gegend betragen, weil das den gewerblichen Gewinn mindert. Über die Abschreibung des neuen Gebäudes werden die leicht höheren Erträge des Bauherrn/Vermieters abgemildert. So etwas nennt der Fachmann „steuerliche Gestaltung". Legal und üblich. Allerdings dienen diese jeweiligen Werte und Bedingungen nicht dazu, einen möglichen Kaufpreis zu schätzen. Der Sachverständige, oder wer auch immer die Schätzung oder Bewertung vornimmt, muss die allgemein üblichen und am Markt vorhandenen Werte zugrunde legen. Also: Jede spezielle und auf den jeweiligen Eigentümer zugeschnittene Nutzung und mögliche oder vorhandene Erträge dürfen nicht herangezogen werden.

Zum Schluss das wichtige Wort: „… zu erzielen wäre …"
Wie Sie richtig bemerken: Es ist ein Konjunktiv. Hier steht nicht: „zu erzielen ist!" Hier kommt die Erfahrung desjenigen zum Tragen, der die Bewertung vornimmt. Diese Einbringung an Erfahrung gelingt immer einem kundigen Marktteilnehmer besser, als einem reinen Sachverständigen, der den echten Markt nicht kennt und nicht am Zustandekommen des Kaufpreises mitgewirkt hat. Daher ist es eine unabdingbare Voraussetzung, dass ein guter Schätzer, Sachverständiger oder Gutachter enge Fühlung zum Markt hat und ein Immobilienmakler oder eine Maklerin sich auch

Kenntnisse und Fähigkeiten aneignet, die notwendig sind, um eine sach- und marktgerechte Bewertung durchzuführen, und das möglichst emotionslos.

> Diesen Vorgang nennt der Fachmensch „Marktanpassung". Hier ist ebenso Sensibilität gefordert wie eine plausible Begründung der Marktanpassung.

Am Ende jeder Rechnung steht eine Zahl. Das ist die Ausgangsposition, die am Markt geprüft werden muss und nach der Marktanpassung zum „Verkehrswert/Marktwert" führt.

Hier gibt es eine große Bandbreite. Unter Fachleuten ist eine prozentuale Differenz von ± fünf Prozent vom Schätzwert zum abgeschlossenen Kaufpreis akzeptabel. Ganz genau wird es bei zwei bis drei Prozent. Das sind eher die Ausnahmen. Der Bundesgerichtshof hat sogar Differenzen zwischen 20 und 30 % (!) gestattet. Und das sind keine einsamen Ausnahmen!.

Wie Sie sicher aus dem Beschriebenen und den Erläuterungen erkennen können, sind daher Bewertungen von Laien, Maklern ohne Fachkenntnisse und Fachleuten ohne Marktkenntnisse nicht geeignet, den Preis einer Immobilie festzulegen. Ganz abgesehen davon, können das die ausgefeiltesten IT-Programme der Internet-Portale und Online-Bewertungs-Programme erst recht nicht, zumal sie mit Daten gefüttert werden, die die jeweiligen Eigentümer (also Sie) eingeben. Details finden dabei keinerlei Berücksichtigung.

In den folgenden Berechnungsbeispielen können Sie erkennen, wie viel Kenntnis und Detailgenauigkeit erforderlich sind – und diese Beispiele sind eher ganz grobmaschig gestrickt.

Daraus wurden vier Berechnungs-Schemata entwickelt:

Sachwertverfahren – Stichwort: Selbstverwirklichung

Das Sachwertverfahren wird ausschließlich bei Einfamilienhäusern oder Wohnhäusern mit einer sogenannten „Einliegerwohnung" (also einer kleinen zusätzlichen Wohnung im großen Haus) und bei ausschließlich selbst genutzten Zweifamilienhäusern (hier wird zusätzlich eine Ertragswertermittlung durchgeführt) genutzt.

Ertragswertverfahren – Stichwort: Nutzung Dritter

Das Ertragswertverfahren wird ausschließlich angewendet bei vermieteten Immobilien und Gewerbe-/Industrieimmobilien, also bei Immobilien, die der Erzielung von Erträgen dienen, sei es durch Vermietung an Dritte oder durch eigene Nutzung des Unternehmens, das dort Dienstleistungen oder Waren produziert, mit deren Verkauf Erträge erzielt werden.

Vergleichswertverfahren

Das Vergleichswertverfahren wird immer dann eingesetzt, wenn sich Immobilien hinsichtlich Typ, Lage und Nutzung fast genau gleichen. Typisch ist es bei unbebauten Grundstücken. Schwieriger wird es bei Eigentumswohnungen oder Reihen- bzw. Doppelhäusern. Dort ist es anwendbar, wenn sich diese Immobilien ziemlich gleichen. Im Laufe der Zeit finden Veränderungen statt, Verbesserungen wie Verschlechterungen, sodass bei Häusern nahezu immer eine Sachwertermittlung, bei vermieteten eben die Ertragswertermittlung angewendet wird. Bei Eigentumswohnungen ist es auch aus diesem Grunde etwas schwieriger, eine genaue Bewertung vorzunehmen, es sei denn, in der Gegend oder im Haus gibt es genügend Verkaufsfälle, aus denen ein Vergleichswert herausgelesen werden kann. Oftmals gibt es über lange Zeiträume keine oder ganz seltene Verkäufe und kleine Stückzahlen (zum Beispiel auf dem Land), aus denen man dann keine statistischen Werte destillieren kann. Dann muss diese Wohnung individuell bewertet werden.

Dies ist die sehr spezielle Bewertung einer Eigentumswohnung, die später beispielhaft dargestellt ist. Es ist ein gewichtetes Mischungsverhältnis aus Sachwert und Ertragswert. Bei Sachverständigen ist diese Art der Bewertung bestenfalls verpönt. Ich arbeite damit und habe den möglichen Kaufpreis immer getroffen. Daher hat sich diese Art der Bewertung am Markt bewährt. Ergo ist sie anwendbar. In den Hotspots der Immobilienstandorte, wie zum Beispiel München, beste Lagen in Rhein-Main, Hamburg, Berlin, Stuttgart, Köln-Düsseldorf, Hannover, um die größten zu nennen, funktioniert dieses Verfahren nicht. Dort arbeiten die Fachleute (wie auch ich) mit Vergleichswerten, weil es genügend Referenzwerte gibt.

In den nächsten Ausführungen werden (mit Ausnahme des Vergleichswertverfahrens) alle Verfahren erläutert, damit Sie wissen, wie die Fachleute rechnen und damit Sie sehen, aus welchen Bestandteilen sich eine Wertermittlung zusammensetzt. Wenn Sie das verstanden haben, können Sie die Ergebnisse der Fachleute beurteilen, müssen sich nicht von Maklern mit einer Zahl abspeisen oder locken lassen und können gezielt fragen: „Wie haben Sie das gerechnet? Würden Sie mir das bitte erklären?" Daran scheitern die meisten Makler und Sie haben ein Ausschlusskriterium. Die guten Makler können Ihnen das zeigen und erklären.

Beginnen wir nur mit der Eigentumswohnung. Es ist keine Hexerei. Es kommt es darauf an, welche Eigentumswohnung Sie besitzen. Es gibt wenige Grobkategorien:

- Die Wohnung in einer Altbauvilla aus der Gründerzeit oder später, architektonisch attraktiv (Jugendstil, klassizistisch, historistisch), vielleicht unter Denkmalschutz.

In diese Kategorie fallen auch die Wohnungen in ehemaligen Kasernen aus der wilhelminischen Zeit oder in ehemaligen Krankenhäusern, Sanatorien oder ähnlichen Gebäuden aus dem 19. und frühen 20. Jahrhundert. Dazu gehören auch die Lofts in ehemaligen gewerblich genutzten Gebäuden oder in Industriedenkmälern (alte Mühlen, ehemalige Brauereien, Fabriken, Lagerhäuser, Kontore).
- Die Wohnung in kleinen Häusern vom Zwei-Familienhaus bis zum Vier- bis Sechs-Familienhaus und mittelgroße Häuser mit 20 bis 25 Wohnungen.
- Die Wohnung im klassischen „Wohnblock" aus den Fünfziger- bis Siebzigerjahren des vergangenen Jahrhunderts, meist drei- bis viergeschossig, ehemalige Sozialwohnungen oder genossenschaftliche Wohnungen bzw. Wohnungen von privaten oder ehemals gemeinnützigen Wohnungsbaugesellschaften, die später in Wohnungseigentum aufgeteilt wurden, um liquide Mittel für neue Investitionen dieser Unternehmen zu schaffen. In diese Kategorie gehören auch die ehemaligen Werkswohnungen großer Konzerne (zum Beispiel Krupp, Siemens, Bergwerkssiedlungen) oder Wohnungen, die ehemals staatlichen Gesellschaften gehörten, wie Eisenbahnerwohnungen, Beamtenwohnungen oder Wohnungen, die speziell für Mitarbeiter der öffentlichen Dienste errichtet wurden.
- Hochhäuser und Plattenbauten über fünf bis zu 20 Etagen hoch.
- Die typische Stadtwohnung, zumeist Maisonette (über zwei oder drei Etagen) oder Terrassen-, bzw. Penthouse-Wohnung aus neuerer Zeit. Neu hinzu kommen die exklusiven Hochhäuser in den Großstädten und die Mikroappartments für Studenten oder Menschen, die sonst auf dem Lande wohnen und in der Woche in der Stadt

arbeiten oder einen neuen Lebensstil pflegen, oftmals mit Concierge-Service, sowie Spezialappartments wie Pflegewohnungen, betreutes Wohnen, Studentenappartments oder die neuen „Mikro-Appartments".

Jede Wohnung hat ihren speziellen Markt, wie jede Lage, jede Größe, jeder Stil. In größeren Städten mit einer großen Anzahl an Verkäufen werden Sie in den Grundstücksmarktberichten der Gutachterausschüsse diese oder ähnliche Kategorien finden. Die Gutachterausschüsse stellen fest, wie viele Wohnungen in Gebäuden der unterschiedlichen Kategorien verkauft wurden – häufig sortiert auch nach Wohnungsgrößen. Damit haben Sie recht genaue Anhaltspunkte. Die Preise werden dort gelistet nach Euro pro Quadratmeter Wohnfläche. Sie können davon ausgehen, dass diese Preisangaben stimmen. Allerdings sind dies auch sehr grobe Zahlen, denn jede Wohnung hat einen anderen Pflege- und Ausstattungszustand. Sie wissen zum Beispiel nicht, ob die Häuser eine neue Heizung haben, ob sie in der jüngeren Zeit saniert wurden, ob die notwendigen Instandhaltungsmaßnahmen durchgeführt wurden oder ob die Betriebskosten hoch oder niedrig sind. Ihnen ist zudem unbekannt, ob die Eigentümer eine Sonderumlage für spätere Sanierungsmaßnahmen oder Maßnahmen der energetischen Sanierung (zum Beispiel Außenwand-Dämmung, neue Heizung, erneuerbare Energien) beschlossen haben. Dies alles sind Elemente der individuellen Preisbildung.

Es kann auch sein, dass im zurückliegenden Jahr, dem Jahr der Aufstellung des Grundstücksmarktberichtes, in einem bestimmten Haus nur eine Wohnung zu verkaufen war und sich deshalb ein Höchstpreis ergeben hat. In den statistischen Rechenmodellen werden solche „Ausreißer" ausgeklammert und nicht in die Quadratmeterpreisberechnung einbezogen.

Nicht berücksichtigt werden können auch bestimmte Eigenschaften einer Wohnung: Hat sie eine Einbauküche oder eine Sauna im Bad? Gibt es einen offenen Kamin? Im Rhein-Main-Gebiet gibt es einen großen Bauträger, der in jede seiner Wohnungen je einen offenen Kamin einbaut. Das ist sein Alleinstellungsmerkmal, sein spezieller Standard. Das bedeutet, dass diese Wohnungen begehrter sind und etwas höhere Quadratmeterpreise erzielen als Wohnungen im Umfeld. Oder gibt es einen Kachelofen? Liegt die Terrasse nach Südwesten oder der Balkon im Südosten? Ist die Wohnung im Erdgeschoss oder im obersten Geschoss? Hat sie einen Garten als Sondernutzungsrecht oder eine Garage? Alle diese speziellen Eigenschaften haben ihre spezielle Käufergruppe und sind entsprechend begehrt oder weniger gefragt. Wohnungen im vierten Geschoss eines Hauses ohne Aufzug haben es schwerer als Wohnungen im Penthouse eines Hochhauses. Dort wiederum sind Wohnungen im Erdgeschoss weniger beliebt.

Sie sehen, es gibt unzählige Facetten der Preisbildung. Wie können Sie sich dort orientieren? Es gibt auch direkte Hilfe. In Eigentümergemeinschaften, in denen in der Teilungserklärung geregelt ist, dass der Verwalter dem Verkauf zustimmen muss, sind die jeweils aktuellen Preise bekannt. Schauen Sie in die Teilungserklärung oder in Ihrem Grundbuch im Bestandsverzeichnis nach, ob dies der Fall ist und fragen Sie Ihren Verwalter. Gute Verwalter werden es Ihnen sagen. Sie registrieren die Preise der einzelnen Wohnungen in Listen.

Es kann jedoch sein, dass es in Ihrer Gemeinde, in Ihrem Dorf oder in Ihrem kleinen Städtchen wenige Eigentumswohnungen gibt und die Verkaufsfälle an zwei Händen abgezählt werden können. Hier haben Sie naturgemäß keine repräsentativen Vergleichspreise. Es gibt eine Methode, nach der Sie Ihre Wohnung individuell bewerten können.

Diese Methode wende ich seit ca. 20 Jahren an. Durch die große Zahl der Bewertungen und die Preise, die tatsächlich gezahlt wurden aufgrund der vorherigen Bewertung, hat sich dieses Rechenmodell bewährt.

Es ist auch eine kleine sportliche Denkübung – ein bisschen Gehirnakrobatik.

Zunächst müssen Sie sich darüber klar sein, dass eine Wohnung ein Teil eines Ganzen ist. Ihr Wert bzw. der zu erzielende Preis bestimmt sich also von ihrer jeweiligen Nutzung her: Wird die Wohnung als Mietwohnung genutzt oder wohnen Sie selbst darin und machen Sie sie für den zukünftigen Erwerber frei? Ich will sagen: Ob vermietet oder selbst genutzt, es ist eben der Typ Immobilie, ein Stück von einem Ganzen. Der Immobilientyp „Wohnung" wird nicht so sehr nach dem Pauschalpreis beurteilt, sondern eher nach der monatlich zu zahlenden Rate: der Miete an Vermieter. Daher ist die erste Beurteilung immer der Mietvergleichswert, die ortsübliche Miete für diese spezielle Wohnung. Diese Mieten erhalten Sie über die örtlichen Mietspiegel (soweit vorhanden), Zeitungsinserate oder aus dem Internet. Mieten kennt eigentlich jeder ziemlich genau.

Die einfachste Form einer Bewertung von Eigentumswohnungen ist (wie auch bei allen anderen Kapitalanlagen) die sogenannte „Maklerformel". Das reicht für eine erste Beurteilung zunächst aus. Schauen Sie einfach einmal ins Internet und suchen Sie Wohnungen, die vermietet sind. Nun teilen Sie den Angebotspreis durch die jährliche Miete. Dann erhalten Sie einen Faktor. Diese Zahl ist gleichsam die Anzahl der Jahre, die es braucht, um über die monatliche Nettomiete den Kaufpreis zu amortisieren. Wenn Sie 100 (Prozent) durch die Anzahl der Jahre teilen, dann haben Sie einen Prozentsatz, der die jährliche Rendite ausweist.

Je höher der Faktor, also die Anzahl der Jahre, die es braucht, um den Kaufpreis zu zahlen, umso unrentabler wird die Investition. Aber Achtung: Das ist lediglich die Bruttorendite. Von dieser Nettokaltmiete (betriebswirtschaftlich nennt man dies „Rohertrag") ziehen Sie die Kosten der Verwaltung und die Zahlung in die Instandsetzungsrücklage ab (diese Angaben stehen in der jährlichen Wohngeldabrechnung). Dann reduzieren Sie diese Summe um ein (abstraktes) Mietausfallrisiko. In der Regel sind das drei bis fünf Prozent der Nettomiete je nach Qualität des Hauses, der Größe der Wohnung (Ein- bis Zwei-Zimmer-Apartments haben in der Regel einen größeren Mieterwechsel als Drei- bis Vier-Zimmer-Wohnungen) und der Lage. Im Mietausfallrisiko (Zeit eines eventuellen Leerstandes) sind auch Kosten eines Rechtsstreites und einer eventuellen Räumung enthalten. Diese drei Komponenten (Verwaltung, Instandhaltung, Mietausfallrisiko) nennt man in der Wertermittlung „Bewirtschaftungskosten", die zulasten des Eigentümers gehen und mit der Kaltmiete abgegolten sind. Sie können auch pauschal 20 % der Nettokaltmiete nehmen. Das passt auch. Erst dann erhalten Sie die „echte" Nettomiete – betriebswirtschaftlich den „Reinertrag". Dieser allein ist die echte Berechnungsgrundlage.

Beispiel

Kaufpreis 200.000 €; jährliche Nettokaltmiete 10.000 € = Faktor 20 = 5 % p. a.

Ziehen Sie von den 10.000 € (=Rohertrag) die Bewirtschaftungskosten in Höhe von 20 % = 2000 € ab, dann erhalten Sie die „echte" Berechnungsgrundlage 8000 € (Reinertrag) und den neuen Faktor 25. Dies entspricht dann einer Verzinsung (oder Rendite) von vier Prozent pro Jahr. Das ist die echte Rendite dieser Wohnung.

Diese Rechnung machen Sie, wenn Ihre Wohnung vermietet ist und verkauft werden soll. Hier ist es auch sehr einfach, im Internet zu recherchieren. Sie betreiben damit automatisch eine „Vergleichswertermittlung"; sicher etwas oberflächlich, aber sehr brauchbar. Wenn Ihre Wohnung jedoch frei werden sollte, weil Sie drin wohnen und nach dem Verkauf ausziehen, dann können Sie (je nach Ort und Lage) zwischen 15 und 30 % aufschlagen. Dann haben Sie einen Preis für Selbstbezieher.

In dem Bewertungsbeispiel erkennen Sie den Unterschied. Der niedrigere Preis ist gleichsam der „Ertragswert" der Wohnung. Der „gewichtet gemischte" Preis ist der Wert, zu dem die Wohnung leer und ohne Mietvertrag verkauft werden kann, der Verkehrswert. Diese Art der Berechnung hat sich über 20 Jahre bewährt und wird vom Markt akzeptiert. Damit ist sie legitimiert, obwohl sie von Sachverständigen oftmals abschätzig beurteilt wird. Wenn der Markt sagt: „Okay!" dann ist es eben einfach okay.

Jetzt fragen Sie sicher, warum diese gewichtete Mischung gemacht wird. Ganz einfach: Der reine Sachwert kann nicht angesetzt werden, weil das Maß der „Selbstverwirklichung" (s. oben bei der Definition Sachwert) durch die anderen Wohnungen der anderen Miteigentümer eingeschränkt ist. Die Freiheit wie im Einfamilienhaus haben Sie eben in einer Eigentumswohnung nicht. Die Freiheit des einen ist eben beschränkt durch die Freiheit der anderen. Das ist der eine Grund.

Der zweite Grund ist der reine Marktmechanismus. Je knapper ein Gut ist, umso höher oder stabiler ist der Preis dafür. Von allen Nachfragern einer Eigentumswohnung sind 15 bis 30 % reine Kapitalanleger. Die anderen 70 bis 85 % sind Selbstbezieher. Daraus können Sie entnehmen, dass eine freie Wohnung für den größten Teil der Nachfrager attraktiver ist. Also können Sie einfach mehr verlangen.

Kapitalanleger kaufen dann auch, weil sie jetzt allein die Entscheidung treffen können, an wen sie für wie viel Miete die Wohnung vermieten können. Heutzutage kommt hinzu, dass es aufgrund der niedrigen Zinsen auf dem Kapitalmarkt Leute gibt, die keinen Unterschied machen, weil eine niedrige Verzinsung immer besser ist, als null Prozent bei einer Bank. Sie wollen ihr Geld einfach nur deponieren oder die niedrigen Darlehenszinsen nutzen, weil die Rendite immer drei bis vier Prozent über dem Sollzinssatz liegt.

Und ein Drittes kommt hinzu, ein wichtiger psychologischer Moment: Dinge, die uneingeschränkt zur Verfügung stehen, genießen immer eine höhere Wertschätzung als Dinge, die durch irgendwelche Umstände nur eingeschränkt nutzbar sind. Stellen Sie sich vor, ich verkaufe Ihnen mein neuwertiges Auto und stelle im Kaufvertrag zur Bedingung, dass ich das Auto zweimal im Monat fahren möchte, um mit meiner Mutter einen Ausflug zu machen, weil sie nur mit mir und nur mit diesem Auto gefahren werden möchte. Ich glaube nicht, dass Sie noch Interesse an meinem Auto haben. Es sei denn, Sie bekommen es zum halben Preis.

Diesen Umstand der uneingeschränkten Nutzung müssen Sie auch beachten, wenn Sie ein Zweifamilienhaus verkaufen möchten und Sie haben die zweite Wohnung vermietet. Der Mietvertrag belastet das Haus und verhindert die uneingeschränkte Nutzung für den zukünftigen Käufer. Solche Häuser werden allgemein zum Selbstbezug erworben, sei es, dass man Eltern oder halbwüchsige Kinder in die zweite Wohnung einziehen lässt oder ein Büro einrichten möchte. Hier ist es allerdings möglich, den Mietvertrag gemäß § 573a BGB in der der Mietdauer entsprechenden Frist zu kündigen: drei Monate bei einer Mietdauer bis zu fünf Jahren, sechs Monate bei acht Jahren, danach neun

Monate. Sie brauchen keinen Kündigungsgrund anzugeben. In diesem Falle verlängert sich die Kündigungsfrist um drei Monate. Das gilt aber nur dann, wenn Sie als Eigentümer selbst in diesem Haus wohnen. Wenn Sie beide Wohnungen vermietet haben, dann können Sie nicht kündigen, nur weil Sie das Haus verkaufen möchten. Eigenbedarf scheidet aus. Es gibt noch den Grund der „angemessenen wirtschaftlichen Verwertung" gemäß § 573 Abs. 2 Nr. 3 BGB. Er bedarf einer sehr präzisen Vorbereitung und eines wirklichen echten Grundes. Das ist sehr aufwendig, hoch kompliziert und absolut anspruchsvoll in der Begründung. Hierzu fragen Sie bitte einen Fachanwalt für Mietrecht. Die Komplexität, der hohe Schwierigkeitsgrad und meine persönliche Haftung verbieten es mir, mich hier zu äußern.

§ 573 Ordentliche Kündigung des Vermieters.

(1) Der Vermieter kann nur kündigen, wenn er ein berechtigtes Interesse an der Beendigung des Mietverhältnisses hat. Die Kündigung zum Zwecke der Mieterhöhung ist ausgeschlossen.

(2) Ein berechtigtes Interesse des Vermieters an der Beendigung des Mietverhältnisses liegt insbesondere vor, wenn.

   1. der Mieter seine vertraglichen Pflichten schuldhaft nicht unerheblich verletzt hat,

   2. der Vermieter die Räume als Wohnung für sich, seine Familienangehörigen oder Angehörige seines Haushalts benötigt oder

   3. der Vermieter durch die Fortsetzung des Mietverhältnisses an einer angemessenen wirtschaftlichen Verwertung des Grundstücks gehindert und dadurch erhebliche Nachteile erleiden würde; die

Möglichkeit, durch eine anderweitige Vermietung als Wohnraum eine höhere Miete zu erzielen, bleibt außer Betracht; der Vermieter kann sich auch nicht darauf berufen, dass er die Miethäume im Zusammenhang mit einer beabsichtigten oder nach Überlassung an den Mieter erfolgten Begründung von Wohnungseigentum veräußern will.

(3) Die Gründe für ein berechtigtes Interesse des Vermieters sind in dem Kündigungsschreiben anzugeben. Andere Gründe werden nur berücksichtigt, soweit sie nachträglich entstanden sind.

(4) Eine zum Nachteil des Mieters abweichende Vereinbarung ist unwirksam.

§ 573a Erleichterte Kündigung des Vermieters.

(1) Ein Mietverhältnis über eine Wohnung in einem vom Vermieter selbst bewohnten Gebäude mit nicht mehr als zwei Wohnungen kann der Vermieter auch kündigen, ohne dass es eines berechtigten Interesses im Sinne des § 573 bedarf. Die Kündigungsfrist verlängert sich in diesem Fall um drei Monate.

(2) Absatz 1 gilt entsprechend für Wohnraum innerhalb der vom Vermieter selbst bewohnten Wohnung, sofern der Wohnraum nicht nach § 549 Abs. 2 Nr. 2 vom Mieterschutz ausgenommen ist.

(3) In dem Kündigungsschreiben ist anzugeben, dass die Kündigung auf die Voraussetzungen des Absatzes 1 oder 2 gestützt wird.

(4) Eine zum Nachteil des Mieters abweichende Vereinbarung ist unwirksam.

Angenommen, Sie stellen bei Ihrer vermieteten Eigentumswohnung fest, der Unterschied zwischen dem Ertragswert (= Kaufpreis im vermieteten Zustand) und dem Verkehrswert ohne Mieter ist recht hoch, sagen wir es sind 15.000 €. Darauf wollen Sie nicht verzichten. Dann haben Sie nur eine Möglichkeit: Sie bieten dem Mieter gegen Abfindung, Entschädigung oder Kostenübernahme des Umzugs einen „Vertrag zur Aufhebung des Mietvertrages" an. Den können Sie frei formulieren. Da in Deutschland das Prinzip der Vertragsfreiheit herrscht, gilt dieser Vertrag nach dem BGB, weil er individuell zwischen Ihnen und Ihrem Mieter vereinbart wurde. Somit haben Sie die Chance auf den Mehrerlös. Zahlen Sie bitte diese Abfindung erst dann aus, wenn der Mieter die Wohnung verlassen hat.

Noch einfacher ist es, Sie fragen Ihren Mieter, ob er die Wohnung kaufen will. Ein Teil seines Eigenkapitals ist die Mietkaution. Er spart den Umzug, kann weiter dort wohnen bleiben, wo es ihm gefällt und zahlt aufgrund der derzeit niedrigen Zinsen sicher eine Summe, die unter seiner aktuellen Kaltmiete liegt. Sie erzielen den Verkehrswert einer leeren Wohnung – eine Win-Win-Situation, es sei denn, der Mieter bekommt keine Finanzierung seiner Bank. Und bitte: Falls der Mieter Sie nach Mietkauf oder anderen Finanzierungskunststücken fragt, wie zum Beispiel einer Restschuldhypothek nachrangig zu Ihren Gunsten im Grundbuch, schlagen Sie diese Möglichkeit bitte aus, es sei denn, Sie benötigen das Geld nicht komplett und die Wohnung ist komplett frei von Grundschulden – und Sie haben eine soziale Ader. Ein solcher Fall ist höchst selten. In fast 40 Jahren Tätigkeit ist es mir nicht einmal passiert.

In Abb. 3.1 finden Sie die Bewertung eines Reihenmittelhauses, erstellt mit einem speziell für Immobilienmakler entwickelten Bewertungsprogramm „wert4you" vom DIA-zertifizierten Diplom-Sachverständigen Andreas Bender aus Freisenheim bei Neustadt an der Weinstraße. Weitere

3 Finden Sie den richtigen Preis

Werteinschätzung:	
über die Liegenschaft:	Reihenmittelhaus
weitere Beschreibung:	mit 2 Stellplätzen
Straße - Hausnummer:	Bahnhofstraße 17
PLZ - Ort / Ortsteil:	67126 Hochdorf-Assenheim / Hochdorf
Flur-Nr. / Blatt / Grundbuch von:	1521/5 / 4235 / Hochdorf

* Wertermittlungsstichtag (WES):	15.12.2016	Aktenzeichen:	MBW,RMH,Bender

Erstellt von:	**Andreas Bender**	
	Diplom Sachverständiger (DIA)	
	Zertifizierter Immobiliengutachter DIAZert (LF) - DIN EN ISO/IEC 17024	
	Straße/Nr.:	Bahnhofstraße 17
	Ort/Ortsteil:	67126 Hochdorf-Assenheim
	Mobil:	0176 246 11744
	Telefon:	06231 634 923
Sachverständigen- & Immobilienbüro	Fax:	06231 634 923
	E-Mail:	info@wert4you.de
	Webseite:	http://www.wert4you.de

Der Wert, wurde ermittelt mit rund:	256.000,00 €

(in Worten: zweihundertsechsundfünfzigtausend Euro)

Abb. 3.1 Bewertung eines Reihenmittelhauses

1) Verfahrenswahl:

Ziel / Definition Verkehrswertermittlung:

Ziel jeder Wertermittlung ist nach § 194 BauGB ein marktgerechter Preis, der Verkehrswert / Marktpreis. Dieser wird „durch den Preis bestimmt, der in dem Zeitpunkt, auf den sich die Ermittlung bezieht, im gewöhnlichen Geschäftsverkehr nach den rechtlichen Gegebenheiten und tatsächlichen Eigenschaften, der sonstigen Beschaffenheit und der Lage des Grundstücks oder des sonstigen Gegenstands der Wertermittlung ohne Rücksicht auf ungewöhnliche oder persönliche Verhältnisse zu erzielen wäre." Um einen möglichst marktgerechten Preis zu ermitteln, müssen die für das zu bewertende Objekt geeigneten Wertermittlungsverfahren ausgewählt werden. Können mehrere Verfahren angewendet werden, so erhöht dies die Sicherheit des Ergebnisses.

* Vergleichswertverfahren:
(wird nicht angewendet)

Existiert eine ausreichende Anzahl tatsächlich erzielter Verkaufspreise oder ein Vergleichsfaktor für vergleichbare Immobilien, so kann für jede Immobilienart ein Vergleichswertverfahren durchgeführt werden.

* Ertragswertverfahren:
(wird nicht angewendet)

Mit dem Ertragswertverfahren werden solche Immobilien vorrangig bewertet, die üblicherweise zur Erzielung von Erträgen und weniger zur Eigennutzung verwendet werden. Bei Eigentumswohnungen, Mehrfamilienhäuser, Wohn-/Geschäftsgebäude, Gewerbeimmobilien wird das Ertragswertverfahren vorrangig angewendet.

* Sachwertverfahren:
(wird angewendet)

Mit dem Sachwertverfahren werden solche Immobilien vorrangig bewertet, die der Eigentümer üblicherweise selbst bewohnt. Daher wird das Sachwertverfahren bei 1-2 Familienhäuser vorrangig verwendet. Das Verfahren wird charakterisiert durch den Begriff der Selbstverwirklichung des jeweiligen Eigentümers "Das ist mir die Sache wert".

Begründung Verfahrenswahl:

Für das zu bewertende Objekt existiert kein Vergleichsfaktor und auch keine geeigneten Vergleichskaufpreise, daher kommt das Vergleichswertverfahren für die zu bewertende Immobilie nicht in Frage.

Das Ertragswertverfahren bietet sich insbesondere bei ertragsorientierten Immobilien an. Die Anwendung des Verfahrens, als stützendes Verfahren, zur Bewertung der Immobilie ist nicht möglich weil:
- für eine marktkonforme Ertragswertermittlung die erforderlichen Marktdaten nicht zur Verfügung stehen.

Das Sachwertverfahren zur Ergebnisunterstützung bietet sich für die zu bewertende Immobilie an und wird wie folgt begründet.
- Für die zu bewertende Immobilie stehen die für marktkonforme Sachwertermittlungen erforderlichen Daten (Normalherstellungskosten, Bodenwerte, Sachwertfaktoren) zu Verfügung
- Ein wirtschaftlich handelnder Käufer stellt auch immer Überlegungen an über z. B. Kosten (Grundstückserwerb, Baukosten) und welche Vorteile z. B. Mieterersparnisse, steuerliche Abschreibungen, ihm bei der Realisierung eines vergleichbaren Vorhabens entstehen.

Abb. 3.1 (Fortsetzung)

2) Bodenwertermittlung - Definition Begriffe:

Geschossflächenzahl (GFZ):

Mit der GFZ wird angegeben, wieviel qm Geschoßfläche je qm Grundstücksfläche zulässig ist.

Bei Abweichung des Maßes der zulässigen baulichen Nutzbarkeit des Vergleichsgrundstücks bzw. des Bodenrichtwertgrundstücks gegenüber dem zu wertenden Grundstück ist entsprechend der jeweiligen Marktlage der dadurch bedingte Wertunterschied möglichst mit Hilfe von Umrechnungskoeffizienten auf der Grundlage der zulässigen oder der realisierbaren Geschossflächenzahl festzustellen.

Hierzu kann auf die in Anlage 11 der Wertermittlungsrichtlinien 2006 (WertR2006) benannten Umrechnungskoeffizienten zurückgegriffen werden, wenn keine Umrechnungskoeffizienten des örtlichen Gutachterausschusses für Grundstückswerte vorliegen und auf brauchbare Umrechnungskoeffizienten aus vergleichbaren Gebieten nicht zurückgegriffen werden kann.

Die angegebenen Umrechnungskoeffizienten stellen Mittelwerte eines ausgewogenen Marktes dar und sind für Wohnbauland abgeleitet worden. Sie beziehen sich auf Grundstücke im erschließungsbeitragsfreien (ebf) Zustand. Bei gewerblichen Grundstücken ist eine lineare Berücksichtigung erfahrungsgemäß sachgerecht.

Vorder-/Hinterland:

Verhältnismäßig schmale und tief geschnittene Grundstücke dürfen ebenso nicht in voller Höhe zum Baulandwert angesetzt werden. Solche Grundstücke werden in der Regel wertmäßig nach Vorder- und Hinterland aufgeteilt.

Mit Vorderland wird der Teil eines Baugrundstücks bezeichnet, der unmittelbar an der Hauptzuwegung liegt und in der Regel eine Tiefe von ca. 40 Metern hat. Vorderland wird mit 100% des Bodenrichtwerts angesetzt.

Mit Hinterland wird der Rest eines Baugrundstücks bezeichnet, der nicht oder nur geringfügig bebaubar ist, obwohl er rechtlich Baulandqualität hat. Zur Ermittlung des Bodenwerts wird das Hinterland in verschiedene Teilbereiche eingeteilt.

Bodenrichtwert:

Als Bodenrichtwert bezeichnet man den durchschnittlichen Lagewert (Preis) des Bodens für eine Mehrheit von Grundstücken, für die im Wesentlichen gleiche Nutzungs- und Wertverhältnisse vorliegen. Er ist bezogen auf den Quadratmeter Grundstücksfläche eines Grundstücks mit definiertem Grundstückszustand (Richtwertgrundstück).

Die Bodenrichtwerte in bebauten Gebieten werden mit dem Wert ermittelt, der sich ergeben würde, wenn die Grundstücke unbebaut wären. Abweichungen eines einzelnen Grundstücks von dem Bodenrichtwertgrundstück in den wertbeeinflussenden Merkmalen - wie Erschließungszustand, spezielle Lage, Art und Maß der baulichen Nutzung, Bodenbeschaffenheit, Grundstücksgestalt - bewirken in der Regel entsprechende Abweichungen seines Verkehrswertes von dem Bodenrichtwert. Einige Gutachterausschüsse haben für abweichende Eigenschaften Anpassungsfaktoren (Umrechnungskoeffizienten) ermittelt und in den Grundstücksmarktberichten veröffentlicht.

Abb. 3.1 (Fortsetzung)

Bodenwertberechnung:

I. Grundstücksgrößen in m² :				
Richtwertgrundstück				
zu bewertendes Grundstück				256,00
II Bodenrichtwert (BRW) Vergleichsgrundstück / Gutachterausschuss in €/m² :				240,00
III. Zeitliche Anpassung des Bodenwerts :				
	Richtwertgrdst.	Bewertungsgrdst.	Anpassungsfaktor	
Stichtag				
IV. Anpassungen der wertbeeinflussenden Zustandsmerkmale :				
Lage / Immissionen				
GFZ				
Größe in m²				
Entwicklungsstufe				
Art der Nutzung				
Vollgeschosse				
Bauweise				
Zuschnitt				
Vorder-/Hinterland				
sonstige wertbeeinfl. Merkmale:				
angepasster Bodenwert (Bodenrichtwertbasis) in €/m² :		=	240,00	
V. Ermittlung des Gesamtbodenwerts :				
angepasster Bodenwert (Bodenrichtwertbasis in €/m²)				240,00
Grundstücksgröße in m²			x	256,00
Bodenwert Bewertungsgrundstück:			=	61.440,00 €
beim Bewertungsobjekt noch ausstehende Beiträge o.ä.				-
Bodenwert Flurstück : (0,00 € x 0,00)			+	0,00 €
Bodenwert Flurstück : (0,00 € x 0)			+	0,00 €
+/- sonstiges:			+/-	
Gesamtbodenwert zum Wertermittlungsstichtag			=	61.440,00 €

Weitere Hinweise zur Bodenwertermittlung:

Bezüglich des Bewertungsobjekts wurde auschließlich der - Bodenrichtwert (BRW) x die Grundstücksgröße - zugrunde gelegt. Anpassungen bzgl. des BRW aufgrund bspw. der Größe, des Wertermittlungsstichtags (WES) oder des baulichen Maßes (GFZ), wurden vom Bewerter nicht vorgenommen.

Vor einer vermögensmäßigen Disposition wird daher empfohlen sich diesbezüglich Auskünfte beim bspw. zuständigen Gutachterausschuss / Sachverständigen einzuholen.

Abb. 3.1 (Fortsetzung)

3 Finden Sie den richtigen Preis

3) Sachwertberechnung - Erläuterungen zu den Wertansätzen:

Ermittlung des Herstellungswertes: Der Herstellungswert von Gebäuden wird durch Multiplikation der Raum- oder Flächeneinheit des Gebäudes mit Normalherstellungskosten für vergleichbare Gebäude unter Berücksichtigung des jeweiligen Ausstattungsstandards ermittelt. Dem so ermittelten Herstellungswert ist noch der Wert von besonders zu veranschlagenden Bauteilen, besonderen Einrichtungen und Baunebenkosten (BKN) hinzuzurechnen.

Berechnungsbasis Flächen: Die Berechnung der Bruttogrundflächen (BGF) wurde aus den vorliegenden Bauzeichnungen / Unterlagen des Eigentümers entnommen und vom Sachverständigen überschlägig durchgeführt. Es wurden Stichproben in der Örtlichkeit, sowie eine Plausibilitätskontrolle durchgeführt. Es ergaben sich keine nennenswerten Abweichungen.

Baupreisindex: Die Anpassung der NHK aus dem Basisjahr an die allgemeinen Wertverhältnisse am Wertermittlungsstichtag erfolgt mittels dem Verhältnis des Baupreisindex am Wertermittlungsstichtag und dem Baupreisindex im Basisjahr.

Baunebenkosten: Hierzu zählen Kosten für die Planung, Baudurchführung, behördliche Prüfung und Genehmigungen sowie die in unmittelbarem Zusammenhang mit der Herstellung erforderlichen Finanzierung definiert sind. Die Höhe der Baunebenkosten hängt von der Gebäudeart, vom Gesamtherstellungswert der baulichen Anlagen sowie dem Schwierigkeitsgrad der Plananforderungen und damit von der Bauausführung und Ausstattung der Gebäude ab. Sie werden als Erfahrungssätze in der üblicherweise entstehenden Höhe angesetzt.

Gesamtnutzungsdauer: Die Gesamtnutzungsdauer wurde der für die Bestimmung der NHK gewählten Gebäudeart sowie dem Gebäudeausstattungsstandart entnommen. Hier ist die übliche wirtschaftliche Nutzungsdauer gemeint – nicht die technische Standdauer, die wesentlich länger sein kann. Die wirtschaftliche Restnutzungsdauer wurde (vgl. Wertansätze im Ertragswertverfahren, Restnutzungsdauer) ermittelt.

Alterswertminderung : Vom Gebäudeherstellungswert ist eine Alterswertminderung abzuziehen. Diese wird regelmäßig nach dem Verhältnis des Alters des Gebäudes am Bewertungsstichtag zur wirtschaftlichen GND bestimmt. Sind nach Bezugsfertigkeit des Gebäudes Veränderungen eingetreten, die die wirtschaftliche Gesamtnutzungsdauer des Gebäudes verlängert oder verkürzt haben, ist von einem entsprechenden früheren oder späteren Baujahr auszugehen.

Besonders zu veranschlagende Bauteile: Die Normalherstellungskosten (NHK) wurden nach den Ausführungen der Wertliteratur und den Erfahrungen des Sachverständigen auf der Basis der Preisverhältnisse im Basisjahr angesetzt. Die bei der Gebäudeflächenberechnung nicht erfassten und damit im Wert des Normgebäudes nicht berücksichtigten wesentlichen wertbeeinflussenden besonderen Bauteile sowie besonderen werterheblichen Einrichtungen werden einzeln erfasst und einzeln pauschal in ihrem Herstellungs- bzw. Zeitwert erfasst.

Sonstige wertbeeinflussende Umstände: Hier sind die wertmäßigen Auswirkungen der nicht in den Wertermittlungsansätzen bereits berücksichtigten Besonderheiten des Objekts korrigierend zu berücksichtigen; z. B. ausgebauter Keller, Garage, Gartenhaus.

Abb. 3.1 (Fortsetzung)

Sachwertberechnung:

Gebäudeteil:	Stellplätze 02	Stellplätze 01	Gebäude 02	Gebäude 01
Berechnungsbasis:		pauschaler Ansatz		
Bruttogrundfläche				305,00
BPI AF am WES:				1,137
Normalherstellungskosten (NHK) 2010 und am Wertermittlungsstichtag (WES):				
NHK am Basisjahr 2010				712,20 €
NHK korrigiert am WES				810,00 €
Herstellungskosten (HK) der Gebäude am WES inkl. Baunebenkosten (BNK) = NHK (WES) x BGF:				
HK der Gebäude inkl. BNK		6.000,00 €		247.050,00 €
davon BNK in %				17,00%
sowie BNK als Betrag				41.998,50 €
zzgl. Herstellungskosten (HK) besonders zu veranschlagender Bauteile (unter Berücksichtigung BPI):				
HK besonders zu veranschlagender Bauteile:				6.253,50 €
HK am WES:		6.000,00 €		253.303,50 €
abzgl. Alterswertminderung (AWM) linear:				
Gesamtnutzungsdauer				68
Restnutzungsdauer				45
Prozentual AWM		20,00%		33,82%
Betrag AWM		-1.200,00 €		-85.676,18 €
= Zeitwert Gebäude ((HK WES - (Gebäude 1 + 2) + (Stellpl. 1 + 2)) :				166.427,32 €
zzgl. Zeitwert der baulichen Außenanlagen				6.657,09 €
zzgl. Bodenwert				61.440,00 €
vorläufiger Sachwert des bebauten Grundstücks:				234.524,41 €
x Sachwertfaktor (Marktanpassungsfaktor):				1,08
Vorläufiger Sachwert nach Marktanpassung:				253.286,36 €
Berücksichtigung besonderer objektspezifischer Merkmale:				
Zeitwert besondere Einrichtungen(GE01):				3.000,00 €
= Sachwert des bebauten Grundstücks:				256.286,36 €
= Sachwert des bebauten Grundstücks gerundet:				256.000,00 €

Hinweise:
Der Sachwertfaktor wurde dem Grundstücksmarktbericht von Ludwigshafen am Rhein von 2015 entnommen.

Abb. 3.1 (Fortsetzung)

4) Überschlägig geschätzter Wert:

Wenn mehrere Wertermittlungsverfahren herangezogen wurden, ist der Wert aus den Ergebnissen dieser Verfahren unter Würdigung deren Aussagefähigkeit abzuleiten. Die Aussagefähigkeit des jeweiligen Verfahrensergebnisses wird dabei wesentlich von den für die zu bewertende Objektart im gewöhnlichen Geschäftsverkehr bestehenden Preisbildungsmechanismen und von der mit dem jeweiligen Wertermittlungsverfahren erreichbaren Ergebniszuverlässigkeit bestimmt.

Sachwert: 256.000,00 €

4) Überschlägig geschätzter Wert:

Im vorliegenden Fall handelt es sich um eine Sachwertimmobilie, da dieser Objekttyp überwiegend eigengenutzt wird. Der Wert der Immobilie wird daher aus dem Sachwert abgeleitet. Unter Berücksichtigung aller wertrelevanter Grundstücksmerkmale, wird der Wert geschätzt auf:

256.000,00 €

Bei einer Prozentchance / Risiko von 5% wird der Wert zum aktuellen Zeitpunkt wie folgt taxiert:

243.000,00 € bis 269.000,00 €

Hinweis:
Die vorliegende überschlägige Werteinschätzung ist kein Verkehrswertgutachten im Sinne des § 194 BauGB / der Verkehrswertermittlungsvorschriften! Diese Werteinschätzung stützt sich ausschließlich auf die Angaben / Aussagen des Auftraggebers / Eigentümers und auf die von ihm zur Verfügung gestellten Unterlagen. Eigene Recherchen bspw. über die Richtigkeit von Flächenangaben, Mietverträgen oder bspw. Altlasten oder Baulasten o.a. wurden auftragsgemäß vom Bewerter nicht durchgeführt und daher übernimmt dieser auch keine Gewährleistung für deren Richtigkeit. Wertansätze wie bspw. Nettokaltmieten, Liegenschaftszinssätze oder Sachwertfaktoren beruhen auf den Erfahrungswerten des Bewerters. Es kann sein das aufgrund nicht bekannter oder verschwiegener Tatsachen die ermittelte Werteinschätzung zu korrigieren ist. Diese Werteinschätzung ist nur für interne Zwecke des Auftraggebers bestimmt. Eine anderweitige Verwendung oder eine Weitergabe an Dritte bedarf der schriftlichen Zustimmung des Erstellers. Der Bewerter versichert das die Bewertung der Immobilie aus rein objektiven Gesichtspunkten verfasst und kein subjektives Interesse am Ergebnis der Werteinschätzung hat. Es handelt sich um eine Werteinschätzung rein aufgrund der Erfahrungswerte des Bewerters (ohne Berücksichtigung externer statistischer Daten / eigener statistischer Recherchen) nach bestem Wissen und Gewissen. Es wird empfohlen, vor einer vermögensmäßigen Disposition ein Verkehrswertgutachten nach § 194 BauGB erstellen zu lassen.

© Urheberschutz und alle Rechte vorbehalten. Diese Wertermittlung und deren Bilder / Anlagen, ist nur für den Auftraggeber und den angegebenen Zweck bestimmt. Eine Vervielfältigung oder Verwertung durch Dritte ist nur mit schriftlicher Genehmigung gestattet.

Abb. 3.1 (Fortsetzung)

Bewertungen (etwa einer Eigentumswohnung oder eines Mehrfamilienhauses) stehen auf meiner Website zum Download bereit. In diesen Bewertungen sind jeweils die Erläuterungen eingefügt. Damit können Sie nachvollziehen, was ein Sachverständiger errechnet hat und gezielt fragen, wie er auf diese Werte gekommen ist und wie sie in Beziehung zur Wirklichkeit stehen. Bei Wertermittlungen gibt es einen ehernen Grundsatz: Sie müssen dem Laien hinsichtlich Gliederung und Inhalt verständlich sein. Hier gibt es klare allgemeine Vorschriften, die für alle Gutachten gelten, ob es sich um Binnenschiffe handelt, Heißluftballons oder medizinische Gutachten. Da ich davon ausgehe, dass Sie als Leser auch Laie sind, hoffe ich, dass ich mich verständlich ausgedrückt habe und Sie die Gutachten lesen und nachvollziehen können.

Jetzt haben Sie viel dazu gelernt und den richtigen Preis ermittelt. Sie sind der Meinung, dass dieser auf dem Markt umsetzbar ist. Kommen wir nun zum Markt und zum Verhalten der Marktteilnehmer. Das ist kaum kalkulierbar und sehr schwer vorhersehbar.

Aus meiner jahrzehntelangen Erfahrung habe ich eines gelernt: Je höher der Preisansatz und je zögerlicher die Bewegung nach unten auf einen realisierbaren Preis, umso länger dauert der Verkaufsvorgang und umso niedriger ist der abgeschlossene Kaufpreis; in diesen Fällen sogar meist deutlich unter dem möglichen Preis bei „vernünftigem" Verhalten.

Ich habe im eigenen Unternehmen dieses Phänomen untersucht, ebenso hat dies die Kreissparkasse Köln in ihrer Immobiliengesellschaft. Von dort stammt dieses Drei-Säulen-Diagramm (vgl. Abb. 3.2).

Meine Untersuchungen und die Marktforschung einiger Kolleginnen und Kollegen aus meinem Makler-Netzwerk „DIV Deutscher ImmobilienberaterVerbund" kamen zum fast gleichen Ergebnis. Das sehen Sie in Abb. 3.3 und 3.4.

3 Finden Sie den richtigen Preis

> „Je höher der Aufschlag auf den Marktwert der Immobilie, desto niedriger der tatsächlich erzielte Verkaufspreis."

Traditionelle Preisstrategie beim Immobilienverkauf

Eine weitverbreitete Art und Weise von Immobilienbesitzern bei der Preisgestaltung Ihres Hauses oder Ihrer Wohnung erstaunt mich immer wieder. Verkäufer werden zu regelrechten Zockern und Angebotspreise zunächst entgegen aller Verkaufschancen höher angesetzt als der realistisch erzielbare Marktpreis.

Runtergehen kann man schließlich auch noch später, falls sich keine kaufwilligen Interessenten finden.

Warum die beschriebene Vorgehensweise der Preisfindung für dieses Ziel jedoch kontraproduktiv ist, will ich Ihnen nun aufzeigen.

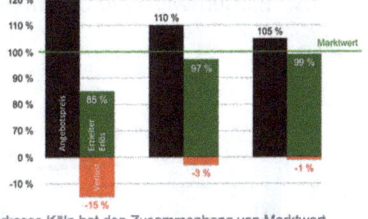

Eine empirische Untersuchung der Kreissparkasse Köln hat den Zusammenhang von Marktwert, Angebotspreis und tatsächlich erzieltem Verkaufspreis untersucht.

Hierfür wurden insgesamt über 1.000 Verkaufsimmobilien unter die Lupe genommen. Das Ergebnis wird für viele Leser überraschend sein.

Bei einem Verhandlungsaufschlag von 20 % auf den Marktwert lag der tatsächlich erzielte Verkaufspreis im Schnitt bei nur 85 % des Marktwertes.

Bei einem Einfamilienhaus im Wert von 250.000 € sind das ganze 37.500 € weniger an Ertrag. Ein nicht unerheblicher Vermögensverlust für den Verkäufer.

Beispiel: Einfamilienhaus, realistisch erzielbarer Marktwert 250.000 €

Verhandlungsaufschlag*	Angebotspreis	Verkaufserlös	Gewinn / Verlust	Verkaufszeit*
20 %	300.000 €	212.500 €	- 37.500 €	379 Tage
10 %	275.000 €	242.500 €	- 7.500 €	281 Tage
5 %	262.500 €	247.500 €	- 2.500 €	63 Tage

* Quelle: Empirische Untersuchung der Kreissparkasse Köln

> Bei unserem Einfamilienhaus wären das immerhin noch 7.500 € Verlust. Bei einem Verhandlungsaufschlag von nur 5 % wurde im Durchschnitt ein tatsächlicher Verkaufspreis von 99 % des Marktwertes erzielt, was einen Ertragsausfall von 2.500 € bei unserem Einfamilienhaus entspricht.

Abb. 3.2 Sparkasse Köln – Säulendiagramm

Erläuterung: Liegt der erste Angebotspreis 25 % über dem gemessenen und möglichen Preis, zu dem sich jemand entschließt, zu verkaufen, dann liegt der abgeschlossene Kaufpreis 15 % unter diesem Preis. Die Verkaufsdauer ist mit durchschnittlich 400 Tagen (also etwas mehr als ein

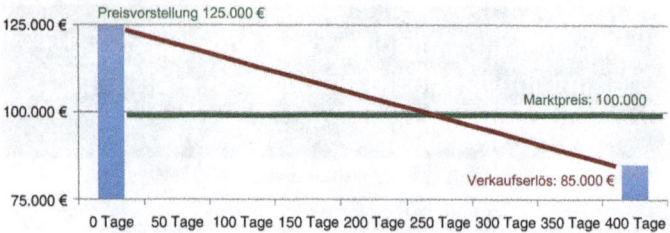

Abb. 3.3 Preisentwicklung überhöhter Index

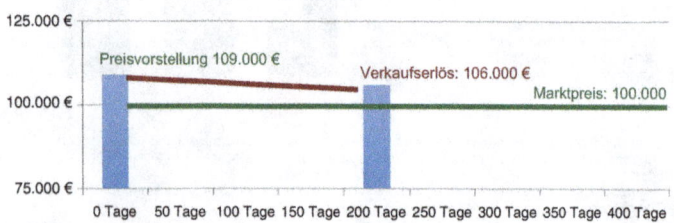

Abb. 3.4 Preisentwicklung marktgerechter Index

Jahr und ein Monat) extrem lange. Der Zwischenraum höchster Punkt/erster Preisansatz und unterster Punkt/Kaufvertrag beträgt 40 %. Das Risiko eines „Vermögensschadens" (Differenz vom möglichen Kaufpreis zum abgeschlossenen Kaufpreis) beträgt mindestens 15 %.

Wenn Sie nun den Kreuzungspunkt der Kurve mit der Zeitlinie und dem Zielpreis als Achse betrachten und den oberen Teil wie einen Hebel nach unten bewegen, werden Sie feststellen, dass sich der untere Hebel zur Linie des Zielpreises nach oben bewegt und damit das Risiko eines Mindererlöses erheblich reduziert. Die Chance, einen Preis zu erhalten, der oberhalb der Linie liegt, verharrt oberhalb dieser Preislinie. Diese Differenz von rechnerisch zehn Prozent ist gleichsam Ihr Verhandlungsspielraum. Der bei intelligentem Marketing meistens ungenutzt bleibt.

Klartext: Die Chance, den angegebenen Preis durchzusetzen, liegt bei 90 %.

Damit reduziert sich der Zeitraum des Verkaufsvorgangs ebenso extrem und kann zwischen wenigen Tagen/Wochen und drei bis vier Monaten liegen (bei typischen Einfamilienhäusern und Eigentumswohnungen).

Bei Gewerbe-/Industrieimmobilien oder Wohn-/Geschäftshäusern und anderen Spezialimmobilien sind die Zeitangaben wegen der sehr kleinen Märkte und der extrem inhomogenen Struktur dieser Märkte nicht kalkulierbar. Jedoch ist das Preis-Prinzip dort ebenso gültig.

Sind Sie jetzt sensibilisiert für die komplexen Strukturen und die Zusammenhänge?

Das ist schön. Nachdem Sie das alles verdaut haben und ein wenig mitreden können, gebe ich Ihnen die Möglichkeit, eine grobe Standortbestimmung der Preislage Ihrer Immobilie vorzunehmen. Das iiB-Institut für innovatives Bauen von Dr. Peter Hettenbach aus Schwetzingen hat eine statistische Methode entwickelt, über Vergleichspreise aus allen Immobilienangeboten in der Gegend, in der sich Ihre Immobilie befindet, eine Preisspanne herauszufinden, in der sich Ihre Immobilie verkaufen lässt. Die Angebotspreise reichen drei Jahre zurück. Die Ergebnisse sind verblüffend genau, wenn es genügend Vergleichsangebote gibt. Das ist üblicherweise eher in den Ballungsräumen der Fall. In den sogenannten „Entleerungsgebieten" ist eine solche statistische Vergleichsrechnung eher schwierig.

3.2 Sonderbares und Exotisches – der „merkantile Minderwert"

Vielleicht kennen Sie den Begriff „merkantiler Minderwert" aus dem Kraftfahrzeughandel. Damit bezeichnet man unter anderem bestimmte Automarken oder -modelle, denen ein bestimmter Ruf anhaftet: Bei englischen Autos waren es die ständigen Motorschäden (ich kann es sogar beweisen, ich hatte eines dieser Autos; heute sind das wertvolle Oldtimer, weil es sie nur selten gibt); bestimmte Marken rosteten schneller, bestimmte Typen waren nicht sicher, es war zu wenig Blech drum herum, bestimmte Marken werden nur von bestimmten Bevölkerungsschichten gefahren, deswegen wurden sie von anderen nicht oder gerade deswegen gekauft. Es geht auch manchmal anders herum. Sie alle kennen das. Heute haben alle Autos eine absolut vergleichbare Technik. Trotzdem halten sich manche Vorurteile hartnäckig. Auch sachgemäß ausgeführte Reparaturen führen dazu, dass das Auto sich nicht mehr von anderen gleichaltrigen und mit ähnlicher Kilometerleistung unterscheidet. Da sie eben repariert wurden, werden sie trotzdem niedriger gehandelt, als die unfallfreien.

Genauso ist es bei Immobilien. Sie können, wie oben geschildert, bei Ihrer Immobilie alles richtig gemacht haben – und dann gibt es Umstände, die nicht gemessen werden können.

Und so sagt es der BGH: „Der merkantile Minderwert liegt in der Minderung des Verkaufswerts einer Sache, die trotz völliger und ordnungsgemäßer Instandsetzung deshalb verbleibt, weil bei einem großen Teil des Publikums vor allem wegen des Verdachts verborgen gebliebener Schäden eine den Preis beeinflussende Abneigung gegen den Erwerb besteht" (BGH Urteil vom 8. Dezember 1977 – VII ZR 60/76 –).

Sie kennen alle das „Scheidungshaus" in der Straße: Immer wenn jemand es erworben hatte, konnte man die Uhr danach stellen, wann ein Teil wieder auszieht. Oder: das Thema „Wasseradern, Gesteinbruch, Erdstrahlen, Verwerfungen, Globalgitter, Currynetz" – es mag etwas dran sein. Dieses Thema gehört zu den Pseudowissenschaften oder auch Parawissenschaften (aus Wikipedia: Radiästhesie (auch *Radioästhesie;* von lateinisch *radius* ‚Strahl' und griechisch αἴσθησις *aisthesis* ‚Sinneswahrnehmung') ist die Lehre von angeblichen Strahlenwirkungen auf Organismen. Die Untersuchung der Strahlen und deren Auswirkungen geschieht mittels einer paranormalen Strahlenfühligkeit bzw. Strahlenempfindlichkeit, die feinfühlige Menschen nach Annahme ihrer Anhänger besitzen sollen. Die dabei postulierten Strahlungen sind ebenso wenig nachgewiesen wie deren Wahrnehmung durch Lebewesen. Des Weiteren werden diese angeblichen Strahlen in keiner Weise klassifiziert. Die Radiästhesie wird, wo sie wissenschaftlichen Anspruch erhebt, den Parawissenschaften oder Pseudowissenschaften zugeordnet. Abzugrenzen ist die Radiästhesie von der belegten und messbaren Wirkung ionisierender und teilweise auch nicht ionisierender Strahlung auf Organismen.

Nächster Fall: Ein Haus hatte Schimmel-, Schwamm- oder einen Wasserschaden. Diese wurden rückstandsfrei beseitigt. Trotzdem besteht weiter ein Misstrauen und Käufer werden deshalb Abstand nehmen. Dies wird dann auch immer über den Preis kompensiert. Es ist vorher nicht messbar. Es könnte auch sein, dass der geforderte Kaufpreis ohne Berücksichtigung dessen gezahlt wird. Das kommt eben auf die Marktsituation an.

Oder: Im Haus fand ein Selbstmord statt. Das habe ich bei einem Haus in sehr guter, gesuchter Wohnlage erlebt. Ein stadtbekannter Mann erhängte sich im Keller seines Hauses am Heizungsrohr. Mögliche Gründe gab es viele. Viele haben gemunkelt, er sei pleite gewesen, in der Familie habe nichts gestimmt. Da ich ihn persönlich kannte, kann ich sagen: Er war einfach „nur" stark depressiv. Ich habe danach mit seinem Sohn gesprochen. Meine Annahme war richtig. Trotzdem laufen Gerüchte durch die Welt und beeinträchtigen tatsächlich den Wert dieses Hauses. Ein merkantiler Minderwert wird nur dann registriert, wenn es sich um einen unnatürlichen Tod handelt. Der natürliche Tod ist normal. Und trotzdem bekomme ich immer wieder die Frage gestellt, in welchem Raum Opa oder Oma denn verstorben sei.

> **Beispiel**
>
> Ein Kollege rief mich an: „Ich habe hier ein Haus in einem kleinen Städtchen. Darin hatte der Enkel die Großeltern umgebracht. Wie soll ich so etwas verkaufen? Muss ich das den Kunden sagen? Und wenn ja, wie?" Die Geschichte: Der junge Mann (mittlerweile auf Dauer wohnhaft in einer geschlossenen psychiatrischen Anstalt) wollte von seinen Großeltern Taschengeld. Diese verweigerten ihm dieses, woraufhin er seine Großeltern in deren eigenem Haus erstach. Danach zündete er das Haus an, um den Mord zu vertuschen oder um von der Tat abzulenken. Nachdem mit Mitteln der Brandversicherung das Haus komplett neu aufgebaut wurde, musste es verkauft werden. Der Erbe, zugleich Vater des Mörders, versuchte sein Verkaufsglück privat. Es funktionierte nicht. Wahrscheinlich hat er aus Scham die Tat und die Umstände des Verkaufs verschwiegen. Nun kann ich mir sehr gut vorstellen, dass Interessenten, die sich das Anwesen zunächst von außen anschauen, von Nachbarn oder ortsansässigen Passanten (noch heute redet man darüber) mit dieser oder einer ähnlichen Bemerkung angesprochen wurden: „Interessieren Sie sich für das Mordhaus?" oder „Sie wollen das Mörderhaus kaufen?" Nun frage ich Sie: Hätten Sie noch gesteigertes Interesse daran? Wahrscheinlich nicht. Was also tun? Ich gab meinem Kollegen den Rat: „Im öffentlichen Angebot schreiben Sie nichts von den Umständen des Verkaufs. Bevor Sie das Haus anbieten, sprechen Sie mit den Leuten über die Umstände. Sagen Sie: Lieber Interessent, zuerst müssen Sie die Geschichte kennen – wenn Sie der Meinung sind, dass Sie das nicht stört, nur dann kann ich Ihnen das Haus anbieten". Noch einmal: Das Haus war ein Neubau (auf dem alten Fundament). Vom Mord und vom Brand gab es keine Spur mehr. Gesagt getan. Mein Kollege ging genauso vor. So konnte das Haus zu einem normalen, üblichen Marktpreis ohne Abschlag für den „merkantilen Minderwert" verkauft werden. Und auch in angemessener Zeit.

3 Finden Sie den richtigen Preis

In meinem engen Kunden- und Bekanntenkreis kenne ich drei konkrete Fälle, in denen andere, nicht messbare Dinge eine Rolle spielten. In zwei Fällen mussten einfach die Betten umgestellt werden, und chronische Leiden (Dauerhusten, ständige Erkältung, ein kleines Kind war ständig krank und musste deswegen auch zwei Mal operiert werden) waren wie weggeblasen. Ein dritter Fall: Eine Familie verkaufte das Haus, nachdem ein Wünschelrutengänger zahlreiche Wasseradern und andere Dinge aus dem Untergrund entdeckt hatte. Ein neues Grundstück in der gleichen Stadt wurde gesucht, gefunden und bebaut. Die Familie zog um und verkaufte das Haus (natürlich ohne diese Dinge zu nennen). Im neuen Domizil verschwand die Dauergrippe. Die Käufer des alten Hauses waren wohl weniger empfindlich und fühlen sich bislang sehr wohl in ihrem Haus. Sicher kennt jeder von Ihnen solche oder ähnliche Fälle. Wissenschaftlich unerklärlich, dennoch vorhanden.

Und nun gibt auch sehr konkrete Dinge: Einer meiner Maklerkollegen hatte den Auftrag, die Eigentumswohnung zu verkaufen, in der der „Disko-Mörder" wohnte. Er ermordete eine Putzfrau vor einer Diskothek. Es war nicht möglich, diese Wohnung zu verkaufen, diese „Mörderwohnung". Sie musste zwangsversteigert werden. Beim richtigen Preis findet sich eben immer jemand.

Chinesen sind sehr geistergläubig. Neubauten werden vor Einzug von bösen Geistern gereinigt. In Hongkong, so wird berichtet, gibt es Makler, die Immobilien billig erwerben, weil dort böse Geister ihr Unwesen treiben und in denen man eben ganz schlecht wohnen kann, krank wird oder keine guten Geschäfte macht. Diese Makler beauftragen spezielle „Geistervertreiber" (Ghostbusters), die damit gutes Geld verdienen, und verkaufen diese Immobilien anschließend mit einem guten Gewinn. So kann man auch mit bösen Geistern gute Geschäfte machen.

Vielleicht wären dies in England Immobilien mit einem „merkantilen Mehrwert", wenn Geister durch die Räume ziehen und auf dem Dachboden Ketten scheppern …

> **Beispiel**
>
> Es betrifft das Gelände der ehemaligen Pintsch Öl AG, ein Unternehmen zur Beseitigung und Aufarbeitung von Altöl. Im Jahr 1984 wurde festgestellt, dass etwa 90 % des gesamten Industriegrundstückes mit Altöl verseucht waren. Das Unternehmen indessen war pleite. Schon vorher. Anstatt das Altöl zu beseitigen und zu verarbeiten, wurde es ins Erdreich gelassen, wohl aus Kostengründen. In letzter Konsequenz, und um weitere Umweltschäden zu verhüten (das Altöl sickerte mit dem Grundwasser in den Main, nach jedem starken Regen sprudelte eine Ölquelle, das Grundstück liegt zum größten Teil in einem Überschwemmungsgebiet) erwarb das Land Hessen im Rahmen einer Zwangsversteigerung das Gelände. Die Sanierung kostete das Land (also: die Steuerzahler!) etwa 69 Mio. €. Von den Erben der Eigentümer waren lediglich 215.000 € zu bekommen. Bei rund 25.000 m² sind das Kosten von etwa 2760 € pro Quadratmeter. Das entspricht dem mehr als doppelten Preis für ein Grundstück für vier- bis sechsgeschossige Wohn- und Gewerbebebauung in der Hanauer City, unmittelbar um den Marktplatz herum. Die Preise für Industrieland im Hanauer Hafen betragen rund 120 bis 140 €. Da ich das Grundstück angeboten bekam (zum Verkauf nach Sanierung), kenne ich den Kaufpreis und die Argumente. Man hatte zwar zur Kenntnis genommen, dass das Grundstück in etwa zwölfjähriger Arbeit gründlich unter Mithilfe von Bakterien saniert wurde, eine chemische Reinigung eines jeden Krümels Erde wurde vorgenommen, bis hinunter zur Tiefe von 4,5 bis zehn Meter, bis unter das Grundwasser. Ein unterirdischer Ölsee musste beseitigt werden. Trotzdem: Das Misstrauen blieb. Der Verkaufserlös lag bei etwa 90 € pro Quadratmeter, also 50 € unter dem Bodenrichtwert (diese Differenz ist der „merkantile Minderwert"), insgesamt rund 2.430.000 €. Das ergibt einen Verlust für den Steuerzahler in Höhe von 66,6 Mio. € (vgl. hierzu Hessische Industrie Müll GmbH 2000).

Und nun zu den rechtlichen Konsequenzen: Angenommen, die Käufer würden von den Dingen nichts erfahren haben und das Anwesen kaufen. Und einziehen. Nach geraumer Zeit werden sie im Laden oder im neuen Bekanntenkreis auf die Dinge angesprochen, die vor nicht allzu langer Zeit geschahen. Und die Käufer wären doch sehr erschrocken und würden abrupt ins Hotel ziehen. Denn wenn sie gewusst hätten, dass solche Dinge im Haus geschehen sind, hätten sie es nie und nimmer gekauft. Hier spricht man von einem „Rechtsmangel". Es ist kein Mangel am Gebäude. Warum Rechtsmangel? Der Verkäufer muss aus freien Stücken alle Tatsachen schildern, die für eine Kaufentscheidung seines potenziellen Erwerbers wichtig sind. Tut er das nicht, macht er sich der „arglistigen Täuschung" schuldig. Daraufhin kann der vielleicht schon vollzogene Kauf (Erwerber ist mittlerweile Eigentümer) vom Gericht per Urteil aufgehoben werden. Das heißt: Der rechtliche Zustand wie vor dem Kauf wird wieder hergestellt. Das kostet: Hotelaufenthalt der Käufer, die Kosten des Erwerbs müssen erstattet und der Kaufpreis muss zurückgezahlt werden, die Immobilie geht wieder an den Verkäufer zurück und das Spiel beginnt von vorn.

Genau das ist auch der Grund, warum ich meinem lieben und erfolgreichen Kollegen den Rat gegeben hatte. Kurz: Erst die negativen Merkmale schildern und dann konkret anbieten. Dann klappt es auch mit den Nachbarn.

> **..es liegt in Ihrer Hand**
>
> Wenn Sie nun gründlich und umfassend „Ihren" Angebotspreis herausgefunden haben und sich jetzt sicher sind, ihn auch erzielen zu können, dann kommt das Outing, das Anbieten Ihrer Immobilie auf dem Markt. Dann erst zeigt sich, ob Sie richtig liegen.

> Damit kommen wir zum nächsten Kapitel: dem Marketing und wie es das Ergebnis beeinflussen kann. Mit den letzten Abschnitten habe ich diesem Thema schon ein wenig vorgegriffen. Sie sehen, es gibt einen gleitenden Übergang.
>
> Ein gutes Marketing kann den zunächst sensibel kalkulierten Kaufpreis positiv beeinflussen, genauso wie ein schlechtes Marketing diese Preiserwartung zunichtemachen kann.
>
> Ein buddhistischer Mönch wurde einmal von einem sehr schlauen Novizen gefragt, der seinen Meister ein wenig foppen wollte: „Meister, ich habe in einer meiner Hände einen kleinen Vogel. Rate mal, in welcher Hand. Wenn Du diese Hand richtig rätst, dann bleibt der Vogel am Leben. Rätst Du aber falsch, dann zerdrücke ich ihn". Der Mönch sinniert und sagt: „Je nachdem wie ich rate, kannst Du den Vogel am Leben lassen oder ihn töten. Es liegt also in Deiner Hand". Und genauso liegt es in Ihrer Hand, das beste Marketing selbst durchzuführen oder jemanden zu beauftragen, es durchführen zu lassen. Viel Erfolg!

3.3 Das Gebäude-Energie-Gesetz – Schreckgespenst? Panikmache? Hysterie?

3.3.1 Fluch oder Segen – oder „verfluchter Segen"?

Das ursprüngliche Gebäudeenergiegesetz (GEG) hat Rechtskraft seit 1. November 2020. Es wurde von der Großen Koalition aus CDU und SPD geschaffen und löste das Energieeinsparungsgesetz (EnEG), die Energieeinsparverordnung (EnEV) und das Erneuerbare-Energien-Wärmegesetz (EEWärmeG) ab.

Durch die allgemein starke und lebhafte Immobilienkauf-Konjunktur traten die Notwendigkeiten der notwendigen Modernisierungen und Sanierungen hinsichtlich der

Energieeffizenz eher in den Hintergrund bei der Kalkulation der Preise und der Finanzierung.

Auch der Energieausweis war eher beiläufig beachtet worden, so als zusätzliche Belästigung mit Formularen, statt als wichtiges Dokument zum Vergleich der Energieeffizienz der Gebäude.

Die niedrigen Zinsen und der Drang, das gute Kaufklima zu nutzen, um monatlich günstig das eigene Haus, die eigene Wohnung zu erwerben hatten Priorität.

Doch die Welt hat sich geändert seit Frühjahr 2023 – zusätzlich zur Zinswende. Als der Gesetzesvorschlag, erstellt von Wohnungsbauministerium und Wirtschaftsministerium, öffentlich wurde, gab es einen Sturm der Entrüstung, der bis zum Sommer/Frühherbst anhielt, bis sich die Änderungen ergaben, die von Fachleuten und aus der Branche der Heizungsbauer gefordert und als vernünftig erachtet wurde.

Das Gebäudeenergiegesetz (auch „Heizungsgesetz" genannt) hat viele Menschen verunsichert und beim Verkauf zu manchmal überbordenden Minderbewertungen von Bestandsimmobilien geführt.

Zu den stark gestiegenen Zinsen (ich ging im Vorwort darauf ein) gab es in allen Bevölkerungsschichten Verunsicherungen, da dieses neue Gesetz alle Bürger betrifft. Und insbesondere diejenigen, die kaufen wollten, hielten sich zusätzlich zurück. Ich musste teilweise um Summen zwischen 70.000 € und 100.000 € verhandeln – in Preisbereichen zwischen 390.000 € und 580.000 €.

Die Kaufwilligen hatten schlicht Angst, zu Investitionen gezwungen zu werden, die sie nicht bezahlen wollten und sich preismindernd, besser: wertmindernd auswirkten. Ohne zu berücksichtigen, dass sich Investitionen in Energieeffizienz bei Gebrauchtimmobilien in gleicher Höhe werterhaltend und wertsteigernd auswirken und beim Wiederverkauf positiv beachtet werden.

Diese Angst, die sich fast schon zur Hysterie steigerte, die Dramatik ist langsam geschwunden und hat Nüchternheit Platz gemacht. Vernunft und Gelassenheit sind eingekehrt. Die Atmosphäre ist besser geworden, nachdem die Leute festgestellt haben, dass nichts so heiß gegessen wird, wie es mal gekocht wurde.

Es steht dennoch fest: das „Gesetz zur Einsparung von Energie und zur Nutzung erneuerbarer Energien zur Wärme- und Kälteerzeugung in Gebäuden* (Gebäudeenergiegesetz – GEG)", das ab 1. Januar 2024 verändert in Kraft trat, wirkt sich auch aus auf die Preisbildung von gebrauchten Immobilien.

Niemand wird heutzutage die Investitionen zur Vermeidung von zusätzlichem CO_2 infrage stellen. Sie sind notwendig, um unser Klima zu schützen, auch wenn wir in Deutschland für etwa 3 % des weltweiten CO_2-Ausstoßes verantwortlich sind, ist es doch sinnvoll, Gebäude energieeffizienter auszustatten, zu sanieren und zu modernisieren. Hier sind wir auch eingebunden in weltweite Abkommen und internationale Vereinbarungen.

Wenden wir uns der Präambel im Gesetz zu:

3.4 § 1 Zweck und Ziel

(1) Ziel dieses Gesetzes ist es, einen wesentlichen Beitrag zur Erreichung der nationalen Klimaschutzziele zu leisten. Dies soll durch wirtschaftliche, sozialverträgliche und effizienzsteigernde Maßnahmen zur Einsparung von Treibhausgasemissionen sowie der zunehmenden Nutzung von erneuerbaren Energien oder unvermeidbarer Abwärme für die Energieversorgung von Gebäuden erreicht werden.

(2) Unter Beachtung des Grundsatzes der Wirtschaftlichkeit soll das Gesetz im Interesse des Klimaschutzes, der stetigen Reduktion von fossilen Ressourcen und der Minderung der Abhängigkeit von Energieimporten dazu beitragen, die energie- und klimapolitischen Ziele der Bundesregierung sowie eine weitere Erhöhung des Anteils erneuerbarer Energien am Endenergieverbrauch für Wärme und Kälte zu erreichen und eine nachhaltige Entwicklung der Energieversorgung zu ermöglichen.

Ich verzichte hier auf die Aufzählung von einzelnen Komponenten des sehr umfangreichen Gesetzes. Sprechen Sie mit einem zertifizierten Energieberater, einem Heizungsbauer oder Ihrem Schornsteinfeger insbesondere bei der Beurteilung von offenen Feuerstellen (offene Kamine) und Öfen (Kachelöfen, Schwedenöfen) hinsichtlich der Bestimmungen des Bundesimmissionsschutzgesetzes.

Nun möchte ich mich konzentrieren auf Gebrauchtimmobilien, etwa 90–95 % der Kaufvorgänge bebauter Grundstücke.

Machen Sie vor dem Verkauf eine genaue Bestandsaufnahme Ihres Hauses bezüglich der Energieeffizienz. Besorgen Sie sich Kostenvoranschläge, um Kaufinteressenten vorbereitet entgegenzutreten. Vorstellungen von Nachrüstungen, Sanierungen oder Modernisierungen sind bei Kaufinteressenten immer größer in den Summen, als tatsächliche Kostenvoranschläge ergeben.

Die Menschen sind immer mehr informiert durch das Internet, allerdings auch durch sachfremdes Geschwätz, Stammtischparolen, Verschwörungstheorien oder irgendwelcher Behauptungen von Maklern mit unzulänglichen Kenntnissen nach dem Motto „sicheres Auftreten bei absoluter Ahnungslosigkeit". Also: deformierte Information.

Ich mache deshalb seit mehr als einem Jahr die leidvolle Erfahrung, dass sich die Gebrauchtimmobilien in der Ansicht der potenziellen Käufer im Wert verringern, was sich auf die Kaufpreise auswirkt. Oftmals verstehen die Menschen nicht den Zusammenhang von Wert und Preis bei Immobilien.

Merke: Eine Immobilie ist immer das wert, was die Menschen bereit sind, zu zahlen.

Ein kurzer Ausflug in die „Wissenschaft" der Wertermittlung: Vor Jahren hat man sich darauf geeinigt, das die allgemeine Gesamtnutzungsdauer von Gebäuden, z. B. von Wohngebäuden, von 100 Jahren auf 80 Jahre reduziert werden muss, weil der rasante Fortschritt in den Technologien (Heizung, Dämmung, Sanitär), den Baustoffen, den Baumaterialien, der Verarbeitung, der Bauweise und der schnellen Veränderungen der Moden und Stile sich auf die Bestandsimmobilien negativ auswirkt.

Das Gebäudeenergiegesetz hat sich analog ausgewirkt. Es wurde noch nicht wissenschaftlich gemessen, ob dieser Umstand sich auch hinsichtlich der Gesamtnutzungsdauer auswirkt. Dazu sind die Gesetze noch zu frisch und die Stückzahlen nicht groß genug, um eine saubere Statistik zu ermöglichen.

Deshalb bin ich der Meinung, dass gerade Eigentümer wissen müssen, welche Überlegungen sich Kaufinteressenten machen bei der Absicht, eine gebrauchte Immobilie zu kaufen. Und deshalb auch Gegenargumente brauchen, um diese Absichten von sog. „Schnäppchenjägern" zu begegnen.

Die Ampelkoalition hat einen bunten Strauß von Förderungen aufgelegt, um Erwerbern von Immobilien die Umrüstung in Richtung Energieeffizienz zu erleichtern. Auch die Bundesländer haben Förderprogramme aufgelegt für diese Maßnahmen, u.A. auch für Photovoltaik. Die Investition in diese Maßnahmen sind nicht nur Mehrkosten, sondern elementare Investitionen in den Werterhalt – und ggfs. auch in die zukünftige Wertsteigerung. Diese werden sich dann bemerkbar machen, wenn diese Immobilie wieder zum Verkauf steht – und das bezieht sich auf alle Arten von Gebäuden.

Ob Sie diese Maßnahmen vor dem Verkauf selbst durchführen oder dies Ihrem Nachfolger überlassen, kann nur von Ihnen beurteilt werden. Ob sich die Kosten der Maßnahmen gleichzeitig wieder amortisieren und den Kaufpreis prägen, bleibt Ihrem Gefühl anheimgestellt.

Meine Erfahrung und meine Empfehlung: überlassen Sie dies dem Käufer. Sie sind jetzt darüber informiert, wie Sie die Vorteile dieser Maßnahmen und der Förderungen darstellen. Oder Ihr Makler informiert kompetent die Kaufinteressenten. Das bedeutet: bevor Sie einen Makler beauftragen, fragen Sie ihn, ob er die Gesetzeslage und die Förderungen kennt. Wenn das der Fall ist, dann sind Sie beim richtigen Makler. Er kann durch sein Wissen dafür sorgen, dass Ihre Immobilie zum gerechten Marktpreis verkauft wird. Siehe auch Kap. 9 …

3.4.1 Nun zu den Förderungen

Was sind die Ziele

- Mit der neuen BEG-Förderung sorgt die Bundesregierung für technologieoffene, praxisgerechte Anreize für den Austausch von Heizungsanlagen, die auch Holz- und wasserstofffähige Heizungen umfasst. Die Diskriminierung einzelner Heizungssysteme wurde verhindert.
- Das Gebäudeenergiegesetz, die kommunale Wärmeplanung und die Bundesförderung Effiziente Gebäude (BEG) bilden nun ein sinnvolles, aufeinander abgestimmtes Fundament, um die Klimaneutralität im Gebäudesektor zu erreichen. Durch die BEG wird Bezahlbarkeit für die Bürgerinnen und Bürger besser möglich.

Die Förderung unterstützt zielgenau private Selbstnutzer, als auch Vermieter und Wohnungsunternehmen.
- Durch das gestufte Modell mit seiner technologieneutralen Grundförderung und den Bonusvarianten ermöglicht die Regierung eine umfassende Förderung, die den ordnungsrechtlichen Anforderungen des Gebäudeenergiegesetzes an die Seite gestellt wird.
- Durch den Klimageschwindigkeitsbonus wird Attentismus beim Heizungstausch verhindert und so für Planungssicherheit bei Handwerk und Industrie gesorgt.
- Da die Grundförderung auch Vermietern zur Verfügung steht, wird dafür gesorgt, dass Mieter ebenso von der Förderung profitieren.

Worum geht's?

- Die Bundesförderung für effiziente Gebäude (BEG) fördert Sanierungsmaßnahmen an Gebäuden sowie den Heizungstausch, um die Klimaziele zu erreichen.
- Die BEG basiert auf den Vorgaben des Gebäudeenergiegesetzes (GEG) und soll zu energetischen Sanierungsmaßnahmen im Gebäudesektor anreizen.
- Die jetzt überarbeitete BEG unterstützt die Erfüllung des „Heizungsgesetzes" (65 %-erneuerbare Energie bei Heizungstausch).
- Antragsberechtigt sind alle Investoren von förderfähigen Maßnahmen an Wohn- und Nichtwohngebäuden (z. B. Hauseigentümer bzw. Wohnungseigentümergemeinschaften (WEG), Contractoren, Unternehmen, gemeinnützige Organisationen, Kommunen).
- Die Förderung für den Heizungstausch kann ab dem 27. Februar 2024 bei der KfW beantragt werden. Die Antragstellung für sonstige Effizienzmaßnahmen beim BAFA ist zum 1. Januar 2024 gestartet.

3 Finden Sie den richtigen Preis

Was sind die wichtigsten Punkte des Beschlusses?

- Insgesamt stellt die Bundesregierung 16,7 Mrd. € für die BEG-Förderung aus dem Klimatransformationsfonds KTF zur Verfügung.
- Der Heizungstausch kann ab sofort beauftragt werden. Bis zum 27. Februar 2024 muss die Förderung übergangsweise rückwirkend beantragt werden. So können die Bürgerinnen und Bürger seit dem 1. Januar von den neuen Fördersätzen profitieren. Die Regelung der nachträglichen Antragsstellung ist befristet (weitere Details finden sich auf den Seiten des BMWK).
- Die Höchstgrenze der förderfähigen Ausgaben für Heizungsanlagen beträgt:

  – 30.000 € für die erste Wohneinheit,
  – jeweils 15.000 € für die zweite bis sechste Wohneinheit,
  – jeweils 8000 € ab der siebten Wohneinheit.

- Die maximale Obergrenze bei den Fördersätzen beträgt 70 % der Investitionssumme.

Im Einzelnen setzt sich die Förderung aus den folgenden Komponenten zusammen:

- Die Grundförderung für den Heizungstausch beträgt 30 % der Investitionssumme und wird für alle Heizungstechnologien nach GEG gewährt.
- Der Klimageschwindigkeitsbonus startet mit zusätzlich 20 % der Investitionssumme – allerdings nur für selbstnutzende Eigentümer – und wird degressiv ausgestaltet:

  – bis 31. Dezember 2028: 20 Prozentpunkte
  – 1. Januar 2029 bis 31. Dezember 2030: 17 Prozentpunkte
  – 1. Januar 2031 bis 31. Dezember 2032: 14 Prozentpunkte

- 1. Januar 2033 bis 31. Dezember 2034: 11 Prozentpunkte
- 1. Januar 2035 bis 31. Dezember 2036: 8 Prozentpunkte
- Ab 1. Januar 2037 entfällt der Bonus.

Neuerungen in der Bundesförderung Effiziente Gebäude (BEG EM)

- Bedingung ist der Austausch von funktionstüchtigen Öl-, Kohle-, Gas-Etagen- und Nachtspeicherheizungen (ohne Anforderung an den Zeitpunkt der Inbetriebnahme) oder von funktionstüchtigen Gasheizungen oder Biomasseheizungen, wenn die Inbetriebnahme zum Zeitpunkt der Antragsstellung mindestens 20 Jahre zurückliegt.
  - Zusätzlich kann von selbstnutzenden Eigentümern mit einem zu versteuernden Haushaltsjahreseinkommen von 40.000 € ein Einkommensbonus von zusätzlich 30 % gewährt werden.
  - Neben einer Zuschussförderung werden auch zinsgünstige Ergänzungskredite für selbstnutzende Eigentümern mit einem zu versteuerndem Haushaltsjahreseinkommen von bis zu 90.000 € ermöglicht. Die Höchstgrenze der förderfähigen Ausgaben beträgt in der Kreditförderung 120.000 € pro Wohneinheit.

Folgende Regelungen gelten allgemein:

- In Gebieten mit durch die Kommune ausgewiesenem Anschluss- und Benutzungszwang für ein Wärmenetz wird ausschließlich der Anschluss an das Netz und nicht die Errichtung von Einzelheizungen gefördert.

- Neben der Förderung für den Heizungstausch bleibt auch die energetische Sanierungsförderung mit bis zu 20 % der Investitionssumme erhalten.

Folgende Regelungen gelten für die Förderung der Biomasse-Heizungen:

- Eine neue Biomasseheizung (z. B. Holzpellets) erhält eine zusätzliche Förderung von 2500 € sofern sie geringe Staubemissionen (2,5 mg/m3 Staubemissionswert) einhalten kann.
- Die Nachrüstung bestehender Biomasseheizungen zur Reduktion der Staubemissionen wird im Rahmen des Heizungsoptimierungsprogramms mit 50 % gefördert.
- Wird eine neue Biomasse-Heizung installiert, muss diese mit einer Solarthermie, PV-Anlage oder Wärmepumpe zum Zweck der Warmwasserbereitung kombiniert werden, um förderfähig zu sein.

Quelle: Daniel Föst – FDP-Fraktion im Deutschen Bundestag; Stand: 1. Februar 2024

Ich bin...	Was ändert sich für mich ab 2024?	Was muss ich beachten, sobald meine Kommune einen Wärmeplan aufgestellt hat (Verpflichtung gilt für Großstädte ab 100.000 Einwohner ab 2026, für kleinere Gemeinden ab 2028)?	ab 2045
1 Gebäudebesitzer und...			Kein Heizen mit fossilen Brennstoffen
a) habe eine funktionierende Gas- oder Öl-Heizung und will diese weiter nutzen	Nichts	Nichts (Betriebsdauer der Gas-Heizung abhängig von Planungen für das Gasnetz)	
b) habe eine defekte Heizung, die sich aber reparieren lässt	Nichts	Nichts (Betriebsdauer der Gas-Heizung abhängig von Planungen für das Gasnetz)	
c) möchte eine neue Gas- oder Ölheizung kaufen	Nichts	Eine von 2024 bis zur Vorlage des Wärmeplans installierte Öl- oder Gas-Heizung: • Wärmeplan sieht Umstellung auf Wasserstoff vor: nichts, ggf. Umrüstung der Gas-Heizung bei Umstellung des Netzes • Wärmeplan sieht kein Biomethan, Wasserstoff- oder Wärmenetz vor: stufenweiser Bezug von grünen Brennstoffen über einen entsprechenden Liefertarif bzw. Biodiesel/E-Fuels (15 % ab 2029, 30 % ab 2035, 60 % ab 2040) • Wärmeplan sieht Biomethan vor: nichts • Wärmeplan sieht Wärmenetz vor: Betrieb bis zum Wärmenetz-Anschluss Einbau einer neuen Gas- oder Ölheizung: • Wenn Wärmeplan Wasserstoffnetz vorsieht: Umrüstbarkeit der Gas-Heizung auf Wasserstoff • Wenn Wärmeplan kein Wasserstoffnetz vorsieht: Betrieb mit mind. 65 % klimaneutralen Brennstoffen (Biomethan,	

3 Finden Sie den richtigen Preis

	Ich bin...	Was ändert sich für mich ab 2024?	Was muss ich beachten, sobald meine Kommune einen Wärmeplan aufgestellt hat (Verpflichtung gilt für Großstädte ab 100.000 Einwohner ab 2026, für kleinere Gemeinden ab 2028)?	ab 2045
d)	heize bereits klimaneutral mit Holz, Biomethan, Biodiesel oder Wärmepumpe und will dies auch mit meiner neuen Heizung tun	Nichts	Biodiesel, E-Fuels, selbst erzeugtem Wasserstoff: Jes muss erst 5 Jahre nach dem Heizungstausch erfüllt werden. In der Zwischenzeit kann eine beliebe Heizung eingebaut und betrieben werden, ggf als Mietmodell; bei Gas-Heizungen Betriebsdauer abhängig von Planen für das Gasnetz)	
e)	habe einen Fernwärme-Anschluss	Nichts	Nichts	
f)	habe eine Holzheizung oder Wärmepumpe und muss/will diese erneuern	Nichts	Nichts	

				Kein Heizen mit fossilen Brennsoffen
j)	Muss eine Gasetagenheizung austauschen	Nichts	Sobald die erste Etagenheizung ausgetauscht wird muss. • Innerhalb von 5 Jahren entschieden werden, wie das Gebäude klimaneutral beheizt werden soll • Anschließend innerhalb von 8 weiteren Jahren die getroffene Entscheidung umgesetzt werden • Wärmeplan sieht kein Biomethan, Wasserstoff- oder Wärmenetz vor: stufenweiser Bezug von grünen Gasen über einen entsprechenden Liefertarif bzw. Biodiesel/E-Fuels	

2	Bauherr und…		Kein Heizen mit fossilen Brennstoffen
a)	habe mit dem Bau schon begonnen	• Nichts	Sobald ich die vor dem Wärmeplan eingebaute Heizung tauschen will/muss, habe ich die Wahl aus: • Holz • Erdwärme • Luft-Wärmepumpe • Fernwärme (sofern vorhanden oder geplant) • Solartherme • Hybridheizung • Gas-Heizung, die auf Wasserstoff umrüstbar ist (insofern Gasnetz umgestellt werden soll) • Gas/Öl-Heizung zu mind. 65 % mit klimaneutralem Brennstoff (bspw. Biomethan, E-Fuels) • Stromheizungen (bspw. Elektrokessel) ↑ Dies muss erst 5 Jahre nach dem Heizungstausch erfüllt werden. In der Zwischenzeit kann eine beliebe Heizung eingebaut und betrieben werden (ggf. als Mietmodell)
b)	Habe meinen Bauantrag schon eingereicht	• Nichts	
c)	Habe meinen Bauantrag noch nicht eingereicht und baue in einem Neubaugebiet	Ich darf meinen Neubau heizen mit: • Holz • Erdwärme • Luft-Wärmepumpe • Fernwärme (sofern vorhanden) • Hybridheizung • Solartherme • Gas/Öl-Heizung zu mind. 65% mit klimaneutralem Brennstoff (bspw. Biomethan, E-Fuels) • Stromheizungen (bspw Elektrokessel)	

3 Finden Sie den richtigen Preis

	Kein Heizen mit fossilen Brennstoffen	
d) Habe meinen Bauantrag noch nicht eingereicht und baue außerhalb eines Neubaugebiets. (Schließung von Baulücken)	Nichts	Wenn ich eine Öl- oder Gas-Heizung eingebaut habe: • Wärmeplan sieht kein Biomethan, Wasserstoff oder Wärmenetz vor: stufenweiser Bezug von grünen Brennstoffen über einen entsprechenden Liefertarif bzw. Biodiesel/E-Fuels (15% ab 2029, 30 % ab 2035, 60 % ab 2040) • Wärmeplan sieht Umstellung auf Wasserstoff vor: nichts, ggf. Umrüstung der Gas-Heizung bei Umstellung des Netzes • Wärmeplan sieht Biomethan vor: nichts • Wärmeplan sieht Wärmenetz vor: Betrieb bis zum Wärmenetz-Anschluss Sofern keine der o. g. Optionen zutrifft und die vor dem Wärmeplan eingebaute Heizung ausfällt habe ich die Wahl aus: • Holz • Erdwärme • Luft-Wärmepumpe • Gas/Öl-Heizung zu mind. 65 % mit klimaneutralem Brennstoff (bspw. Biomethan, E-Fuels) • Hybridheizung • Solarthermie • Stromheizungen (bspw. Elektrokessel) Dies muss erst 5 Jahre nach dem Heizungstausch erfüllt werden. In der Zwischenzeit kann eine beliebe Heizung eingebaut und betrieben werden (ggf. als Mietmodell).

3	Mieter	Nichts	Nichts
4	**Kommune und…**		
	habe schon einen Wärmeplan	Sofern Wärmeplan bundesgesetzlichen Vorgaben entspricht: Entscheidung, ab wann GEG-Vorgaben beim Heizungstausch verbindlich greifen sollen	
	habe noch keinen Wärmeplan	Pflicht zur Erarbeitung eines Wärmeplans bis zur jeweiligen Frist	Umsetzung und Fortschreibung des Wärmeplans

* Bei Einbau einer Gas-, Öl- oder Pelletheizung muss zudem eine Beratung (z. B. durch den Handwerker) erfolgen, in der auf die Auswirkungen der CO2-Bepreisung auf die Preise für fossile Energieträger und die kommunale Wärmeplanung hingewiesen wird

Literatur

Hessische Industriemüll GmbH (2000): Die Pintsch Sanierung: Ein Sanierungsgrossvorhaben des Landes Hessen, Verlag C. F. Müller, Heidelberg 2000.

4

Bieten Sie Ihre Immobilie wirkungsvoll an

4.1 Vorbereitung

Bevor Sie mit Ihrer Immobilie an die Öffentlichkeit gehen, müssen Sie jedoch noch einiges vorbereiten, um sie wirkungsvoll darzustellen, im Internet, in der Zeitung, mit Flyern und anschließend bei der persönlichen Besichtigung mit Interessenten.

Maßgebend sind zunächst der Bau- und Pflegezustand. Handelt es sich um eine Ruine, ein Haus, das verschlissen ist, dann müssen Sie nichts tun, denn ein Erwerber würde es abreißen. Das haben Sie schon bei der Bewertung erfahren, als der Sachverständige oder ein professioneller Makler ihnen mitteilte, dass es sich um ein Abrissgrundstück handelt. Notfalls sehen Sie das auch selbst. Dann haben Sie den Liquidationswert errechnet: Grundstückspreis abzüglich Abriss und Baureifmachung (Entfernung von wildem Bewuchs, falls nötig Dekontaminierung oder Entfernung alter Munition aus dem vergangenen Krieg).

Anders sieht es aus, wenn die Immobilie zwar alt, aber im sanierungsfähigen Zustand ist, zum Beispiel Ihr Elternhaus, in dem Ihre Eltern ein Leben lang wohnten und gerade das Nötigste taten, um es zu erhalten. Das Bad allerdings hat schon bessere Zeiten gesehen und es war in den Sechzigerjahren einfach hip. Gut, man kann heute mit dem Begriff „Retro" manches schönen, es würde allerdings als „Realsatire" definiert nicht ganz ernst genommen. Auch die Fenster wurden vor 40 Jahren erneuert. Die ersten „Thermopane-Fenster" wurden eingesetzt (Thermopane ist der Name eines US-Herstellers, der Wärmedämmfenster Mitte des letzten Jahrhunderts auch bei uns eingeführt und bekannt gemacht hat). Dies entspricht allerdings heute nicht mehr den geforderten Kriterien an Wärmedämmwerten oder -technik. Die hübschen farbigen Fliesen im Wohnzimmer entsprechen auch nicht mehr dem heutigen Zeitgeschmack.

Hier sollten Sie nichts ändern. Alle Einrichtungen, Installationen oder substanziell wesentliche Techniken, die nicht mehr zeitgemäß sind, wird ein potenzieller Erwerber austauschen oder ersetzen.

Hier lohnt es sich, bei Handwerkern Kostenvoranschläge einzuholen, um den potenziellen Käufern Zahlen an die Hand zu geben, die die Verhandlungen kanalisieren, bzw. ordnen und Fehleinschätzungen zu Ihrem Nachteil vorbeugen.

Es lohnt sich in jedem Fall, das Haus zu säubern und vielleicht die Wände weiß zu streichen. In jedem Fall sollten die alten Möbel entfernt und das Haus vollständig geräumt werden, falls die Bewohner nicht mehr darin wohnen. Es lohnt sich also, hier zu investieren.

4 Bieten Sie Ihre Immobilie wirkungsvoll an

> **Beispiel**
>
> Ein Maklerkollege berichtete von einer Erbengemeinschaft eines typischen Siedlungshauses mit einem Vollgeschoss und steilem Dach. Sie entschloss sich nach seiner Begutachtung und Marktpreiseinschätzung, das Haus herzurichten. Der Maklerkollege kam auf einen Marktpreis von 180.000 € nach Abzug akut notwendiger Renovierungsmaßnahmen. Die Haustechnik (Elektrik, Heizung und Sanitär) entsprach schon zeitgemäßen Anforderungen. Die Erbengemeinschaft war sich einig, optische und zum Teil substanzielle Verbesserungen durchzuführen: Die Hausfassade wurde von außen hell angelegt. Die Böden aller Wohn- und Schlafräume wurden mit Laminat ausgelegt, die Wände in allen Räumen wurden mit Raufasertapeten frisch tapeziert und gestrichen. Der leicht verwilderte Garten wurde in Eigenarbeit zum Teil gerodet, hübsch angelegt, der Rasen gemäht, der Zaun und das Hoftor wurden in Ordnung gebracht. Die Investitionen von grob 15.000 € wurden belohnt. Der Kaufpreis betrug 230.000 €. Damit hat sich die Investition in hübscheres Aussehen mehr als verdoppelt; ein Gewinn von über 200 % in wenigen Wochen. Mehr Rendite gibt es sonst nur bei strafbaren Geschäften.

Warum lohnt es sich? Wieder müssen wir die Psychologie bemühen: Käufer sehen in großem Renovierungs- und Modernisierungsbedarf immer hohe Kostenhürden und organisatorische Probleme. Sie sind sich als Laien natürlich unsicher und schätzen die Kosten häufig mehr als doppelt so hoch ein wie sie dann tatsächlich entstehen. Wenn diese optischen Hürden beseitigt sind und für substanzielle Modernisierungen oder Teilsanierungen (Bäder, Gäste-WCs, Fenster, Heizung, zusätzliche Wärmedämmung) konkrete Kostenvoranschläge vorliegen, die im Angebotspreis bereits berücksichtigt wurden, reduzieren sich die Bedenken. Wenn die potenziellen Erwerber auch noch Architekten oder andere Berater (fachkundig oder nicht) mitbringen, werden durch diese Klarheit auch Bedenken dieser Dritten reduziert und die Verhandlungen erleichtert.

Der Keller muss leer sein, damit man sieht, dass er trocken ist. Die Häuser aus den Fünfziger- und manchmal Sechzigerjahren des vergangenen Jahrhunderts wurden nicht (immer) gegen eindringende Feuchtigkeit isoliert, weder von unten (vertikale Feuchtigkeit), noch seitlich an den Außenwänden (horizontale Feuchtigkeit). Es ist nicht immer notwendig, Keller gegen das Eindringen von Feuchtigkeit zu isolieren, insbesondere dann nicht, wenn es sich um das Durchdringen der üblichen Erdfeuchte handelt, die ständig wegtrocknet (Diffusion). Es sei denn, Käufer wollen den Keller wohnlich nutzen (Hobbyraum, Kellerbar, Gästezimmer oder Büro). Dann ist die Isolierung gegen Feuchtigkeit und die Wärmedämmung wie bei modernen Kellern nachzuholen. Ob sich der Aufwand wirtschaftlich lohnt, müssen die Käufer entscheiden. Wenn Sie weiße Streifen oder Flecken an den Innenwänden des Kellers sehen, dann sind das Ausblühungen des Materials. Das ist nicht gefährlich, sondern eine normale chemische Reaktion, wenn Wasser langsam von außen in das Mauerwerk diffundiert und das im Wasser schwer lösliche Calciumcarbonat (kohlensaurer Kalk) als Bestandteil des Zement-Sand/Kies-Gemisches nach der Verdunstung an der Betonwand verbleibt. Manche deuten dies als „Salpeter-Ausblühungen". Das ist falsch. Salpeter taucht nur dort auf, wo Vieh gehalten wurde, also bei Stallgebäuden oder Stallungen in Scheunen.

> Im Sommer müssen die Kellerfenster geschlossen bleiben, damit die warme und damit feuchte Luft draußen bleibt und sich die Luftfeuchtigkeit nicht an den Kellerwänden als Kondenswasser niederschlägt. Auch dies ist ein Grund für feuchte Kellerwände. Ein weiterer Grund ist das Wäschetrocknen. Im Winter jedoch, wenn die Luft kalt und trocken ist, können Sie die Kellerfenster öffnen. Dann besteht keine Gefahr der Feuchtigkeit von innen.

4 Bieten Sie Ihre Immobilie wirkungsvoll an

Steht das Haus in schweren Böden, Löß oder Lehm, dann sollten Sie als Verkäufer einen Kostenvoranschlag für eine nachträgliche Horizontalisolierung einholen. In seltenen Fällen müssen auch die Wände von unten gegen aufsteigende Feuchtigkeit isoliert werden, insbesondere dort, wo die wasserführenden Bodenschichten nah an der Erdoberfläche liegen oder in Waldnähe.

Beispiel

Ein Maklerkollege bot mir ein Einfamilienhaus in einer „Waldsiedlung" zum gemeinsamen Geschäft an. Ich hatte auch ein Lehrerehepaar in der Kartei, das sich für ein solches Haus in dieser Stadt in einer ähnlichen Lage interessierte. Das Platzangebot, die Anzahl der Räume, die Architektur und die Grundstücksgröße waren so ziemlich genau das, was gesucht wurde. Hohe Übereinstimmung also. Ich frage immer genau danach, was die Menschen suchen und wusste deshalb in diesem Fall, das Haus passt. Gemeinsam mit dem Maklerkollegen (der den Verkäufer vertrat) und mir (ich vertrat die Interessen der Käufer) besichtigten wir das Haus gründlich. Die Kaufabsicht war klar. Eine zweite gründlichere Besichtigung war erforderlich. Wir gingen in der genannten Konstellation noch einmal über eine Stunde durch das Haus, schauten in jeden Winkel, der Keller war aufgeräumt und sauber, das Dach war dicht, die Heizung musste ausgetauscht werden, die Fenster und die Sanitäreinrichtungen (Bäder, WC) sowie die Küche waren modernisiert. Die Einbauküche war im Preis enthalten. Sonst mussten nur die üblichen kosmetischen Arbeiten (Maler- und Tapeziererarbeiten, Bodenbeläge) durchgeführt werden. Um ganz sicher zu gehen, wurde noch einer der besten Bausachverständigen der Region hinzugezogen. Er kam mit großem Besteck: Zollstock, großes Messgerät für die Raumhöhen, Messgerät für die Wärmedurchgangswerte der Außenwände und selbstverständlich einem Hygrometer, einem Messgerät für Feuchtigkeit. Er maß überall nach, im Keller, an den Außenwänden oberhalb des Erdreiches, im Dach – alles im trockenen Bereich.

Tage später ging ich wieder gemeinsam mit den Käufern, den Eigentümern und einem Finanzierungsvermittler durch das Haus. Dieser musste sich im Auftrag der Bank genauestens umsehen, denn das Haus musste ja werthaltig sein, weil es als Sicherheit für die Bank dienen sollte. Da die Finanzierung mit geringem Eigenkapital vorgenommen wurde (die liquiden Mittel waren für die Renovierungen vorgesehen), war es umso nötiger, sich ein genaues Bild zu machen.

Jetzt konnten die Kosten kalkuliert werden, der Preis wurde noch einmal etwas verhandelt, gekauft wie gesehen und es wurde gründlich untersucht. Im Kaufvertrag wies der Notar ausdrücklich auf die sogenannten „versteckten Mängel" hin. Das ist ein volkstümlicher Begriff. Im Juristendeutsch heißt so etwas: arglistige Täuschung (§ 123 BGB). Das bedeutet: Der Verkäufer muss alle für die Kaufentscheidung relevanten Umstände und Zustände der Sache benennen – ohne Aufforderung. Tut der Verkäufer das nicht, dann macht er sich der arglisten Täuschung schuldig, was allerdings der Käufer zu beweisen hat. Einem Eigentümer wird allerdings immer unterstellt, dass er die Beschaffenheit seiner Sache kennen muss. Auch hier gilt „Nichtwissen schützt nicht vor Strafe".

Auf der anderen Seite muss der Käufer die Sache gründlich ansehen und untersuchen. Die Käufer zogen zu diesem Zweck einen Sachverständigen für Baumängel und Schäden hinzu, um ganz sicher zu gehen. Dabei kann er natürlich nicht erkennen, ob ein Mangel oder ein Schaden vorliegt, wenn der Verkäufer dies aus Arglist verbirgt oder nicht benennt.

Was ist ein Mangel? Er entsteht schon während des Bauens. Ein Schaden entsteht während der Nutzung oder durch einen Mangel. Ein Schaden kann also auch durch einen Mangel an der Bausubstanz oder durch schlechte Verarbeitung bei Reparaturen oder Modernisierungen und Renovierungen hervorgerufen werden.

Gesagt – getan: Das Haus wurde erworben, die Bank finanzierte. Die Eigentümer konnten in ihre kürzlich erworbene Eigentumswohnung ziehen, die Käufer bekamen das Haus, das sie sich schon lange wünschten und die Makler bekamen auch den Lohn der langen anstrengenden Verkaufsbemühungen.

Ungefähr nach drei Monaten erhielt ich einen Anruf des Käufers: „Herr Wurzel, das Haus ist nass!" Ich war etwas konsterniert und dachte an einen Witz oder eine ironische Bemerkung. Und fragte nach. Der Käufer schilderte, dass er vor einigen Tagen an einer Stelle am Kellerboden eine Wölbung des Belages, ebenso an der Wand bemerkte. Er stach mit einem Messer hinein und Wasser kam heraus! Wenige Tage zuvor hatte es geregnet.

Was war geschehen? Der Verkäufer hatte sowohl den Kellerboden als auch die Wände mit grauer Acrylfarbe angestrichen. Man sagt auch „Elefantenhaut" dazu. Es ist ein sehr dicker Farbanstrich, der Feuchtigkeit absperrt. Häufig streicht man dies auf Tapeten in der Küche, um die Wände leicht von Fett- und Nahrungsmittelspritzern säubern zu können. Manche Menschen mit Stauballergie streichen damit alle Wände und Decken ihrer Räume. Es war also anzunehmen, dass der Verkäufer dieses Hauses genau wusste, was er tat und warum. Das Haus steht in der Waldsiedlung. Bäume ziehen Wasser an. Das Grundwasser war also etwas höher und die wasserführende Schicht (zumeist Lehm) verlangsamte das Versickern des Regenwassers in die unteren Erdschichten. Dadurch ergibt sich, dass sich das Wasser bis an die Haussohle und an den Außenwänden entlang staute. Da diese Bauteile nicht gegen eindringendes Wasser isoliert waren, drang das Wasser in die Wände und in die Bodenplatte ein und verursachte die Blasenbildung der dick aufgetragenen Acrylfarbe. Hier lag also ein klarer Fall von arglistiger Täuschung vor.

Ich riet also, einen Anwalt mit der Wahrnehmung der Interessen zu beauftragen. Zeugen gab es genug, etwa die Koryphäe von Bausachverständigem (aber was er nicht sieht, kann er auch nicht beurteilen). Zerstörende Untersuchungen, wie zum Beispiel Kernbohrungen in die Wände und Böden, waren seiner Auffassung nach nicht nötig. Es gab keinerlei Verdachtsmomente. Es wurde also vor dem Landgericht Klage erhoben. Während der Frist zum ersten Termin (der Beweisaufnahme) verstarb der Eigentümer. Seine Frau war nicht als Eigentümerin im Grundbuch eingetragen. Sie musste nach § 1365 BGB (Verfügung über Vermögen im Ganzen, hier bei einer ehelichen Zugewinngemeinschaft) ihre Zustimmung zum Verkauf erteilen. Da ihr damit keinerlei Wissen um die Bausubstanz und den Zustand der Sache unterstellt werden konnte, blieb der Käufer auf dem Schaden sitzen.

Das Haus musste ringsum aufgegraben, isoliert und wärmegedämmt werden, damit horizontal kein Wasser mehr eindringt und sich kein Kondenswasser an den Innenwänden bilden kann. Dann mussten alle Wände (Innen- und Außenwände) horizontal knapp oberhalb der Bodenplatte mit einer Diamantsäge aufgeschnitten werden. In diesen Spalt wurden Edelstahlbleche geschoben. Damit war das Haus komplett wasserdicht. Die Kosten? Dafür hätte man einen Rohbau hinstellen können. Nur durch die extrem gute Wohnlage und die langfristig positive Marktentwicklung hat sich der riesige Aufwand einigermaßen kompensiert. Mit Gewinn lässt sich das Haus allerdings nicht verkaufen. Dafür waren die Gesamtkosten zu hoch. Ob der Verkäufer jemals den Schaden hätte ersetzen können, ist auch zweifelhaft, denn das Geld hatte er seiner Frau zum Kauf der Wohnung gegeben. Damit war am Ende auch klar, dass die Käufer arglistig getäuscht wurden. Es bleibt zu hoffen, dass der Wohngenuss den Verdruss über Schädigung überwogen hat.

Eine gute Vorbereitung, die kaufmännischen Grundsätze von Wahrheit und Klarheit sowie die Aufklärung aller Beteiligten über alle Umstände des Verkaufs und den Zustand der Ware verhütet Schäden an Vermögen, vermindert Misstrauen und vereinfacht die gesamte Abwicklung. Auch hier gilt: Vertrauen ist gut – Kontrolle ist besser.

Beispiel

Anfang der 2000er-Jahre bat mich eine sehr gute Freundin aus Hanau, ihr zu raten, was sie mit ihrem Haus im Rheinland, in einer Kleinstadt zwischen Köln und Aachen, tun solle. Nun ja, es war nicht mein Arbeitsgebiet. Aber als Sachverständiger und erfahrener Immobilienexperte half ich ihr natürlich.

Sie besaß ein Einfamilienhaus gemeinsam mit ihrem geschiedenen Ehemann. Gegen eine Entschädigung trat sie ihm ihren halben Anteil ab, haftete aber noch für das gemeinsame restliche Darlehen. Die Bank hat sie aus der Darlehensverpflichtung nicht entlassen. Das ist häufig der Fall, insbesondere dann, wenn die Bank dem anderen Teil aufgrund dessen wirtschaftlicher Lage nicht zutraut, das Darlehen allein langfristig (ca. fünf bis zehn Jahre) zu bedienen.

Nun kam die Nachricht der Bank, dass die Bedienung des Darlehens holpert, die Zahlungen also nicht regelmäßig eintrafen. Konsequenz: Das Haus musste verkauft werden. Der Ex-Mann, ein hoch begabter EDV-Spezialist, war total überfordert und litt an Depressionen. Er erkrankte geistig schwer. Hochintelligent, wie er war, versuchte er nun, das deutsche Lottosystem zu „knacken". Und er meinte dies wirklich ernst.

Das Haus war angefüllt mit Computern, Bildschirmen, Druckern und Tastaturen – vom Keller bis zum Erdgeschoss – darunter Home-Computer aus der ersten Generation. Und er konnte seinen Hausstand nicht mehr selbst bewirtschaften. Kurzum: Eine amtliche Betreuung war nötig. Er bezog eine Erwerbsunfähigkeitsrente und eine kleine betriebliche Versorgung. Soweit die Mitteilung meiner lieben Freundin. Es handelte sich demnach um einen sehr tragischen Fall. Hier musste einfach geholfen werden.

Ein ihr bekannter Rechtsanwalt übernahm die amtliche Betreuung. Das Amtsgericht bestellte ihn. Eine Wohnung für den Ex-Mann, der sich lange weigerte, das Haus zu verlassen, wurde gefunden. Mit dem nötigen Nachdruck zog er auch um. Der Betreuer sandte uns die Hausschlüssel.

Zwischenzeitlich wurde uns von den Nachbarn zugetragen, dass das Wasser abgestellt wurde, weil er die Gebühren nicht zahlte. Dies ging wohl einige Monate so. Er fuhr, so wurde uns erzählt, mit dem mittlerweile abgemeldeten Ford Fiesta zur nahen Tankstelle und kaufte kastenweise Wasser. Dann wurde auch der Strom abgestellt, weil auch hier keine Zahlungen mehr eingingen. Ohne Strom funktioniert kein Computer. Dieser Umstand half wohl auch beim Umzug.

Ich konnte mir also in etwa vorstellen, was sich mir bieten würde, wenn wir uns das Haus zum Zwecke der Begutachtung und Preisschätzung ansehen mussten. Wir standen vor dem Haus. Es war ringsum überwuchert von Sträuchern, Hecken und Bäumen, wie das Schloss von Dornröschen. Ich ging mit dem Schlüssel am langen Arm voran zur Haustür. Dieser Pfad war zumindest frei von Pflanzen. In der offenen Garage linker Hand stand der abgemeldete Ford Fiesta.

Ich holte tief Luft, schloss die Haustür auf und hatte beim Eintreten sofort das Gefühl, Millionen von Milben drängten auf mich ein. Überall juckte es. Da ich den Grundriss kannte, lief ich durchs dunkle Haus zielgerichtet geradeaus ins Wohnzimmer, zog den Rollladen hoch und riss alle Fenster auf. Dann tat ich das Gleiche bei allen anderen Zimmern. Danach ging ich in die Küche. Hätte ich ein scharfes Messer gehabt, dann hätte ich an der Tür einen geraden Schnitt am Türrahmen von oben nach unten machen und alles, was an den Wänden hing, Bilder, Gewürzregal, Kochbesteck, Regale an einem Stück von der Wand abziehen können. So dick war der Belag – eine Mischung aus Fett, Nahrungsmittelresten und anderen kaum definierbaren Substanzen, die im Laufe der Zeit eine untrennbare Verbindung eingingen. Sie bildeten einen hellbraunen fleckigen Film wie ein Kunststoffüberzug oder eine Acryltapete. In der Pfanne lagen zwei halb verbrannte Würstchen. Das war der erste Eindruck der Küche. Zu einem weiteren brauchte ich es nicht kommen zu lassen.

Dann das Gäste-WC. Unter dem Eindruck der Berichte fürchtete ich Schlimmes. Das sah ich auch: das WC-Becken war vollkommen verdreckt. Das war nicht verwunderlich, denn es gab keine Spülung, weil das Wasser abgestellt war. Im Bad bot sich ein ähnliches Bild. Meiner lieben Freundin riet ich, sowohl Bad als auch WC unter keinen Umständen zu betreten. Es ist klar, dass alle anderen Räume ebenfalls in einem äußerst erbärmlichen Zustand waren – von den Möbeln nicht zu reden. Alle Räume standen tatsächlich bis zum Anschlag voller EDV-Geräte und Drucker. Auf dem Dachboden hing noch die Bluse über der Leine zum Trocknen, die meine Freundin über zehn Jahre zuvor vergaß, mitzunehmen.

Was war hier zu tun? Hinter all dem Schutt, den vernachlässigten Zimmern und den völlig von Exkrementen verseuchten Sanitärräumen sah ich die verborgene Schönheit des Hauses und wie es wieder sein könnte. Ich empfahl, das Haus vollständig zu entkernen mit Ausnahme der Installationen: Bad, WC und Küche mussten bis auf das rohe Mauerwerk und den rohen Betonboden ausgeräumt werden. Der Estrich wurde rausgestemmt, der Putz abgeschlagen, Kacheln und Sanitärobjekte sowieso restlos entsorgt. Das ist eine sehr anspruchsvolle Arbeit für Menschen, die man aus dem Fernsehen als „Tatortreiniger" kennt. In allen anderen Räumen mussten die Bodenbeläge komplett entfernt und alle Tapeten von der Wand genommen werden. Alle Türen

> und Türzargen wurden ausgebaut. Nur die Decken (außer in Bad, WC und Küche), Fenster und Rollläden blieben verschont.
>
> Aus all den Arbeiten ergab sich ein super solider, knapp 20 Jahre alter, massiver Rohbau aus Wärmedämmsteinen in Porenbeton und einer massiven Dachhaut aus dem gleichen Material, mit einigen verputzten und mit Estrich ausgelegten Zimmern und trockenen Kellerräumen, einer funktionierenden Heizung, Warm- und Kaltwasserversorgung und Elektroinstallation. Das Haus wurde desinfiziert, das abgemeldete Auto wurde entsorgt, der Garten aufgeräumt, die Sträucher und Hecken zurückgeschnitten und die schöne, dominante Trauerweide war wieder zu sehen und verlieh dem Anwesen ihren Charme. Heizungsbauer, Schornsteinfeger und Elektriker kamen und nahmen das Haus wieder in Betrieb. Der Heizungsbauer prüfte den Druck in den Leitungen, öffnete den Gashahn und die Heizung summte, als wäre nichts geschehen. Wasser lief, Strom in allen Räumen. Alles war bestens in Ordnung. Das Haus wurde dann zu einem ganz normalen Marktpreis verkauft. Es stammte von einer bundesweit bekannten Marke, die Ein- und Zweifamilienhäuser schlüsselfertig erstellte, in qualitativ hochwertiger Ausführung hinsichtlich Bausubstanz und technischer Ausstattung. Das Unternehmen verkaufte ausschließlich im oberen Preissegment. Das half natürlich auch, den besten Preis zu erzielen. Alle Verbindlichkeiten gegenüber der Bank und anderen Gläubiger wurden ausgeglichen und es blieb noch genügend Geld übrig für den Eigentümer. So hat die ganze Angelegenheit – bei aller Tragik und Dramatik – doch ein gutes Ende gefunden.

4.2 Legen Sie die Zielgruppe fest

Jede Immobilie ist individuell. Das wissen Sie jetzt. Um den besten Preis zu erzielen, müssen Sie einen Käufer finden, dessen Vorstellungen möglichst genau mit Ihrem Angebot übereinstimmen. Überlegen Sie sich, wen Sie sich als Käufer vorstellen können.

Wie geht das? Ganz einfach: Sie haben diese Immobilie einmal gekauft. Und jetzt denken Sie nach, in welcher Lebens- und Vermögenssituation Sie waren, welche wirtschaftlichen oder beruflichen Begleitumstände Ihre Überlegungen geleitet haben. Wie war Ihre familiäre Situation und was haben Sie für die folgenden Jahre geplant?

Vielleicht haben Sie umgebaut, das Dach zusätzlich ausgebaut und einen Anbau angebracht, zum Beispiel einen Wintergarten. Aus einem einfachen Flachdachbungalow wurde durch den Aufbau eines Daches, vielleicht sogar mit Gauben, ein hübsches Einfamilienhaus – ein völlig anderer Stil, der aber Ihrem persönlichen Stilempfinden eher entspricht. Oder Sie haben saniert und Bäder, Küche, die Boden- und Wandbeläge nach den aktuellen Stilrichtungen und dem gerade propagierten Design und den derzeit herrschenden Farben und Farbkombinationen ausgestattet.

Alle diese Veränderungen haben den Charakter des Hauses verändert. Diesem Umstand müssen Sie Rechnung tragen. So wird der Käufer Ihrer Persönlichkeit eher entsprechen als jemand, der einen Flachdachbungalow kaufen würde.

Was ich zum Haus geschrieben habe, trifft auch auf die Eigentumswohnung zu, mit einer Ausnahme: Auf das äußere Erscheinungsbild des gesamten Hauses bzw. der Wohnanlage haben Sie keinen direkten Einfluss. Wenn die Gemeinschaft immer auf die Pflege und Instandhaltung achtet, immer alle akuten Reparaturen durchführt, Verbesserungen im Komfort vornimmt oder energetische Maßnahmen durchführt, kommt das Ihrem angestrebten Preis zugute. Was Sie innerhalb Ihrer Wohnung sanierten, renovierten oder geschmacklich gestaltet oder eingebaut haben, das liegt selbstverständlich hinsichtlich des investierten Wertes direkt in Ihrer Hand und ist Grundlage für die Kaufentscheidung.

Wieder komme ich zurück auf die drei Persönlichkeitsstrukturen mit ihren dominanten Entscheidungs- und Auswahlkriterien. Ich habe sie in Kap. 3 beschrieben.

Nach einer dieser Kriterien haben auch Sie entschieden, als Sie die Immobilie kauften. Und es wird wieder jemand Ihre Immobilie kaufen, der die gleichen Kriterien ansetzt. Darauf müssen Sie Ihre Werbung, Ihr Marketing abstellen. Doch dazu später.

4.3 Sog statt Druck

Das ist fast schon ein Naturgesetz. Viele Verkäufer vergessen das und denken, sie müssten ihre Ware anbieten und möglichst umfangreich und blumig beschreiben und reden, reden, reden. Manche Verkaufstrainer der alten Schule halten immer noch daran fest. Vielleicht waren Sie mal im Verkauf tätig oder sind es noch. Dann lösen Sie sich von den alten Vorstellungen.

Sie haben keine Bananen anzubieten wie auf dem Hamburger Fischmarkt, Sie verkaufen auch keine Lose auf der Kirmes oder wollen die Leute in Ihre Erotik-Bar locken wie auf St. Pauli, wo das schon zur Folklore gehört. Sie sind auch kein Supermarkt, der mit Discountpreisen lockt oder sind gerade in einem Schlussverkauf, in dem alte Preise durchgestrichen und der neue, niedrigere Preis deutlich herausgehoben wird. Sie werben auch nicht mit „nur noch bis zum 1. Mai zum XY-Preis!" Oder mit: „Wenn Sie bis zum 1. Juli kaufen, dann bekommen Sie noch die Einbauküche dazu!" Oder gar: „Wenn Sie in den kommenden 14 Tagen nachfragen, dann sparen Sie die Maklerkosten. Danach wird die Immobilie nur noch über Makler verkauft!"

All das, was Ihnen auf Schritt und Tritt im Alltag begegnet, diese unterschiedlichen Arten von Marketing und

Werbung, sind auf Massenartikel, auf die sogenannten „homogenen Güter" abgestellt, die sich nur durch Lautstärke, bunte offensive und aufdringliche, gar aggressive Werbung und Darstellung und über Preise darstellen und verkaufen lassen.

Bei Immobilien, insbesondere gebrauchten Häusern und Wohnungen, müssen Sie sich völlig anders verhalten. Das soll die Überschrift ausdrücken. Die „Ultima Ratio" der guten Vorbereitung für einen erfolgreichen Verkauf ist ein neues Wort und eine neue Tätigkeit bzw. Berufsgruppe: das Zauberwort „Homestaging".

Was in den USA und Kanada seit den Siebzigerjahren, in Großbritannien und Schweden seit den Neunzigerjahren nahezu gang und gäbe geworden ist, und was in hiesigen Breitengraden von guten Bauträgern mittels Musterwohnungen oder Musterbüros ausschließlich bei Neubauten durchgeführt wird, ist bei Gebrauchtimmobilien erst seit ca. 2008/2009 auf dem langsamen, aber sicheren Vormarsch.

Das Wort „Homestaging" setzt sich zusammen aus den Worten „Home" für „Zuhause" und „Stage" für „Bühne". Es bezeichnet also eine Tätigkeit, mit der das Heim, Ihr Zuhause bühnenreif, vorzeigbar, präsentabel gemacht wird.

Sie werden sagen: „Meine Wohnung, mein Haus ist doch hübsch eingerichtet. Mir gefällt es". Stimmt. Ihnen gefällt es, denn sonst hätten Sie sich nicht so eingerichtet, wie Sie sich eben eingerichtet haben. Jetzt stellen Sie sich vor, die Möbel sind weg und die Bilder sind von der Wand genommen. Ihre Wohnung ist nackt, leer und plötzlich laut. Kein Vorhang, kein Möbelstück schluckt mehr den Schall. Es hallt, es ist plötzlich kühl, selbst im Sommer. Kurz: Eine leere Wohnung, ein leeres Haus ist leblos. Die Behausung – und mehr ist es dann nicht mehr – wirkt schlicht unattraktiv.

4 Bieten Sie Ihre Immobilie wirkungsvoll an

Stellen Sie sich weiter vor: Ein Möbelhaus würde eine Reihe unterschiedlicher Schränke aufstellen, positioniert daneben eine Vielzahl von Sofas oder Tischen, dann noch die Regale mit Kleinmöbeln. Würden Sie Appetit bekommen und kaufen wollen? Ganz sicher nicht. Nein: Möbelhäuser richten einzelne Zimmer her, präsentieren die Möbel in entsprechendem Licht, lassen Sie „probewohnen". Küchenhäuser führen Kochseminare durch, um ganz spezielle Einbauküchen und deren Nutzbarkeit besser darzustellen. Supermärkte arbeiten mit Musik, Düften, Licht und logischer Wegeführung. Die Einkaufswagen laufen auf ruhigen Rollen über glatte softe Böden. Achten Sie mal bewusst darauf. Gehen Sie mit offenen Augen durch die Städte, die Kaufhäuser und Läden, die Autohäuser. Beachten Sie die Anstrengungen die gemacht werden, um Menschen zum Eintreten, Verweilen und Kaufen zu animieren. Animieren, nicht aufdrängen. Es werden weder Kosten noch Mühen gescheut. Genau so müssen Sie es mit Ihrer Immobilie machen.

In USA und Kanada wird es ganz extrem gemacht: Noch bewohnte Häuser und Wohnungen werden „entpersonalisiert". Das bedeutet: Alles Persönliche der Eigentümer wird entfernt und quasi „neutralisiert". Möbel von extremem Geschmack werden ersetzt durch neutrale. Antiquitäten bleiben selbstverständlich. Sie schaffen Atmosphäre. Bilder werden ausgetauscht, Wände frisch und hell angelegt und manchmal neu tapeziert. Dekorationen und persönlicher „Nippes", die typischen Urlaubsmitbringsel, zum Beispiel der Mini-Eiffelturm oder die beleuchtete venezianische Gondel, werden gnadenlos entfernt. Ebenso verschwindet die klassische Zigeunerin mit halb offener Bluse oder der röhrende Hirsch vor dem Alpenglühen während der Verkaufszeit. Überflüssige und den Platz verstellende

Möbel werden wegen der besseren Übersicht und Raumwirkung ausgemustert.

Dennoch wohnen die Bewohner weiterhin in diesem Haus. Unvorstellbar für uns. Vielleicht habe ich Sie auf den Gedanken gebracht, dass die alte Kommode von der Oma, das in Ehren gehaltene „Erbstück" vielleicht doch nicht in die neue Wohnung, in das neue und vielleicht kleinere Zuhause passt. Dann sollten Sie sich jetzt schon von diesen Dingen trennen. Sie werden feststellen: Ihre Zimmer wirken größer und übersichtlicher.

> Schauen Sie sich in Ihrem Haus aufmerksam um. Sie werden es vielleicht selbst sehen. Wenn nicht: Holen Sie sich Hilfe bei einer Homestagerin oder einem Homestager in Ihrer Gegend. Der neue Berufsverband „DGHR e. V. Deutsche Gesellschaft für Homestaging und Redesign", in dem die professionellen Angehörigen dieses neuen Berufsbildes organisiert sind, kann Ihnen dabei behilflich sein. https://www.dghr-info.de/.

Jetzt fragen Sie sich vielleicht immer noch: warum soll ich diese ganze Mühsal auf mich nehmen? Außerdem bin ich schon ausgezogen oder auf dem Weg dahin.

> **Beispiel**
> Frau Tina Humburg aus Wiesbaden, die Gründerin dieses Berufsverbandes, hat darüber einen kleinen Aufsatz geschrieben, den ich mit ihrer ausdrücklichen Erlaubnis hier zitieren darf. Aus der Überschrift „Vom Mythos der bewussten und rationalen (Kauf)entscheidung" können Sie erkennen, was ich zu Anfang meines Buches erläutert habe.
> Zitat: „Hartnäckig hält sich das Gerücht, man könne Kopf- und Bauchentscheidungen unterscheiden. Vor allem im geschäftlichen Kontext gilt die rationale Entscheidung als durchdacht und aus diesem Grunde als wertig. Die emotionale Entscheidung wird eher abgetan als spontan und un-

überlegt ... Rationale Entscheidungen werden eher Männern, emotionale eher Frauen zugeordnet ...

Die moderne Hirnforschung hat nachgewiesen, dass Entscheidungen nur vermeintlich rational sind. Die Treiber unseres Tuns liegen im Unterbewusstsein und werden zu 80 % emotional über die Sinne „getriggert". Der Grund dafür: Unser Gehirn hatte sein letztes Update vor ca. 200.000 Jahren. Um damals das Überleben zu sichern, waren Entscheidungen gefragt, die a) schnell und b) möglichst energiesparend zustande kommen. Bewusste Entscheidungen sind im Vergleich zu unterbewussten Entscheidungen deutlich langsamer und verbrauchen viel mehr Energie. Deshalb hat das archaische Gehirn Funktionsmuster entwickelt, um möglichst viele Entscheidungen unterbewusst treffen zu können. Tatsächlich gilt das für 99,99996 % aller Entscheidungen ...

Will man Kaufentscheidungen positiv beeinflussen, gilt es, über die fünf Sinne (hören, riechen, schmecken, sehen, anfassen/fühlen) positive Gefühle zu „triggern". Das wird besonders wirksam am so genannten „Point of Sale" („dem Ort, an dem Kaufentscheidungen stattfinden" – der Autor), weil hier zwei von drei Kaufentscheidungen gefällt werden.

Was haben Sie als Immobilienverkäufer jetzt von diesem Wissen? Wenn Sie es richtig einsetzen, können Sie Ihre Kaufinteressenten genau wie der Handel in Ihrem Sinne beeinflussen und positive Kaufentscheidung herbeiführen ...

Der Job des Homestaging Professionals ist es, die Räume emotional multisensorisch aufzuladen, sodass bei Kaufinteressenten – unterbewusst – Verlangen ausgelöst wird und sie in der Folge in kurzer Zeit zu Käufern werden, die außerdem kein Interesse mehr haben, den Preis zu drücken. Im Gegenteil.

Geld ausgeben wird im Schmerzzentrum verarbeitet. Und es gibt nur zwei Dinge, die diesen Schmerz überkompensieren: Schnäppchen und gute Gefühle. Als Schnäppchen wollen Sie Ihre Immobilie sicher nicht verhökern, also bleibt nur, für gute Gefühle zu sorgen. Wenn sich diese aufgrund eines professionellen Homestagings einstellen (und das tun sie!) ist der Preis nicht mehr länger Thema – vorausgesetzt, die Einpreisung stimmt („siehe oben unter Marktpreisermittlung" – der Autor). Eher wahrscheinlich: es gibt mehr Kaufinteressenten, die sich gegenseitig hochbieten.

Last but not least: es macht viel mehr Spaß, eine aufbereitete Immobilie zu zeigen!" Zitat Ende.

Und ich füge hinzu: es wird viel weniger gemäkelt.

> **Beispiel**
>
> Eine Eigentümerin (eine freiberuflich tätige Marketing-Spezialistin) versuchte nach ihrer Aussage schon rund 14 Monate lang, von Anfang 2009 bis zum Frühjahr 2010 durch eine namhafte und bundesweit vertretene Maklerfirma ihr Haus zu verkaufen. Vermittelt von einem anderen Büro dieser Firma hatte sie ihr neues Haus in den Walddörfern bei Hamburg erworben. Die Kauffinanzierung war kein Problem, weil das Einkommen hoch genug war, um vorübergehend beide Häuser zu finanzieren. Da diese Maklerfirma überwiegend im hochpreisigen Segment tätig ist, hatte sie ihr zugetraut, das Reihenhaus auch zum höchsten Preis zu vermitteln. Im Spätherbst 2009 endete das Projekt, für das die Eigentümerin tätig war, abrupt. Ein Nachfolgeprojekt war nicht in Sicht. Jetzt fehlte das Geld für die weitere Finanzierung. Die Bank drängte auf den Verkauf, damit die liquiden Mittel aus dem Verkauf die Zwischenfinanzierung ablösen konnte. Das zu verkaufende Haus war lastenfrei. Wir telefonierten ca. drei Monate, bis ich mir das Haus ansehen konnte. Der Maklervertrag mit dem anderen Unternehmen war mittlerweile beendet. Zähneknirschend händigte mir die Maklerin Dokumente und Hausschlüssel aus, damit ich eine Wertermittlung anfertigen konnte. Meine Vermutung, dass der Kaufpreis mit 239.000 € extrem überhöht war, erwies sich als richtig. Ich ermittelte einen Verkehrswert von 190.000 € im Mittel. Die Bandbreite ging von 185.000 € (im schlimmsten Fall) bis 205.000 € (im besten Fall). Die Eigentümerin teilte mir unmissverständlich mit, sie benötige mindestens 200.000 €, sonst drohe ihr die private Insolvenz – fatal für Selbstständige.
>
> Da ich das Thema Homestaging im Sommer/Herbst 2009 das erste Mal zu Kenntnis nahm, war mir sofort klar: Bei meiner Begeisterungsfähigkeit für Neues musste dieses Haus als erster Versuch herhalten. Auf eigenes Risiko und Kosten.
>
> Das Haus präsentierte sich mir in weiß, wie eine Metzgerei oder Großküche. Böden: weiße Fliesen; Bad und WC: weiß mit schmaler Schmuckbordüre; Wände aller Zimmer: weiß; Keller: weißer ging's kaum noch, mit Ausnahme der Heizung in hellgrau; ausgebautes Dach: weiß; Wohnbereich mit Einbauküche (Buche natur) und einem grauen, reliefartig ausgebildeten Wandschmuck. Die einzige Farbe lieferte der grüne Garten, der direkt im Süden am Fußweg am Bahn-

damm endete, kurz vor dem Bahnhof (man denke an die quietschenden Bremsgeräusche und das laute Brummen des Dieselmotors der Lok beim Anfahren). In unmittelbarer Umgebung standen zwei Mehrfamilienhäuser mit einer Unmenge Satellitenschüsseln und Trockengestellen für Wäsche auf den Balkonen. Und ein bisschen Unordnung in den dortigen Gärten. Es gab also genügend Hindernisse, die Immobilie positiv darzustellen.

Das Haus, ein Reihenmittelhaus, war technisch super ausgestattet, neuwertig und absolut gepflegt. Für den Haustyp eher etwas überausgestattet. Es war wenige Jahre zuvor gebaut und bezogen worden. Wie kommen wir nun zum zu „garantierenden" Preis von 200.000 € plus Verkaufskosten 10.000 €, plus Kosten für Homestaging in Höhe von 3500 €. Genau: Sie haben es erraten, eben mit Homestaging. Die Kollegin, eine Schreinermeisterin, kam extra aus Bingen. Sie schaute sich das Haus an und war begeistert. Sie ist Profi und hat als Schreinermeisterin den richtigen Blick für Raum- und Möbelproportionen sowie Stilsicherheit. Ihr konnte ich also vertrauen. Wie ging das nun vor sich?

Die Homestagerin entwickelte einen individuellen Möblierungs- und Farbplan, besorgte Bilder und Lampen. Zu allem Überfluss hatte die Eigentümerin den Herd und die Spülmaschine mitgenommen. An deren Stelle klafften Löcher in der Küchenfront und auf der Arbeitsplatte ...

Ich gab ihr den Hausschlüssel, ließ sie arbeiten und sah erfreut das Ergebnis. Im Keller standen in paar Stühle, um den Charakter des Hobby- und Freizeitraums darzustellen. Hier reichten ein paar Andeutungen. Im Gäste-WC wurden Seife und Handtücher platziert und ins Fenster stellte sie eine Calla-Blüte. Die Löcher in der Küche wurden mit farblich angepasstem Holz verschlossen. Am Essplatz wurden ein Glastisch mit filigranen verchromten Beinen und dazu passende Stühle platziert. Vor den kleinen Gaskamin stellte sie zwei niedliche Sesselchen und ein kleines, niedriges, rundes Tischlein. Damit hatten wir eine positive Raumwirkung erzielt, denn dieser Raum war inklusive Küche maximal 30 m^2 groß. Schränke oder Regale wurden nicht aufgestellt. Das hätte diesen Raum, der mittels einer raumhohen und fast hausbreiten Terrassen-Schiebetüranlage erhellt wurde, optisch verkleinert. Die Küche wurde mit zierlichem japanischen Essgeschirr und künstlichen Blumen geschmückt. Die beiden Zimmer im Obergeschoss wurden mit Betten (Einzel- und

Doppelbett) ausgestattet und mit Tagesdecken versehen. Im großen Schlafzimmer stand dazu ein Schaukelstuhl, sehr gemütlich und dekorativ mit einer hübschen Decke belegt. Das Bad erhielt die üblichen Handtücher und Seife, Duschgel, Shampoo, Kerzen und Duftstäbchen. Das Dachgeschoss wurde auch sehr sparsam möbliert: große Dreisitzer-Couch, niedriger Glastisch mit einer Flasche Rotwein und zwei Rotweingläsern auf einem kompletten Rinderfell. Das bedeutete: Die Homestaging-Kollegin hatte das Ganze emotional getroffen. Chapeau! Das konnte nur gelingen. Und so war es.

Zum Duft ein wichtiger Hinweis: Der Geruchssinn ist unser ältester Sinn. Wenn wir etwas Neuem begegnen oder es ansehen, riechen wir oft zuerst daran. Ob es ein Auto ist, Kleidung, Lebensmittel oder einen neuen Mitmenschen: Der Geruchssinn (bewusst oder unbewusst) signalisiert uns: das ist okay oder nicht okay. Man sagt nicht umsonst gerade bei Mitmenschen: „Den kann ich riechen". oder auch nicht. Auf guten Geruch sollten Sie immer Wert legen, egal wie alt oder schäbig das Haus ist.

Zwischen dem Datum des Verkaufsauftrages und dem Datum der Beurkundung (Anmerkung hierzu: die Verkäuferin und ich sahen uns das erste Mal persönlich anlässlich der Beurkundung des Kaufvertrages) vergingen genau vier Wochen inklusive Homestaging, Exposé schreiben, Fotos machen und drei Besichtigungen an zwei Tagen. Hinzu kam die Zeit, die die Käuferin (wie die Verkäuferin eine alleinstehende junge Frau) für die Finanzierung brauchte. Kommentar der Käuferin bei der Besichtigung: „Das haben Sie aber hübsch eingerichtet!" Meine Entgegnung: „Dafür haben wir eine spezielle Firma engagiert". Das bedeutete für die Käuferin, die ohnehin vom Haus schon emotional berührt war: Wir waren sehr erfolgreich damit, das Haus schön zu präsentieren und Anregung zu geben, Assoziationen für Einrichtung und Nutzung zu wecken. Das wurde durch die positive, kurzfristige Kaufentscheidung auch honoriert.

Der erzielte Preis? Punktlandung: die Verkäuferin hat exakt ihren Preis bekommen (und damit ein kurz bevorstehendes privates Insolvenzverfahren verhindert) und wir unsere Kosten inklusive des Verkaufshonorars.

Das veranlasst mich zur prinzipiellen Äußerung: „Homestaging hebt den wahren Wert der Immobilie!" Mein Merksatz für die Zukunft.

4 Bieten Sie Ihre Immobilie wirkungsvoll an

Ich konnte es immer wieder beweisen. Wann immer ich die Gelegenheit habe, eine Immobilie präsentabel herzurichten: Ich habe die Eigentümer davon überzeugen können und es gemacht. Ob es eine Hochhauswohnung in einem eher unbeliebten Haus mit schlechtem Image (aber in gutem Zustand) war, oder in einer Villa: Es hat funktioniert und Preisverhandlungen weitgehend verhindert, Kaufentscheidungen beschleunigt und damit den Verkauf zu einem zeitlich und wirtschaftlich kalkulierbaren Verfahren gestaltet.

Zur Veranschaulichung, wie Homestaging wirkt, zeige ich Ihnen anhand von zwei Projekten mit Vorher-Nachher-Fotos. Wichtig dabei ist: Die Möbel und die Accessoires verbleiben bis zum Verkauf im Haus.

Ein Reihenhaus Baujahr 1992 (Abb. 4.1, 4.2, 4.3, 4.4, 4.5, 4.6, 4.7, 4.8 und 4.9) und ein repräsentatives, denkmalgeschütztes, vollständig saniertes Fachwerkanwesen aus dem 17. Jahrhundert (Abb. 4.10, 4.11, 4.12, 4.13, 4.14, 4.15, 4.16, 4.17 und 4.18).

Abb. 4.1 Reihenhaus, Wohnzimmer, vorher

Abb. 4.2 Reihenhaus, Platz am offenen Kamin, vorher

Abb. 4.3 Reihenhaus, Wohn- und Essbereich mit Kaminplatz, nachher, vorher

4 Bieten Sie Ihre Immobilie wirkungsvoll an

Abb. 4.4 Reihenhaus, Esstheke, vorher

Abb. 4.5 Reihenhaus, Esstheke, nachher

Abb. 4.6 Reihenhaus, Bad, vorher

Abb. 4.7 Reihenhaus, Bad, nachher

4 Bieten Sie Ihre Immobilie wirkungsvoll an

Abb. 4.8 Reihenhaus, Dachstudio, vorher

Abb. 4.9 Reihenhaus, Dachstudio, nachher

Abb. 4.10 Fachwerkanwesen, ehemaliges Pfarrhaus aus dem 17. Jahrhundert

Abb. 4.11 Fachwerkanwesen, Bürozimmer Erdgeschoss, vorher

4 Bieten Sie Ihre Immobilie wirkungsvoll an 205

Abb. 4.12 Fachwerkanwesen, Bürozimmer Erdgeschoss, nachher

Abb. 4.13 Fachwerkanwesen, Zimmer im Erdgeschoss, vorher

Abb. 4.14 Fachwerkanwesen, Zimmer im Erdgeschoss, nachher

Abb. 4.15 Fachwerkanwesen, Essdiele Erdgeschoss, vorher

4 Bieten Sie Ihre Immobilie wirkungsvoll an

Abb. 4.16 Fachwerkanwesen, Essdiele Erdgeschoss, nachher

Abb. 4.17 Fachwerkanwesen, Küche Erdgeschoss, vorher

Abb. 4.18 Fachwerkanwesen, Küche Erdgeschoss, nachher

4.4 Es muss nicht immer Homestaging sein – zeigen Sie Ihre Immobilie von der Schokoladenseite

Ordnung und Reinigung

Ihre gesamte Einrichtung, Herd, Kühlschrank, Geschirrspüler, Waschmaschine und Co. müssen ordentlich, sauber und gepflegt aussehen, auch wenn diese Gegenstände nicht mit verkauft werden sollen. Aus dem Zustand zieht der potenzielle Käufer klare Rückschlüsse auf die Art der Behandlung und Pflege der gesamten Immobilie.

- Gestalten Sie einen einladenden, freundlichen Eingangsbereich.
- Befreien Sie die Garderobe von Kleidung, Taschen, Mützen, Schuhen etc.
- Räumen Sie alle Alltagsgegenständen weg, insbesondere in Küche, Bad und WC.

4 Bieten Sie Ihre Immobilie wirkungsvoll an

- Sorgen Sie dafür, dass keine getragene Wäsche oder benutztes Geschirr sichtbar ist.
- Reinigen und entkalken Sie alle Wasserarmaturen, Becken, Wannen und Toilettenbecken.
- Putzen Sie alle Fenster, waschen Sie Vorhänge und Gardinen, entstauben Sie Rollos.
- Entfernen Sie Flecken in Teppichen und Polstern.
- Reinigen Sie auch schwer zugängliche Stellen, wie beim Frühjahrsputz.
- Räumen Sie die Garage leer, bzw. bringen Sie Gegenstände in eine bestimmte Ordnung.
- Bringen Sie auch die Kellerräume in Ordnung.
- Entsorgen Sie Altpapier, gelbe Säcke, Sperrmüll und Grünschnitt.

Reparatur und Kosmetik
- Gartenzaun, Tür und Tor reparieren, bzw. frisch streichen.
- Beschädigte Pflastersteine und Gehwegplatten austauschen oder ausgleichen (Stolperfallen …).
- Beschädigten Putz bzw. Fassadenfarbe erneuern.
- Tür- und Fensterrahmen, Fensterbänke reparieren, reinigen, bzw. frisch streichen.
- Verschmutzte Dachrinnen reinigen, undichte Stellen reparieren.
- Dachziegel prüfen, ggfs. Austauschen oder reparieren.
- Vergilbte Wände und Decken frisch anlegen (Raucherzimmer).
- Schadhafte Fußbodenbeläge ausbessern oder gar aus-tauschen.
- Wackelige Schlösser und Tür- und Fensterbeschläge instand setzen.

Technik und Installation

Beseitigen Sie improvisierte Ausbesserungen. Schäden und Flicken stören jeden Interessenten. Achten Sie auf Kleinigkeiten: Schalten Sie die Außenbeleuchtung bei Dunkelheit ein. Eindrucksvoll im Winter ist eine dezente Zusatzbeleuchtung im Garten. Stimmungsvolle Fotos sind garantiert.

- Heizungsanlage prüfen und warten
- Heizkörper entlüften
- Elektroinstallationen und Sicherungskasten prüfen und ggfs. erneuern
- Defekte Leuchtmittel ersetzen
- Tropfende Wasserhähne, Duschen und defekte Spülkästen reparieren

Hof und Garten

- Rasen mähen, Laub und Unkraut beseitigen, Wege und Einfahrt fegen.
- Pflanzenpflege, Büsche, Hecken und Bäume schneiden.
- Gartengeräte, Rasenmäher, Fahrräder etc. ordentlich aufstellen und/oder wegräumen.
- Gartenmöbel reinigen und einladend aufstellen.
- Teich, Brunnen, Sandkasten, Schaukel, Trampolin und andere Anlagen reinigen.
- Kellereingang, Kellertür und Kellertreppe säubern.

Schwimmbäder, Saunen

- Halten Sie Ihr Schwimmbad so betriebsbereit, dass jeder Lust hat, sofort hineinzuspringen.
- Ihre Sauna befreien Sie von Gegenständen, die nicht hineingehören. Oftmals werden Saunen als Abstellräume genutzt, wenn sie lange nicht mehr in Betrieb waren.
- Achten Sie insbesondere hier auf absolute Hygiene.

4 Bieten Sie Ihre Immobilie wirkungsvoll an

Fertigen Sie anhand dieser Listen eine eigene Checkliste an und haken Sie die Dinge ab, die erledigt sind. Ihnen wird bei sorgfältiger Betrachtung Ihrer Immobilie sicher noch mehr auffallen. Denken Sie daran: je sorgfältiger Sie Ihre Immobilie vorbereiten, umso wertvoller wird sie.

Hilfreiche Tricks aus Großmutters Trickkiste (vgl. Neff 1994):

- Ameisen, Silberfische, Kakerlaken bekämpfen Sie am besten mit einer Mischung aus Borax und Zucker; befallene Stellen betreuen oder in flache Gefäße gefüllt unter Möbel stellen; gegen Ameisen in der Küche eine halbe Zitrone auslegen oder Zimt und Kaffeesatz streuen bzw. flache Gefäße mit Wasser, Zucker und Hefe füllen und aufstellen.
- Küchenschaben verschwinden, wenn Sie Gurkenscheiben in die Schlupfwinkel legen oder Borax mit Zucker mischen und streuen.
- Freie Abflussrohre erhalten Sie, wenn Sie kochendes Kartoffelwasser bzw. Soda in den Abfluss schütten und kochendes Wasser hineingießen. Bei verstopftem Abfluss notfalls eine Saugglocke zur Hilfe nehmen.
- Gegen Rostflecken im Stahlspülbecken hilft Feuerzeugbenzin.
- Gegen Kalkflecken auf Armaturen und in Spülbecken hilft ein Essig-Salz-Gemisch: Diese Lösung einige Zeit im Spülbecken stehen lassen und dann nachspülen; Wasserhähne und Armaturen umwickeln Sie mit einem Tuch, das Sie mit dem Gemisch getränkt haben, lassen es einige Zeit wirken und spülen nach.
- Etiketten und Aufkleber auf Glas oder Kacheln entfernen Sie mit Aceton, Waschbenzin oder Nagellackentferner.
- Edelstahlgegenstände reiben Sie mit ausgepressten Zitronenschalen blitzblank.

- Chromteile reinigen Sie mit Petroleum oder Terpentin und polieren mit einem weichen Tuch nach. Bei hartnäckiger Verschmutzung bestäuben Sie den weichen Lappen mit Mehl und polieren nach.
- Wasserhähne, Türklinken und Stangen aus Messing glänzen länger, wenn sie nach dem Putzen dünn mit Bohnerwachs eingerieben werden.
- Lackierte weiße Türen und Fenster reinigen Sie mit weißem Bohnerwachs anstatt mit Seifenwasser, um den Lack zu schonen; Holzrahmen reiben Sie zur Pflege mit weißem Bohnerwachs ein.
- Fliegenschmutz entfernen Sie von Fensterscheiben mit Salmiakgeist, von vergoldeten Rahmen mit einer halbierten Zwiebel, von Möbeln und Seide mit lauwarmem Essigwasser und von Metall mit Spiritus.
- Fliesen werden wieder glänzend, wenn Sie sie mit einer Mischung aus zwei Drittel Leinöl und einem Drittel Terpentin mit einem weichen Lappen reinigen; oder Sie nehmen einfach Haarshampoo ins Putzwasser. Das glänzt und pflegt zugleich.
- Die Fugen zwischen den Fliesen reinigen Sie mit einem Brei aus Backpulver und Wasser: einfach die Fugen damit einstreichen, eine Stunde wirken lassen und mit Wasser abspülen.
- Frischen Duft in der Wohnung erzeugen Sie beim Staubsaugen, indem Sie ein Stück Watte mit Parfüm tränken und es vor dem Staubsaugen in den Staubsauger einsaugen.
- Unangenehmen Duft in der Wohnung verbannen Sie, indem Sie ein Lorbeerblatt verbrennen.
- Wenn eine Wohnung längere Zeit nicht bewohnt war und muffig riecht, legen Sie Zitronen- und Orangenschalen auf den Ofen.
- Dunst von Bratfisch verschwindet, wenn Sie auf die heißen Herdplatten Essigwasser träufeln und verdunsten lassen.

4 Bieten Sie Ihre Immobilie wirkungsvoll an

- Unangenehmen Geruch aus dem Abflussrohr beseitigen Sie, indem Sie Seifenwasser oder eine Salzwasserlösung hineingießen.
- Kalter Zigarettengeruch verschwindet, indem Sie ein Schälchen Essig über Nacht aufstellen oder feuchte Tücher aufhängen.
- Dicke Luft auf dem Örtchen beseitigen Sie durch das Abbrennen eines Streichholzes.
- Gerüche aus dem Katzenklo mildern Sie, indem Sie getrocknetes Kaffeemehl einstreuen.
- Gelbe Flecken im Waschbecken oder der Badewanne, die von tropfenden Wasserhähnen stammen, beseitigen Sie mit einem Brei aus Essig und Salz, lassen ihn eine Weile einwirken und spülen ab.
- Kalkränder und Stockflecken auf Fliesen reiben Sie mit Essig ab; bei starker Verschmutzung mit Klopapier einwickeln, mit Essig tränken, einwirken lassen und abwischen.
- Den verkalkten Brausekopf abschrauben in Essigwasser legen und die Prozedur wiederholen, falls es beim ersten Mal nicht sauber wird.
- Alte Tapeten entfernen Sie mit einer Mischung aus Wasser und Essig (zu gleichen Teilen), tränken damit die Tapeten und nach kurzer Zeit können Sie die Tapeten abziehen.
- Leichte Flecken auf Raufasertapeten entfernen Sie mit einem Radiergummi aus Kunststoff.
- Kleine Nagellöcher in den Wänden „verputzen" Sie mit Zahnpasta.
- Kleine Schadstellen auf weißen Tapeten, Heizkörpern oder Fensterrahmen übermalen Sie mit flüssigem Tipp-Ex.
- Farbspritzer auf Glasscheiben entfernen Sie mit einer Rasierklinge.

Vielleicht sind einige brauchbare Tipps darunter, die Sie anwenden können, um Ihr Haus, Ihre Wohnung von der besten Seite zu zeigen.

> Ihre Arbeit ist echtes Geld wert, über das Sie nicht mehr zu verhandeln brauchen. Wenn Sie denken: „Nach mir die Sintflut, soll doch der Nachfolger alles machen!" wird er das natürlich und vorher einen kräftigen Preisabschlag fordern. Wo es keinen Grund gibt zu verhandeln, wird auch nicht verhandelt.

4.5 Zielgruppenansprache

Haben Sie ein Ein- bis Zwei-Zimmer-Apartment zu verkaufen, dann sprechen Sie einen ganz bestimmten Personenkreis an: den Kapitalanleger oder den Alleinstehenden. Dabei sind Kindergarten und Grundschule in der Nähe nicht ganz so wichtig. Allerdings vielleicht die nächste Haltestelle von öffentlichen Verkehrsmitteln oder die Kneipen- und Kulturszene, Bars, Diskos, Theater, Clubs, Restaurants.

Bei der Drei- bis Vier-Zimmer-Wohnung werden sich eher frisch Verheiratete oder Familien mit Kindern als potenzielle Käufer finden. Denen sind Bars und Clubs jetzt nicht mehr ganz so wichtig, allerdings Kindergarten Kita, Busverbindungen zu Schulen, Sporteinrichtungen, Vereine und kirchliche Einrichtungen.

Liegt Ihre Wohnung in der Stadt, im Zentrum oder am Rand vom Zentrum, dann ist sie sicher interessant auch für ältere Menschen, die kurze Wege schätzen zu Ärzten, Kliniken, Apotheken oder kulturellen Einrichtungen, Spazierwegen und Grünanlagen.

Liegt Ihre Wohnung auf dem Lande? Dann fühlen sich Menschen angesprochen, die Kinder haben oder unmittelbar wollen, die dem Preisauftrieb in der Stadt nicht standhalten oder zu wenig Kapital haben, um dort zu kaufen, die „zurück zur Natur" streben, die vielleicht alternativ leben möchten oder gern für sich sein wollen, abseits vom Trubel. Oder die nicht auf die verkehrliche Infrastruktur angewiesen sind und einen Heimarbeitsplatz haben – dann allerdings ist es wichtig, dass die Internet-Geschwindigkeit ausreichend ist. Das können Sie am eigenen PC oder Laptop bzw. Tablet schnell prüfen.

Ist Ihre Wohnung barrierefrei, dann ist sie sowohl für ältere Menschen und Menschen mit Behinderungen genauso geeignet, wie für junge Familien – denn Kinderwagen mögen auch keine Schwellen.

Und nun gelangen wir automatisch zur Praxis, diese Zielgruppen auch gezielt anzusprechen, um sie auf Ihr Angebot aufmerksam zu machen – zur Darstellung, dem Exposé.

Literatur

Neff (1994): Wurzelbürste und Sodaseife, Verlag Pabel-Moewig, Rastatt 1994.

5

Exposé und Präsentation: Schnittpunkt auf dem Weg zum Käufer

> Das Motto: kaufen lassen – nicht verkaufen

Bis jetzt haben Sie alles richtig gemacht. Sie haben Ihre Immobilie analysiert, bewertet und einen marktfähigen Preis bestimmt. Sie haben sie in Ordnung gebracht, haben sich auf dem Markt umgesehen und sind jetzt bereit, an den Markt zu gehen. Dazu müssen Sie natürlich ein Exposé, eine Beschreibung erstellen, um der Außenwelt mitzuteilen, dass Sie eine Immobilie zu verkaufen haben. Im Einzelnen wird diese Beschreibung folgende Fragen zu Ihrer Immobilie beantworten: Wie sieht sie aus? Wie lauten die „technischen Daten"? Welchen Charme und Nutzen hat sie für den potenziellen Erwerber? Wo liegt sie? Darüber hinaus sollten Sie die Kaufmotive ansprechen, auf die der potenzielle und solvente Käufer reagiert und die ihn den dafür angemessenen Preis zahlen lassen.

Das Wort „Exposé" kommt aus dem französischen und bedeutet „Auseinanderlegung, Darlegung", substantiviertes zweites Partizip von: exposer = auslegen, -stellen; darlegen; lateinisch exponere, exponieren – auch: ausstellen, enthüllen, offenbaren.

Wenn ich mich im Internet umschaue, bei den einschlägigen Portalen, dann sehe ich fragwürdige Ergebnisse der Werbung und für die Nutzung der Seiten: „… einfach ein paar Bilder reinstellen, die Daten der Immobilie eingeben und schon können Sie sich nicht mehr retten vor Anfragen!" In den Hotspots der Republik (maximal fünf Prozent des gesamten Angebots) ist es schon fast egal, was geschrieben und wie das Angebot gezeigt wird. Hauptsache es gibt ein Angebot. Doch auch dort ist es gut, etwas sorgfältiger und gefühlvoller an den Markt zu gehen, um den besten Kunden für den besten Preis zu finden.

„Das Internet – die moderne Verkaufsmaschine!" So wird suggeriert. Stimmt das?

Blicken wir kurz zurück: Bis vor etwa 15 bis 20 Jahren blätterten wir Makler und die Interessenten für Immobilien an jedem Wochenende in der Wochenendausgabe der lokalen oder regionalen Zeitung. Dann wurden in heißen Zeiten bei Vermietungen schon einmal die Telefonzellen rund um die Auslieferungsstellen der Zeitungen von Freunden oder Partnern besetzt, damit man der Erste beim Vermieter war. So geschehen jahrelang bei der Frankfurt Rundschau, die ihre zentrale Auslieferung damals mitten in der Frankfurter City hatte. Zu dieser Zeit war die Rundschau in der Rhein-Main-Region das Zentralorgan für Immobilieninteressierte. Danach kamen die Frankfurter Allgemeine und die lokalen Blätter in Rhein-Main und die Stadtteilzeitungen. In allen Regionen Deutschlands war es ähnlich.

Nachdem 1861 der gebürtige Gelnhäuser Philipp Reis das erste funktionierende „Telephon" (so nannte er das Gerät) erfunden hatte und der deutsche Postmeister Hein-

5 Exposé und Präsentation: Schnittpunkt auf …

rich Stephan den „Fernsprecher" (so nannte er es) 1877 über den Umweg aus USA von Alexander Graham Bell entdeckte, war der Weg nicht weit, dieses Gerät auch wirtschaftlich zu nutzen. Von Berlin ging die flächendeckende Einführung dieser Technik aus. Waren telefonisch zu bestellen und sie sich ins Haus liefern zu lassen. Im Einzelhandel wurde der sogenannte „Fernabsatz" per Katalog schon 1886 begründet durch den ersten Katalogversender Ernst Mey, in den Zwanziger- und Dreißigerjahren wurden der Baur Versand, Quelle oder Bader Versand gegründet, nach dem Zweiten Weltkrieg folgte die zweite Gründungswelle mit Schwab Versand (Hanau), Neckermann (Frankfurt) und Otto-Versand (Hamburg). Parallelen zur Einführung des Internet und zur damit einhergehenden sich immer stärker ausweitenden Nutzung der „Katalogbestellung" – jetzt direkt am Bildschirm auf der Homepage, dem elektronischen Katalog der jeweiligen Firma – sind deutlich zu erkennen.

Mit der Entwicklung des Privatfernsehens haben sich die Dauer-Werbesendungen etabliert – das Teleshopping war geboren. Mit Bestellungen per Telefon direkt aus dem Fernseher. Die Zuschauer wurden mit dem Marketing-Trick „Verknappung" und sehr unterhaltsamen Kommentaren, Witzchen, Comedy und tollen Show-Effekten, in denen zu sehen ist, wie die Produkte wirken, wie sie gehandhabt werden oder aussehen – oder die Trägerinnen und Träger (Influenzer) aussehen bei Mode, Schmuck und Kosmetik – sehr gekonnt und effektvoll zum Kauf animiert.

> **Beispiel**
>
> Einer meiner langjährigen Kunden, Herr Karlheinz Bilz (seinen Namen darf ich nennen – er ist mittlerweile bundesweit bekannt), hatte mir vor Jahren von seinen Erfindungen erzählt. Als Sanitär-Meister hat er den „Endlos-Dübel" erfunden

> und weitere sinnvolle, praktische und nützliche Dinge, die dem Laien und Handwerker die Arbeit erleichtern. Unter seinen Erfindungen, die er allesamt patentieren ließ und dafür goldene und silberne Preise auf der Nürnberger Erfindermesse einheimste, war die „Abfluss-Fee", ein Einsatz in dem Waschbecken-Abfluss, der verhindert, dass sich Haare und Seifenreste im Syphon ansammeln, die Verstopfungen und üble Gerüche erzeugen. Darin enthalten ist ein Duft-und Reinigungsstein, der gute Gerüche erzeugt und den Syphon sauber hält. In der Sendung „Höhle der Löwen" (eine Sendung im Sender VOX, in der Erfinder und Existenzgründer neue Geschäftsmodelle oder Gebrauchsgegenstände vorstellen und Kapital oder Beteiligungen suchen) stellte er seine Erfindung vor. Er gewann 250.000 € Beteiligungskapital und einen neuen Partner, der mittels dieser Sendung, dem direkt nach der Aufzeichnung anschließenden perfekten Tele-Marketing und der unmittelbar danach anlaufenden Werbemaschine in der Lage war, innerhalb von nur drei Monaten über eine Million Stück dieser genialen Erfindung abzusetzen.

Seit dem Jahr 1994 (Gründung von Amazon) bis zum Jahr 2020 wird der Anteil des Internet am Einzelhandel (Online-Handel) bei etwa 22 % liegen, so das Kölner Institut für Handelsforschung (IFH). Nach aktuellen Zahlen der GfK Gesellschaft für Konsumforschung recherchieren rund 41 % der Kaufwilligen zuerst im Internet nach den Produkten, die dann im stationären Handel gekauft werden. Rund 76 % der Menschen schauen im Internet nach Händlern und Dienstleistern, 64 % der Smartphone-Nutzer nutzen ihr Gerät zum Einkaufen. So eine Studie „Local Listing Report" von 1&1. Gegenwärtig hat sich durch die Corona-Pandemie dieser Trend massiv verstärkt – ob es anhalten wird, werden wir sehen, wenn die Pandemie überwunden ist.

Dies alles betrifft zunächst den normalen Konsum von Massenwaren, Reisen und Dienstleistungen. Also homogene Produkte, die immer direkt vergleichbar sind. Und bei

5 Exposé und Präsentation: Schnittpunkt auf ...

denen der Vertrieb „skalierbar" ist, also nahezu unbegrenzt zu vervielfältigen ohne bemerkenswerte zusätzliche Investition, außer in massive Werbung, die sich auch irgendwann von selbst ergibt durch den dauerhaften Gebrauch der Produkte oder durch die Etablierung von Marken.

> Unter **Skalierbarkeit** versteht man (laut wikipedia) unter anderem in der Elektronischen Datenverarbeitung die Fähigkeit eines Systems aus Hard- und Software, die Leistung durch das Hinzufügen von Ressourcen (zum Beispiel weiterer Hardware) in einem definierten Bereich proportional (bzw. linear) zu steigern. In der Betriebswirtschaftslehre dient der Begriff hingegen ganz allgemein zur Bezeichnung der Expansionsfähigkeit eines Geschäftsmodells (zum Beispiel durch Übertragung auf neue Märkte oder Franchising).

Das funktioniert nicht bei Immobilien. Ihre Immobilie ist ein individuelles, einzigartiges Produkt, ein inhomogenes Gut, ein Unikat.

Das bedeutet: Bei homogenen Gütern haben wir es mit relativ einfachen Märkten zu tun. Es gibt eine relativ große Markttransparenz. Institutionen wie Stiftung Warentest schaffen zusätzliche Entscheidungshilfen. Diese Produkte werden täglich oder periodisch mehrfach gekauft. Da kennen Sie sich aus. Es gibt eine Fülle von Erfahrungen, die bei der Entscheidung, ob und zu welchem Preis ein Produkt gekauft wird, eingesetzt werden. Es ist möglich, sehr häufig Produkte zu wechseln, um einmal etwas Anderes zu probieren. Und die Verkaufsvorgänge sind einfach. Man geht in den Supermarkt, ins Textilgeschäft, zum Elektrohändler oder lässt sich die Dinge ins Haus liefern. Jeder kann an jedem Ort der Welt online oder telefonisch (auch während Verkaufsshows im TV) Waren bestellen. 24 h täglich an sieben Tagen in der Woche und an 365 Tagen im Jahr.

Bei Immobilien ist das fundamental anders: Der Mensch, der eine Immobilie kaufen möchte, muss sich immer zum Produkt begeben, um es anzusehen, zu fühlen, zu spüren: Kann und will ich dort wohnen oder Geschäfte betreiben? Im Gegensatz zum homogenen Produkt entscheidet der Käufer, ob er den Preis akzeptiert. Bei Immobilien wirkt der Nachfrager maßgeblich bei der Preisfindung mit. Entweder er ist mit Ihren Vorstellungen einverstanden oder nicht, macht dann ein Gegenangebot oder geht. Zudem ist der Markt relativ kompliziert, schwer überschaubar und es besteht eine geringe Markttransparenz. Früher, das heißt vor der Verbreitung des Internet, hatten Sie eine ganze Woche Zeit, sich zu orientieren, bevor die nächste Wochenendausgabe der Zeitung auf den Markt kam. Heute sind fast jede Stunde, jeden Tag neue Immobilien am Markt. Sie wissen oft nicht, wie lange diese Immobilie schon angeboten wird. Vielleicht ist eine Immobilie schon mehrfach angeboten worden – ohne Erfolg, privat und von mehreren Maklern. Dann wird sie bei Misserfolg von der Seite genommen und Wochen später wieder als neue Immobilie veröffentlicht. Das Internet hat keine zusätzliche Transparenz geschaffen, sondern eher eine neue Unübersichtlichkeit. Ich gebrauche manchmal den Ausdruck „Internet-Diarrhöe" um zu verdeutlichen, was ich meine. „Wer im Internet surft, hat das Gefühl, über den Ärgernissen des Alltags zu schweben. Statt aber im Himmel zu landen, findet man sich alsbald im Fegefeuer des Informations-Überangebotes wieder", sagt der österreichische Journalist und Kolumnist Dr. Georg Wailand, Herausgeber des Wirtschaftsmagazins „Gewinn".

> Das bedeutet für Sie: Die Werbung für Ihre Immobilie, das Marketing wird anspruchsvoller. Das Exposé hat die Aufgabe zu informieren, Nutzen für den potenziellen Käufer zu vermitteln, in jedem Falle zu emotionalisieren und zu animieren. In jedem Falle müssen Sie damit auffallen. Es gibt jede Menge Mitbewerber.

5 Exposé und Präsentation: Schnittpunkt auf …

Sie müssen jetzt mit dem Exposé Ihre Zielgruppe erreichen. Die Sie vorher definiert haben. Und zwar mit einer gekonnten Kombination aus Fakten, beschreibendem Text und Fotos, vielleicht auch mit einem Video.

Zunächst zu den Fakten. Es gibt für Immobilienmakler gesetzlich vorgeschriebene Informationspflichten. Diese stehen in §§ 10 und 11 der Makler- und Bauträgerverordnung:

> § 10 (3) Aus den Aufzeichnungen und Unterlagen von Gewerbetreibenden im Sinne des § 34c Absatz 1 Satz 1 Nummer 1 der Gewerbeordnung müssen ferner folgende Angaben ersichtlich sein, soweit sie im Einzelfall in Betracht kommen,
>
> 1. bei der Vermittlung oder dem Nachweis der Gelegenheit zum Abschluss von Verträgen über den Erwerb von Grundstücken oder grundstücksgleichen Rechten: Lage, Größe und Nutzungsmöglichkeit des Grundstücks, Art, Alter und Zustand des Gebäudes, Ausstattung, Wohn- und Nutzfläche, Zahl der Zimmer, Höhe der Kaufpreisforderung einschließlich zu übernehmender Belastungen, Name, Vorname und Anschrift des Veräußerers.

Die Internetportale haben das übernommen und daraus die Pflichteinträge formuliert, die jeder Anbieter vollständig ausfüllen muss, um sein Angebot im Internetportal zu veröffentlichen. Fehlt eine Angabe, gibt es eine diesbezügliche Nachricht. Erst nach Vervollständigung erscheint die Immobilie im Internet. Da Sie die Faktensammlung bereits genau und vollständig vorgenommen haben, ist dies ein Kinderspiel und schnell erledigt.

Wenn Sie es dabei belassen, haben Sie Ihre Informationspflicht erledigt und Ihre Immobilie ist eine unter vielen. Sie fällt nicht weiter auf. Es kommen nahezu stündlich neue hinzu und drängen nach, vor Ihr Angebot. Wollen Sie das?

Jetzt wird es spannend: Sie brauchen eine Headline, eine Überschrift, die die Zielgruppe genau trifft und anspricht. „Einfam.-Haus in Klein-Kleckersdorf" haut niemanden vom Sockel. Auch etwas genauer „4-Zimmer-ETW in City von A-Stadt" wird es noch nicht besser. Auch die Floskel „zu verkaufendes Wohnhaus in XY-Dorf" ist ziemlich simpel. Wenn es nicht zu verkaufen wäre, würde man es wohl kaum veröffentlichen.

Ich könnte Sie endlos weiter langweilen – das können Sie selbst sicher besser – schauen Sie einfach selbst im Internet. Es gibt kaum Aufreger oder „Aufmerksam-Macher".

Es gibt eine Zauberformel, die für alles gilt und immer einsetzbar ist, geschäftlich wie privat: die AIDA-Formel, ein Marketing-Gesetz.

> **Wichtig**
>
> - A – steht für „Attention" – Aufmerksamkeit
> - I – steht für „Interest" – Interesse
> - D – steht für „Desire" – Begehren
> - A – steht für „Action" – Aktion

Wenden wir dieses Gesetz auf unser Immobilienangebot an. Zunächst müssen Sie mit intelligenten, außergewöhnlichen Worten in der Headline die Aufmerksamkeit Ihrer Zielgruppe wecken.

Erinnern Sie sich an die drei dominanten Persönlichkeitsstrukturen, die ich in Kap. 3 erwähnte? Jede dieser Persönlichkeiten reagiert auf ganz bestimmte Reizworte, die Sie im Text und/oder schon in der Überschrift einsetzen können.

Prinzip 1: Selbstverständlichkeiten gehören nicht in die Headline, wie zum Beispiel dass sie ein „zu verkaufendes Haus" haben, oder eine „gemütliche Drei-Zimmer-Wohnung in bester Lage" – alles dies steht im Text oder in einer der Pflichtangaben.

5 Exposé und Präsentation: Schnittpunkt auf ...

Prinzip 2: Die Headline soll ausschließlich Aufmerksamkeit wecken und hat nur indirekt mit der Immobilie zu tun.

Prinzip 3: Selbst der blödeste, schrägste Gedanke oder die unsinnigste Formulierung ist immer noch für eine Headline nützlich.

Prinzip 4: Die Headline muss kurz, knapp, prägnant sein und darf nichts erklären, sondern muss über die erzeugte Aufmerksamkeit zum Interesse führen.

In Kap. 3 hatte ich Ihnen drei Grundtypen der Persönlichkeitsstruktur erläutert. Nun sind Art, Lage und Bauweise, Architektur und Ausstattung sowie Gartengestaltung bei einer Immobilie natürlich geprägt von den Personen, die sie gekauft und eingerichtet haben – und selbst bewohnen. Das bedeutet, dass diese Immobilien auch von Personen erworben werden, die sich zu genau diesen Immobilien hingezogen fühlen.

Angenommen, Sie gehören zur Gattung der Roten, der sehr selbstbewussten Menschen, die sich sehr schnell entscheiden können, impulsiv sind, dominant und bedeutend. Dann werden Sie eine Wohnung entsprechend einrichten oder ein Haus besitzen, das Ihrer Struktur entspricht, zum Beispiel eine Maisonette-Wohnung, eine Altbauwohnung oder ein Penthouse. Oder Sie haben ein Reihenendhaus oder eine Doppelhaushälfte, kein Reihenmittelhaus. Bei einem frei stehenden Haus legen Sie großen Wert auf eine auffallende Architektur, einen großen Garten. Wenn er klein ist, dann ist er kunstvoll bepflanzt. Sie besitzen eine Villa, bodentiefe Fenster, Sie verwenden auffallende Farben, das Haus hat große Gauben oder vielleicht einen Turm, schmiedeeiserne Gitter zieren Fenster und Balkon oder Terrasse.

> **Beispiel**
>
> Selten gibt es Villenanwesen wie dieses: die Harmonie zwischen zeitlos moderner, unprätentiöser und dennoch repräsentativer Architektur, angenehmer Lage und großem geschützten Garten. Das beeindruckende Haus zeichnet sich besonders durch eine absolut solide Bauweise aus, eine gekonnte, harmonische Raumaufteilung und eine geradlinige äußere Gestaltung. Auffallend sind die klassischen Fensterläden. Wie Wimpern die Augen, so schmücken sie die Fenster. Ob Sie alte, antike, stilvolle Möbel lieben oder der Moderne Ihre Reverenz erweisen: Jede Möblierung, jeder persönliche Stil passt sich ohne Brüche fugenlos ein. Das Wohnzimmer mit dem etwas erhöhten Essbereich ist ebenso gemütlich wie großzügig. Die großen Sprossenfenster geben den Blick frei ins Gartenparadies und lassen ungehindert Licht hinein. Ihr besonderes Augenmerk verdient das Bad: perfekt verlegter Marmor an Boden und Wänden, stilvolle Armaturen, so richtig zum Wohlfühlen und ausspannen.
> Die Einliegerwohnung eignet sich hervorragend für halbwüchsige Kinder, als Arbeitsbereich für ein Büro (ideal für Freiberufler oder als Home Office), für ältere Familienangehörige oder für ein Au-pair. Freuen Sie sich auf etwas ganz Besonderes. Genießen Sie vor dem wärmenden Feuer des offenen Kamins bei einem guten Glas Rotwein den Lohn langer und harter Arbeit. Leisten Sie es sich einfach.
> Wenn Sie eine berufliche und/oder eine gesellschaftliche Stellung haben, in der Sie repräsentieren müssen, dann haben Sie hier das geeignete Anwesen. Wenn solches für Sie ohne Bedeutung ist: Hier sind Sie auch richtig, wenn Sie Wert auf die oben beschriebenen Eigenschaften und Qualitäten legen. Ihre Familie und Sie werden sich wohlfühlen.

Kommen wir nun zur zweiten Kategorie: den Persönlichkeiten, die eher zu den moderaten gehören, den „Kumpeltypen", zu denjenigen, die Menschen um sich brauchen, die es gern gemütlich haben und manchmal eher bescheiden sind, die Holz und Natur lieben, romantisch veranlagt sind. Sie mögen Antiquitäten, alte Möbel, sind eher traditionell veranlagt. Sie sind kreativ, künstlerisch tätig und lassen gern mal fünfe gerade sein. Sie nehmen auch gern Dienstleistungen in Anspruch und mögen es, bedient zu werden. Diese Menschen lieben eher das Fachwerkhaus, Klappläden, wohnen gern im Reihenmittelhaus mit elektrischen Rollläden, mögen Walmdächer. Gründerzeit-, Klassizismus und Jugendstil sind die architektonischen Favoriten; entweder als Haus oder in Form einer Stilaltbau-Eigentumswohnung, oft gern auch denkmalgeschützt. Oder sie haben eine ganz normale Etagenwohnung mit Terrasse oder Balkon; manchmal einen kleinen Gartenanteil vor der Terrasse, der nicht viel Arbeit macht. Sprossenfenster oder farbige Holzfenster sind die Favoriten.

> **Beispiel**
>
> Lieben Sie die würzige Landluft, das satte Grün der Wiesen, die freie Sicht auf eine liebliche Landschaft und nur noch den Himmel über Ihnen? Sie haben eine Familie, Sie wollen mit Ihren Kindern raus aus der teuren Stadt in eine gesunde Umgebung – auf Tuchfühlung mit der Natur? Dann ist dieses Haus genau richtig! Sie kaufen ein solide gebautes, klassisches Einfamilienhaus mit einer zweiten Wohnung im Dach und einem Keller, der zum großen Teil wohnlich ausgebaut ist. Wenn Sie aus dem Haus gehen, gehen Sie dem Sonnenaufgang entgegen – ermuntert für die tägliche Arbeit. Und wenn Sie nach Hause kommen, können Sie von der Südwest-Terrasse über die angrenzende Pferdekoppel den Sonnenuntergang genießen. Ist das nicht herrlich?
>
> Das Haus ist mit viel Liebe und Engagement hergerichtet worden. Davon zeugt allein der Eingangsbereich mit dem einladenden Vorgarten, der mit viel Aufwand und großer gärtnerischer Sorgfalt gebaut und bepflanzt wurde.
>
> Das Wohnhaus ist in solider, handwerklicher Holz-Tafelbauweise errichtet und hat einen großen Wohn-Essbereich mit über 40 m^2 Wohnfläche. Eine offene Thekenküche verstärkt die Großzügigkeit der Räumlichkeiten.
>
> Hinter dem Haus erstreckt sich der Garten mit der Naturwiese bis zur Pferdekoppel; ein Grundwasserbrunnen sorgt für kostengünstige Gartenbewässerung. Obstbäume und Sträucher bieten die „vitaminreiche Nahrungsergänzung"

> und Arbeit für Marmeladen-Fans. Für Gartengeräte & Co. gibt es ein geräumiges Holz-Gartenhaus.
>
> Butterstadt ist der kleinste Stadtteil von Bruchköbel und sehr überschaubar – eingebettet in die leicht hügelige Landschaft der südlichen Wetterau mit ihren sattgrünen Wiesen, den fruchtbaren Feldern und den ausgedehnten Wäldern, in denen es sich erholsam spazierengehen lässt.

Der dritte Typ ist der Blaue, der Zahlen-Daten-Fakten-Mensch, der Rechner, der Meister der geraden Linie und des rechten Winkels, der gern mal länger überlegt und alles genau wissen will, meistens einen Beruf hat, der mit Zahlen umgeht, technisch, handwerklich oder wissenschaftlich geprägt ist. Er liebt Klarheit und Verlässlichkeit über alles und ist verlässlich. Er ist und wohnt gern unauffällig, mag menschliche Nähe nur sehr verhalten und liebt den Abstand. Diese Menschen bevorzugen eher das kleine Siedlungshaus, den Flachdach-Bungalow oder den sehr sachlichen Bauhaus-Stil mit Flachdach oder Pultdach. Beton, Glas und Stahl sind bevorzugte Baustoffe oder Materialien – innen wie außen. Die Einrichtung ist eher kühl. Fliesen, Aluminium und Edelstahl dominieren. Fotovoltaik und Sonnenenergie werden zur Eigenversorgung und zur Unterstützung der Heizung sowie Warmwasserversorgung genutzt. Der Garten ist stilvoll angelegt – bis zum perfekten japanischen Garten mit Sand und Kies und wenig Pflanzen.

> **Beispiel**
>
> In der Überschrift ist es schon angedeutet: Dieses Anwesen eignet sich hervorragend für das typische Zusammenwohnen für zwei Familien, zumeist Eltern/Kinder/Enkel. Oder wollen Sie Beruf und Familie verknüpfen? Sie sind Freiberufler, Künstler oder Handwerker, oder haben ein Klein-

gewerbe und möchten auch gern dabei wohnen? Dann ist dieses Anwesen die zweckmäßige Lösung für Sie. Im Wohnhaus verfügen Sie pro Etage über jeweils drei oder vier Zimmer, Küche und Bad in der Größe von je ca. 90 m²; über dem Obergeschoss wurde der Dachboden wohnlich ausgebaut und bietet ca. 40 m² Fläche. Das ehemals als Feintäschnerei (Herstellung von Kleinlederwaren) genutzte Nebengebäude hat auf ca. 100 m² zwei Räume und ein Duschbad. Das Wohnhaus ist etwa zur Hälfte unterkellert. Es verfügt über einen geschätzt deutlich über 150 Jahre alten Gewölbekeller (der lässt auf das Alter des Ursprungsbaus schließen) und einen „normalen" Keller für Heizung und Waschküche sowie zum Lagern.

Mit Ausnahme des Gewölbekellers stammt dieses Haus aus dem Jahr 1953. In diesem Jahr wurde das Gebäude umgebaut und erweitert. Es wurde fortlaufend saniert und modernisiert, zuletzt in den Jahren zwischen 1996 und 2011. Dies gilt auch für die ehemalige Werkstatt. Die Haustechnik befindet sich auf dem neuesten Stand (Elektro 1999; Heizung 2001; Abfluss-Sanierung 2009; Sanitär 1996/1997 und 2009), Fenster 1996 und 2009. Die Außenanlagen wurden komplett erneuert, der Garten neu gestaltet. Die Arbeiten wurden seit der Jahreswende 2012/2013 nicht mehr weitergeführt und der Endausbau des Erdgeschosses wurde nicht vervollständigt. Die Kosten für den Endausbau und die Renovierung der Geschosstreppe werden mit ca. 25.000 € veranschlagt. Technisch und handwerklich Begabte können sich selbst verwirklichen und enorm Geld sparen. Im Ober- und Dachgeschoss sind lediglich Schönheitsrenovierungen notwendig.

Der Garten liegt sehr geschützt zur Sonnenseite. An der östlichen Grundstücksgrenze steht ein Gartenhaus für Rasenmäher und Co., Spielzeug, Fahrräder und was es sonst so gibt. Dahinter befindet sich ein überdachter Sitzplatz und an der südlichen Grundstückgrenze ein verspielter künstlicher Wasserlauf. Ihre Kinder können in Ruhe spielen, Sie können selbst bei Wind und Wetter Ihre Freunde zum Grillen einladen. Und die Weintrauben schmecken echt süß. Für Auto oder Motorrad steht der befestigte Hof zur Verfügung.

> Besorgen Sie sich den Duden Nr. 8. Darin finden Sie Synonyme, also art- und sinnverwandte Worte. Ich benutze ihn auch, um dieses Buch anschaulich zu gestalten, damit Sie sich beim Lesen nicht langweilen. Jeder Profi-Texter hat diesen Duden auf seinem Schreibtisch stehen.

Bezogen auf den jeweiligen Immobilientyp gibt es treffende Headlines. Hier bekommen Sie eine kleine Auswahl aus einer riesigen Fülle von Überschriften, die die Immobilie interessant machen sollen. Sie können sich vorstellen, dass mir in fast 40 Jahren viele Headlines eingefallen sind:

Ein stark renovierungs- oder sanierungsbedürftiges Haus habe ich gern verkauft mit:

- „Möchten Sie Dauerkunde im Baumarkt werden?"
- „Alte Hütte" – etwas despektierlich und durchaus wirkungsvoll
- „Kleines Haus für kleine Leute"
- „Nein, das ist nicht die Villa Hügel"
- „Das könnte Ihnen so passen!"
- „Zweiter Frühling für das alte Haus"
- „Hallo, altes Haus!"

Für Eigentumswohnungen eignen sich folgende Headlines:

- „Der Garten liegt im dritten Stock" (für eine Penthouse-Wohnung, Dachgarten)
- „Kleine Welt unterm Dach"
- „Poeten wohnen unterm Dach"
- „Über Ihnen nur noch der Himmel"
- „Ein Fall für Drei"
- „Ihre Insel der Geborgenheit"
- „Zimmer mit Aussicht"
- „Hochsaison auf dem Balkon"

Für alle anderen Häuser und Villen gibt es auch genügend treffende Headlines:

- „Beweisen Sie Ihren guten Geschmack"
- „Endlich daheim"
- „Adieu tristesse"
- „Eine helle Freude"
- „Jeden Tag ein Stündchen Urlaub im Garten"
- „Alte Schale – neuer Kern"
- „Wie aus dem Ei gepellt"
- „Hier können Kinder draußen spielen"
- „Ein heißes Angebot, das keinen kaltlässt"
- „Da ist Musik drin"
- „Gute Nachbarschaft inklusive"
- „Kleines Haus – groß herausgeputzt"
- „Wohnvergnügen ohne Lieferzeit"

Ich denke, Sie haben nun genügend Anregungen und verstehen, dass Sie bei Ihren Interessenten einen Impuls auslösen müssen, auf Ihre Internet-Anzeige zu klicken oder – falls Sie doch noch in der Zeitung inserieren wollen – durch einen Anruf oder eine E-Mail-Nachricht reagieren.

Und nun zum Text. Er muss Emotionen auslösen, Fakten enthalten und den Nutzen klar herausstellen. Das ist gar nicht so schwer. Die Fakten haben Sie schon zusammengetragen. Die Kunst besteht darin, bei den Interessenten aus den Texten Bilder entstehen zu lassen. Wenn Ihnen nun verschiedentlich gesagt wird, dass die Leute nicht mehr gern lange Texte lesen, sondern nur noch kurze knackige Beschreibungen, sollten Sie diese Aussage relativieren. Ironisch gesagt: Weil die Leute denken, dass Interessenten nicht gern viel lesen, schreiben sie auch nicht viel – und dann lesen die Leute auch nicht viel. Eine sich selbst erfüllende Prophezeiung. Aus Erfahrung weiß ich: Wen eine

Immobilie interessiert, wird den Text aufmerksam lesen, erst recht, wenn er zudem farbig gestaltet und anschaulich geschrieben ist.

Ich gebe Ihnen aus meiner Exposé-Sammlung einmal vier Beispiele, wie Immobilien beschrieben werden können; zunächst dieses kleine Reihenhaus, das Sie schon beim Thema Homestaging kennenlernen konnten.

Nur ein Reihenhaus?! – Ja, aber was für eins!!

Beschreibung

Dieses Reihenhaus sieht zwar aus wie jedes andere in der Reihe, trotzdem tanzt es aus dem Rahmen: Angefangen von der hochwertigen, mit Liebe zum Detail gestalteten Ausstattung bis zu den Außenanlagen bietet es für das anspruchsvolle Paar oder die kleine Familie genussvolles Wohnen und langes Wohlbefinden. Das Erdgeschoss ist der Mittelpunkt des Lebens. Hell und freundlich vermittelt es eine Großzügigkeit, die Sie von außen nicht ahnen. Im Obergeschoss bietet das Schlafzimmer üppig Platz für ausladende Möbel, das zweite Zimmer ist gut proportioniert und eignet sich als Arbeits- oder Kinderzimmer. Das Bad ist klein, aber oho! Sehr geschickt eingerichtet ist es der Wohlfühlraum schlechthin. Und erst das Dachstudio: ebenso hell wie das gesamte Haus, der Rückzugsraum nach des Tages Müh und Last. Hier entspannen Sie bei Wein, Musik und einem guten Buch – Platz für Ruhe oder Entertainment, sprich: Hifi und Video. Im Keller befinden sich, nüchtern und zweckmäßig, ein Hobbyraum und die Waschküche sowie zentral alle Hausanschlüsse.

Ausstattung

Ein massiv gebautes Haus mit bester Wärmedämmung; Bauweise und Ausstattung entspricht höchsten Ansprüchen. Im Erdgeschoss befindet sich ein zweites Duschbad. Die Küche ist eingebaut (außer Herd und Spülmaschine). Im Wohnbereich ist ein Heiz-Kamin eingebaut (Erdgas). Alle Fenster sind mit einbruchhemmendem Glas versehen. Die Haustür hat eine Spezialverriegelung. Durch die Schiebetür und das Fenster des Wohnbereiches (raumhoch und hausbreit) haben Sie einen ungehinderten Blick auf die Südterrasse und den geschützten Garten. Die Erdgas-Zentralheizung befindet sich in einem kleinen Raum im Dachgeschoss. Die Böden sind mit keramischen Fliesen, die Treppenstufen mit Holz ausgelegt.

5 Exposé und Präsentation: Schnittpunkt auf ...

Lage
Das nach Süden ausgerichtete Grundstück befindet sich in der beliebten Lage „Allee Süd" nahe des Bahnhofs Windecken. Für Kinder ist gesorgt: Kindergarten und alle Schulen (mit Musikschule) sind zu Fuß zu erreichen. Auch die täglichen Einkäufe sind schnell erledigt, ohne mit dem Auto zu fahren. In unmittelbarer Nähe befinden sich das Kino und das Schwimmbad. Nidderau hat eine vielfältige Vereinskultur, eine ausgewogene Bevölkerungsstruktur und zählt daher zu den beliebten Orten nordöstlich von Frankfurt (s. auch unter www.nidderau.de).

Besonderes
Der kuschelige Garten mit der Südterrasse (Porphyr-Belag) wird im Süden von einer Steinmauer mit gemauertem Torbogen begrenzt. Er ist pflegeleicht bepflanzt und vermittelt eine mediterrane Atmosphäre. Über einen schmalen Weg gelangen Sie zur Garage (elektrischer Torantrieb) – sehr praktisch auch zur Entsorgung der Gartenabfälle. Vor dem Haus befindet sich ein mit Porphyr belegter Pkw-Stellplatz mit kleinen Unterflurleuchten zur Illumination des Hauszuganges bei Dunkelheit (ein kleiner Beitrag zur „Licht-Architektur"), wie eine kleine Landebahn, damit Sie auch nach ausgedehntem Feiern gut die Haustür finden. An Vorder- und Rückseite des Hauses befinden sich Wasserhähne für die Gartenbewässerung.

Anschließend lesen Sie als Beispiel den Exposétext für die große Fachwerkvilla – diese konnten Sie ebenfalls beim Thema Homestaging kennenlernen:

Ein magischer Ort – für ganz besondere Menschen ...

Beschreibung
Werden Sie Zeuge der Unvergänglichkeit zeitloser Baukunst. Dieses Anwesen atmet Geschichte, ein Kleinod, einmalig in der Region. Wenn Sie Wohnen und Kultur verbinden, wenn Sie einen Sinn für historische Anwesen haben, wenn Ihr Herz höher schlägt bei Häusern, die etwas zu erzählen haben, und vor allem, wenn Sie in einem Haus wohnen möchten, das nicht jeder hat, dann ist es genau das Richtige: ein faszinierendes stattliches Anwesen, ursprünglich erbaut

unmittelbar nach dem 30-jährigen Krieg als evangelisches Pfarrhaus. Ein Fachwerkbau im Stil der Renaissance, errichtet in drei Etappen: der mittlere Teil mit einem Sandsteinkeller und flacher Kellerdecke, der nördliche Teil mit einem Gewölbekeller aus Sandstein und der südliche Teil unterkellert und mit einer Terrasse. Die Räumlichkeiten sind repräsentativ und elegant gestaltet: Eine dominante Empfangsdiele im Erdgeschoss mit Ausgang zur rückwärtigen Terrasse, zwei herrlich große Zimmer mit Original-Stuckdecken, ein Raum für ein Büro oder einen Gast, die geräumige Küche mit umfangreichen Einbauten (fast schon im Hotelküchen-Format), ein großes Bad und ein kleines Duschbad/Gäste-WC komplettieren diese Etage. Über die im Original erhaltene Holztreppe gelangen Sie ins Obergeschoss mit einem Bad, einer Ankleide und vier ebenso geräumigen und durch die zahlreichen Fenster äußerst gut belichteten Zimmern, dazu ein separates WC. Das Dachgeschoss hat die Dimensionen eines Tanzsaales und ist durch die, dem damaligen Baustil angepassten, Schleppgauben außergewöhnlich hell. Dort wurde ein großes, elegantes Bad vorbereitet. Im Spitzboden darüber befinden sich zwei Räume und ein WC; auch ideal für Gäste oder ein Au-Pair. Wenn Sie eine stilvolle Repräsentanz für Ihr Unternehmen oder Ihre Praxis bzw. Kanzlei benötigen, oder von Berufs wegen repräsentieren müssen (oder wollen) ist es genau das richtige Anwesen. Wenn nicht: Hier haben Sie für sich und Ihre Familie ein sehr schmuckes Domizil. Sie sind Freiberufler, künstlerisch oder kreativ tätig? Hier finden Sie genügend Freiräume, residieren Sie in den Gemächern großzügig und fürstlich. Dieses Anwesen ist einfach hinreißend.

Ausstattung

Lassen Sie Ihren Lebensraum Geschichten erzählen, Geschichten aus einer längst vergangenen Zeit und mit Raum für Ihre eigene Kreativität, die Ihren Stil prägt. Das Grunddesign ist eine angenehme Mischung aus alt und modern: Rustikale Holzbalken dominieren die offene Diele und einige Zimmer, in fast allen Räumen wurden die Decken mit historisch wertvollem Lehm-Stuck gestaltet, der durch die Zeitläufe nahezu unbeschädigt erhalten ist. Die Türen wurden aufgearbeitet und zum Teil weiß gestrichen, die Zargen in einem matten Anthrazit. Einige Türen sind natürlich belassen, insbesondere die Hauseingangstür und die schöne alte, geschnitzte Terrassentür. Sehr hübsch herausgearbeitet wurden die schmiedeeisernen Türangeln – ebenfalls eine historische Kostbarkeit. Mit Ausnahme der Diele, Küche und Bäder wurden überall Holzböden verlegt – teils Dielen, teils Parkett. Die Ausstattung ist insgesamt neutral gehalten, sodass sowohl alte Möbel als auch modernes Styling passen. Ihre Einrichtung, Ihr eigener Stil wird so zu einer spannenden Story. Technisch ist das Haus auf dem modernsten Stand: Wärmedämmfenster und dem historischen Vorbild angepasste Sprossenfenster, Erdgas-Zentralheizung mit Warmwasserversorgung; modernste Haus-Elektrik und -Elektronik, verborgen in dezenten und teilweise sichtbaren Kabelkanälen im gesamten Haus. Ein Unikat für Individualisten – eine Residenz für Querdenker.

Lage
Abgelegen von jeglichem Rummel, etwas versteckt und geschützt vom Verkehr, und doch leicht zu finden ist dieses Anwesen. Es ist eingebettet in einen weiträumigen Garten auf einer Anhöhe am Rande oberhalb des Ortskerns von Windecken. Windecken mit seinem historischen, gemütlichen und bestens sanierten Ortskern zählt zu den begehrten Wohnorten unweit von Frankfurt im östlichen Rhein-Main-Gebiet. Im Ortskern befinden sich zahlreiche Geschäfte für den täglichen Bedarf, eine gut besuchte Gastronomie. Bekannt ist das Schloss Wonnecken auf einer Anhöhe gegenüber mit seinem rustikalen Künstlerkeller, in dem häufig kulturelle Veranstaltungen stattfinden. Neben einer direkten Bahnverbindung nach Frankfurt kommen Sie auch bequem mit dem Auto in das Zentrum von Rhein-Main – eine neue Umgehungsstraße wird die Fahrtzeiten noch verkürzen. Nicht zu vergessen: das rege Vereinsleben und die Möglichkeiten einer abwechslungsreichen Freizeitgestaltung, dazu die hügelige, sanft gewellte Landschaft der Wetterau mit großen Feldern, satten Wiesen und weitläufigen Wäldern – hier wohnen Sie einfach entspannend …

Sonstiges
Wie ein Rahmen ein Gemälde, so umrahmt der weitläufige Garten das Haus – ein Gesamtkunstwerk. Familien wissen den prachtvollen Garten zu schätzen: die gesamte Fläche ist als Naturwiese angelegt mit altem, hohem Baumbestand, darunter ein gut tragender Apfelbaum, ein Pflaumenbaum, ein Birnbaum und Brombeer- und Johannisbeersträucher. Vor dem Eingang befindet sich ein befestigter Sitzplatz neben einem kleinen Teich mit niedlichem Wasser-

> fall (der Stammplatz von Nachbars Katze, wegen der Goldfische). Direkt am Eingangstor liegen ein Carport für Pkw (auch für solche in Übergröße) und zwei weitere Abstellplätze. Ebenerdige Wasserzisternen nehmen das Dachwasser auf zur Gartenbewässerung. Am Ende eines befestigten Fahrweges steht auf einem alten Sandsteinkeller (dort hat der Rasenmäher seine diskrete Heimat) ein neues Fachwerkhaus mit einem Raum – Platz für Feste und Feiern – oder gar ein wertvolles Auto. Vielleicht gestalten Sie auch einmal einen Lieder- oder Leseabend für Gäste, veranstalten eine Gemälde- oder Skulpturenausstellung – was immer Sie möchten – im Haus und im Gartenhaus haben Sie sowohl vom Stil als auch von den vorhandenen Räumlichkeiten und hinsichtlich der Außenanlagen die idealen Voraussetzungen. Wir nennen es: Lebens-Raum – eben mehr als nur ein Haus …

Von diesem Haus habe ich auch ein Video angefertigt, das Sie auf youtube sehen können – hier ist der Link: http://www.youtube.com/watch?v=501qiDB_wno&feature=youtu.be.

Nun komme ich zur Beschreibung eines einfachen Einfamilienhauses. Es ist einseitig angebaut und hat nichts Besonderes. Also eher langweilig. Auch dieses Haus hatte binnen weniger Stunden Käufer gefunden, ein kinderloses Ehepaar, das sogar 10.000 € mehr bot. Hier liefere ich die Bilder und die Pflichtangaben mit, damit Sie sehen, wie umfangreich ein Angebot dargestellt werden muss, um bei der Zielgruppe die beste Wirkung zu erzielen.

Das ideale Haus: bezaubernd – praktisch – vielseitig

Daten im Überblick

Objektart:	Haus
Objekttyp:	Einfamilienhaus
PLZ:	63457
Land:	Deutschland
Ort:	Hanau

(Fortsetzung)

5 Exposé und Präsentation: Schnittpunkt auf ...

Objektart:	Haus
Bundesland:	Hessen
Wohnfläche:	ca. 162 m²
Nutzfläche:	ca. 15 m²
Anzahl Zimmer:	7
Grundstücksgröße:	ca. 321 m²
Anzahl Schlafzimmer:	5
Anzahl Badezimmer:	3
Einliegerwohnung:	Ja
Anzahl Stellplätze:	2
Anzahl Wohneinheiten:	2
Anzahl Wohn-Schlafzimmer:	1
Kaufpreis:	324.000,00 €
Provision:	Provisionsfrei
Stellplatzanzahl:	2.00
Baujahr:	1986
Zustand:	Gepflegt
Befeuerung:	Gas
Heizungsart:	Zentralheizung
Stellplatzart:	Carport, Stellplatz im Freien
Etagenzahl:	2
Küche:	Einbauküche
Distanz Kindergarten (km):	0,50
Distanz Grundschule (km):	0,50
Distanz Realschule (km):	0,50
Distanz Gymnasium (km):	1
Verfügbar ab:	1. August 2016

Beschreibung

Wie es in der Überschrift schon steht, ist dieses Haus nahezu ideal geeignet für eine große Familie. Das Gebäude ist architektonisch extrem gut durchdacht. Es ist sowohl kompakt als auch geräumig, sowohl praktisch als auch gemütlich. Es ist durch die Einliegerwohnung im Untergeschoss und die anderen sechs Zimmer sehr vielseitig zu nutzen, egal ob Sie eine große Kinderschar unterbringen müssen, einen Beruf haben, der es Ihnen ermöglicht, zu Hause zu arbeiten, oder halbwüchsige Kinder haben, die einen eigenen Bereich beanspruchen. Haben Sie ein Elternteil, der gern bei Ihnen wohnen möchte? Oder ein Hobby, für das Sie einen eigenen Bereich brauchen? Es ist genau richtig und trifft (fast) jeden Bedarf. Geduckt gelegen hinter dichtem Grün verschafft es

Ihnen den nötigen Abstand. Das Einlieger-Appartment im Untergeschoss ist von der Hauptwohnung vollständig getrennt. Damit ist es auch problemlos an Fremde zu vermieten. Im Erdgeschoss befinden sich der Wohn-Essbereich, die Küche mit Speisekammer, ein Schlafzimmer und ein Bad. Im Obergeschoss (leichte Schräge) befinden sich vier Zimmer (zwei davon mit Balkon) und ein Bad. Im Keller neben dem Heizraum befindet sich ein kleiner Abstellraum.

Ausstattung

Das Haus wurde hochsolide massiv gebaut (30er Poroton-Steine) und bestens ausgestattet. Durch sorgsame Behandlung und fortlaufende Renovierungen befindet es sich in einem sehr gepflegten Zustand. Das trifft auf alle Elemente zu, es sei denn, Sie haben bezüglich der Bäder einen anderen Geschmack. Lediglich das Parkett im Wohnzimmer und drei Fenster im Dachgeschoss müssen akut renoviert werden. Ansonsten sind lediglich Schönheitsrenovierungen erforderlich. Der Heizkessel wurde 2006 erneuert, die Einbauküche ist im Jahr 2009 angeschafft worden, zwei Fenster im Dach wurden 2013 und 2015 ausgetauscht. Der Kachelofen im Wohnbereich des Erdgeschosses ist sehr nützlich in den Übergangszeiten Herbst und Frühjahr. Als dekoratives Element schafft er eine heimelige Atmosphäre verbunden mit angenehmer Wärme.

Lage

Das Haus befindet sich in einem sehr ruhigen, geschlossenen Wohngebiet am Rande der alten Ortsmitte von Großauheim, dem größten Hanauer Stadtteil. Kinder kommen von hier zu Fuß in den Kindergarten und in die Schulen. Auch zum Einkaufen können Sie zu Fuß gehen oder Ihre Besorgungen mit dem Rad machen. Ihre Bedürfnisse an Kultur und Freizeit werden komplett erfüllt: von der Hochkultur bis zur Kleinkunst. Zahlreiche Vereine stellen ein vielfältiges Angebot an Betätigung zur Verfügung, die Mainpromenade bietet reichlich Auslauf für Sie oder Ihren Hund. Der nahe Spessart mit seinen Weinorten lädt Sie für das gemütliche Wochenende ein. Am besten, Sie schauen mal ins Internet unter www.hanau.de. Es gibt viel zu entdecken, was das Leben hier lebenswert macht. Und wenn Sie mal weg wollen: in fünf Minuten sind Sie am ICE-Bahnhof Hanau oder auf den Autobahnen A3 und A45.

Besonderes

Der mit Rasen angelegte Garten, die Hecken, Büsche und Bäume umgeben dieses entzückende Haus und bringen es zur Geltung wie ein Rahmen ein wertvolles Gemälde. Am Hauseingang können Sie zwei Autos (je nach Größe) unter einem Carport abstellen. Direkt angebaut ist ein kleiner Geräteschuppen. Der Eingangsbereich ist durch die Verlängerung des Daches komplett vor Witterung geschützt. Dort ist Platz für Ihre Fahrräder und das unvermeidliche bunte Mülltonnen-Ensemble. Dahinter liegt sichtgeschützt der kleine Gartenteil mit dem Grundwasserbrunnen und der bewachsenen Böschung vor dem Fenster der Einliegerwohnung. Wir sind überzeugt: Hier sind Sie und Ihre Kinder sicher und gut aufgehoben – und Sie wollen nie wieder weg.

Bildergalerie

hinter dichtem Blattwerk

Herzlich willkommen!

sehr behaglich

Platz für vertrauliche Gespräche

anheimelnde Atmosphäre

sehr zweckmäßig

Ruhe und Erholung

gemütlich und hell

mehr als nur Abstellraum...

Zimmer mit Balkon

...und noch eins

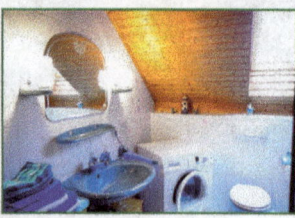
das Bad im Obergeschoss

...mit Wanne

das Einlieger-Apartment

5 Exposé und Präsentation: Schnittpunkt auf ...

...mit Büroecke

...mit Schlafecke

...mit Kochnische

...und vollwertigem Bad mit Wanne und Dusche

Und jetzt raus auf die Terrasse

in das gemütliche Gärtchen

Überraschung: ein zweiter Garten!

Ist doch gefällig, oder?

Nun möchte ich Ihnen zeigen, wie auch Gewerbe- und Industrieimmobilien so angeboten werden können, dass ein Interesse entsteht und daraus Begehren erzeugt werden kann, um schließlich zur Aktion zu kommen: anrufen, E-Mail senden, besichtigen, kaufen. Gerade Gewerbeimmobilien sind hochspezielle Immobilien, die sich untereinander noch weniger vergleichen lassen als Wohnimmobilien, von standardisierten Supermärkten einmal abgesehen.

Gerade hier stand ich vor der anspruchsvollen Aufgabe, mit hoher Sensibilität vorzugehen, weil es sich um ein für die Region bedeutendes Gelände handelt, sowohl historisch als auch hinsichtlich der jüngsten geschichtlichen Entwicklung, die jeder kennt. Das Unternehmen war insolvent und wurde von einem Unternehmen übernommen, das im Porzellan- und Steingutbereich führend ist. Es kann en bloc gehandelt, als auch in Parzellen aufgeteilt werden, mit unterschiedlichen, individuell nutzbaren Gebäuden.

Auch hier habe ich die Pflichtangaben und die Bilder veröffentlicht, um zu demonstrieren, wie umfangreich die Darstellung im Internet sein muss, um die notwendige Aufmerksamkeit und die Stimmung zu erzeugen, die notwendig ist für einen erfolgreichen Verkauf.

Gewerbepark für kreative Investoren mit Sinn für Kultur

Daten im Überblick

Objektart:	Hallen/Lager/Produktion
Objekttyp:	Industriehalle und Freifläche
PLZ:	63636
Land:	Deutschland
Ort:	Brachttal
Regionaler Zusatz:	Main-Kinzig-Kreis
Bundesland:	Hessen
Gesamtfläche:	ca. 23.860 m^2

(Fortsetzung)

Objektart:	Hallen/Lager/Produktion
Lagerfläche:	ca. 4218 m²
Vermietbare Fläche:	ca. 5558 m²
Raumhöhe:	3,50 m
Anzahl Außenparkplätze:	40
Hallenhöhe:	4,00 m
Freifläche:	ca. 2000 m²
Verwaltungsfläche:	ca. 1045 m²
Sonstige Fläche:	ca. 295 m²
Kellerfläche:	ca. 600 m²
Anzahl Gewerbeeinheiten:	6
Gewerbefläche:	ca. 5558 m²
Kaufpreis:	1.208.000,00 €
Provision:	Keine Provision
Baujahr:	Mitte 19. Jahrhundert sowie 1950
Zustand:	Renovierungsbedürftig
Energieausweis:	Es besteht keine Pflicht!
Boden:	PVC, Beton, Teppichboden
Heizungsart:	Zentralheizung
Stellplatzart:	Stellplatz im Freien
Verfügbar ab:	Sofort

Beschreibung

Es handelt sich hierbei um ein außergewöhnliches Anwesen für einen Investor, der Sinn für kulturelles Gut und seine Bewahrung hat, gepaart mit Kreativität und Bereitschaft für außergewöhnliche Projekte. Oder für Gewerbetreibende, die das Anwesen oder Teile des Anwesens selbst nutzen möchten. Das Industrie-/Gewerbeanwesen wurde ursprünglich ab 1832/1834 als Steingutfabrik vom Fürsten von Ysenburg und Büdingen erbaut: die weltbekannte „Wächtersbacher Keramik", im Volksmund liebevoll „Dippefabrik" genannt. Durch die geschäftliche Entwicklung der zurückliegenden 180 Jahre wurden die Gebäude seitdem immer wieder erweitert. Es wurde an-, um- und neu gebaut. Die Bebauung besteht aus einem Hotel mit Restaurant (sechs Doppel- und drei Einzelzimmer, ca. 295 m² Nutzfläche, voll unterkellert); einem Gebäudekomplex bestehend aus Produktions- und Lagerhallen, Verkaufsräumen, dem ehemaligen Firmenmuseum und Pförtnerhaus (ca. 2800 m² Nutzfläche), einem voll unterkellerten Verwaltungsgebäude mit angebautem Regal-Lager (ca. 1045 m² ohne Lagerfläche – Denkmalschutz) und einem Hochregallager (Baujahr Mitte der Siebzigerjahre, 1416 m² Nutzfläche). Die innere Erschließung erfolgt über eine befestigte zentrale Werksstraße und die befestigten Höfe zwischen den Gebäuden. Dort sind auch alle Ver- und Entsorgungsleitungen verlegt. Auf dem Gelände befinden sich genügend Freiflächen für eine zusätzliche Bebauung mit Wohnungen oder für Gewerbe – und es gibt mehr als genügend befestigte Parkplätze.

Ausstattung

Die Gebäude sind überwiegend aus dem 19. Jahrhundert, einige aus Anfang der Fünfziger- bzw. Sechzigerjahre des vorigen Jahrhunderts. Genaues lässt sich nicht feststellen. Es handelt sich um Gebäude in konstruktiver Fachwerkkonstruktion mit massiver Ausfachung in Ziegelsteinen, einer damals gebräuchlichen Bauweise. Ein Teil ist erstellt in klassischer Ziegel-Mauerwerk-Massivbauweise und in Stahlbeton-Skelettbauweise mit Ausfachung aus massivem Mauerwerk; alle Gebäude haben Satteldach. Die Gebäude werden einzeln beheizt und bewirtschaftet. Die Lager- und Produktionshallen sind in großen Teilen modernisierungs- bzw. sanierungsbedürftig, insbesondere das ehemalige Museum mit Pförtnerhaus. Das Hotel ist saniert mit Ausnahme des Heizkessels. Dieser muss ausgetauscht werden. Bis auf kleine Brandschutzmaßnahmen ist dieses Gebäude betriebsbereit. Das Verwaltungsgebäude ist nach Schönheitsrenovierungen und ebenfalls einem Einbau einer neuen Heizung sofort nutzbar. Das Hochregallager ist unbeheizt, der Einbau einer Warmluftheizung ist vorbereitet und vorinstalliert.

Lage

In einem Seitental der Kinzig, ca. 10 bis 15 Autominuten von Wächtersbach entfernt, befindet sich dieses gewerbliche Areal zwischen dem alten Ortskern und dem östlichen Rand der Gemeinde. Das Grundstück ist ausgewiesen als Gewerbegebiet und als Mischgebiet. Der Ortsteil Schlierbach ist der zentrale Ort der Gesamtgemeinde Brachttal. Wächtersbach, gelegen zwischen den Unterzentren und ehemaligen Kreisstädten Gelnhausen und Schlüchtern, ist bekannt durch seine zentrale Versorgungsfunktion der umliegenden Gemeinden zwischen Spessart und Vogelsberg. Wächtersbach hat Anschluss an das Regionalbahnnetz und an die Autobahn A66 Wiesbaden-Frankfurt-Fulda; nach Brachttal führt eine öffentliche Buslinie und eine Bundesstraße. Die nächsten ICE-Bahnhöfe finden Sie in Hanau und Fulda. Mehr lesen Sie im Internet unter www.brachttal.de.

Besonderes

Das Gelände gehört zum Kern der industriellen Entwicklung in Deutschland, insbesondere im Bereich Hanau und Kinzigtal. Teile des Komplexes stehen somit als Industriedenkmal unter Denkmalschutz. Darin liegt auch die Attraktivität des gesamten Projektes, einmal aus bau- und kulturhistorischer Sicht, zum anderen aus steuerlicher Sicht, denn alle Investitionen können erhöht über einen Zeitraum von zwölf Jahren steuerlich abgeschrieben werden. Wenn Gebäude einzeln verkauft werden, müssen die dazu gehörenden Grundstücksteile neu vermessen werden. Die Eigentümerin ist bereit, einen langfristigen Mietvertrag abzuschließen, um die Produktions- und Verkaufsstelle für die „Wächtersbacher Keramik" zu erhalten und um die Produktion von Steingut in kleinen Mengen weiter vornehmen zu können. Teile der Gebäude sind an die DHL/Deutsche Post vermietet, als Werksverkauf und für Bürozwecke. Die Räumlichkeiten in den Produktionsbereichen eignen sich auch hervorragend zur Vermietung an Existenzgründer, Künstler, Kreative aller Art, Start-up-Unternehmen, Handwerker, Lager, kleine Handelsunternehmen, kurz: als Gewerbepark für kleine und mittlere Unternehmen aller Branchen. Das Hotel mit Restaurant und Biergarten ist nicht vermietet; es wird derzeit nicht betrieben und steht sofort für einen Käufer zur Verfügung.

Bildergalerie

Werksverkauf-Post-Handel

Verkaufsraum

Verkaufsraum

DHL/Deutsche Post

Produktion

Lager

Auslieferung

Grünzone

Das Hotel

ein schmuckes Haus

Gastraum

Theke

Küche

Doppelzimmer

Einzelzimmer

Lager

ehemaliges Pförtnerhaus/Museum

Museum

Museum

offene Garagen

Verwaltungsgebäude

Hochregallager

Hochregallager

Hochregallager

Hochregallager

Produktionshalle

5 Exposé und Präsentation: Schnittpunkt auf ...

Grünzone Mini-Park

Falls Sie nicht in der Lage sind, einen ansprechenden emotionalen Text zu schreiben, dann schauen Sie, ob sich in Ihrer Familie ein guter Schreiber befindet oder Sie gehen zum Journalisten Ihrer Heimatzeitung. Vielleicht schreibt er gern mal über erfreuliche Sachen. Oder Sie gehen zu einem Deutschlehrer an einer Schule. Oder, das dürfte die Ausnahme sein: Sie finden im Internet einen Ihnen gefallenden Text und nehmen ihn sich zum Vorbild.

Bei den Exposés ist Ihnen sicher etwas aufgefallen: die Texte sind alle nach einem bestimmten Schema aufgeteilt. Alle Internetportale für Immobilien haben sich auf dieses bestimmte Schema geeinigt und auch mit den Herstellern und Betreibern von Makler-EDV-Programmen abgestimmt. Das ist jetzt zur Norm geworden.

Beschreibung
Dieser Text beschreibt zu Anfang die Zielgruppe der Immobilie, die Raumaufteilung, die Nutzbarkeit der Räumlichkeiten, die Vorteile und besonderen Eigenschaften die einer bestimmten Nutzergruppe dienen. Hier kann viel Emotion untergebracht werden. Es ist schließlich die positive Stimmung, die durch das Schaffen von Bildern, die beim Leser Zuneigung und Begehren schaffen, erzeugt werden soll.

Ausstattung

In diesen Textteil gehören die Baubeschreibung, die verwendeten Materialien, die Baukonstruktion, die Architektur, die Einrichtungsgegenstände, die Einbauten und deren Nutzen für die zukünftigen Bewohner oder gewerblichen Nutzer. Hier gehören eher die nutzenbezogenen Argumente hinein.

Lage

Es ist immer sinnvoll, hier einen Link zur Homepage der Stadt oder Gemeinde zu setzen, in der die Immobilie steht. Dazu gehört die Beschreibung der Mikrolage, das heißt, wie weit ist es von dort zu den Verkehrsanbindungen, Autobahn, öffentlichen Verkehrsmitteln, Kindergarten, Schulen, religiösen Einrichtungen, Freizeit- und Kultureinrichtungen, zu Besonderheiten in der Umgebung und touristischen Orten und wichtigen Gebäuden. Kaufinteressenten informieren sich vorher auch genau und sind sehr froh, wenn wichtige Hinweise im Exposé aus der Perspektive der gesuchten Immobilie zu finden sind. Bitte beachten Sie auch hier: Ihre Käufer müssen sich schon beim Lesen des Textes in der Gegend wohlfühlen können.

Besonderes oder Sonstiges

Hier hinein gehören Dinge wie Außenanlagen, Nebengebäude oder Dinge, die in die drei anderen Textteile nicht passen oder ein ganz besonderes Augenmerk verdienen, und noch mal ein paar emotionale Worte.

> Denken Sie immer daran: Verwenden Sie emotionale Worte und beschreiben Sie den Nutzen. Dann wird bei dem Leser ein Bild aufsteigen, das animiert und eine positive Stimmung verursacht. Das ist die Ausgangsposition vor der direkten Besichtigung. Die Texte müssen mit den Bildern übereinstimmen,

5 Exposé und Präsentation: Schnittpunkt auf ...

> positiv wie negativ. Es muss vor Ort genauso aussehen, wie es beschrieben ist. Dann wirkt auch das Negative positiv, weil es offen gezeigt wird. Denn: Es gibt weder Negatives noch Positives bei einer Immobilie. Es sind immer Eigenschaften, die auf den Betrachter mal positiv, mal negativ wirken. Diese Eigenschaften müssen offen und klar präsentiert und kommuniziert werden.

Den Text haben wir nun recht ausführlich besprochen. Jetzt geht es darum, ordentliche Fotos zu machen oder gar ein Video zu drehen.

Jeder denkt, er könne fotografieren. Jeder hat mittlerweile ein Smartphone und macht damit blendend aussehende Fotos. Zugegeben: Die Qualität dieser Fotos ist bemerkenswert gut geworden. Um jedoch wirkungsvolle und aussagefähige, wirklichkeitsnahe Fotos herzustellen, braucht man eine sehr gute Kamera und ein sehr gutes Auge. Das hat nicht jeder.

Falls Sie Hobby-Fotograf sind, dann wissen Sie, wie Sie das Foto arrangieren und das Motiv entsprechend vorbereiten, um die beabsichtigte Wirkung zu erzielen. Die Fotos sind der erste Eindruck, den ein Interessent bekommt – sozusagen die Ouvertüre zur Besichtigung. Jetzt muss schon alles stimmen, bevor die Fotos oder Videos gemacht werden.

Bereiten Sie Ihre Immobilie (Haus oder Wohnung) vor, wie vor einer Besichtigung. Tun Sie so, als würde morgen jemand Fremdes kommen, dem Sie Ihre Immobilie anbieten.

Wenn Sie kein Talent zum Fotografieren haben, beauftragen Sie bitte einen Profi-Fotografen in Ihrer Stadt, der Ihre Immobilie ins rechte Licht setzt.

Zum Thema: Immobilien-Video. Das lässt sich an dieser Stelle schwer zeigen. Ein Video ist eine ganz spezielle Art, eine Immobilie anzubieten. Der Aufwand ist sehr hoch. Es ist daher auch nur bei einer außergewöhnlichen Immobilie sinnvoll. Sie sollten sich eine gute Story ausdenken. Vielleicht bietet die Immobilie eine interessante Geschichte – historisch, baulich, architektonisch, Lage, ehemalige Bewohner oder Nutzung. Dann benötigen Sie einen kurzen, prägnanten Text, der das Bild nicht überlagert, sondern ergänzt und erweitert sowie ein kleines Kamerateam mit einer exzellenten Kamera und eventuell ein kleines Tonstudio oder einen Raum mit möglichst wenig Hall, um den Text separat aufzusprechen.

> Auf meiner Homepage www.radix-training.com habe ich eine kurze Beschreibung und auf youtube können Sie meine beiden bisherigen Videos ansehen. Unter „Marketing-Ideen" kommen Sie auch zu den Videos.

> Hier die Links für ein Haus in Hanau und eines in Nidderau-Windecken (dieses kennen Sie schon vom Exposé oben):

> Hanau: https://www.youtube.com/watch?v=V36Km6r0AlE

> Nidderau: https://www.youtube.com/watch?v=501qiDB_wno

> Geben Sie in Ihren Browser einfach die Daten ein – und so werden Sie auch den Verfasser dieses Buches kennenlernen. Auch ganz selten …

Und nun erstellen Sie eine Exposé-Mappe für Interessenten und eine detaillierte Dokumentenmappe für den potenziellen Käufer.

5 Exposé und Präsentation: Schnittpunkt auf ...

Die Exposé-Mappe sollte nicht mehr enthalten als:

- Bilder der Immobilie – das schönste oder charakteristischste als Deckblatt
- Grundrisse und Schnittzeichnungen
- Berechnungen von Wohn- und Nutzfläche
- Lageplan
- Liste der Gegenstände, die im Haus verbleiben und im Kaufpreis enthalten sind

Die Dokumentenmappe sollte zusätzlich enthalten:

- vollständiger Grundbuchauszug
- Kontoauszug des Darlehenskontos (oder mehrerer Konten) mit der abzulösenden Restschuld
- eine Wertermittlung – eine aktuelle oder auch eine ältere, in der die Daten der Immobilie angegeben sind
- Angaben über die Brutto-Grundfläche (Quadratmeter) und den umbauten Raum (Kubikmeter)
- die Baubeschreibung – aus der Baugenehmigung oder die vom Bauträger, bzw. vom Bauunternehmer, wenn Sie die Immobilie schlüsselfertig erworben haben
- bei Mehrfamilienhäusern die vollständige Mieterliste mit den Einzelmieten
- bei Eigentumswohnungen jeweils die letzten drei Protokolle und Wohngeldabrechnungen

Die Exposémappe (in einem einfachen Hefter mit transparentem Deckblatt) händigen Sie jedem Interessenten nach der Besichtigung aus. Bitte nie mit der Post versenden, aus Sicherheitsgründen.

Diese Mappe dient dazu, Ihre Immobilie beim potenziellen Erwerber besser darzustellen als die Immobilien Ihrer direkten Wettbewerber und sie positiv im Gedächtnis zu verankern.

Die Dokumentenmappe (am besten ein schmaler Ordner aus festem Karton) ist für denjenigen bestimmt, der tatsächlich erwerben möchte und diese Dinge für die Finanzierung benötigt.

> **Stellen Sie Ihre Erreichbarkeit sicher!**

Wenn Sie selbstständig tätig sind bzw. ein Unternehmen führen, sind Sie wahrscheinlich ohnehin dauernd erreichbar oder haben einen Mitarbeiter, der Nachrichten für Sie entgegennimmt. Wenn es (noch) niemand im Unternehmen wissen darf, dass Sie eine private oder geschäftliche Transaktion vorhaben, wissen Sie auch, wie Sie das zunächst vertraulich halten können.

Privat ist das schon schwieriger. Es gibt Unternehmen oder Arbeitsplätze, an denen dürfen oder können Sie telefonisch nicht erreichbar sein und auch privat keine E-Mails empfangen. Was also tun?

Es gibt Telefondienstleister, die Ihnen die Arbeit abnehmen und nach Ihren Anweisungen handeln.

Dort können Sie Telefonate und E-Mails entgegennehmen lassen. Sie können auch mit diesen Dienstleistern vereinbaren, mit welchem Text und unter welchem Namen sie sich melden sollen und können auch festlegen, ob der Dienstleister Kunden nach bestimmten Kriterien „filtern" soll.

Bei professionellen Unternehmen werden Sie dahingehend auch beraten. Investieren Sie hier ruhig ein paar Euro. Bei Transaktionen im sechsstelligen oder gar siebenstelligen Bereich sollten Sie keine Mühe scheuen. Es zahlt sich in Form von Arbeitsersparnis, Zeitersparnis und mehr Freizeit aus.

Es wäre schon fahrlässig, sich auf die eigene Mailbox zu verlassen und die Reaktion auf die Nachrichten auf einen späteren Zeitpunkt (nach der Arbeit oder nach dem Urlaub) zu verschieben. Der Immobilienmarkt dreht sich heutzutage schneller, als Ihnen lieb ist. Wenn Sie nicht binnen weniger Stunden antworten oder zurückrufen, ist der Kunde schon bei einer anderen Immobilie. Außerdem soll es immer mehr Kunden geben, die nicht mehr auf Anrufbeantworter sprechen und nicht warten, bis E-Mails nach drei Wochen Urlaub beantwortet werden.

So wird Ihre Immobilie auf den nächsten Interessenten warten und gerät dabei in Gefahr, an Wert zu verlieren, weil sie schon mehrere Wochen im Internet erscheint. Sicherlich können Sie die Immobilien für die Dauer Ihres Urlaubs aus dem Netz nehmen. Bei dem aktuellen Tarifgefüge der Internetportale kostet Sie das jedoch Geld ohne Leistung und es geht wertvolle Zeit verloren. Wenn die Immobilie dann wieder auftaucht, kann es sein, dass sie bei Interessenten mit dem „Sauerbier-Effekt" wieder in Erinnerung kommt und der zusätzlichen fatalen Assoziation: „Aha, da ist wohl eine Verhandlung schief gelaufen. Sie konnte wohl nicht verkauft werden. Da ist bestimmt ein Haken dran!" Und was das bedeutet, konnten Sie oben schon mal lesen; Stichwort: „merkantiler Minderwert".

6

Marketing – Ihre Immobilie wird öffentlich

Als ich vor rund 47 Jahren als Jungmakler bei einem damals sehr bedeutenden Frankfurter Immobilienmakler anfing, sagten die verkaufswilligen Eigentümer immer: „Bitte nicht in die Zeitung setzen, die Nachbarn sollen das nicht wissen". Oder: „Meine Freunde und Kollegen dürfen das auf keinen Fall wissen. Bitte nur ganz diskret Ihren Kunden in der Kartei anbieten. Sie haben doch so viele!"

Nun ja, ein alteingesessenes Maklerbüro mit mehreren Abteilungen (Ein- bis Dreifamilienhäuser, Miet- und Eigentumswohnungen, Gewerbeimmobilien, Renditehäuser und Grundstücke) hat sicherlich eine stetige Nachfrage nach Immobilien jeder Art und Größe. Insbesondere die Werbung verspricht: „Wir suchen für vorgemerkte solvente Kunden!" Darauf bezogen sich die Verkäufer und ich ging als unerfahrener Makler auch davon aus, dass das so ist.

Also nahm ich die Immobilien mit einem mündlichen Auftrag ins Angebot, auf die eigene Werbung vertrauend. Ich stürzte mich auf den Karteikasten mit den Kundenkarten, den ich von meinem Vorgänger übernommen hatte (rot für Ein- bis Dreifamilienhäuser, gelb für Eigentumswohnungen, grün für Grundstücke, grau für Gewerbe und karminrot für Renditeimmobilien) und gab dem Kollegen am Schreibtisch gegenüber auch ein Kurzexposé, damit er seine Nachfrager durchtelefonieren konnte. Ich fragte die Kolleginnen und Kollegen der anderen Abteilungen, ob sie irgendeinen Interessenten hätten.

Das Resultat: kein Erfolg! Einige hatten schon gekauft, bei anderen hatten sich die Wünsche geändert. Die nächsten hatten eine andere Gegend gewählt, in die sie ziehen wollten. Wieder andere suchten nicht mehr oder konnten nicht mehr kaufen, weil der Job weg war. Ich musste also feststellen, dass maximal zehn Prozent der Kunden aus der Kartei noch irgendwie aktiv waren. Keiner von ihnen aber hatte Interesse an dem tollen Immobilienangebot. Das frustrierte nicht nur mich, sondern auch meinen Auftraggeber. Der wiederum meldete sich mit der Botschaft: „Der Nachbar hat gekauft". Oder ein guter Freund, ein Arbeitskollege oder ein Freund aus dem Verein. Oder jemand, der über einen Freund, Nachbarn oder Kumpel an die Immobilie herankam und auf Nachfrage auch zu einem Preis, der manchmal deutlich unter dem Preis lag, zu dem wir anbieten durften. Manchmal auch darüber, weil es mehrere Interessenten gab.

Damit war mir klar: So, wie wir es machen, geht es nicht. Um eine Immobilie zu verkaufen, müssen die potenziellen Käufer wissen: Es gibt etwas zu kaufen! Und es sollen möglichst viele Menschen auf einmal erfahren, dass eine Immobilie zum Verkauf steht. Im Laufe der Zeit lernte ich dazu und habe das Marketing, die Werbung strukturiert und wirksamer gemacht.

6 Marketing – Ihre Immobilie wird öffentlich

6.1 Marketing – was ist das und warum ist das wichtig?

Marketing

Duden: englisch marketing, zu: to market = Handel treiben, zu: market < lateinisch mercatus, Markt

Das Gabler Wirtschaftslexikon schlüsselt den Begriff im Detail auf:

Begriff: Der Grundgedanke des Marketings ist die konsequente Ausrichtung des gesamten Unternehmens an den Bedürfnissen des Marktes. Heutzutage ist es unumstritten, dass auf wettbewerbsintensiven Märkten die Bedürfnisse der Nachfrager im Zentrum der Unternehmensführung stehen müssen. Marketing stellt somit eine unternehmerische Denkhaltung dar. Darüber hinaus ist Marketing eine unternehmerische Aufgabe, zu deren wichtigsten Herausforderungen das Erkennen von Marktveränderungen und Bedürfnisverschiebungen gehört, um rechtzeitig Wettbewerbsvorteile aufzubauen. Darüber hinaus besteht eine weitere zentrale Aufgabe des Marketingmanagements darin, Möglichkeiten zur Nutzensteigerung zu identifizieren und den Nutzen für Kunden nachhaltig zu erhöhen.

Erweiterung der Definition: In den letzten Jahren hat sich diese dominant kundenorientierte Perspektive zugunsten weiterer Anspruchsgruppen des Unternehmens (zum Beispiel Mitarbeiter, Anteilseigner, Staat, Umwelt) erweitert. Diese weite Definition des Marketings stellt die Gestaltung sämtlicher Austauschprozesse des Unternehmens mit den bestehenden Bezugsgruppen in den Mittelpunkt der Betrachtung und betont die Rolle des Marketings als umfassendes Leitkonzept der Unternehmensführung. Diese Beziehungen sind unter dem Begriff „Corporate Social Responsibiltiy" (CSR) zusammengefasst. Übersetzt bedeutet es die gesellschaftliche Verantwortung von Unternehmen – ein Begriff, der vom Gründer des Weltwirtschaftsgipfels in Davos, Professor Klaus Schwab, eingeführt wurde (Anmerkung des Autors).

Marketingstrategien: Zur Erreichung der Ziele eines Unternehmens werden Marketingstrategien entwickelt, die operativ mithilfe der Marketing-Instrumente (die sogenannten 4P) umgesetzt werden. Dabei handelt es sich um die Instrumente

Produkt-/Leistungs- (Product), Preis- (Price), Kommunikations- (Promotion) und Vertriebspolitik (Place).

Die **Produktpolitik** umfasst dabei Entscheidungen, die die Gestaltung des Leistungsprogramms eines Unternehmens betreffen. In diesen Bereich fallen zum Beispiel die Analyse, Planung und Umsetzung von Produktveränderungen und Serviceleistungen, die Markenpolitik, Namensgebung sowie die Verpackungsgestaltung.

Im Rahmen der **Preispolitik** werden die Konditionen festgelegt, unter denen Produkte und Leistungen angeboten werden. Entscheidungsparameter sind z. B. der Grundpreis, Rabatte, Boni und Skonti.

Die **Kommunikationspolitik** umfasst alle Maßnahmen, die der Kommunikation zwischen Unternehmen und ihren aktuellen und potenziellen Kunden, Mitarbeitern und Bezugsgruppen dienen. Zu diesem Zweck werden zum Beispiel die Kommunikationsinstrumente der klassischen Mediawerbung, Direct Marketing, Verkaufsförderung, Sponsoring, Public Relations (PR), Messen und Events eingesetzt.

Im Rahmen der **Vertriebspolitik** wird das Absatzkanalsystem gestaltet, um die räumliche und zeitliche Distanz zwischen Unternehmen und Kunde zu überwinden. Dazu wird in der Regel auf verschiedene Absatzmittler, das heißt Händler, zurückgegriffen (indirekter Vertrieb).

Diese aktivitätsbezogene Auffassung versteht Marketing somit als Bündel von marktgerichteten Maßnahmen, die dazu dienen, die absatzpolitischen Ziele eines Unternehmens zu erreichen. Dieses Verständnis hat bis heute seine Bedeutung erhalten.

Integration: Ein Erfolgsfaktor im Rahmen der Umsetzung einer Marketing-Strategie ist die Integration sämtlicher interner und externer Marketing-Aktivitäten. Dies bedeutet, dass die Aktivitäten der internen Abteilungen, wie zum Beispiel Werbung, Marktforschung, Vertrieb aufeinander abgestimmt und koordiniert werden. Dies gilt gleichermaßen für externe Stellen wie zum Beispiel Werbeagenturen und Absatzmittler. Durch eine integrierte Vorgehensweise können Synergieeffekte erzielt und die Wirkung der Marketing-Maßnahmen erhöht werden. Bei der Ausarbeitung und Umsetzung einer Marketing-Konzeption ist zu beachten, dass entsprechend der jeweiligen Branche und Art einer Leistung spezifische Aufgabenschwerpunkte des Marketings existieren. Diese Besonderheiten werden im Rahmen verschiedener sektoraler

6 Marketing – Ihre Immobilie wird öffentlich

> Marketing-Theorien berücksichtigt (z. B. Konsumgüter-, Industriegüter-, Dienstleistungs-Marketing, Marketing für Non-Profit-Organisationen). Eine bedeutende aktuelle Entwicklung im Rahmen des Marketings ist in dem Trend zum Relationship Marketing zu sehen. Dieses Konzept betont den hohen Wert langfristiger Beziehungen zu einer Vielzahl von Anspruchsgruppen eines Unternehmens. In diesem Zusammenhang wird vor allem die Bedeutung der Kundenbindung intensiv diskutiert.

> Für mich bedeutet Marketing von Immobilien die perfekte Aufbereitung einer Immobilie (wie ich es in den vorigen Kapiteln darstellte) unter Einbeziehung und Berücksichtigung der Interessen des Verkäufers/Eigentümers inklusive des Herausfindens der Zielgruppen und der Einsatz aller Mittel, Möglichkeiten und Beziehungen, um möglichst viele Menschen von dem Angebot zu informieren mit dem Resultat, den bestmöglichen (Miet- oder Kauf-)Preis zu erwirtschaften.

Hier stehen Ihnen mehrere Möglichkeiten und Techniken zur Verfügung, in erster Linie das Internet als Plattform zur Bekanntmachung Ihrer Verkaufsabsicht. Darauf bin ich schon eingegangen. Es ist allerdings kein Allheilmittel, nach dem Motto: Das Internet wird es schon richten.

Aus meiner langjährigen Erfahrung und der übereinstimmenden Meinung professioneller Makler und Immobilienverkäufer stammt folgende Erkenntnis: Etwa 80 % der Immobilienkäufer kaufen eine Immobilie in 15 bis 20 Fahrminuten um den eigenen Wohnstandort herum. Das ist auf dem Lande das nächste oder übernächste Städtchen oder Dorf, und in der Stadt der Kiez oder das Stadtviertel nebenan. Über Flüsse hinweg wird seltener gekauft. Das merke ich in Hanau oder Offenbach/Frankfurt sehr stark. Wenn Sie an einem Fluss wohnen, wird es Sie selten auf das andere Flussufer ziehen. An einem Fluss gibt es immer eine gute und eine schlechte Seite – aus der jeweils anderen Position. In unseren Breitengraden ist es „hibbdebach" und „dribbdebach" (auf hochdeutsch: „hier am Bach" und „drüben am Bach"). Im Rheinland ist es der Ausdruck „schäl Sick", die schlechte Seite. In Köln und Bonn ist damit flussabwärts die rechte Rheinseite gemeint.

6.1.1 Nachbarschaftsbriefe

Jetzt haben Sie schon eine Idee, in welche Richtung es gehen könnte. Fangen wir mal klein an, in Ihrer eigenen Nachbarschaft. Aus den Texten Ihres Exposés machen Sie ein kurzes Anschreiben auf DINA4 – einen ganz normalen Briefbogen.

> **Beispel**
>
> „Liebe Nachbarn, jetzt haben wir über X Jahre mit Ihnen zusammen hier gewohnt, unsere Kinder sind miteinander aufgewachsen, wir haben manch fröhliche Stunden verbracht. Es gab sicher auch mal Unstimmigkeiten. Jetzt ist die Zeit gekommen, in der wir es ohne Sie probieren wollen. Wir haben uns hier sehr wohl gefühlt, ziehen aber ab dem XX.XX. weg nach XXXX. Wir verkaufen deshalb unser Haus. Wenn Sie jemanden kennen, der in unsere Gegend, in diese tolle Nachbarschaft ziehen möchte, dann informieren Sie diejenigen bitte. Und wenn die Familie hierher zieht, bitten wir Euch, sie gut aufzunehmen – so wie wir einst aufgenommen wurden. Vielen Dank".

Diesen Nachbarschaftsbrief verteilen Sie in Ihrer Straße und vielleicht noch in den beiden Nachbarstraßen. Vielleicht erhält diesen Brief ein Mensch, der Sie noch nie leiden konnte und erzählt das schnell rum, um sie möglichst schnell loszuwerden. So sind Ihnen auch unliebsame Nachbarn zum Nutzen.

Dieses Vorgehen nenne ich „Mikro-Marketing". Die nächste Stufe ist die großflächige Verteilung in der Region.

6.1.2 Flyer

Gehen Sie zu einem Grafikdesigner, der Prospekte, Broschüren und Plakate entwirft. Vielleicht sind Sie in einem Verein, der so etwas immer braucht und solche Dienste in Anspruch nimmt. Bestellen Sie eine Stückzahl von 5000 DIN-lang (wie ein Briefkuvert). Sie glauben, das ist viel? Die Druckmaschinen sind heutzutage derart schnell und leistungsfähig, dass schon beim kurzen Andruck 500 Stück herauskommen.

Bei der Gestaltung sollten Sie sich auf zwei bis vier Bilder beschränken, am besten die Straßenansicht, eine Ansicht vom Garten oder Hof aus, den Garten und vielleicht noch eine seitliche Sicht. Achten Sie auf eine schöne dicke Überschrift mit einem markanten, treffenden Text und eine kurze Beschreibung mit der Angabe der Wohnfläche, der Zimmeranzahl sowie einen kurzen Text zum Haus, zum Angebotspreis und Ihre Telefonnummer und E-Mail-Adresse. Keinesfalls sollten Sie jedoch die Adresse des Hauses angeben. Je großzügiger die Verteilung von Bildern und Schrift ist, umso positiver fällt der Flyer auf. Der Zweck des Flyers ist lediglich, aufmerksam und neugierig zu machen auf Ihre Immobilie. Mehr nicht.

Dann gehen Sie zu einem Prospektverteiler oder zur örtlichen Zeitung oder zum Anzeigenblatt und besprechen mit denen, in welchem Radius um Ihre Immobilie herum eine Verteilung sinnvoll ist. Es sind immerhin 5000 Haushalte, die Sie damit erreichen. Prospektverteiler sind nicht immer sehr zuverlässig. Ich empfehle Ihnen, den Flyer als Beilage einer Zeitung mitzugeben. Wenn Sie mit der Zeitung verteilen lassen, brauchen Sie dort zunächst kein Inserat zu schalten. Dieser private Flyer ist wirkungsvoll, weil das außer Ihnen sicher noch niemand gemacht hat. Daher fällt er umso mehr auf und entfaltet seine Wirkung.

Die Gestaltung wird etwa 200 € kosten, der Druck und die Lieferung ebenfalls. Gängige Preise durch einen professionellen Verteiler sind in städtischen Bereichen und im ländlichen Bereich wegen der Fahrtstrecken unterschiedlich. Mit rund 700 bis 1000 € sind Sie also dabei.

> Die Wahrscheinlichkeit, dass aus dieser Aktion ein Käufer kommt, liegt bei 80 %. Es lohnt sich also, hier ein bisschen mehr zu investieren.

6.1.3 Verkaufsschilder

Sicherlich schrecken manche Menschen davor zurück, an ein bewohntes Haus oder an den Balkon einer Eigentumswohnung ein Verkaufsschild zu hängen, weil vielleicht Leute angelockt werden könnten, die sie in ihrem Haus nicht haben möchten. Keine Bange: Ich habe mit Verkaufsschildern die besten Erfahrungen gemacht.

Die wenigsten Menschen klingeln, und wenn, dann sehen Sie sofort wer es ist und vereinbaren entweder einen Termin (auf den Sie sich und Ihre Immobilie erst vorbereiten müssen) oder Sie reagieren nicht auf das Klingeln, wenn Ihnen die Leute an der Haustür nicht gefallen.

Mir passiert es immer, dass die Interessenten vor dem Haus stehen und direkt von dort anrufen, um nach einem Besichtigungstermin zu fragen. Mit den Eigentümern haben wir dann auch verabredet, dass aus Sicherheitsgründen und um überflüssige Besichtigungen zu vermeiden, die Immobilie erst einmal am Telefon vorgestellt wird. Außerdem soll geklärt werden, ob Interessent und Immobilie zusammenpassen.

6 Marketing – Ihre Immobilie wird öffentlich

Das Schild sollte professionell aussehen. Vermeiden Sie bitte das vielfach gesehene Doppel-DIN-A4-Blatt oder den Teil eines hellbraunen Eierkartons mit einer darauf geschriebenen Handynummer, mit Tesafilm an die Innenseite eines Fensters geklebt. Es gibt Unternehmen, die davon leben, professionell aussehende Schilder herzustellen. Das ist nicht einmal teuer. Die Preise schwanken zwischen 120 und 180 € je nach Größe. Wenn Sie dazu noch einen sogenannten „Schildergalgen" benötigen, weil Sie keinen Zaun haben, dann kostet das vielleicht noch 120 € mehr. Das ist auch je nach Gegend ganz verschieden.

Der Text ist ganz einfach:

- „Haus – Wohnung – Grundstück zu kaufen. Telefon……."
- „Kauf mich! Tel.-Nr. ……"
- „Ich bin zu haben! Tel.-Nr. ……"

Es soll möglichst groß sein, damit es auffällt. Ideal bei Häusern ist eine Größe von 1,5 m Breite mal einem Meter Höhe, bei Eigentumswohnungen ein Meter Breite mal 0,8 m Höhe. Das Unternehmen wird Sie diesbezüglich beraten. Ich empfehle einen weißen Hintergrund und eine schwarze, gut lesbare konservative Schrift. Denn aus der Art und des Materials des Schildes und der Schrift erkennt der potenzielle Käufer sofort, wie sorgfältig und pfleglich Sie mit Ihrer Immobilie umgehen. Dieses Gefühl vermittelt sich unbewusst. Und erfüllt seinen Zweck. Sie sind ja nicht am Wühltisch bei C&A oder Kaufhof. Sie haben eine wertvolle Immobilie – egal wie teuer sie ist – und die müssen Sie auch wertvoll anbieten.

Das Schild hat folgenden entscheidenden Vorteil: der Interessent sieht das Haus oder die Wohnung sofort – die Verkäuflichkeit wird sofort registriert und er sieht das Umfeld, die Nachbarschaft. Und eine Vorentscheidung ist schon getroffen.

Bei Häusern hängen Sie das Schild an den Gartenzaun, stellen Sie es mit einem Galgen in den Vorgarten oder befestigen Sie es gut sichtbar an der Hauswand. Bei Eigentumswohnungen hängen Sie das Schild bitte nicht ins Fenster hinter Glas, sondern davor oder außen an den Balkon. Das sehen manche Ihrer Mitbewohner nicht gern und verlangen, dass es entfernt wird, weil es eine Veränderung des Gemeinschaftseigentums ist. Das bedarf der Genehmigung der Eigentümergemeinschaft. Da es nur eine zeitweise Veränderung ist, ist es durchaus gestattet – aber wollen Sie Streit?

> Wenn Sie die Verkaufsabsicht haben, dann benachrichtigen Sie die Miteigentümer in einem Rundschreiben (und bieten ihnen die Wohnung gleich an) oder bei der nächsten Versammlung, und stellen Sie den Antrag, dass es jedem Eigentümer, der verkauft, grundsätzlich gestattet ist, für eine Zeit, vielleicht drei Monate, ein ordentlich beschriftetes Schild an den Balkon oder unter ein Fenster zu hängen.

Beispiel

Vor einige Jahren passierte mir Folgendes: Eines Tages rief eine ältere Dame mit sehr resoluter Stimme an: „Ich stehe hier vor einem Haus, an dem Euer Schild hängt. Ich will es kaufen!" Solche direkten Wünsche werden selten geäußert. Nun, ich frohlockte und musste die sofort darauf folgende Frage beantworten: „Kann ich jetzt gleich besichtigen?" Der Ton war resolut und wenig Widerspruch duldend. Normalerweise besichtige ich nicht direkt nach Anruf, hier aber hatte ich ein gutes Gefühl.

Es handelte sich um ein Miethaus mit vier Wohnungen in einem beliebten Stadtteil. Einen Mieter erreichte ich per Telefon. Das war der Dame genug. Sie wollte neben der Wohnung nur noch den Keller sehen. Das Dach war unwichtig. Es war saniert und frisch mit glasierten Dachpfannen eingedeckt. Auch die Dachrinnen und die Fallrohre waren erneuert. Der Eigentümer war Dachdecker.

> Als wir uns etwa 30 min nach dem Anruf trafen, erzählte sie mir freimütig, dass sie wegen eines anderen Hauses in der Gegend war und sich verfahren hatte. Den Maklerkollegen konnte sie nicht erreichen, damit er ihr den Weg beschreiben oder sie zum Objekt lotsen könnte. Daher fuhr Sie suchend durch das Wohnviertel, sah das Schild und das Haus und ist jetzt glückliche Eigentümerin eines rentablen Mehrfamilienhauses, das ihre Rente finanziert.
>
> Das Ganze fand etwa eine Woche, nachdem ich das Schild aufhängte, statt. Der Eigentümer wollte es anfangs nicht. Ich habe ihn dann überredet, die Mieter hatten auch nichts dagegen. Und so wurden alle glücklich. Der Eigentümer bekam einen guten Preis, die Mieter eine tolle, korrekte und bodenständige Vermieterin, die neue Eigentümerin ein nachhaltig wertvolles Anwesen und ich meinen gerechten Lohn. Das alles wegen eines einfachen Schildes – gesehen beim Vorbeifahren.

6.1.4 Inserate

Im Kirchenblättchen, im Gemeindeblatt mit den Amtlichen Bekanntmachungen oder in der regionalen Zeitung sind solche Inserate nicht zu teuer, aber wirkungsvoll, weil dort sehr wenige Immobilien angeboten werden und Ihre Immobilie deswegen eher auffällt. Motto: Wer sucht, liest alles.

Schalten Sie gleich eine Reihe von vier Stück im Abstand von zwei Wochen. Lassen Sie sich vom Anzeigenverkäufer beraten. In jeder Region haben sich unterschiedliche Sitten und Gebräuche eingebürgert: Mal ist der Mittwoch der Inseratetag für Immobilien, mal der Donnerstag, in manchen Gegenden nur das Wochenende. Trotz Internet gibt es in vielen Regionen noch recht umfangreiche Immobilienteile in den Zeitungen.

Das Ziel ist eben, möglichst viele Menschen zu erreichen, die sich für eine Immobilie interessieren. Daher auch die Zeitung.

Der Text muss nicht sehr ausführlich sein. Er muss, wie beim Flyer, neugierig machen.

Sinnvoll ist eine einspaltige Anzeige mit einem Bild der schönsten Ansicht des Hauses oder der Wohnung am oberen Teil der Anzeige. Bei einer zweispaltigen Anzeige steht das Bild links. Die Überschrift geht über Text und Bild. Das Bild sollte das Haus oder die Wohnung (das schönste Zimmer oder den Ausblick vom Balkon) möglichst groß zeigen, weil durch den Zeitungsdruck viel vom Foto verloren geht.

Wie schon geschildert und beim Flyer beispielhaft dargestellt, sollte es eine knackige Headline in großer Schrift und fett gedruckt sein. Im Text schildern Sie lediglich Grundstücksgröße, Art des Hauses, Wohnfläche, Bau- und Pflegezustand und wichtige Dinge, wie Einbauküche, Kachelofen, offener Kamin oder andere Besonderheiten, die für einen potenziellen Käufer wichtig sind (vielleicht auch, weil sie für Sie wichtig waren, als Sie die Immobilie erwarben) sowie selbstverständlich Ihre Telefonnummer und Ihre E-Mail-Adresse.

> Schalten Sie keine Chiffre-Anzeige. Das macht das Angebot für potenzielle Erwerber kompliziert. Diese müssen sich nämlich hinsetzen, einen Brief schreiben, eintüten, frankieren und zur Post bringen. Die Resonanz wird gegen null gehen. Auch von anonymen Veröffentlichungen im Internet rate ich dringend ab. Die Leute rufen immer noch gern an.

6.1.5 Internet

Darauf bin ich schon im vorangegangen Kapitel umfangreich eingegangen. Sie haben dort auch an drei Beispiel-Exposés erkennen können, worauf es ankommt. Hier fasse ich noch einmal kurz zusammen, was wirklich wichtig ist, was Sie unterlassen sollen und was Sie unbedingt tun müssen:

6 Marketing – Ihre Immobilie wird öffentlich

1. Entwerfen Sie eine griffige, knackige Headline, die sich von den langweiligen der anderen Anbieter, inklusive der Makler, abhebt.
2. Schreiben Sie Texte mit emotionalem Inhalt; je nach Größe und Art der Immobilie mal kürzer, mal länger
3. Im Text müssen der Nutzen Ihrer Immobilie für den zukünftigen Eigentümer und die Macken, die die Immobilie hat, enthalten sein.
4. Verzichten Sie auf Listen mit Zimmeranzahl und den jeweiligen Zimmergrößen.
5. Das schönste Foto ist das Titelbild; der sogenannte „Eyecatcher".
6. Veröffentlichen Sie je nach Immobilie zwischen fünf und 15 Fotos. Zeigen Sie nie alles. Auf das Gäste-WC und den Keller können Sie getrost verzichten.
7. Keinesfalls sollten Familienfotos oder Fotos Ihrer Kinder erscheinen.
8. Verzichten Sie auf Grundrisse und die Darstellung von Lageplänen. Das kann niemand entziffern oder interpretieren und es zerstört die Stimmung, die Sie durch Text und Bilder erzeugt haben.

In welchen Portalen sollten Sie anbieten? Die wichtigsten Portale sind:

- Immobilienscout 24: Dort gibt es eine große Zahl von Unterportalen, auf denen Ihr Angebot auch erscheint. Es ist ein rein elektronisch geführtes Portal.
- Immowelt, Immonet, Kalaydo: Diese drei Portale gehören zusammen und sind jeweils mit Zeitungsverlagen und untereinander verschachtelt und verknüpft: Axel Springer, M. DuMont, Holtzbrinck-Gruppe, WAZ. Viele mittelständische Zeitungen arbeiten auch mit diesen Portalen zusammen. Vorteil: Ihr Internet-Inserat ist auch über Zeitungsportale zu finden.

- Ebay Kleinanzeigen: Dort gibt es eine Immobilienabteilung.
- Im Südwesten, im Saarland und in Rheinland-Pfalz gibt es das Portal „mynexthome": Es gehört inzwischen zu Immobilienscout 24.

Je nach Gegend hat jedes Portal eine mehr oder weniger starke Präsenz. In Hamburg ist es das Portal Immobilienscout24, in Berlin das Portal Immonet und im Raum Köln hat Kalaydo eine starke Dominanz, im Rhein-Main-Gebiet ist Immobilienscout24 das meist frequentierte Portal und im Saarland und in Rheinland-Pfalz ist es mynexthome. Das kann sich je nach Marketing-Anstrengungen der Portale durchaus ändern. Wenn Sie in alle diese Portale Ihr Angebot hochladen, haben Sie die größte Reichweite. Die Internet-Welt ist ständig in Bewegung.

6.1.6 Öffentliche Besichtigungen

Keine Bange, die öffentliche Besichtigung ist mittlerweile eine übliche Marketing-Methode. Allerdings wird Ihnen viel abverlangt. Sie müssen sich technisch und mental wappnen.

Zuerst technisch: Ihr Haus oder Ihre Wohnung müssen sich in bestem Zustand und glänzend präsentieren. Alles muss funktionieren. Ich habe im vorigen Kapitel umfangreich beschrieben, was Sie tun und wie Sie sich vorbereiten müssen.

Wenn es sich um ein sanierungs- und stark renovierungsbedürftiges Haus oder eine Wohnung handelt, ist es am besten, Sie räumen es komplett leer und zeigen es eben „nackt". Stellen Sie in der Küche einen Tisch und Stühle hin, sorgen Sie für eine funktionierende Toilette (mit Toilettenpapier, Seife und Handtuch). Im Winter und in den Übergangszeiten muss die Heizung laufen. In der warmen Jahreszeit sollte das Warmwasser fließen. Kurz gesagt: Wenn ein solches Haus funktionsfähig ist, dann halten Sie es auch funktionsfähig.

Nun zur mentalen Vorbereitung: Es kann durchaus sein, das starker Andrang herrscht. Dann brauchen Sie personelle Hilfe. Vielleicht nahe Verwandte, Freunde oder Bekannte. Machen Sie eine kleine Besichtigungsparty daraus. Oder es kommt (zunächst) niemand. Dann seien Sie nicht enttäuscht und haben weiterhin Geduld. Vielleicht ist gerade Fußball-WM. Es gibt genügend Ereignisse, die Sie berücksichtigen müssen.

Welchen Vorteil haben Sie, wenn Sie eine solche öffentliche Besichtigung vornehmen?

> **Wichtig**
> - Sie können sich viel Zeit nehmen und den Tag wählen, der Ihnen gefällt.
> - Sie müssen sich nur einmal vorbereiten.
> - Die Entscheidung (zumindest eine Vorentscheidung) fällt schon an diesem Tag.
> - Wer tatsächlich eine Immobilie kaufen möchte, wird sich die Zeit nehmen.
> - Es werden sich automatisch die ernsthaften von den weniger ernsthaften Interessenten trennen.
> - Sie erhalten sofort eine konkrete Meinung zu Ihrem Angebot.
> - Sie wissen sofort, wie Ihr Angebot wirkt.
> - Sie merken sofort, ob der Preis stimmt – und erhalten vielleicht schon konkrete Angebote.

Wie gehen Sie nun vor?

- Der Termin: Nehmen Sie einen Samstag oder Sonntag. Die besten Uhrzeiten sind zwischen 11.00 Uhr und 15.00 Uhr, Sommer wie Winter. In jedem Fall am helllichten Tag.

- Laden Sie die Interessenten zu einer einzigen Uhrzeit ein, zum Beispiel um 14.00 Uhr – nie „von … bis …" Es müssen so viele Leute wie möglich auf einmal kommen. Egal wie groß oder wie klein Haus oder Wohnung sind. Wichtig ist dabei, dass alle sehen: Es sind noch viele andere Interessenten da. Auch „Immobilien-Touristen" sind willkommen. So entsteht bei denen, die ernsthaft am Erwerb interessiert sind, ein Entscheidungsdruck und das Risiko von Preisverhandlungen sinkt.
- Kochen Sie Kaffee und backen Sie einen Kuchen. Die Gerüche sind beliebt und schaffen ein sehr wichtiges Gefühl: das „Zuhause-Gefühl".
- Stellen Sie alkoholfreie Getränke (Wasser, Saft) und Gläser auf den Tisch. Es könnten Kinder kommen, aber auch Erwachsene haben Durst, insbesondere dann, wenn es um ernsthafte Gespräche geht, die sich durchaus entwickeln können.
- Halten Sie eine Liste bereit, in der Sie die Adressen, Telefonnummern und E-Mail-Adressen notieren. Lassen Sie niemanden ohne Adressangabe herein. Verweigern Sie konsequent den Zugang, wenn jemand seine Daten nicht preisgeben möchte. Das bedeutet: Sie müssen immer zu zweit sein, besser zu Dritt. Eine Person am Eingang, die anderen begleiten die Interessenten durch die Immobilie.
- Wenn Sie einen Garten oder einen großen Balkon haben, ist es ratsam, eine Festgarnitur aufzustellen: einen Tisch und zwei Bänke, mit Tischdecke und ein paar Blumen. So sorgen Sie für eine leichte Partystimmung. Die Menschen müssen sich zuhause fühlen und spüren, wie es ist, wenn Freunde kommen oder eine Familienfeier stattfindet.

In den meisten Fällen wird es funktionieren und Sie haben an diesem Tag den Käufer oder zumindest mehrere ernsthafte Interessenten gefunden. Wie Sie damit umgehen, erläutere ich beim Thema „Preisverhandlungen".

6.2 Erster Kontakt: Blind Date mit Vorspiel am Telefon

> Sie freuen sich natürlich, wenn sich jemand auf Ihre Offerte meldet, und denken (oder hoffen zumindest) das ist ein ernsthafter Interessent. Ihre Immobilie hat Anklang gefunden. Plötzlich melden sich ganz, ganz viele. Ihr E-Mail-Postfach quillt über. Sie können sich vor Nachfrage kaum retten. Von ganz hinten schiebt sich eine Frage nach vorn: „Habe ich vielleicht doch zu billig angeboten?" Es melden sich Makler über Makler. Auch das noch ...

> Alle sagen: „Ich habe einen Käufer für Ihre Immobilie oder zumindest einen Interessenten". Dann melden sich auch noch Agenturen, die damit werben: „Wenn Sie über uns einen guten Makler finden, oder den besten in Ihrer Region bzw. die drei besten, oder sich von uns eine Bewertung machen lassen – kostenlos und unverbindlich". Oder ganz gewagt argumentieren: „Mit uns erzielen Sie 25 oder mindestens zehn Prozent mehr". Diese Agenturen verkaufen diesen Kontakt für einen Preis pro Adresse, für eine monatliche Pauschale oder für einen Anteil an der Provision an Makler. Oder es handelt sich um „Internet-Makler" irgendwo in Deutschland, die vor Ort mit Hilfskräften arbeiten. Hier gibt es eine Vielzahl von Geschäftsmodellen. Grundsätzlich ist dagegen nichts einzuwenden, denn Sie sollten jede Gelegenheit nutzen, Ihre Immobilie zu verkaufen. Aber: Viel hilft nicht immer viel. Und: Viele Köche verderben den Brei, viele Anbieter verderben den Preis.

Das Thema „Immobilienmakler" und „kommerzielles Anbieten" behandle ich am Schluss dieses Buches. Sie wollen ja privat verkaufen ohne fremde Hilfe.

Trotz Internet und E-Mail: Das Telefon ist unverzichtbar. Dabei ist es ganz egal, ob sich Interessenten bei Ihnen melden oder Sie Interessenten aufgrund vorheriger E-Mail-Nachrichten anrufen.

Dabei müssen Sie ein Ritual einhalten, eine Systematik. Diese schützt vor Fehlern, Fehleinschätzungen und falschen Hoffnungen. „My home is my castle". Das gilt hier ganz besonders. Sie lassen nur den rein, den Sie reinlassen wollen. Machen Sie es hier, wie die Profis. Filtern Sie. Denn wenn Sie alles richtig gemacht haben, Ihr Preis stimmt, Ihr Marketing und Ihre Werbung stimmen, dann sind Sie jetzt auf dem richtigen Weg.

Nehmen Sie einen Block und notieren Sie im Vorfeld des Anrufs die Fragen, die Sie den Anrufern stellen.

Hier zunächst die Liste der Fragen und die Erklärungen, warum Sie fragen sollten.

„Bis wann wollen Sie einziehen?"
Ernsthafte Interessenten haben einen konkreten Umzugstermin geplant. Antworten wie: „Wenn wir das Richtige finden" oder „Wir haben es in einem Jahr geplant" sind sehr unverbindlich. Da Sie Ihren geplanten Umzugszeitpunkt kennen, können Sie die Frage auch so formulieren: „Wir ziehen im Februar um. Passt Ihnen der Termin?" Bei passender Antwort kommt dieser Interessent in die engere Auswahl für eine Besichtigung.

„Haben Sie sich schon um Ihre Finanzierung gekümmert?"
Wenn Sie einkaufen gehen, schauen Sie auch zunächst auf Ihr Konto (bei größeren Anschaffungen) oder in Ihren Geldbeutel (beim täglichen Einkauf). Beim Immobilienkauf sind die meisten Menschen auf eine zusätzliche Fremdfinanzierung angewiesen. Bei Antworten wie: „Das geht Sie nichts an" brauchen Sie nichts weiter zu tun, als sich höflich zu verabschieden. Bei „Das geht schon in Ordnung" oder „Da brauchen Sie sich keine Sorgen zu machen", haken Sie nach: „Bei welcher Bank finanzieren Sie? Vielleicht ist es die Gleiche, bei der ich finanziert habe". Wenn der Gesprächspartner detailliert Auskunft geben kann, dann ist er grundsätzlich ernsthaft interessiert und konkret.

„Bis zu welchem Preis suchen Sie ein neues Zuhause?"

Nun, Ihr Preis steht im Angebot. „Warum also diese Frage?", denken Sie. Die Leute können doch lesen. Vielleicht stellen Sie diese Frage auch einmal anders: „Sicher haben Sie gelesen, dass meine Immobilie für 250.000 € angeboten ist. Wollen Sie so viel anlegen?" Bei einem schnellen „Ja" stellen Sie die Frage nach der Finanzierung. Hintergrund Ihrer Frage nach dem Preis ist folgender: Alle wissen, dass Immobilienpreise immer Verhandlungssache sind. Und bei vielen Nachfragern schwebt im Hintergrund das Vorurteil, dass alle Preise grundsätzlich um zehn bis 20 % zu hoch sind. Meistens stimmt das. Ihr Preis jedoch ist genau kalkuliert und um einen kleinen Verhandlungsspielraum von fünf bis zehn Prozent ergänzt. Wenn also jemand antwortet: „Ich habe mir gedacht, dass ich bis 200.000 € gehen kann", dann möchte dieser schon jetzt Ihren Verhandlungsspielraum ausloten oder er kann nicht mehr ausgeben und hofft auf Ihr Entgegenkommen. Diese scheiden also aus. Bei Antworten wie: „Ja, das habe ich mir so vorgestellt, das ist mein Rahmen, das kann ich finanzieren", laden Sie die Familie zur Besichtigung ein.

„Wie viele Personen sollen hier wohnen? Mit wie vielen Personen wollen Sie einziehen?"

Sie kennen Ihr Haus, Ihre Wohnung. Es ist ganz klar, dass in drei Zimmern meistens zwei bis drei Personen wohnen, in Zwei-Zimmer-Wohnungen und Ein-Zimmer-Apartments meistens nur eine Person. Bei Eigentumswohnungen ist eine solche Frage kaum zu stellen, bei Häusern allerdings schon. Ich habe es häufig erlebt, dass eine fünf- bis sechsköpfige Familie sich für Vier- bis Fünf-Zimmer-Häuser interessiert hat. Ein solches Haus ist denkbar zu klein. Wenn Sie also eine Personenanzahl genannt bekommen, die die Kapazität Ihres Hauses überfordert, dann antworten Sie höflich: „Dieses Haus ist wegen seiner Bauart nur für X Personen geeignet. Es sei denn, Sie wollen es durch einen Anbau oder eine Aufstockung erweitern". Da Sie das im Vorfeld recherchiert haben, können Sie das auch so mitteilen. Wenn allerdings der Finanzierungsspielraum (danach hatten Sie ja bereits gefragt) dafür nicht ausreicht, sollten Sie auch hier das Gespräch abbrechen und viel Erfolg bei der weiteren Suche wünschen.

> **Beispiel**
> Einmal habe ich es allerdings erlebt, dass ich bei einer Zwei-Zimmer-Eigentumswohnung genau diese Frage nach der Personenzahl stellte. Die Antwort: drei Personen. Auf meine Entgegnung, dass diese Wohnung zu klein sei, bekam ich zur Antwort: „Darf man in Deutschland keine Zwei-Zimmer-Wohnung kaufen, wenn man zu dritt ist?" Keine dumme Frage. Die Interessentin kam aus Rumänien und hatte aufgrund harter Arbeit in Deutschland in den letzten zehn Jahren und eisernem Sparwillen genug Geld, um sich endlich ihren Traum zu erfüllen: eine Wohnung in Deutschland zu kaufen! Sie sagte weiter: „Unser Sohn ist jetzt 14. Wenn er 17 ist, dann wird er ausziehen. Solange schlafen wir im Wohnzimmer auf der Couch". Diese Erklärung war plausibel. Wir besichtigten und die Wohnung war verkauft! Mit Freudentränen haben die neuen Eigentümer den Kaufvertrag unterschrieben. Selten habe ich so glückliche Menschen gesehen. Auch ich bin immer noch gerührt, wenn ich daran denke.

Und nun zu einer Frage bzw. zu einer Mitteilung mit anschließender Frage

Erwähnen Sie jetzt schon etwas Störendes, zum Beispiel die Eisenbahn in der Nähe, die Einflugroute, die Hauptstraße vor Ihrem Haus, Mängel, Renovierungs- und Sanierungsbedarf sowie gravierende Schäden im oder am Haus. Stellen Sie dann ganz offensiv die Frage: „Würde Sie das stören?", „Kämen Sie damit zurecht?" oder „Würden Sie das trotzdem kaufen?"

Wenn Sie das jetzt schon am Telefon erwähnen, dann ersparen Sie sich und Ihrem Interessenten viel Zeit und Enttäuschung. Die meisten Verkäufer schildern ihr Immobilienangebot häufig sehr positiv. Bei der Besichtigung stellen sich die Störungen als enttäuschendes Element dar. Nach dem Motto: „Wenn Sie mir das vorher gesagt hätten, dann wäre ich erst gar nicht gekommen". Sie vermeiden also Enttäuschungen, wenn Sie am Telefon Klartext reden. Schildern Sie es vielleicht dramatischer, als es wirklich ist. Wenn die Interessenten bei der Besichtigung dann sagen: „Naja, so schlimm, wie Sie es geschildert haben, ist es doch gar nicht!" Dann haben Sie gewonnen.

Beispiel

Auch hier möchte ich Ihnen eine kleine Geschichte erzählen, die beispielhaft dafür steht, wie Sie einen Interessenten filtern, begeistern und die notwendige positive Spannung und Erwartung aufbauen. Eine Dame rief an. Sie hatte ein Baustellenschild für Reihenhäuser gesehen, die wir angeboten hatten. Es waren keine Häuser zu sehen, lediglich ein Baucontainer. Sie fragte, wann denn diese Häuser fertig sein würden. Die Baugenehmigung war gerade auf dem Weg. Bis zur Fertigstellung eines Hauses dauerte es noch mindestens zwölf Monate. Das war ihr zu lange. Sie brauchte das Haus sofort. Ich fragte nach dem Grund. „Mein Mann und ich leben in Scheidung und das seit einem Jahr in einem Haus bei zwei getrennten Haushalten", sagte sie ganz offen. „Jetzt ist es genug. Ich muss jetzt raus und die beiden Töchter auch". Nun begann ich mit dem Stellen der wichtigsten Fragen: „Wo möchten Sie denn am liebsten wohnen?" Sie nannte genau zwei Orte. In einem der beiden Orte konnte ich ihr etwas anbieten: eine Doppelhaushälfte, unmittelbar gebaut nach dem Krieg mit einer einzigen Trennwand und sehr, sehr kleinen Zimmern. Die gesamte Wohnfläche auf zwei Etagen und einem bewohnbaren Spitzboden (Zugang über den Flur im Obergeschoss mitten durch ein Zimmer) beträgt etwa 70 m², dazu der Keller mit einer lichten Höhe von knapp unter zwei Metern. Das Grundstück war üppig groß mit fast 600 m², einem Gartenteich, einer Gartenhütte. Die Raumaufteilung war auch eher ungewöhnlich: Im Keller befand sich das sanierte Bad, Waschküche und Erdgasheizung und ein sehr heller Hobbyraum mit Tageslicht. Im Erdgeschoss war ein kleines WC (für beleibte Menschen eher nicht geeignet), das Wohnzimmer und die Wohnküche. Dort war auch der Abgang zum Keller. Im Obergeschoss gab es nur ein abgeschlossenes Zimmer und ein WC mit Waschgelegenheit. Der Flur ist mittels eines Vorhangs zu einer Schlafkoje abgeteilt. Von dort geht es über eine steile Treppe in den Spitzboden, der als Zimmer oder Büro bzw. Atelier gut Verwendung fand. Das Haus war ein Jahr zuvor total saniert worden. Außer dem Rohbau und dem Gebälk war alles neu. Und der Keller war trockengelegt.

Die Eigentümer zogen aus beruflichen Gründen weg und wollten gern das Haus für den alten Kaufpreis zuzüglich Sanierungskosten verkaufen (plus mein Verkaufshonorar). Die Bewertung gab es knapp her. Wir addierten noch einen Verhandlungsspielraum von fünf Prozent dazu.

Nach meiner Einschätzung war es genau eine Person zu viel. Ich fragte also: „Wie viele Personen sollen denn einziehen?" Sie sagte: „Ich, meine beiden Töchter – und ab und zu kommt mein Freund. Der wohnt aber nicht dauernd hier". Die Offenheit hielt an und ich fragte weiter: „Haben Sie sich über die Finanzierung Gedanken gemacht?" Antwort: „Das ist kein Problem, Ich verwalte die drei Hochhäuser meiner Eltern. Was ich unbedingt brauche: einen kleinen, hellen Arbeitsraum für meine Verwaltung und die Akten". Das war vorhanden. „Ich will in einem Monat einziehen!" Auch das war möglich. Ich beschrieb ihr kurz das Haus und teilte ihr meine Bedenken mit, dass es eventuell zu klein für drei, ab und zu vier Personen sei. Ich nannte ihr den Preis. Der war kein Problem. Und die Finanzierung? „Ich rufe bei der Bank an. Ich habe ein eigenes Haus (da wollte sie ja raus). Innerhalb einer Woche bekomme ich eine Zusage über die Summe". Da ich die Hochhäuser kannte und auch in etwa wusste, wo ihr Haus steht war das alles für mich glaubwürdig. Jetzt kam wie aus der Pistole geschossen die Aufforderung: „Ich möchte jetzt gleich besichtigen!" Puh – das mache ich so gut wie nie. Doch wie heißt es so schön bei James Bond: „Sag niemals nie". Ich hatte den Schlüssel vom Haus. Es war noch bewohnt. Die Eigentümer hatten also großes Vertrauen zu mir. Das übertrug sich auch auf die Dame, was ich später bemerken sollte. Ich schützte noch ein bisschen Arbeit vor, um die Interessentin auf die Folter zu spannen und die Spannung zu erhöhen. „Geht das in einer Stunde?" (Ich hatte knapp zehn Minuten zu fahren …). „Gut, machen wir. Wir gehen noch einen Kaffee trinken und dann sehen wir uns". Ich nannte die Adresse vom Haus. Wir trafen uns dort. Sie waren zu viert: Mutter, zwei Töchter und die beste Freundin! Wir kannten uns vom Sehen. Ich hatte schon größte Bedenken: Beste Freundinnen, beste Freunde oder der Fachmann reden die Immobilie fast immer aus. Hier war es anders: Ich sah es den Gesichtern schon an. Das musste klappen. Es war ideal: die Körpergrößen der Mutter und der Töchter waren für das Haus kompatibel: zwischen 1,40 m und 1,60 m. Das passte. Jetzt besichtigten wir den Keller zuerst!. Das macht man eigentlich nie, es sei denn, dort befindet sich der wesentliche Kaufgrund: das Büro für die Verwaltung. Kommentar: „Gekauft!" „Wollen Sie nicht auch noch die anderen Zimmer sehen?", fragte ich neugierig. „Na klar", sagte sie (ich bemerkte, sie kannte sich mit Immobilien gut aus), „ich will doch sehen, ob es genau so ist, wie Sie es mir am Telefon beschrieben haben". Dem war so. Die beiden Töchter teilten sich den „Wohn-/Schlafflur" und den Spitzboden untereinander auf. Das war dann auch geregelt. Den Verhandlungsspielraum, den ich zur Verfügung hatte, nutzte ich auch aus. Eine Woche später waren wir mit der Finanzierungszusage (darauf legte ich für meine Auftraggeber großen Wert) beim Notar. Auszug und Einzug waren schnell geregelt. Vier Wochen später wohnten die neuen Eigentümer im neuen Heim. Es waren die ersten und einzigen Interessenten für dieses Haus.

Drei Jahre später verkaufte die Eigentümerin das Haus wieder und gab mir den Auftrag. Wir bekamen den alten Kaufpreis plus die Erwerbskosten. Die neuen Käufer waren ein kinderloses junges Paar – ideal!

Sie sehen an diesem Beispiel, wie die Kombination Verkaufsschild (wenn auch an einer anderen Adresse), Fragetechnik, Aufbau von Spannung und Erwartung, meine Zurückhaltung bezüglich der Eignung des Hauses, die glaubwürdige Beschreibung am Telefon ohne Beschönigungen und übermäßiges Aufrunden von Wohnflächen, sowie die Schlüsselgewalt über ein bewohntes Haus zum gewünschten Ergebnis führte.

Entwickeln Sie sich jetzt langsam zum Profi? Schön. Ein paar Kleinigkeiten zum Thema Telefon sollten Sie noch wissen:

- Bieten Sie Ihre Immobilie nicht aufdringlich an, sondern eher zurückhaltend. Dadurch machen Sie sie begehrenswert. Das ist ein üblicher Flirt-Tipp bei Partnerportalen. Bei Immobilien ist das nicht anders.
- Lassen Sie sich nicht ausfragen. Fragen Sie. Drehen Sie den Spieß um. Die Interessenten fragen am Telefon irgendetwas – ganz gleich was. Diese Frage beantworten Sie. Dann stellen Sie eine der oben genannten Fragen: „Sie haben sicher gelesen, die Immobilie kostet XY Euro. Wollen Sie so viel anlegen?" Oder: „Im Exposé haben Sie sicher gelesen, dass mein Haus fünf Zimmer hat. Brauchen Sie so viele Zimmer?" Kurz: Sie erwähnen eine bestimmte Sache oder Situation und stellen dann die Frage, ob das so okay ist, gewollt ist oder stört. Das ist ein Frageprinzip, das die US-Makler und kanadischen Makler „Liste raten" nennen. Damit ist eine Liste der Dinge gemeint, auf die ein Käufer Wert legt oder die ihn stören.
- Fragen Sie auch direkt nach Dingen und Umständen, auf die ein Käufer besonderen Wert legt, was er auf keinen Fall will und die ein absoluter Ablehnungsgrund sind. Entscheiden Sie dann, ob sie die Interessenten zu einer Besichtigung einladen.
- Sagen Sie nie, wann Sie zu Hause sind, oder von wann bis wann Sie in den Urlaub fahren, bei der Arbeit sind oder beim Sport
- bereiten Sie Ihre minderjährigen Kinder auf diese Anrufe vor, falls die allein zu Hause sind oder gern vorwitzig das Telefon abheben – die dürfen auch nichts sagen
- kein Verkaufsgespräch am Telefon – nur eine Terminvereinbarung

6 Marketing – Ihre Immobilie wird öffentlich

Unabdingbar ist jedoch, dass Sie sich die Daten der Interessenten notieren, die Sie zur Besichtigung einladen.

- Vor- und Zuname
- Adresse
- Telefonnummer
- E-Mail

Ohne diese Daten kommt niemand in Ihr Haus! Wenn Ihnen das jemand nicht nennen möchte, verweigern Sie konsequent Ihre Adresse. Oder „Ich will nur mal vorbeifahren um zu sehen, ob mir die Lage gefällt" – selbst das sollten Sie nicht zulassen, ohne dass Sie die Adresse haben.

Und die Frage nach dem Zusenden von Grundrissen oder Lageplänen oder sonstiger „Unterlagen für die Bank" verweigern Sie genauso konsequent. Sagen Sie: „Aus Sicherheitsgründen versenden wir diese Dinge nicht – weder in Papierform noch per E-Mail". Sie kennen den Menschen am Telefon nicht. Vielleicht ist auch alles glaubwürdig, was die Leute sagen. Sie wissen nicht, warum sie diese Dokumente möchten. Deshalb: Diese Dinge händigen Sie erst nach der Besichtigung aus.

Fazit

Das Telefonat ist der sensibelste und ein entscheidender Teil des gesamten Verkaufsvorgangs. Wenn Sie vorher alles richtig gemacht haben. Hier filtern Sie echte Interessenten von Touristen, ernsthafte Kaufanwärter von Prospekte-Sammlern. Eine Immobilie wird nicht über das Internet verkauft – das Internet ist eine Maschine zum Erreichen möglichst vieler Interessenten, ein „Interessenten-Bagger" – zusammen mit den anderen Marketing-Methoden, dem sogenannten „Marketing-Mix", wie es Fachleute nennen. Lassen Sie das Internet nicht darüber entscheiden, wer Ihre Immobilie kaufen soll. Das entscheiden Sie durch Ihr geschicktes Verhalten am Telefon und später bei der Besichtigung.

7

Let's begin with the show! – die Immobilienpräsentation

> Jetzt gilt es! Ich kam, sah und siegte! Das wäre doch toll, oder? Der erste Termin ein Volltreffer? Das ist es doch, was Sie sich wünschen. Das könnte klappen, weil Sie vorher alles richtig gemacht haben und bei der Besichtigung alles nach Plan lief. Oder doch nicht? Wenn das nicht so funktioniert, was machen Sie dann? Was sind die Gründe?

7.1 Grundgedanken

Bevor ich Ihnen den Ablauf einer gekonnten und effektvollen Besichtigung erläutere, ist es wichtig, Ihnen die psychologische Situation der Interessenten darzustellen.

Aufgrund der Schilderung im Exposé und der Bilder, die Sie im Internet veröffentlicht haben, haben sich die Menschen ein eigenes Bild von Ihrer Immobilie gemacht. Dieses Bild ist auch geprägt von den eigenen Vorstellungen grundsätzlicher Art, wie die Menschen in Zukunft wohnen wollen, was sie sich vorstellen und von den Erwartungen, die aufgrund dieser Mischung entstehen.

Handelt es sich bei Ihrer Immobilie um einen renovierungsbedürftigen Altbau? Dann werden sich die Leute vorstellen, was sie noch alles hineinstecken müssen und rechnen abstrakt schon mal hoch, was das alles kosten wird und ob man noch umbauen kann oder muss, um es den eigenen Vorstellungen entsprechend zu formen.

Ist Ihre Immobilie in Ordnung? Wurden immer alle notwendigen Renovierungen und Modernisierungen zeitnah vorgenommen? Dann ist es eher eine Geschmacksfrage, ob Ihre Vorlieben dem jeweiligen Zeitgeist hinsichtlich des Designs und der Gestaltung entsprechen und auch die Präferenzen der zukünftigen Bewohner trifft, denen daher die Immobilie gefällt bzw. für die sie mit Abstrichen noch infrage kommt. Oder wird gar mit erheblichen Aufwendungen gerechnet, um die Immobilie auf den Geschmack der neuen Bewohner zu trimmen?

In den einschlägigen Zeitschriften gibt es oft trendsetzende Darstellungen schöner Häuser und Wohnungen. Das prägt auch die Vorstellungen, ganz abgesehen von den Katalogen der Möbelhäuser, Baumärkte und Fertighausunternehmen.

Die Frage ist auch, ob die jeweilige Raumanordnung passt oder verändert werden muss, um sie auf die Ansprüche der neuen Bewohner zurechtzuschneiden.

Bei Eigentumswohnungen ist es ein wenig einfacher. Hier kann durchaus entscheidend sein, wem die Interessenten zuerst im Treppenhaus begegnen. Wer sind die Nachbarn? Wie ist der Balkon gelegen? Kann man hineinsehen? Wie ist der Blick vom Balkon? Wie ist die Raumaufteilung? Entsprechen das Design und der Stil annähernd dem Stil der Kunden? Sind die Wände und Decken holzgetäfelt?

Hinzu kommen Fragen wie: Wo kann ich das Klavier hinstellen, den Flügel, die Schrankwand? Passen der schöne antike Schrank, die wertvolle Kommode und die Bilder? Es sind genau die gleichen Dinge, die auch Sie berücksichtigen, wenn Sie eine neue Immobilie kaufen. Sie machen sich die gleichen Gedanken. Die Gedanken der Interessenten kennen Sie nicht – Sie können sie nicht kennen.

> Über allem steht: Nehmen Sie negative Kritik nicht persönlich! Die Leute meinen nicht Sie, sondern drücken sich manchmal undiplomatisch aus. Die Leute bemerken mangelnde Übereinstimmungen mit eigenen Erwartungen und kritisieren ganz einfach. Bleiben Sie höflich. Vielleicht meinen sie es nicht so, sondern wollen nur herausfinden, ob Sie verhandlungsbereit sind. Bleiben Sie gelassen und diplomatisch.

In jedem Fall kommen die zukünftigen Bewohner bzw. potenziellen Käufer mit hellwachen Sinnen, voller Spannung und froher Erwartung, denn sie besichtigen jetzt den Ort, das Gebäude, in dem sie die kommenden Jahre oder ein Leben lang wohnen werden. Ein neuer Lebensabschnitt soll hier beginnen.

Jetzt möchte ich Ihnen alle Sinne vorstellen, die Sie (und Ihre Geschäftspartner) haben. Es sind nach wissenschaftlicher Forschung genau zehn Sinne. Ja, Sie haben richtig gelesen: zehn Sinne. Manche sprechen auch von zwölf Sinnen. Bleiben wir, um es nicht hoch wissenschaftlich zu machen, bei den zehn Sinnen.

Zunächst die Ihnen bekannten fünf Sinne, die schon Aristoteles beschrieben hat:

Sehen, die visuelle Wahrnehmung mit den Augen („Gesichtsempfindung, Gesicht"): Es ist nur wenigen bekannt, dass 89 % der Wahrnehmung über die Augen geschieht. Dies hat sich in den vergangenen 1,8 Mio. Jahren der Menschwerdung so herausgebildet und ist die Grundlage für unseren aufrechten Gang (über das hohe Steppengras hinweg Beute oder Gefahr erkennend). Der Mensch will immer den Überblick. Das ist die Grundlage für die Beliebtheit von Dachgeschosswohnungen und Penthäusern, Aussichtsplattformen und Hochhäusern. Zuerst sieht der Interessent das Exposé, die Beschreibung und die Bilder. Das bedeutet auch: Durch die Beschreibung entstehen unwillkürlich Bilder vor dem inneren Auge, gespeist aus dem Vorstellungsvermögen und den gespeicherten Eindrücken der Erlebniswelt Ihres zukünftigen Käufers. Die Bilder bleiben hängen. Die textliche Beschreibung gerät dabei in den Hintergrund. Dann sieht er Ihre Immobilie, zunächst von außen, dann von innen. Dieser Eindruck muss mit dem aus den Fotos deckungsgleich sein, sonst entsteht vielleicht eine Enttäuschung, vor allem, wenn die Bilder mit großem Weitwinkel aufgenommen wurden (die Räume erscheinen dabei auf dem Foto größer als in Wirklichkeit), die Möbel schön hergerichtet sind, bei der Besichtigung aber fehlen, oder im Text Dinge geschildert werden, die sich mit der Wirklichkeit nicht in Einklang bringen lassen. Das bedeutet auch: Beim Homestaging müssen die Möbel und das Design bis zum Verkauf in den Räumen verbleiben. Eine Neujustierung der zunächst gemachten Eindrücke im Unterschied zum tatsächlichen Sachverhalt macht Mühe und wirkt negativ.

Hören, die auditive Wahrnehmung mit den Ohren (Gehör): Nur 0,9 % aller von außen einströmenden Daten werden mit dem Gehör wirkungsvoll wahrgenommen. Denken Sie an die Musik beim Autofahren, das im Hintergrund laufende Radio oder die leise Barmusik. Sie haben telefoniert. Sie machen sich eine Vorstellung von dem Menschen am anderen Ende der Leitung und Ihr Gesprächspartner auch von Ihnen. Beliebt ist das Schätzen des Alters aufgrund der Stimme. Vergessen Sie es. Manche jung klingende Stimme entstammt durchaus einem älteren Menschen, der es jedoch gewöhnt ist, zu reden, vielleicht als

Außendienstler, Lehrer, Schauspieler, Moderator. Und hinter manch verrauchter Stimme, bei der man leicht an Zigaretten, Zigarren, Whisky und verruchte Kneipen oder Schlimmeres denkt, steckt eine sympathische junge Frau oder ein junger Mann – Stimme ist eben angeboren. Nur wenige professionell mit der Stimme umgehende und darin ausgebildete Menschen können sie regulieren. Also: Vergessen Sie Ihre Vorurteile diesbezüglich.

Riechen, die olfaktorische Wahrnehmung mit der Nase (Geruch): Das ist nun der älteste Sinn von Lebewesen und damit auch des Menschen. Das bedeutet: Achten Sie auf Ihren eigenen Geruch und nehmen Sie sparsam Eau de Toilette oder Rasierwasser. Nackte Füße bei der Besichtigung machen sich auch nicht gut. In russischen oder arabischen und türkischen Haushalten ist es Sitte, sich die Schuhe vor dem Betreten der Wohnung auszuziehen. Das erklärt auch die Menge der Schuhe in den Treppenhäusern und Fluren mancher Mehrfamilienhäuser. Gehören Sie zu diesen Bevölkerungsgruppen, machen Sie Ihre Besucher schon vor der Besichtigung darauf aufmerksam oder gestatten Sie Ihren Besuchern, die Schuhe anzubehalten. Es könnte sonst peinlich werden. Achten Sie auf guten Geruch in der Wohnung. Kochen Sie Kaffee, backen Sie einen Kuchen, stellen Sie Obst hin und Blumen. Insbesondere in Schlafzimmern sollten Sie auf angenehmen Geruch achten. Kochen Sie vor Besichtigungen keinen Fisch, Kohl oder knoblauchhaltige Speisen. Stellen Sie das Katzenklo raus und beseitigen Sie den Geruch. Ihr Hund sollte sich nicht nass Ihren Besuchern präsentieren. Und benutzen Sie Ihr WC mindestens eine Stunde vor Besichtigungen in keinem Fall. Denn gerade bei Reihenhäusern ist das WC der erste Raum nach der Haustür.

Schmecken, die gustatorische Wahrnehmung mit der Zunge (Geschmack): Bieten Sie den Menschen einen Kaffee oder Tee an, vielleicht ein nichtalkoholisches Erfrischungsgetränk, etwas Gebäck oder vom selbst gebackenen Kuchen. Das verstärkt das Gefühl des „Zuhause-Seins" und ist ein Beweis Ihrer Gastfreundschaft. Allerdings sollten Sie es den Besuchern nicht übel nehmen, wenn sie ablehnen. Werden Sie auf keinen Fall aufdringlich, höfliches Anbieten reicht. Schmecken kann man auch im übertragenen Sinn. Sie kennen die Redensart: „Das schmeckt mir nicht" und meint: „Das gefällt mir nicht" – „Das passt mir nicht". Lassen Sie die Leute reden – auch wenn Ihnen nicht schmeckt, was die Leute über Ihre Immobilie reden. Hauptsache sie kaufen.

Tasten, die taktile Wahrnehmung mit der Haut (Gefühl): Das ist nach der Wahrnehmung mit den Augen die nächste intensive Wahrnehmung: ganze 8,9 %. Sprechen wir über die Begrüßung, den Händedruck. Greifen Sie beherzt zu. Kurz und kräftig. Brechen Sie Ihrem Gegenüber nicht den Mittelhandknochen. Seien Sie auch nicht zu lasch. Der Händedruck soll Ihre einzige körperliche Berührung sein. Wenn Sie noch so temperamentvoll sind und gern den Leuten die Hand auf die Schulter, vertrauensselig den Unterarm auf den Rücken legen oder am Tisch Ihre Hand auf den Unterarm Ihres Nachbarn – halten Sie Abstand. Rücken Sie den Menschen nicht auf die Pelle. Lassen Sie die Leute mit großem Abstand durch das Haus gehen. Dieser Abstand schafft ein gutes Gefühl.

Und nun zu den andern fünf Sinnen:

Der Ausdruck „sechster Sinn" wird häufig verwendet, wenn jemand etwas bemerkt, ohne es (bewusst) mit den bekannten Sinnesorganen wahrzunehmen, manchmal im Sinne von „außersinnlicher Wahrnehmung" (Psi-Fähigkeiten, Telepathie, Hellsehen, Präkognition)", so die Definition in Wikipedia. Und weiter an dieser Fundstelle:

> „Im allgemeinen Sprachgebrauch ist er jedoch von „außersinnlicher Wahrnehmung" begrifflich zu trennen, denn

beim „sechsten Sinn" handelt es sich normalerweise um einen umgangssprachlichen Ausdruck zur Beschreibung einer Alltagssituation. Es soll in der Regel keine bestimmte Aussage dazu getroffen werden, wie die Wahrnehmung funktioniert hat (es kann sich also durchaus um unbewusste Wahrnehmung mit den normalen Sinnen, um bloße zufällige Übereinstimmung, aber auch um eine echte „außersinnliche Wahrnehmung" im engeren Sinn handeln), sondern lediglich, dass sie in der gegebenen Situation nicht offensichtlich zu erklären war. Wissenschaftler von der Washington Universität in St. Louis (USA) konnten mittels Magnetresonanztomographie nachweisen, dass eine bestimmte Hirnregion, der Anteriore Cinguläre Cortex (ACC), ein Frühwarnsystem darstellt, das bei drohender Gefahr einer Fehlentscheidung aktiv wird. Offensichtlich empfängt diese im Frontallappen liegende Hirnregion Umgebungssignale, die dann unverzüglich auf potenzielle Gefahren hin analysiert werden. Sollte eine Situation als „gefährlich" interpretiert werden, schlägt es sofort Alarm, sodass das Individuum die Möglichkeit hat, eine Änderung seines momentanen Verhaltens einzuleiten. Menschen, die auf diese Weise rechtzeitig einer Gefahrensituation entronnen sind, führen dies dann gern auf ihren „sechsten Sinn" zurück."

Soweit Wikipedia. Sicher haben Sie es schon einmal erlebt: Sie spüren irgendwas, drehen sich um und es schaut Sie jemand direkt an. Sie haben den Blick „gespürt". Was bedeutet das für Sie beim Immobilienverkauf? Es könnte durchaus sein, dass bei Ihnen ein Gefühl hochsteigt: Dieser Mensch ist mir unangenehm. Daraus entsteht ein Widerwillen, diesen Menschen länger in Ihrer Umgebung zu haben. Sie fühlen sich in seiner Gegenwart unwohl. Es kann auch andersherum sein. Bleiben Sie höflich. Sprechen Sie ohne Aggression. Bleiben Sie geduldig. Es könnte Ihr Käufer sein. Er muss sich mit seinen Nachbarn verstehen.

Sie ziehen weg. Es kann und muss Ihnen egal sein. Auch wenn sich Ihnen die Nackenhaare sträuben. Es könnte Ihr Käufer sein. Seien Sie, wie bei allen anderen auch, vorsichtig, wenn vorschnelle Zusagen kommen oder der Spruch „Die Finanzierung ist kein Problem". „Wir kaufen sofort. Wir haben das Geld in bar". Lassen Sie besondere Vorsicht walten (insbesondere wenn Bauträger an einem Grundstück interessiert sind), wenn Sie folgende Äußerung hören: „Ich biete Ihnen den Höchstpreis!" Das kann stimmen, ist aber oft ein Vorwand, um Sie zu veranlassen, andere Verhandlungen einzustellen, damit für den Bauträger der Weg frei ist. Um dann bei der Beurkundung über das Bauamt zu klagen über die schlechte Ausnutzung des Grundstücks und die Gestattung, doch nur acht Wohnungen bauen zu dürfen statt der zehn geplanten, besser: erdachten und vorgeschützten. Und dann beim Notar der Preis gedrückt wird. Wenn sich vorher Ihr sechster Sinn gemeldet hat: Hören Sie auf ihn. Er hat Recht.

Temperatursinn, Thermozeption Eine leere Wohnung oder Haus muss immer so gezeigt werden, als könnte in der nächsten Stunde jemand einziehen. Strom, Wasser, Heizung und Warmwasser müssen funktionieren. Nicht zu heizen, ist sparen an der falschen Stelle. Heizen Sie bis etwa 18 bis 20 °C. Sobald die Temperatur unter 15 °C fällt, besteht das Risiko der Schimmelbildung. Das kann über wenige Wochen sehr rasch geschehen und schadet darüber hinaus der Bausubstanz. Und dem Preis. Die Menschen sollen sich wohlfühlen bei der Begehung. Ein leeres Haus oder eine leere Wohnung sind an sich schon trostlos genug. Die Sorgfalt, mit der Sie das verkäufliche Haus oder die Wohnung behandeln, schafft Vertrauen. Die Menschen sollen sich warm und geborgen fühlen.

Schmerzempfindung, Nozizeption Sorgen Sie dafür, dass sich die Besucher gefahrlos in der Immobilie bewegen können. Unebenheiten im Garten begradigen Sie bitte. Hochstehende Platten und andere Stolperfallen beseitigen Sie ebenfalls. Achten Sie insbesondere im Keller und in Nebengebäuden, dass es keine heraustehenden Nägel oder Balken gibt, insbesondere auf Augenhöhe. Schwimm- oder Planschbecken ohne Wasser decken Sie bitte ab, damit niemand hineinfällt. Schwimmbäder und Schwimmbecken mit Wasser sichern Sie bitte ebenfalls vor unvorsichtigen Leuten und entdeckungsfreudigen Kindern. Hunde und Katzen sperren Sie bitte aus oder ein. Manche Menschen haben Angst vor Hunden oder eine Katzenhaarallergie. Der Kanarienvogel oder Wellensittich bleibt im geschlossenen Käfig und der Papagei, der frei auf einer Stange sitzt, soll ebenfalls nicht dazwischenreden. Wenn Sie möglicherweise Exoten im Haus haben, die sich nicht der allgemeinen Beliebtheit erfreuen, sichern Sie diese oder bringen Sie sie irgendwo außerhalb unter. Nichts ist für die Leute schlimmer, als mit Beklemmung durch ein Haus oder eine Wohnung zu gehen. Das wirkt sich negativ aus – auf Haus, Wohnung und Preis. Eine schlechte Präsentation schmerzt den Betrachter – ein zu niedriger Preis schmerzt womöglich Sie. Also: Schmerzen vermeiden!

Vestibulärer Sinn, Gleichgewichtssinn Ein Hochseilartist oder ein Bergsteiger braucht ihn sicherlich in ausgeprägterer Form als der Normalbürger. Immobilienverkauf ist weder körperliche Akrobatik noch eine anstrengende Bergtour. Ich möchte das im übertragenen Sinn darstellen. In der Physik strebt alles nach Ausgleich. Eine Wasseroberfläche wird immer wieder glatt. Warm und kalt, Plus und Minus gleichen sich so lange aus, bis überall die gleiche Temperatur herrscht. Und in der kaufmännischen Buchhaltung wird so lange gesucht, bis auch der letzte Cent gefunden ist und bei Soll und Haben die gleichen Zahlen stehen. Genauso gleichen sich die Interessen aus. Damit alles immer im Gleichgewicht bleibt. Preis und Leistung. Art, Größe, Bau- und Pflegezustand der Immobilie und der geforderte Preis. Wenn es hier ein Ungleichgewicht gibt, tritt es bei der Besichtigung zutage. Angenommen, der Preis ist überhöht und der Kunde merkt es nicht, kann ein Gericht den Preis im Nachhinein aufgrund von Gutachten neu festsetzen und der Verkäufer muss den zu viel erhaltenen Preis herausrücken oder bei den sogenannten „versteckten Mängeln", also der arglistigen Täuschung, Schadenersatz gewähren. In ganz gravierenden Fällen kann der Vertrag sogar aufgehoben werden. Sorgen Sie für Gleichgewicht in der Kommunikation. Reden Sie nicht permanent auf Ihren Besucher ein. Das schafft ein belastetes Gefühl – gleichsam eine Gleichgewichtsstörung. Lassen Sie ihn die Immobilie entdecken und antworten Sie nur auf Fragen. Haben Sie schon einmal darüber nachgedacht, dass im Wort „Beschwerde" das Wort „schwer" enthalten ist? Wenn also jemand „beschwert" ist, ist bei demjenigen etwas aus dem Gleichgewicht geraten und es kommt zu einer Beschwerde, um das Problem zu beheben oder einen misslichen Umstand zu lösen, etwa in Form einer Mängelrüge bei einem Produkt oder bei einer Dienstleistung. Sie merken: Alles ist von physikalischen Gesetzen durchdrungen. Wir sind ein Bestandteil davon und können uns nicht dagegen wehren oder sie verändern. Sorgen Sie also dafür, dass Sie und Ihr Kunde im Gleichgewicht bleiben.

Körperempfindung (oder Tiefensensibilität), Propriozeption Diesen Sinn haben Wünschelrutengänger, hochsensible Menschen, Menschen, die andere mit Worten heilen können oder Beklemmungen lösen. Es sind Eigenschaften, die sich wissenschaftlich nicht erklären lassen. Diese Sinne haben wir alle in mehr oder weniger starker

Ausprägung. Was hat das aber mit dem Verkauf oder der Besichtigung einer Immobilie zu tun? Sicher haben Sie auch schon einmal „so eine Ahnung" gehabt und dann ist es tatsächlich passiert. Das wird Ihnen auch bei der Präsentation Ihres Hauses passieren. Plötzlich haben Sie so ein Gefühl: „Die kaufen das". Oder: „Das habe ich schon von Weitem gesehen – die passen nicht ins Haus". Versuchen Sie also, wie ein Wünschelrutengänger, herauszufinden, wo die Reise hingeht. Achten Sie auf Ihr Innerstes. Aber kehren Sie es nicht heraus, sondern behalten Sie Ihre fröhliche Gelassenheit und Ihr optimistisches Grundgefühl. Es wird sich auf den Besucher, Ihren zukünftigen Käufer, übertragen, denn er tickt wie Sie. Auch er achtet auf sein Gefühl, eher unbewusst. Und Ihr gutes Gefühl überträgt sich auf den Anderen und das Geschäft wird funktionieren. Immobilienverkauf ist eben eine hoch emotionale Angelegenheit – sie wird nur dann rational, wenn ein Zimmer fehlt oder das nötige Kleingeld – aber das klären Sie ja schon vor der Besichtigung.

7.2 Drehbuch und Regieanweisung

> Wie bei einem Film, einem Theaterstück, gibt es ein gedachtes Szenario. Daraus entsteht ein Drehbuch, eine Dramaturgie. Eingedenk der oben geschilderten zehn Sinne und einiger Gedankenanstöße gehen wir nun Schritt für Schritt voran. Die zehn Sinne wirken nicht nacheinander, sondern alle auf einmal. Diesem Umstand werden Sie mit einem sauberen Ablaufszenario, der Regieanweisung, gerecht. Wenn alle diese zehn Sinne in positiver Richtung wirken, dann ist es wie das Gefühl, sich gerade zu verlieben. Sehen Sie also zu, dass sich Ihre Interessenten in Ihre Immobilie verlieben. Ihr Ziel: Mit möglichst wenig Aufwand ein gutes Gefühl erzeugen.

7.2.1 Der erste Eindruck ist nicht wiederholbar

Der Ersttermin mit Kaufinteressenten ist eine Herausforderung für Sie als Verkäufer. Fremde Menschen sind bereit, eine Menge Geld zu investieren. Wichtig ist, dass Ihre Immobilie einen positiven ersten Eindruck hinterlässt. Und diese Chance haben Sie nur einmal. Nutzen Sie sie!.

Innerhalb kurzer Zeit macht sich Ihr Gast ein Bild von Ihrem Angebot, das später kaum mehr zu verändern ist. Das nennt man auch den „Halo-Effekt".

> Der Halo-Effekt (engl. halo effect; hergeleitet vom Lichteffekt „Halo", daher auch Hof-Effekt oder Halo-Hof-Effekt) oder Überstrahlungseffekt ist ein Beurteilungsfehler bzw. eine Wahrnehmungsverzerrung. In der Personenwahrnehmung gibt es aber zahlreiche andere Effekte, die die Wahrnehmung einer Person und somit auch die Bewertungen von Eigenschaften oder Merkmalen der Person beeinflussen. Eine dieser Wahrnehmungsverzerrungen ist der Halo-Effekt, der zum Bereich der sozialen Wahrnehmung gehört. Diese kognitive Verzerrung wird manchmal auch als Heiligenschein-Effekt bezeichnet, da im zwischenmenschlichen Kontakt oft ein einziges positives Persönlichkeitsmerkmal die gesamte Person in einem guten Licht erscheinen lässt.

> Der Begriff wurde im 19. Jahrhundert von Edward Lee Thorndike in die Psychologie eingeführt. Das klassische Experiment wurde schon 1920 von Edward Lee Thorndike beschrieben, der während des Ersten Weltkriegs erforschte, wie in der Armee Vorgesetzte ihre Untergebenen beurteilen. So bat er Offiziere, ihre Soldaten nach solchen Gesichtspunkten zu bewerten: Kondition, Charakter, Führungsqualitäten, Intelligenz und mehr. Ihm fiel dabei auf, dass Soldaten mit hübschem Gesicht und einer guten Körperhaltung in fast allen Bereichen gute Bewertungen erhielten, während Soldaten mit einem weniger einnehmenden Äußeren in fast allen Bereichen schlechter eingeschätzt wurden. Diese Hypothese

wurde später vielfach bestätigt, denn so gelten Brillenträger oft als klug, Dicke als gemütlich, Menschen mit zusammengewachsenen Augenbrauen als minderbegabt, schöne Menschen als sympathisch und hässliche als unsympathisch. Der Halo-Effekt bezeichnet vor allem jene unbewusste Wahrnehmungsverzerrung, die sich bei jeder Begegnung mit anderen Menschen unwillkürlich vollzieht, sei es mit einer bekannten oder unbekannten Person. Dieser Halo-Effekt fließt in den positiven oder negativen Gesamteindruck einer Person bei der Bewertung von Eigenschaften mit ein, sodass man somit auch andere Eigenschaften durchaus positiv beurteilt, obwohl man sie weder aktuell beobachtet hat noch diese schlüssig ableitbar sind. Diese Fehlbeurteilung entsteht somit aus einer allgemein positiven Einschätzung von Eigenschaften einer Person, welche gar nicht beobachtbar sind und über die man keine Informationen besitzt. Gleiches gilt für vermutete negative Merkmale einer Person – zum Beispiel unordentliche Kleidung, ungeschickte Ausdrucksweise –, die ebenfalls auf nicht beobachtete Merkmale generalisiert werden Dieser Effekt hängt mit der Neigung von Menschen zusammen, sich bei jeder Begegnung rasch einen Gesamteindruck des Gegenüber zu verschaffen. Aufgrund dieses Eindrucks wählen Menschen dann ihre Verhaltensweisen gegenüber dieser Person, etwa einen passenden Kommunikationsstil. Kommt es nun aufgrund des Halo-Effekts zu einer Fehlbeurteilung, entspricht also die Reaktion der Person nicht den Erwartungen, so hat das zur Folge, dass man durch das Verhalten irritiert werden kann. Generell werden unbewusst weniger attraktive Personen vermehrt auch als langweilig, unintelligent und erfolglos empfunden, während attraktivere Personen hingegen als deutlich freundlicher, intelligenter, zufriedener und erfolgreicher eingeschätzt werden, als die unattraktiveren. Vor allem Kinder und Jugendliche sind in ihren Urteilen stark vom Halo-Effekt beeinflusst, sodass sie diese etwa aufgrund ihres äußeren Erscheinungsbildes oft als Vorbilder ansehen. Der Halo-Effekt spielt eine bedeutende Rolle auch bei der Entstehung von Vorurteilen.

(Stangl, W. (2017), Lexikon für Psychologie und Pädagogik, unter: http://lexikon.stangl.eu/1655/halo-effekt/ (letzter Abruf: 26.05.2017).

Nur wenn Sie jetzt echtes Interesse wecken können, wird sich der potenzielle Käufer überhaupt weiter mit Ihrem Haus oder Ihrer Wohnung befassen. Sorgen Sie also dafür, dass die Kaufinteressenten sich bei Ihnen wohl fühlen! Räumen Sie auf, putzen und lüften Sie. Besonderes Augenmerk liegt immer auf den Bädern und WCs. Hier sollte alles blitzblank sein. Saubere Handtücher sollten vorhanden sein, Schmutzwäsche oder Sportsachen sollten Sie wegräumen. Nur so wirkt Ihre Wohnung, Ihr Haus attraktiv. In der Übergangszeit und im Winter sollte geheizt sein, auch wenn Ihre Immobilie leer steht.

Ziehen Sie Vorhänge zur Seite und die Rollläden hoch. Schalten Sie überall das Licht an, selbst im Sommer. Wenn die Leute aus der gleißenden Sonne ein Gebäude betreten, wirkt das Gebäudeinnere immer zuerst ein wenig dunkler, bis sich das Auge an die Lichtverhältnisse gewöhnt hat. Sind die Räume jedoch beleuchtet, wird dieser Effekt gemildert, die Räume wirken hell und damit zugleich groß.

Sorgen Sie für Ruhe. Der Interessent möchte sich Ihre Immobilie ansehen. Die Anwesenheit von vielen Personen wirkt störend. Insbesondere, wenn die Wohnung klein ist oder Ihr Haus eine kleine Wohnfläche hat. Ausnahme ist die öffentliche Besichtigung. In diesem Fall sind die Leute darauf eingestimmt, dass sich viele Menschen für die Immobilie interessieren. Dann wirkt das nicht vordergründig, sondern wird überdeckt vom Entscheidungsdruck, der von Ihnen beabsichtigt ist.

Pflegen Sie Ihren Garten. Ein gemähter Rasen, gefegte Wege, gerichtete Gehwegplatten und vielleicht sogar blühende Blumen wirken Wunder.

Wenn Sie Haustiere haben, sorgen Sie dafür, dass sie während einer Besichtigung bei Nachbarn oder Freunden untergebracht sind. Wenn Ihr Gast Angst vor Hunden hat oder allergisch auf Katzenhaare oder Vögel reagiert, dann ist die Besichtigung schneller vorüber als Ihnen lieb ist.

7.2.2 Seien Sie anwesend!

Überlassen Sie die Besichtigung nicht anderen! Auch wenn Sie nicht viel Zeit haben, den Verkauf Ihrer Immobilie können Sie nicht Ihren Kindern oder dem hilfsbereiten Nachbarn oder einem guten Freund überlassen. Ein ernsthafter Interessent möchte mit Informationen aus erster Hand versorgt werden. Sie möchten Ihre Immobilie ja so vorteilhaft wie möglich präsentieren. Nichts wirkt abschreckender als Aussagen (auch wenn Sie nicht von Ihnen kommen), die später zurückgenommen werden müssen.

Kümmern Sie sich um Ihre Kaufinteressenten. Das mag zeitaufwändig sein, ist für den Erfolg aber unbedingt nötig!

7.2.3 Der Umgang mit Interessenten

Wenn Sie Besuch bekommen, sind Sie es gewohnt als guter Gastgeber Ihren Gästen einen Sitzplatz und etwas zu trinken anzubieten. Die Kaufinteressenten möchten zunächst aber nur Ihre Immobilie besichtigen! Deshalb sollten Sie nach einer freundlichen Begrüßung gleich mit der Besichtigung beginnen!

Versuchen Sie nicht, Ihre Immobilie verbal anzupreisen. Verkäufergeschwätz ist tabu. Halten Sie auch körperlich Abstand. Der übliche Sozialabstand liegt zwischen 0,80 und 1,20 m. Alles, was darunter liegt, wird als Eindringen in die Intimsphäre empfunden. Der Kaufinteressent wird sich bedrängt fühlen! Halten Sie sich einfach im Hintergrund und beantworten Sie die Fragen, die Ihnen gestellt werden, vollständig und korrekt, aber erzählen Sie nicht zu viel darüber hinaus.

> Die Besichtigung ist kein Gang durch eine Sehenswürdigkeit. Sie sind nicht der Fremdenführer von Schloss Neuschwanstein, der in den jeweiligen Räumen die Ess-, Schlaf- und Freizeitgewohnheiten des ehemaligen Bewohners, des „Kini" (König Ludwig von Bayern), erzählt und wie und was warum gebaut, eingerichtet und ausgestattet wurde. Vergessen Sie alles, was Sie selbst eingebaut und hergestellt haben. Darüber zu erzählen wirkt immer negativ und wird von den Besuchern nicht geschätzt.

Wir Fachleute bezeichnen eine Besichtigung gern als „probewohnen". Beginnen Sie im schönsten Raum, um sofort eine positive Stimmung zu erzeugen. Diese Stimmung wird das Klima der gesamten Besichtigung bestimmen. Das gute Gefühl wird das Positive der Immobilie stärker in den Vordergrund rücken. Die weniger attraktiven Räume wirken dann nicht negativ, weil es zumeist Zweckräume sind, wie zum Beispiel Keller, Dachboden oder Garage. Vielleicht beginnen Sie auch in den Räumlichkeiten, die Ihr Interessent beim Telefonat als besonders wichtig und kaufentscheidend herausstellte.

Beispiel

Ein Nachfrager bat um ein Hausangebot und stellte konkret folgende Anforderungen: Er sucht ein frei stehendes Haus, unbedingt mit Garage. Ein Kompromiss wäre eine Doppelhaushälfte, unabdingbar sei in jedem Fall eine Garage. Und die Lage: unbedingt in einem westlichen Hanauer Stadtteil wegen der Nähe zu Frankfurt und zu seinem Arbeitsplatz. Mindestens fünf Zimmer sind ebenso absolut erforderlich (zwei Kinder- sowie Arbeits- und Gästezimmer). Preis: maximal 350.000 DM. Auf meine Frage, warum eine Garage so wichtig sei, bemerkte er, dass er Windsurfer sei und zwei Surfbretter lagern müsse. Das Hobby war also ein extrem bestimmender Faktor bei der Entscheidung für ein Haus. Da ich selbst begeisterter Windsurfer war, konnte ich mir das also sehr lebhaft vorstellen. Allerdings: Bei einer solchen Preis-

> obergrenze gab es in dieser Wohnlage kein geeignetes Angebot, das den Kriterien „freistehend" oder „einseitig angebaut/Doppelhaushälfte" entsprach – allein wegen des notwendigen großen und deshalb teuren Grundstücks. Als wir uns zu einer Besprechung und Verkaufsberatung in seiner Wohnung trafen, einer Eigentumswohnung in einem Hochhaus, die zunächst bewertet werden musste, um die nötige Menge an Eigenkapital für den Hauskauf zu schaffen, sah ich einen VW-Bus mit Surfbrettern auf dem Dach vor dem Haus stehen. Also war die Garage ausschließlich für die Surfbretter gedacht, die an der Wand hängend aufbewahrt werden müssen. Der VW-Bus passt in keine gewöhnliche Garage. Mir fiel nun ein Haus ein, ein Reihenhaus, und ich stellte die Frage: „Wenn ich Ihnen ein Haus zeigen würde, das genau diese Bedingung erfüllt und sonst alle anderen, auch an Ihre Raumanforderungen, das genau in dem Stadtteil steht, in den Sie ziehen möchten und auch genau zu dem Preis, den Sie maximal in der Lage sind, zu zahlen, wäre das interessant?" „Na selbstverständlich!", war die Antwort. Es handelte sich um ein Reihenmittelhaus ohne Garage, jedoch mit einem offenen Pkw-Abstellplatz für den Bus. Das Haus hat zwei Zugänge: einen für die Haustür an einem Privatweg und einen zweiten von der Gartenseite, ebenfalls von einem Privatweg. Von dieser Seite aus geht es geradeaus zum Keller, der nur etwa einen Meter, das heißt wenige Treppenstufen unterhalb der Terrasse liegt. Dort konnte er seine beiden Surfbretter geradeaus hineintragen und an der rechten Außenwand befestigen. Gerade diesen Raum zeigte ich zuerst, weil er das Wichtigste für die Kaufentscheidung war. Der Rest war formale Abwicklung der Besichtigung. Sie sehen also, es lohnt sich, schon beim ersten Gespräch tiefer zu fragen.

Gehen Sie nun von dem wichtigsten oder vom schönsten Raum in den weniger attraktiven, also in den Keller. Der Mann wird sich eher für das Kleinkraftwerk im Keller interessieren, die Heizung, die Aggregate sowie Pumpen, die Elektrik und er wird die Außenwände nach Feuchtigkeit abtasten. Vielleicht lassen Sie sich vorher durch einen Bausachverständigen ein Gutachten anfertigen. Das klärt auf und lässt Misstrauen erst gar nicht entstehen. Außerdem werden Anreize für Preisverhandlungen im Keim erstickt. Mit Kennerblick werden Öltank und Hausanschlüsse beäugt, die Kellerdecke, Ihre Hobbywerkstatt und was Sie sonst noch im Keller haben. Die Kellerbar gehört eher nicht zu den wichtigen Dingen; diese Zeiten sind vorbei. Allerdings sollten Sie informiert sein, wenn Sie nach Internet und den Anschlusswerten gefragt werden. Es gibt mittlerweile eine Menge Arbeitsplätze zu Hause. Das ist ein wichtiges Kriterium. Bei neueren Häusern ist es mittlerweile Stand der Technik, dass die Keller Wohnraumqualität haben müssen, auch wenn sie nicht zum dauernden Bewohnen genehmigt sind. Nach der aktuellen und von Gerichten bestätigten Verkehrsauffassung werden auch Kellerräume wohnlich genutzt, zum Beispiel als Gästezimmer, Spielzimmer, Büro oder Hausarbeitsraum. Das bedeutet: Diese Räume sind gegen Wärmeverlust gedämmt und vollständig gegen Eindringen von Feuchtigkeit isoliert. Schauen Sie dazu in Ihre Baubeschreibung. Dort sind die Materialien und die Ausführung beschrieben.

Aus dem Keller geht es dann wieder zurück ins Erdgeschoss. Nun ist die Küche dran. Gestatten Sie einen Blick in den Kühlschrank, die anderen Schränke und die Spülmaschine; ganz besonders, wenn es sich um eine Markenküche handelt. Selbstverständlich sollten Schubladen von Krümeln befreit und der Backofen gereinigt sein.

Dann besuchen Sie das Gäste-WC (Sie erinnern sich: saubere Handtücher, angenehmer Duft) und gehen ins Bad. Dass hier alles sauber ist und glänzt, ist selbstverständlich. Nicht die geringste Schimmelspur oder Kalkflecken an den Armaturen und im WC-Becken dürfen sichtbar sein. Das Bad ist nicht mehr nur ein Raum, in dem man sich wäscht; es ist immer mehr ein Raum, der zur hohen Lebensqualität beiträgt, zum allgemeinen Wohlbefinden, in dem man sich länger als nur zum Duschen aufhält, sondern auch zum Entspannen. Es ist ein Ruhe- und Rückzugsraum. Hier muss die Hygiene stimmen. Mängel in der Optik und bei der Reinlichkeit stimmen negativ.

> Sie brauchen keine Hinweise zur Nutzung der Räume zu geben. Der Kenner weiß durchaus Küche und Bad zu unterscheiden. Fragen Sie lieber, wie Ihre potenziellen Nachfolger die Räume nutzen möchten. An den Antworten können Sie erkennen, wie interessiert sie sind. Vielleicht haben die Kinder schon „ihre" Zimmer besetzt. Fragen Sie, ob es Möbel, Einrichtungsgegenstände oder Tätigkeiten bzw. Hobbies gibt, die den Menschen wichtig sind und machen Sie Vorschläge für die Nutzung der Räume oder Stellmöglichkeiten in den Räumen. Künstlerisch tätige Menschen benötigen Fenster nach Norden. Wegen des besseren Lichts.

Dann geht es zu den anderen Zimmern, ins Dachgeschoss oder zum Dachboden. Besonders bei älteren Gebäuden (ab 40 Jahren) sollten Sie folgende Fragen klären: Sind die Ziegel dicht? Gibt es Feuchtigkeitsflecken auf dem Boden? Ist das Gebälk okay? Gibt es Holzbock oder Holzwurm? Ist das Dach ausreichend gedämmt? Ziehen Sie dazu im Vorfeld am besten einen Bausachverständigen hinzu. Hier wirkt ein Negativ-Testat Wunder und erspart Ihnen viele Fragen der Interessenten. Das ist allemal das Geld wert. Vielleicht sollten Sie wissen, dass bei einer neuen Dachdeckung eine Aufsparren-Wärmedämmung nach der aktuellen DIN vorgeschrieben ist. Das bedeutet: Auf die alten Balken oder Sparren werden vollflächig Bretter genagelt. Darauf kommt die Dämmung mit Dampfsperre, darauf die Latten für die Dachsteine und erst dann die Deckung. Vielleicht lassen Sie sich einen Kostenvoranschlag machen, wenn sich herausstellt, dass das Dach nicht mehr erhaltenswert ist. Auch das mindert das Misstrauen und reduziert die Preisverhandlung.

Gehen Sie jetzt in den Garten, schauen Sie in die Garage, nehmen Sie sich viel Zeit, lassen Sie die Besucher allein lustwandeln. Es ist ja demnächst deren Haus.

Schließlich gehen Sie zurück in den schönsten Raum. Das ist meistens das Wohnzimmer, das Kaminzimmer oder die Bibliothek. Bieten Sie einen Platz und ein Getränk an. Kaffee und Gebäck werden meistens gern genommen. Wenn Ihre Besucher ablehnen, dann oft aus Gründen der Zurückhaltung oder Sie können annehmen, dass das Haus oder die Wohnung nicht das Richtige für sie ist. Wenn sie hingegen die Atmosphäre genießen, sich mit Ihnen über die Nachbarn unterhalten, wie die Lehrer der Kinder so sind, wo sie am liebsten einkaufen, welche Vereine es gibt, dann ist durchaus anzunehmen, dass es den Interessenten gefällt. Sicher haben sie sich schon über das Internet umfassend informiert, wenn sie von außerhalb kommen. Sie wollen es aber von Ihnen wissen. Ihre persönlichen Erfahrungswerte. Wie sind die Nachbarn? Berichten Sie hier bitte nur positiv, auch wenn sich in Ihrer direkten Nachbarschaft ein „Stinkstiefel" oder eine „Zicke" befinden. Vielleicht verstehen sich die neuen Bewohner bestens mit ihnen. Machen Sie Smalltalk und halten Sie ein Exposé bereit, eine Beschreibung, zusätzliche Bilder auf DIN A4 ausgedruckt und jetzt erst die Grundrisse, schön gebunden in einem kleinen Ordner. Denn jetzt können die Interessenten zu Hause auf dem Plan nachvollziehen, wo sie waren, was wohin gestellt werden kann und wer wo wohnen soll. Laien können sich aufgrund von Plänen oft nicht vorstellen, wie die Räume aussehen. Jetzt allerdings dienen die Pläne dazu, das bei der Besichtigung erlebte Gefühl nachzuvollziehen.

Zu den Dokumenten gehören zwingend: Energieausweis, Lageplan und der aktuelle Grundbuchauszug (maximal drei Monate alt). Diese Unterlage geben Sie den Interessenten mit, wenn Sie sicher sind, dass sie zur ersten Wahl gehören und zum Käufer werden (könnten). Interessenten, bei denen Sie das Gefühl haben, dass Ihre Immobilie nicht geeignet ist, geben Sie nur Beschreibung und Bilder mit. Sollte sich später das Gegenteil herausstellen, dann können Sie die detaillierten Dokumente nachreichen. Die Kaufinteressenten benötigen die Unterlagen für die Finanzierungsanfrage bei ihrer Bank. Wenn sie gut vorbereitet sind, beschleunigt das die Entscheidung. Viele ernsthafte Interessenten haben sich schon vorher erkundigt. Dann geht es noch schneller; manchmal binnen 24 h, bis die Bank eine grundsätzliche Entscheidung getroffen hat.

7.2.4 Was verbleibt im Haus? – das Zubehör

Häufig soll mit der Immobilie auch einiges an Zubehör und Inventar den Besitzer wechseln, zum Beispiel die Einbauküche oder ein Gartenhaus.

Versuchen Sie nicht bereits im ersten Termin diese Dinge zu verkaufen. Erst dann, wenn jemand entschieden hat, Ihre Immobilie kaufen zu wollen, sollten Sie das Zubehör anbieten. Eine gute Strategie ist es, Inventar bei Preisverhandlungen anstelle eines Preisnachlasses anzubieten.

7.2.5 Jetzt wird es ernst: Preisverhandlungen

Grundsätzlich gilt: Preisverhandlungen während des ersten Besichtigungstermins sind in fast allen Fällen nicht angebracht. Bereiten Sie sich also darauf vor, was Sie sagen, wenn der Interessent fragt: „Was kann man denn am Preis noch machen?" Diese Frage zielt nur darauf ab, Ihre Verhandlungsbereitschaft zu testen oder herauszufinden, wie dringend der Verkauf ist, ob Sie es nötig haben, zu verkaufen. Sie signalisiert noch kein ernsthaftes Interesse. Verweisen Sie deshalb auf Ihren Angebotspreis. Fragen Sie nach! Findet der Interessent den Preis tatsächlich zu hoch oder will er nur pokern? Fragen Sie nach seiner Preisvorstellung. Lassen Sie sich immer ein schriftliches Angebot machen. Wer etwas schreibt, meint es ernst. Sie haben dann später auch einen schriftlichen Beleg. Auch eine E-Mail ist ein sogenannter „textlicher" Beleg.

> Sie haben Ihren Preis genau recherchiert und am Markt abgeglichen. Zum Beweis haben Sie eine Wertermittlung und legen diese vor. Sie haben sich ein unteres Limit gesetzt. Ihr Ziel ist natürlich, dieses Limit zu überschreiten. Daher dürfen Sie Ihr unteres Limit niemals nennen. Allein die Tatsache, dass der Interessent Ihnen seine Preisvorstellung nennen soll, zeigt Ihnen, wie stark das Interesse am Kauf ist.

Beispiel

Ihr unteres Limit ist mit 300.000 € festgelegt. Ihr Angebotspreis am Markt beträgt 335.000 €. Ein Interessent bietet zum Beispiel 300.000 €. Sie müssen wissen, dass bei einem Gebot immer noch Luft nach oben ist. Sie sagen: „Sie können es für 328.000 € kaufen". Der Interessent wird Ihnen 310.000 € entgegenkommen. Dann ist die Chance, einen Preis von 320.000 € zu erzielen, sehr hoch. Das ist über 50 % oberhalb der Mitte zwischen dem Gebot 300.000 € und Ihrem Angebotspreis von 335.000 €. Zusätzlich ist es vielleicht ganz gut, dass Sie Sachleistungen bieten, wie zum Beispiel Gartengeräte, das Öl im Tank oder andere mobile Dinge, auf die Sie nach dem Umzug verzichten können. Damit beweisen Sie Ihre Großzügigkeit.

> „Sagt er zwölf, meint er zehn, will er haben acht, wird wert sein sechs, will ich geben vier, werd ich sagen zwei" – afghanische Händlerweisheit.

Ein wichtiger Grund für Preisverhandlungen (oder auch Nachverhandlungen) ist bei Ihnen und auch bei Ihrem Käufer die Vermeidung von Doppelbelastungen. Bei Ihnen könnten es Zinsen für die Darlehen sein, die Sie bis zur Ablösung zahlen, oder eine Miete in Ihrem neuen Domizil, beim Käufer ist es die Miete bis zum Auszug und der Umzug in Ihr Haus. Oftmals einigt man sich bei großen Summen im 5000er- oder 10.000er-Bereich relativ schnell, bei den kleinen Beträgen ist es oftmals sehr viel schwieriger. Hier sollten Sie flexibel und großzügig sein, zumal Sie dies als Nachlass Ihres ursprünglichen Angebotspreises bereits berücksichtigen können. Das größere Ziel des Verkaufs sollte dabei immer im Vordergrund stehen. Lassen Sie es nicht an Kleinigkeiten scheitern.

Und nun hier zwei Beispiele, wie Verhandlungen auch geführt werden können; mit dem gewünschten Ergebnis.

> **Beispiel**
>
> Am Anfang meiner Karriere als Immobilienmakler, genau zu Beginn des Jahres 1978, lag mir eine Anfrage nach einer Altbauvilla vor.
> Die Eigentümergemeinschaft, drei stadtbekannte Herren aus der Immobilienszene, hatte unserem Maklerbüro dieses Anwesen zum Verkauf hereingegeben. Der Interessent, Geschäftsführer einer damals bundesweit bekannten Werbeagentur, wollte dieses Haus erwerben. Der Angebotspreis lag bei 2,5 Mio. Mark. Nach wochenlangen telefonischen Verhandlungen und mehreren intensiven Besichtigungen einigten wir uns auf einen Kaufpreis von zwei Millionen Mark. Die Beurkundung wurde vorbereitet, die Vertragsentwürfe wurden ausgehändigt. Ich war stolz: das zweite Millionenobjekt. Die Dollarzeichen der Provision rollten vor meinem inneren Auge wie die Zahlen in einem Spielautomaten.
> Die Zitterpartie war vorbei. Wir saßen einträchtig beim Notar. Der Notar begann, den Vertrag vorzulesen. Er las vor, wer anwesend war und trug den aktuellen Grundbuchstand

vor. Schließlich kam er zur Formulierung des Verkaufs und zum Kaufpreis. „Der Kaufpreis beträgt DM 2.000.000,00 Mio. – in Worten ‚zwei Millionen'". Er schaute sich vergewissernd in der Runde um. Der Käufer nickte, ich nickte. Die Verkäufer sahen sich gegenseitig an und zwei von ihnen nickten. Da meldete sich der Dritte und meinte: „Vor ein paar Tagen kam ein weiterer Interessent auf mich zu, der auch kaufen wollte. Gestern Abend rief er mich an und bot mir einen Kaufpreis von 2,2 Mio. Mark". Er wandte sich an seine beiden Miteigentümer und sagte ihnen, dass er noch keine Gelegenheit hatte, es ihnen mitzuteilen. Sie waren erstaunt. „Weil wir aber heute den Notartermin hatten", so sprach er weiter, „musste ich mich natürlich an meine Zusage halten und nahm den Beurkundungstermin wahr. Wenn Ihr beiden einverstanden seid, dann schlage ich vor, dass wir von dem neuen Angebot Abstand nehmen und unser Haus dem Käufer hier und jetzt 100.000 Mark günstiger verkaufen, also für 2,1 Mio. Mark. Ist das okay für Euch? Da wir schon mal hier sind beim Notar …" Die beiden schauten sich an und bejahten das. Für den Käufer waren es jetzt natürlich 100.000 Mark mehr als vereinbart. Er schaute mich an – eher erstaunt als entrüstet. Ich schaute auch etwas verdattert. Das Zittern ging von vorn los. Der Käufer stand in aller Gelassenheit auf und verließ mit einem kurzen Gruß den Raum. Ich ging mit ihm, denn es war mein Auftraggeber. Er sagte nur: „Sie können nichts dafür – ich kenne diese Masche dieser Leute. Das war abgekartet und recht gut inszeniert. Trotzdem plump!"

Für mich war das eine völlig neue Erfahrung – Provision futsch! Das war für mich so enttäuschend, wie ich es bislang nicht erlebt habe. Ich war sehr niedergeschlagen.

Wieder zurück im Büro klärte mich eine alte und in der Frankfurter Immobilienszene bekannte Maklerkollegin auf: „Nie ohne schriftliches Angebot und Gegenbestätigung zum Notar, immer eine schriftliche Kaufabsichtserklärung des Käufers dem Verkäufer vorlegen und bitte nie zu früh freuen!

Das ist die übliche Masche dieser Leute: erst mal zum Notar – und dann sehen wir weiter. Klappt es, ist es gut, klappt es nicht, ist es auch nicht schlimm – es wird sich ein neuer Käufer wohl finden".

Das war mir eine Lehre! Seither ist mir so etwas nicht mehr passiert.

Und nun zum zweiten Fall. Es geht auch anders.

> **Beispiel**
>
> Es war auch ziemlich am Anfang meiner Tätigkeit als Immobilienmakler. Ein Eigentümer gab mir über die Sparkasse den Auftrag, sein Grundstück zu verkaufen. Ich erkundigte mich beim Bauamt nach der Bebauungsmöglichkeit. Mir wurde erklärt, dass es für dieses Grundstück (ein Abrissgrundstück mit einem verschlissenen Altbau, dessen Sanierung wirtschaftlich nicht mehr sinnvoll war) keinen Bebauungsplan gäbe, sondern eine Bebaubarkeit nach § 34 BauGB möglich ist. Das bedeutet: Es kann ein Neubau errichtet werden, der sich nach Art, Umfang und Größe an der Umgebungsbebauung ausrichtet. Hier gilt der Absatz 1: Innerhalb der im Zusammenhang bebauten Ortsteile ist ein Vorhaben zulässig, wenn es sich nach Art und Maß der baulichen Nutzung, der Bauweise und der Grundstücksfläche, die überbaut werden soll, in die Eigenart der näheren Umgebung einfügt und die Erschließung gesichert ist. Die Anforderungen an gesunde Wohn- und Arbeitsverhältnisse müssen gewahrt bleiben; das Ortsbild darf nicht beeinträchtigt werden.
> Nach dieser Recherche ergab es sich, dass dieses Grundstück mit maximal acht Wohnungen zu bebauen ist. Daraus entwickelte sich der Kaufpreis in Höhe von 240.000 Mark. Das war für die damalige Zeit und die Lage ein recht hoher Kaufpreis. Wir lagen am oberen Ende der Skala. Es gab einige Bewerber, die sich ablehnend oder zunächst neutral äußerten bzw. gründlich kalkulierten, um das Bauvorhaben auch wirtschaftlich und mit Gewinn abschließen zu können. Ein Bauträger allerdings gab ein um 30.000 Mark höheres Angebot mit klarer Kaufabsicht ab. Er sagte uns, dass er sicher zehn Wohnungen bauen könne, deshalb war sein Kaufpreisgebot höher. Das war eine kompetente und plausible Aussage, die er auch durch eine skizzierte Planung belegen konnte. Er war am Markt bekannt und hatte schon einige Bauvorhaben, Reihenhäuser und Eigentumswohnungen erfolgreich abgewickelt. Wir beide, der Verkäufer und ich, freuten uns natürlich. Wir stellten den Verkauf ein und teilten den anderen Bewerbern mit, das Grundstück sei „verkauft".

> Gesagt getan. Ich kürze hier ab: Wir saßen beim Notar zusammen und kamen im Verlaufe des Vorlesens zum Kaufpreis. Vielleicht ahnen Sie es schon. Der Bauträger legte einen Plan vor, nach dem er das Haus mit Eigentumswohnungen bauen wollte. Er sagte uns, dass das Bauamt nur sieben statt zehn Wohnungen zulassen wolle (das war eine weniger, als die ursprünglich angenommenen acht). Daher könne er nur einen Kaufpreis von 210.000 Mark zahlen. Er würde sogar noch 5000 Mark dazu zahlen, also 215.000 Mark. Das waren rund zehn Prozent weniger, als wir ursprünglich veranschlagten.
>
> Der Eigentümer und ich lehnten natürlich ab und der Kaufvertrag scheiterte. Was lernte ich daraus? Und was können Sie daraus lernen?
>
> Wenn Ihnen jemand einen höheren Kaufpreis bietet, als den, den Sie am Markt veröffentlichen, dann sollten bei Ihnen die Alarmsignale auf mindestens „gelb" springen. Fragen Sie ihn nach dem Grund seines höheren Gebots und lassen Sie es sich gut begründen. Eine Einschränkung sei erlaubt: In Märkten mit steigenden Preisen ist das eher ein normaler Vorgang, es sei denn, Sie liegen schon deutlich über dem Marktniveau. Unter der Voraussetzung, dass Ihr Preis genau kalkuliert und am Markt abgeglichen ist, gibt es ansonsten nur einen einzigen Grund für solche Gebote: Sie sollen bewegt werden, alle anderen Verhandlungen abzubrechen. Wenn das gelingt, dann hat Ihr Interessent keine Konkurrenz mehr zu befürchten und freie Bahn. Er kann Ihnen beim Notar dann ein niedrigeres Angebot machen, unter Ihrem Angebotspreis. Da Sie schon beim Notar sitzen, ist die Chance groß, dass das auch gelingt. Möglicherweise stehen Sie unter wirtschaftlichem oder zeitlichem Druck und wollen das Geschäft, wenn auch mit „Verlust", abschließen. Tun Sie es nicht! Stehen Sie auf und verlassen Sie das Notariat. Rufen Ihre ehemaligen Interessenten wieder an. Vielleicht hat der eine oder andere schon gekauft. Und wenn nicht, beginnt das Spiel von vorn.

Es gibt noch einen Grund, einen höheren Kaufpreis zu beurkunden: Der Käufer hat kein oder kaum Eigenkapital. Er will daher einen Preis beurkunden, der etwa 15 % über dem „eigentlichen" Kaufpreis liegt. Er will beurkundet haben, dass die Differenz schon in bar beglichen wurde, um der Bank das Eigenkapital nachweisen zu können. Da die Bank eine eigene Werteinschätzung vornimmt, wird dies heutzutage unter Berücksichtigung der aktuellen Kreditrichtlinien (zum Beispiel die neue Wohnimmobilienkreditrichtlinie) in den seltensten Fällen gelingen. Auch in solchen Fällen gilt: Finger weg! Sie haben keinen Grund, mit Ihrem Eigentum einem Kaufinteressenten einen Gefallen zu tun. Und: es gibt auch noch das Geldwäschegesetz …

Ein letzter Verhandlungsfall: Ein Interessent möchte gern Ihr Haus kaufen und statt des Kaufpreises eine drei- bis fünfjährige Mietzahlung vornehmen (als Ratenzahlung in Anrechnung auf den Kaufpreis; man kann dies mit dem Wort „Mietkauf" umschreiben). Nach Ablauf dieser Zeit möchte der den Kaufpreis belegen oder er will eine Finanzierung von der Bank für 60 % des Kaufpreises. Der Rest soll mit einer Restschuldhypothek im Nachrang hinter der Bank gesichert werden, also an der eher gefährlicher werdenden Stelle. Diese Hypothek wird dann mit vier Prozent verzinst (das ist in Niedrigzinsphasen sehr viel) und nach einer festgelegten Zeit getilgt. Nun könnte man meinen, dass dies bei fortlaufender positiver Marktentwicklung kein großes Risiko darstellt. Jetzt stellen Sie sich die drei wichtigsten Fragen: Was passiert, wenn sich der Markt rückläufig entwickelt? Was passiert, wenn die Käufer nicht sorgfältig mit dem Haus umgehen und seine Instandhaltung vernachlässigen? Was passiert, wenn die Bank die Versteigerung anstrebt, weil die Käufer ihre Verbindlichkeiten nicht mehr bezahlen können? Hinzu kommt, dass Banken diesen Vorgang eher negativ bewerten und die Finanzierungsanfrage ablehnen.

Ich gehe fest davon aus, dass Sie alle diese Fragen nur ungenügend beantworten können. Auch hier gilt: Finger weg von diesem Angebot.

> Gehen Sie keine Verhandlungen ein, bei denen Ihnen Kaufinteressenten solche oder ähnliche Angebote machen. Alles, was für Sie außergewöhnlich ist oder klingt, sollten Sie mit wachem Geist und auf Ihre Interessen bezogen beurteilen. Die Leute wollen Sie sicherlich meist nicht betrügen. Sie sind genauso Laien wie Sie. Sie hören und lesen viel und können oft mangels wirtschaftlicher Bildung nicht beurteilen, welche Folgen solche Ansinnen nach sich ziehen, für sich selbst und für den anderen Verhandlungspartner. Machen Sie nichts allein. Holen Sie sich immer den Rat von Fachleuten. Halten Sie immer alle ernsthaften Kontakte aufrecht und brechen diese erst nach dem Notartermin ab.

7.2.6 Wenn Interessenten zum Problem werden

Es geschieht nicht häufig, kommt aber leider immer wieder vor, dass Interessenten bei der Besichtigung zum Problem werden. Angenommen, Interessenten machen Ihr Haus schlecht oder öffnen ungefragt die Küchenschränke, lassen ohne Ihre Zustimmung die Rollläden rauf- und runtersausen, bringen ihren Hund mit, lassen die Kinder durch das Haus toben, äußern ihr Missfallen gegenüber geschmacklichen Dingen, wollen alle Wände verändern und das Haus quasi „nach links wenden" wie einen alten Pullover. Dann brechen Sie konsequent die Besichtigung ab. Die Kinder rufen sie zur Ordnung, den Hund bitten Sie im Auto zu lassen. Sie bleiben höflich und souverän und bitten Ihre Besucher, das Haus zu verlassen, etwa mit den Worten: „Da Ihnen mein Haus offensichtlich nicht gefällt oder es für Sie ungeeignet ist, möchte ich diese Besichtigung jetzt abbrechen. Viel Glück bei der weiteren Suche". Aus meiner Erfahrung kann ich sagen, dass solche Vorfälle absolut selten sind.

Nicht selten ist der Versuch, herauszufinden, warum Sie Ihre Immobilie verkaufen möchten. Das kann für Sie zum Problem werden. Kunden warten auf ein Signal, ein „Schnäppchen" zu machen. Dem vorzubeugen ist zwingend notwendig, denn Ihr Verkaufsgrund hat nichts mit dem Preis der Immobilie zu tun, es sei denn, es ist ein Zwangsverkauf. Lassen Sie es erst gar nicht dazu kommen. Schreiben Sie den Verkaufsgrund ganz einfach in Ihr Exposé und verweisen Sie bei Fragen darauf. Unverfänglich sind immer Gründe wie ein beruflich oder familiär bedingter Umzug oder eine Verkleinerung. Das stimmt in der Konsequenz nach dem Verkauf immer und ist plausibel.

Nennen Sie bitte keine negativen Gründe, wie zum Beispiel eine Scheidung oder gesundheitliche Gründe. Erzählen Sie auch nie etwas über Ihre wirtschaftliche Situation. Darauf warten Interessenten natürlich sehnsüchtig.

7.2.7 Einigung und weiterer Ablauf

Sie haben sich über den Kaufpreis geeinigt. Halten Sie dies in einem Protokoll schriftlich fest, der guten Ordnung halber. Häufig geschieht dies mittlerweile über E-Mail-Kommunikation, damit keine Irrtümer entstehen. Legen Sie den Termin der Kaufpreiszahlung und der Übergabe fest. Diese Termine können durchaus auseinanderliegen. Stellen Sie fest, welche Gegenstände im Haus verbleiben und welche Mängel und Schäden vorhanden sind, die die Gestaltung des Kaufpreises beeinflusst haben. Notieren Sie das in einer Liste, damit es im Kaufvertrag enthalten ist und keine Missverständnisse entstehen.

> Und legen Sie fest, dass Sie die Auswahl des Notars dem Interessenten überlassen. Der Grund: falls der Interessent den Notar bestellt und es geht schief, weil eine Finanzierung nicht genehmigt wurde oder Ihr Interessent plötzlich eine andere Immobilie erwirbt, dann trägt der Interessent die Kosten des Kaufvertragsentwurfes.

Bis zum Zeitpunkt des Verkaufs sind alle vertraglichen Vereinbarungen unverbindlich. Nur der beurkundete Kaufvertrag ist verbindlich. Jede Partei trägt ihr eigenes Risiko, auch bezüglich der Kosten für die Vorbereitung eines Umzugs, Anwaltskosten, Kosten einer Finanzierungsvorbereitung und dergleichen mehr. Hier kann sich keine Partei schützen – weder der Käufer vor Ihnen, falls Sie einen Rückzieher machen (weil plötzlich ein anderer Käufer aufgetaucht ist, der mehr bezahlt) noch umgekehrt. Allerdings ist es möglich, sich mittels einer schriftlichen (weil beweisbaren) Vereinbarung, einer sogenannten „Kaufabsichtserklärung", mit Kostenerstattungen dagegen leidlich abzusichern. Eine Garantie ist es in keinem Fall. Und die Kostenerstattungen dürfen in keinem Fall der Höhe nach geeignet sein, die Entscheidungsfreiheit zu beeinflussen. Hier wird es auch rechtlich knifflig. Es zählt immer der konkrete Fall. Daher fragen Sie einen Anwalt, bevor Sie sich auf solche Vereinbarungen einlassen oder formulieren.

Auch die sogenannten „Vorverträge" sind unsinnig, weil Sie damit auch keine Sicherheit produzieren können. Falls der Käufer Ihnen eine Anzahlung in bar anbietet, lehnen Sie dies mit der Begründung ab, dass Sie erst einen Kaufvertrag unterschreiben, wenn die Finanzierung gesichert ist. Hat der Käufer sich ausgewiesen und einen Kontoauszug vorgelegt, in dem eine hohe Summe ersichtlich ist, die am Tag der Vorlage des Kontoauszugs vorhanden war, dann können Sie auch eine Barzahlung gegen Quittung annehmen und eine spätere Verrechnung mit dem Kaufpreis im Kaufvertrag vornehmen. Solche Fälle sind höchst selten und im privaten Grundstücksverkehr so gut wie nicht gebräuchlich.

Vermeiden Sie auf jeden Fall die Entgegennahme von sogenanntem „Schwarzgeld". Damit verstoßen Sie gegen das Gesetz. Es ist einerseits Steuerhinterziehung (wegen der geringeren Grunderwerbsteuer) und es ist andererseits nach § 125 BGB („Nichtigkeit wegen Formmangels") nichtig. Ganz abgesehen von den strafrechtlichen Folgen des Geldwäschegesetzes – ein Gesetz im Bereich des Strafrechtes.

Es muss eben alles beurkundet sein, was vereinbart ist. Dieser Umstand wird geheilt, sobald der Käufer als Eigentümer eingetragen ist. Da dies in einem großen zeitlichen Abstand geschieht, besteht genügend Gelegenheit, das „Schwarzgeschäft" zu offenbaren, vielleicht wegen eines schlechten Gewissens oder weil der Kauf bereut wird, weil plötzlich der Aufwand von Renovierungen und Sanierungen höher ist, als veranschlagt.

> In jedem Fall: Finger weg von Schwarzgeld Sie haben nichts davon! Außerdem wissen Sie nicht, woher es stammt und Sie machen sich vielleicht auch strafbar, wenn das Geld nachweislich aus einem strafbaren Geschäft herrührt. Sie sind keine Geldwäscherei!

Grundlage für das Geschilderte ist der § 311b BGB.

§ 311b BGB Verträge über Grundstücke, das Vermögen und den Nachlass

(1) Ein Vertrag, durch den sich der eine Teil verpflichtet, das Eigentum an einem Grundstück zu übertragen oder zu erwerben, bedarf der notariellen Beurkundung. Ein ohne Beachtung dieser Form ge-

schlossener Vertrag wird seinem ganzen Inhalt nach gültig, wenn die Auflassung und die Eintragung in das Grundbuch erfolgen.

(2) Ein Vertrag, durch den sich der eine Teil verpflichtet, sein künftiges Vermögen oder einen Bruchteil seines künftigen Vermögens zu übertragen oder mit einem Nießbrauch zu belasten, ist nichtig.

(3) Ein Vertrag, durch den sich der eine Teil verpflichtet, sein gegenwärtiges Vermögen oder einen Bruchteil seines gegenwärtigen Vermögens zu übertragen oder mit einem Nießbrauch zu belasten, bedarf der notariellen Beurkundung.

(4) Ein Vertrag über den Nachlass eines noch lebenden Dritten ist nichtig. Das Gleiche gilt von einem Vertrag über den Pflichtteil oder ein Vermächtnis aus dem Nachlass eines noch lebenden Dritten.

(5) Absatz 4 gilt nicht für einen Vertrag, der unter künftigen gesetzlichen Erben über den gesetzlichen Erbteil oder den Pflichtteil eines von ihnen geschlossen wird. Ein solcher Vertrag bedarf der notariellen Beurkundung.

Und nun kommen wir folgerichtig zum Thema „Kaufvertrag". Anhand eines Kaufvertragsmusters werde ich Sie über die Details von Paragraf zu Paragraf mit Erläuterungen begleiten.

8

Krönung all Ihrer Bemühungen – der Kaufvertrag

> Ab hier wird es juristisch, also: Pflicht statt Kür. Keine Bange, ich werde es Ihnen so erklären, dass Sie als Laie das juristisch genormte Deutsch eines Kaufvertrages verstehen.

Ein Kaufvertrag für Immobilien ist ein Rechtsgeschäft, das sich ausschließlich nach den Regeln des Bürgerlichen Gesetzbuches (BGB) richtet. Einleitend möchte ich Sie gern mit sehr ausführlichen und grundsätzlichen Erläuterungen zu Immobilienkaufverträgen und allem anderen, was mit Immobilien und anderen Angelegenheiten im Sinne des § 311b BGB zu tun hat, bekannt machen; auch für private Angelegenheiten, für die Sie unbedingt einen Notar benötigen bzw. ein Notar dringend empfohlen wird. Sie finden diese auf der Homepage von Dr. Hans-Frieder Krauß, einem sehr renommierten Münchener Notar, mit dem ich die Ehre und das Vergnügen hatte, in München mehrere Infoabende für Verbraucher zu gestalten. Mit seiner ausdrücklichen Erlaubnis veröffentliche ich hier den direkten Link: https://www.notarkrauss.de/index.php?cat=infomaterial.

> Dr. Krauß ist bekannt als Autor zahlreicher Aufsätze, Buchbeiträge, Bücher (als Alleinautor) und wissenschaftlicher Veröffentlichungen, sowie tätig als Referent für Notare, Assessoren, Mitarbeiter in Notariaten und bei Infoabenden für interessierte Laien.

Und nun zur Praxis. Wie ich Ihnen schon empfahl, ist es durchaus sinnvoll, dass Ihr Käufer den Notar beauftragt. Notare sind zur strikten Neutralität verpflichtet. Das bedeutet, dass sie sich in den Vertragsinhalt nicht einmischen dürfen, es sei denn, diese Vereinbarungen zwischen Ihnen und den Erwerbern sind rechtlich nicht haltbar, wegen rechtlicher oder wirtschaftlicher Unausgewogenheit nicht in Ordnung oder einfach nicht durchführbar.

Das heißt: Sie vereinbaren mit Ihren Erwerbern das Geschäft, der Notar sorgt für die rechtliche Sicherheit gleichwertig für beide Parteien und wirtschaftliche Ausgewogenheit zwischen den Parteien, wobei ihm jeder Kommentar zu Immobilienpreis und Wert ebenso untersagt ist wie Äußerungen zur Finanzierung des Kaufpreises. Er ist aufgrund seiner Neutralität auch nicht in der Lage, eine der beiden Parteien in einem möglichen Rechtsstreit zu vertreten. Selbst wenn er auch eine Tätigkeit als Anwalt ausübt, wie es in einigen Bundesländern möglich ist. Daher kann es Ihnen völlig egal sein, welchen Notar Ihr Erwerber in Anspruch nimmt. Verzichten Sie also auf „Ihren" Notar. Wenn Sie in einem Bundesland leben, in dem der Notar Ihres Vertrauens auch als Anwalt tätig ist, darf er Sie in einer möglichen rechtlichen Auseinandersetzung mit Ihrem Käufer nur dann vertreten, wenn er den Kaufvertrag nicht beurkundet hat. Als Immobilienmakler empfehle ich aus diesem Grund immer einen Notar, den keine der beiden Vertragsparteien kennt, falls ich der Vermittler des Kaufvertrages bin.

8 Krönung all Ihrer Bemühungen – der Kaufvertrag

Der Notar muss den Vertrag verständlich und laut und deutlich vorlesen. Vor Vertragsabschluss wird in der Regel jeder Partei ein Entwurf gesandt, um mögliche Änderungen vor dem Termin der Beurkundung einzufügen, um während der Beurkundung, man spricht auch von „Verhandlung", Zeit und Diskussionen zu sparen. Sollte es zu Diskussionen kommen, muss der Notar in der Lage sein, durch Erläuterungen Klarheit zu schaffen oder die Gemüter zu besänftigen. Vom Notar ist also auch Einfühlungsvermögen verlangt. Falls es zu Preisverhandlungen kommen sollte, muss sich der Notar vollkommen heraushalten. Lediglich ein anwesender Makler kann hier zur Klärung beitragen, falls ein Makler beim Zustandekommen des Vertrages tätig war und beide Parteien kennt.

Falls Sie also durch die Tätigkeit eines Maklers Ihre Immobilie verkaufen konnten, legen Sie unbedingt Wert auf seine Anwesenheit während der Beurkundung. Er ist ein Profi und erfahren in Verhandlungen.

Ich habe zwei Kaufverträge (einen Grundstückskaufvertrag und einen Vertrag über die Veräußerung eines Wohnungseigentums, an deren Abschluss ich beteiligt war) unten angefügt. Die Daten sind anonymisiert. Es handelt sich hier um ganz gewöhnliche Verträge mit den üblichen und jeweils erforderlichen Formulierungen. So sehen etwa 80 bis 90 % aller Kaufverträge aus, abgesehen von Formulierungen, die der jeweilige Notar individuell verfasst, weil es seinem speziellen Stil entspricht.

Die Erläuterungen habe ich an dem jeweiligen Absatz oder Paragrafen angefügt. Bei den Erläuterungen habe ich mich auf die praktischen Auswirkungen und Bedeutungen beschränkt. Ich habe auf die Schilderung der sehr diffizilen, feinsinnigen juristisch-theoretischen Hintergründe und Zusammenhänge verzichtet. Diese sind für den Laien kaum zu abstrahieren und bestenfalls für den Hobby-Juristen interessant. Hierzu verweise ich auf die entsprechende Literatur.

Ich habe diese beiden Verträge als Muster verwendet, weil die Texte auch für Laien sehr gut verständlich sind und manche Absätze und Paragrafen keiner weiteren Erläuterungen bedürfen. Sie erklären sich selbst.

Zunächst widmen wir uns dem Kaufvertrag für ein bebautes Grundstück. Ein Kaufvertrag für unbebaute Grundstücke ist etwas einfacher, weil auf ein Gebäude keine Rücksicht genommen werden muss (zum Beispiel Einzugsdaten).

Stellen Sie sich also vor, Sie sitzen mit Ihren Käufern beim Notar. Dieser liest den Kaufvertrag vor und erläutert jeden Passus. Sie können den Notar an jeder beliebigen Stelle unterbrechen und nachfragen, wenn Sie etwas nicht verstanden haben. Das Ganze ist reichlich abstrakt, gegenständlich ist nur die Immobilie.

Ich setze mich nun für Sie an die Stelle des Notars und erläutere Ihnen die einzelnen Paragrafen. Dummerweise können Sie nicht sofort nachfragen, daher versuche ich so genau und ausführlich wie möglich zu sein.

Beispiel

Urkundenrolle Nr.:/2016 G
  Verhandelt
  zu
  Irgendwo
  am
  16. Juni 2016.
  Vor mir, dem unterzeichnenden Notar
  Dr. Immo Neutral
  mit dem Amtssitz in Irgendwo
  erschienen heute:

1. Frau *Heidemarie Verkäuferin*, genannt „Heidi",

    geb. Müller, ledig
    geb. am 30.03.1954,
    wohnhaft Wiesenstraße 1, 63XXX Irgendwo
    Die Erschienene wies sich aus durch Vorlage ihres Personalausweises der
    Bundesrepublik Deutschland.

8 Krönung all Ihrer Bemühungen – der Kaufvertrag

> 2. Herr *Thomas Hubert Käufer*,
>
> geb. am 31.03.1968,
> wohnhaft Mozartweg 777, 63XXX Hohenburg
> Der Erschienene wies sich aus durch Vorlage seines Personalausweises der
> Bundesrepublik Deutschland.
>
> 3. Frau *Rita Anette Käufer*,
>
> geb. Paulus,
> geb. am 31.05.1961,
> wohnhaft Mozartweg 7777, 63XXX Hohenburg
>
> Die Erschienene wies sich aus durch Vorlage ihres Personalausweises der
> Bundesrepublik Deutschland.

Der Notar muss die Identität aller anwesenden Personen prüfen, die am Vertrag beteiligt sind, insbesondere die der Verkäuferin. Es reicht auch die Vorlage eines Reisepasses oder eines Führerscheines. Das darin enthaltene Bild muss optisch mit der jeweiligen Person übereinstimmen, die am Tisch sitzt. Sie muss auch identisch sein mit dem Eintrag im Grundbuch in Abteilung I, dort ist der jeweilige Eigentümer vermerkt. Anstelle des Eigentümers darf auch eine Vertretung anwesend sein, zum Beispiel der Vertreter einer Eigentümer- oder Erbengemeinschaft, wenn diese nicht gemeinsam anwesend sein kann oder will. Diese Vertretung muss sich durch eine notariell beglaubigte Vollmacht ausweisen, damit der Vertrag sofort Rechtskraft hat. Ist diese Vollmacht nicht beglaubigt, muss der abwesende (Mit-)Eigentümer den Kaufvertrag bei einem Notar seiner Wahl nachgenehmigen. Das kann passieren, wenn er zum Beispiel an einem weit entfernten Ort wohnt oder im Ausland weilt (dort muss er die Genehmigung bei einem Konsulat oder in der Botschaft vornehmen) oder aus anderen Gründen fernbleiben muss. Es kann auch ein Vertreter ohne Vollmacht als Verkäufer oder Käufer auftreten. Dieser haftet jedoch in vollem Umfang für alle Kosten der Beurkundung persönlich. Bei einem Vertreter mit Vollmacht (ob beurkundet oder nicht) ist dies nicht der Fall. Als Verkäufer können auch ein Testamentsvollstrecker, ein amtlicher Betreuer oder ein Insolvenzverwalter auftreten. Diese sind anstelle des eingetragenen Eigentümers aufgrund ihrer Stellung wegen gerichtlicher Verfügungen voll handlungsbefugt wie ein Eigentümer. Sie stehen auch im Grundbuch. Auch Käufer können sich vertreten lassen. Auch hier ist eine Nachbeurkundung erforderlich. Falls es bei Ihnen einen solchen Fall gibt, ist der Kaufvertrag erst rechtswirksam abgeschlossen, wenn die Beglaubigung vorliegt. Änderungen des Vertragsinhaltes sind allerdings nicht möglich.

Beim Käufer muss sich der Notar versichern, ob er volljährig und/oder geschäftsfähig ist.

Bei beiden Parteien muss sich der Notar versichern, ob die deutsche Sprache beherrscht und alles verstanden wird, was der Notar vorliest. Bei ausländischen Parteien muss ggf. ein vereidigter Dolmetscher übersetzen. In diesen Fällen muss auch eine in der jeweils anderen Sprache übersetzte Ausgabe des Vertrages vorliegen.

> **Vorbemerkung**
>
> Der Notar belehrte nach § 18 Abs. 2 Hessisches Datenschutzgesetz. Er wies darauf hin, dass die Speicherung und Verarbeitung der mit der Angelegenheit zusammenhängenden Daten erfolgt.
>
> Der Notar fragte, ob er oder eine der mit ihm beruflich verbundenen Personen in einer Angelegenheit, die Gegenstand dieser Beurkundung ist, bereits außerhalb des Notaramtes vorbefasst war oder ist. Die Frage wurde verneint.

Da der Notar (in diesem Beispiel in Hessen) auch Anwalt ist, muss er diese Frage stellen. In größeren Notar- und Anwaltsbüros haben die Anwälte und Notare immer eine

8 Krönung all Ihrer Bemühungen – der Kaufvertrag

gegenseitige Vertretungsvollmacht (auch für Notarvertreter), falls jemand durch Krankheit ausfällt oder wegen Seminaren oder Urlaub abwesend ist. Falls Sie oder Ihr Käufer bei irgendeinem Anwalt in diesem Büro eine Beratung oder gar eine gerichtliche Vertretung in Anspruch nahmen, darf kein Notar aus diesem Büro die Beurkundung des Kaufvertrages durchführen, weil er schon Partei gewesen ist.

Beispiel

3. Die Erschienenen erklärten sich damit einverstanden, dass der beurkundende Notar eine Ablichtung ihres Ausweisdokuments zu seinen Akten nimmt.
4. Die Erschienene zu 1) wird im folgenden Verkäufer genannt. Die Erschienenen zu 2) und 3) werden im folgenden Käufer genannt, auch wenn es sich um mehrere handelt.
5. Die Erschienenen erklärten, dass keiner der Beteiligten den heutigen Vertrag in Ausübung einer gewerblichen oder selbständigen beruflichen Tätigkeit abschließt.

Seit einigen Jahren hat der Gesetzgeber vorgeschrieben, dass bei Kaufverträgen zwischen gewerblichen und privaten Parteien eine Überlegungszeit von 14 Tagen zwischen Erhalt eines Kaufvertragsentwurfes und dem Tag des Abschlusses vergehen müssen, um privaten Käufern oder Verkäufern Gelegenheit zu geben, die Entscheidung gründlich zu prüfen. Grund für diese Maßnahme waren viele Kaufverträge zwischen Bauträgern oder Immobilienvertrieben und privaten Käufern, die zwischen Beratung und Vertrag manchmal nur wenige Stunden verstreichen ließen, um den Abschluss durch Schaffung einer Panikstimmung („die letzte Wohnung, unser Notar hat sich heute Abend extra Zeit genommen") schnell unter Dach und Fach zu bekommen. Manchem Notar hat dies in den letzten Jahren die Zulassung gekostet und einem Senator in Berlin nach drei Wochen den Job.

> **Beispiel**
>
> Die Erschienenen baten um die Beurkundung des folgenden Kaufvertrages
> über einen bebauten Grundbesitz
> § 1 Grundbuchstand
>
> 1. Der Verkäufer ist grundbuchlich eingetragener Eigentümer folgenden Grundbesitzes, eingetragen beim
>   - Amtsgericht Sonstwo
>   - Grundbuch von Großmaximal
>   - Blatt 1234
>   - Flur 88, Flurstück 82/2
>   - Gebäude- und Freifläche, Wiesenstraße
>   - in Größe von 321 m^2
>   - - nachfolgend Vertragsgegenstand genannt -
>
> 2. Der Vertragsgegenstand ist im Grundbuch in Abteilung II und III *lastenfrei*.

Der Notar hat vor dem Termin das Grundbuch eingesehen und schildert hier den Kaufgegenstand. Das Grundbuch genießt öffentlichen Glauben. Das bedeutet, dass alles, was drinsteht, vorhanden ist. Was nicht drinsteht, gibt es nicht und kann demnach auch nicht verkauft werden. Diese Auskunft gibt zunächst das Bestandsverzeichnis. Dort sind das Grundstück und die Nutzungsart mit einer oder mehreren Parzellen und der amtlich vermessenen Größe vermerkt. Diese wird als richtig angesehen. Hier kann auch ein Recht an einem anderen Grundstück eingetragen sein, zum Beispiel ein Wegerecht oder Geh- und Fahrrecht für den jeweiligen Eigentümer.

In Abteilung II sind eingetragen: Rechte und Lasten, Grunddienstbarkeiten oder beschränkt persönliche Dienstbarkeiten, wie Wegerechte, Wohnrechte, Nießbrauchrecht, Erbbaurecht, Zwangsversteigerungsvormerkung, Umlegungen oder Denkmalschutz, Vormerkungen zur Eigentumsübertragung, Versorgungs- und Leitungsrechte und sonstige

Rechte am Grundstück. Sollten sich solche Eintragungen im Grundbuch finden, ist es ratsam, beim Grundbuchamt in der Grundakte nachzusehen, welche Verträge dort hinterlegt sind. In der Grundakte sind alle Verträge aufbewahrt, die jemals seit 1900 (oder auch schon vorher) abgeschlossen und in Abteilung II vermerkt wurden.

Ein wichtiges Recht ist ein privates Vorkaufsrecht. Es versetzt den Vorkaufsberechtigten in die Lage, sich nach einer privat vereinbarten Frist, in der Regel vier Wochen, oder innerhalb der gesetzlichen Frist von acht Wochen zu äußern, ob er anstelle des Käufers zu gleichen Bedingungen in den Vertrag eintritt. Es ist ratsam, dies vorher zu klären. Allerdings kann der Vorkaufsberechtigte bis zum letzten Tag mit seiner Erklärung warten – Spannung ist sicher. Dem ursprünglichen Käufer bleibt nichts anderes übrig, als enttäuscht zu sein. Äußert sich der Vorkaufsberechtigte nicht, dann ist der Kauf zwischen Verkäufer und ursprünglichem Käufer rechtswirksam und muss durchgeführt werden.

In Abteilung III stehen alle finanziellen Belastungen, also Hypotheken, Grundschulden und Rentenschulden, wie zum Beispiel Leibrenten.

Auch wenn alle Darlehen an die Banken oder privaten Gläubiger zurückgezahlt sind, bleiben diese Belastungen stehen, bis ein Antrag auf Löschung gestellt wird bzw. wenn diese Gläubiger eine Löschungsbewilligung erteilt haben.

> **Beispiel**
>
> § 2 Kaufvertrag
>
> 1. Der Verkäufer verkauft den in § 1 näher bezeichneten Vertragsgegenstand mit allen Rechten und Bestandteilen einschließlich der darauf befindlichen Baulichkeiten an den Käufer je zur ideellen Hälfte.

> 2. Bei den Baulichkeiten handelt es sich um ein Einfamilienhaus und einen Carport.
> 3. Inventar und Mobiliar werden nicht mitverkauft mit Ausnahme folgender Gegenstände, die im Gesamtkaufpreis enthalten sind: im Erdgeschoss eingebaute Küchenmöblierung mit Elektrogeräten (Herd, Ceranfeld, Kühl-/Gefrierkombination, Geschirrspüler).

Es heißt deshalb Grundstückskaufvertrag, weil ein Grundstück verkauft wird. Nach dem bürgerlichen Recht gehören alle Gegenstände, die fest mit dem Grundstück verbunden sind, dem Grundstück: das Gebäude und seine Bestandteile, die der Bewirtschaftung und der Nutzung des Gebäudes dienen, wie zum Beispiel Heizung, Badewannen und Waschbecken, Türen und Fenster, oder bei gewerblichen Gebäuden zum Beispiel der Lastenaufzug oder andere Gegenstände, die unbedingt notwendig sind, damit das Gebäude bestimmungsgemäß zu nutzen ist. Daher wurden oben die nicht mit dem Grundstück verbundenen Gegenstände, die nicht unbedingt zur Nutzung des Gebäudes zwingend vorhanden sein müssen, separat beschrieben, weil sie mitverkauft werden.

> **Beispiel**
>
> § 3 Kaufpreis, Fälligkeit
>
> a) Der Kaufpreis für den Vertragsgegenstand beträgt
>
>   319.000,00 € (in Worten: Euro Dreihundertundneunzehntausend).
>
> b) Der Kaufpreis ist fällig am *31. Juli 2016*, jedoch frühestens 14 Tage ab Datum eines notariellen Schreibens, in welchem dem Käufer bestätigt wird, dass
>
> die Auflassungsvormerkung zugunsten des Käufers im Grundbuch eingetragen ist und ihr keine Rechte vorgehen bzw. gleichstehen, mit Ausnahme der im Kaufvertrag be-

8 Krönung all Ihrer Bemühungen – der Kaufvertrag

> zeichneten und von Rechten, bei deren Bestellung der Käufer mitgewirkt hat; der Notar in grundbuchtauglicher Form über alle Unterlagen zur Freistellung von solchen Belastungen verfügt, die im Grundbuch vor oder mit der Vormerkung eingetragen und vom Käufer nicht zu übernehmen sind. Ihre Verwendung darf allenfalls von Zahlungsauflagen abhängig sein, für die der Kaufpreis ausreicht;

Die Vormerkung zur Übertragung des Eigentums, auch Auflassungsvormerkung, wird umgehend nach Abschluss des Vertrages beim Grundbuchamt beantragt und eingetragen. Sie dient dazu, dem zukünftigen Eigentümer das Grundstück zu sichern und ihn jetzt schon handlungsfähig zu machen, um alle zur endgültigen Übertragung notwendigen Maßnahmen zu unternehmen, wie zum Beispiel die Finanzierung aus Eigen- und/oder Fremdmitteln durchzuführen. Er kann jetzt seiner Bank den Zugang zum Grundbuch verschaffen. Diese Belastung bleibt im Grundbuch stehen, wenn er Käufer Eigentümer wird. Das ist die Bedeutung des letzten Halbsatzes im zweiten Absatz. Alle anderen Rechte müssen gelöscht werden. Rechte, die übernommen werden müssen, wie zum Beispiel Versorgungsrechte, bleiben im Grundbuch stehen, weil sie dem Grundstück dienen. Oder die Grundschulden werden gelöscht, weil die Begleichung aus dem Kaufpreis erfolgt. Das ist die Bedeutung der Formulierung des zweiten Absatzes.

Angenommen, nach der Eintragung der Vormerkung wird ein Zwangsversteigerungsvermerk eingefügt, weil er von einem Gläubiger beantragt wurde. Er wird automatisch gelöscht, weil er nach der Vormerkung eingetragen ist. Dies gilt für alle Eintragungen, zum Beispiel eine zweite Vormerkung, weil der Verkäufer bei einem anderen Notar mit einem zweiten Käufer auch einen Kaufvertrag abgeschlossen hat. Dies wäre allerdings ein besonders krasser Fall, den ich in den vergangenen 40 Jahren noch nicht erlebt habe.

> **Beispiel**
>
> c) von der zuständigen Stelle die Bestätigung vorliegt, dass ein Vorkaufsrecht nicht besteht oder nicht ausgeübt wird.

Jede Kommune hat nach §§ 24 ff. Baugesetzbuch ein gesetzliches Vorkaufsrecht auf alle Grundstücke im Bereich der jeweiligen Gemeinde oder Stadt. Hierzu sind allerdings bestimmte Voraussetzungen erforderlich, zum Beispiel eine Ankündigung durch eine diesbezügliche Satzung, oder die Verwendung für das Allgemeinwohl. Die genauen Formulierungen entnehmen Sie bitte dem Gesetz. Das können Sie vor Abschluss eines Kaufvertrages beim Bauamt erfahren. Der Notar schickt dem Bauamt den von allen Parteien rechtswirksam unterschriebenen und beglaubigten Kaufvertrag an das Bauamt. Dies prüft innerhalb weniger Tage, ob für dieses Grundstück ein Beschluss vorliegt, nach dem ein Vorkaufsrecht konkret für dieses Grundstück besteht. Wenn es nicht besteht, wird das sogenannte „Negativ-Attest" erteilt. Falls ein gesetzliches Vorkaufsrecht besteht, tritt die Kommune in den Kaufvertrag zu den Bedingungen ein, die bereits abgeschlossen wurden. Für den Verkäufer ist es kein Unterschied – der Käufer kann lediglich enttäuscht werden.

> **Beispiel**
>
> Weitere, nicht vom Notar zu prüfende Voraussetzung ist:
>
> d) die Räumung des Vertragsgegenstandes zum *15. August 2016*.
>
> 3. Der Kaufpreis ist zahlbar auf folgendes Konto:
>   - Kontoinhaber: Heidemarie Verkäuferin
>   - Bank: Spaßkasse Großgeldern
>   - IBAN: DE12 345 678 9101 1234 56
>   - BIC: ABCDEF1GHJ

8 Krönung all Ihrer Bemühungen – der Kaufvertrag

> 4. Der Verkäufer verpflichtet sich, den Notar unverzüglich schriftlich zu unterrichten, sobald der Kaufpreis in voller Höhe bezahlt ist. Sofern der Verkäufer dieser Verpflichtung nicht nachkommt, bleibt es dem Käufer vorbehalten, durch Bankbestätigung den Nachweis der Kaufpreiszahlung zu erbringen.

Das ist eine übliche kaufmännische Praxis. Sie müssen dem Notar als Verkäufer eine mit Ihrer Unterschrift versehene Erklärung geben, ob Sie das Geld erhalten haben. Der Notar braucht dies als Original. Ob auch ein Fax möglich ist oder diese Bestätigung als Scan vom Original dem Notar ausreicht, erfragen Sie bitte. Nur wenn er diese Erklärung hat und alle anderen Voraussetzungen erfüllt sind, kann der Notar die Umschreibung des Eigentums auf den Käufer beantragen. Wie lange diese Umschreibung dauert, kann nicht vorhergesehen werden. Es liegt allein beim Grundbuchamt.

> **Beispiel**
>
> § 4 Verzinsung
>   Wenn fällige Beträge nicht termingerecht auf dem in § 3 genannten Konto eingegangen sind, sind sie vom Tage des Verzuges an bis zum Eingang auf dem Konto mit Zinsen von jährlich fünf Prozentpunkten über dem jeweiligen Basiszins gemäß § 247 BGB zu verzinsen.

§ 247 BGB Basiszinssatz

(1) Der Basiszinssatz beträgt 3,62 %. Er verändert sich zum 1. Januar und 1. Juli eines jeden Jahres um die Prozentpunkte, um welche die Bezugsgröße seit der letzten Veränderung des Basiszinssatzes gestiegen oder gefallen ist. Bezugsgröße ist der Zinssatz für die jüngste Hauptrefinanzierungsoperation der Europäischen Zentralbank vor dem ersten Kalendertag des betreffenden Halbjahrs.

(2) Die Deutsche Bundesbank gibt den geltenden Basiszinssatz unverzüglich nach den in Absatz 1 Satz 2 genannten Zeitpunkten im Bundesanzeiger bekannt.

Das bedeutet konkret, dass der jeweilige Basiszinssatz der Europäischen Zentralbank am 1. Juli oder 1. Januar eines jeden Jahres neu festgesetzt wird. Dazu werden fünf Prozent addiert. Damit liegt der Verzugszins deutlich über dem Marktzins oder dem Zins eines Darlehens, zu dem ein Käufer finanziert. Damit entsteht der Druck, pünktlich zu zahlen und sich nicht auf Kosten des Verkäufers mit einem niedrigen Verzugszins „eine Weile auszuruhen".

> **Beispiel**
>
> § 5 Übernahme von Belastungen
>
> 1. Der Kaufgegenstand wird frei von im Grundbuch eingetragenen Belastungen verkauft.
> 2. Die Vertragsbeteiligten beantragen die Löschung aller in Abteilung II und III eingetragenen Belastungen.
> 3. Der Vertragsgegenstand wird frei von im Baulastenverzeichnis der Stadt Irgendwo eingetragenen Baulasten verkauft.

Als Grundsatz gilt: Ein Grundstück wird immer lastenfrei verkauft. Es sei denn, diese Belastungen dienen dem Grundstück (siehe oben) oder es gibt eine Vereinbarung, nach der Belastungen übernommen werden. Hier sind die Belastungen aus dem Grundbuch gemeint. Das Grundbuch gehört zum privaten Recht. Einsicht bekommt nur derjenige, der eine Vollmacht des Eigentümers hat oder ein berechtigtes Interesse nachweisen kann. Dies hat in der Regel ein Kaufanwärter, wenn der Notar die Grundbucheinsicht vornimmt und dem Kaufinteressenten den Vertragsentwurf aushändigt. Das ist absolut streng geregelt, im

Unterschied zu den Baulasten. Diese gehören zum öffentlichen Recht. Daher hat jeder Zugang zu dieser Information. Das Baulastenverzeichnis liegt beim zuständigen Bauamt, der jeweiligen Genehmigungsbehörde aus. Das ist bei einer kreisfreien Stadt die Stadt selbst, bei einer kreisangehörigen Stadt beim Kreisbauamt. Im Baulastenverzeichnis sind baurechtliche Angelegenheiten geregelt, wie zum Beispiel nahe Grenzbebauungen in Verbindung mit Freihalteflächen, Zuwegungen und Versorgungseinrichtungen für Hinterlandgrundstücke, zumeist in Verbindung mit Wege- und Versorgungsrechten im Grundbuch Abteilung II. Das Grundstück, das mit der Baulast oder von der grundbuchlichen Eintragung belastet ist, nennt man das „dienende" Grundstück, das Grundstück, das von der Baulast oder dem Recht im Grundbuch profitiert, ist das „herrschende" Grundstück.

Beispiel

§ 6 Besitz, Nutzen und Lasten

1. Die Übergabe des Vertragsgegenstandes erfolgt am *16. August 2016*, sofern der Kaufpreis in voller Höhe bezahlt ist.
2. Vom Tage der Übergabe an gehen sämtliche Nutzen und Lasten, die Verkehrssicherungspflicht sowie die Gefahr des zufälligen Untergangs und einer zufälligen Verschlechterung auf den Käufer über. Er ist auch verpflichtet, von diesem Zeitpunkt an die öffentlichen Abgaben und Lasten zu zahlen.
3. Der Verkäufer verpflichtet sich, bei Übergabe die Hausschlüssel sowie – soweit vorhanden – sämtliche in seinem Besitz befindlichen Bauunterlagen und Baugenehmigungen an den Käufer auszuhändigen. Der Verkäufer tritt aufschiebend bedingt durch die Kaufpreiszahlung dem Käufer alle versicherungsrechtlichen Ansprüche bezüglich des Vertragsgegenstandes ab.
4. Der Verkäufer ist im Besitz eines Energieausweises, der dem Käufer bereits übergeben wurde.

Hier kommen wir zu wichtigen Begriffen, zunächst der „Besitz". Dieser ist definiert mit „der tatsächlichen Sachherrschaft", das heißt: derjenige, der die Sache nutzt, hat sie im Besitz. Ein Mieter ist zum Beispiel Besitzer einer Immobilie. Er darf sie zu bestimmten Bedingungen benutzen, die er mit dem Vermieter ausgehandelt hat. Zumeist ist der Vermieter auch der Eigentümer. Er hat die „rechtliche Herrschaft" über die Sache. Nun zum Begriff „Nutzen". Der Besitzer darf die Immobilie zu dem Zweck nutzen, zu dem sie bestimmt ist, im vorliegenden Falle zum Wohnen. Der Eigentümer kann mit dem Käufer auch einen Termin verabreden, zu dem er einziehen kann, im Unterschied zur offiziellen „Übergabe". Diese Termine können durchaus unterschiedlich sein. Es kann zum Beispiel vereinbart werden, dass der Käufer schon zwei Monate vor Kaufpreiszahlung einziehen kann und dafür eine Nutzungsentschädigung zahlt. In diesem Falle trägt der Eigentümer noch alle „Lasten" aus der Immobilie, wie zum Beispiel die kommunalen Abgaben (Grundsteuer, Müll, Wasser etc.) und berechnet diese weiter an den Käufer/Nutzer. Sobald jedoch die Immobilie übergeben wurde, trägt der Käufer alle Lasten. Hier gibt es oftmals sehr individuelle, situativ bedingte Regelungen. Wichtig ist dabei: Sollten Sie als Eigentümer eine solche Regelung eingehen, die eine Übergabe oder einen Bezug vor Kaufpreiszahlung ermöglicht, dann muss der Käufer unbedingt seine Finanzierung klar haben. Sonst wird es für Sie als Eigentümer gefährlich, denn dann haben Sie aus lauter Gutmütigkeit jemanden in Ihr Eigentum gelassen, der dann nicht zahlen kann und den man nur mit Mühe und dem Einsatz von viel Geld wieder herausbekommt.

Da der Käufer bei der Übergabe der Immobilie noch nicht Eigentümer ist, kann er auch keine Versicherungsleistungen aus den Hausversicherungen beanspruchen.

8 Krönung all Ihrer Bemühungen – der Kaufvertrag

Daher tritt der Eigentümer seine Ansprüche an den Käufer ab, falls es zu versicherungsrelevanten Ereignissen kommt, weil der Käufer die Immobilie nutzt.

Mit „zufälligem Untergang" ist eine totale Zerstörung des Grundbesitzes durch äußere Einwirkung gemeint; eine „zufällige Verschlechterung" ist zum Beispiel ein Schaden durch Setzungen, wie sie häufig in Bergbauregionen vorkommen können (dafür haftet die RAG-Stiftung, gegründet von der Bundesrepublik; es sind sogenannte Ewigkeitskosten), ein Rückstau und eine Überflutung des Kellers aus dem Abwasserkanal oder sonstige Beschädigungen von außen oder durch Dritte.

Beispiel

§ 7 Miet- und Nutzungsverhältnisse

1. Der Vertragsgegenstand wird derzeit von dem Verkäufer bewohnt. Miet- oder Nutzungsverhältnisse dritter Personen bestehen nicht.
2. Der Verkäufer verpflichtet sich, den Kaufgegenstand geräumt und in besenreinem Zustand an den Käufer zu übergeben.
3. Für den Fall, dass der Verkäufer den Kaufgegenstand nicht fristgerecht in geräumtem Zustand übergibt, verpflichtet er sich – mehrere als Gesamtschuldner – dem Käufer gegenüber, für jeden Tag bis zur vertragsgemäßen Räumung eine Nutzungsentschädigung in Höhe von 50,00 € zu zahlen.

Falls eine Immobilie vermietet ist, übernimmt der Käufer automatisch den Mietvertrag. Die gesetzliche Grundlage steht in § 566 BGB. So wie der Käufer Verzugszinsen zu zahlen hat, wenn er nicht fristgerecht zahlt, ist unter Punkt 3 geregelt, dass bei nicht fristgerechter Räumung der Eigentümer in Verzug gerät und dafür auch zu zahlen hat.

Hier nimmt man in der Regel einen Betrag, der weh tut, damit der Auszug beschleunigt wird. Sollte dem Käufer ein zusätzlicher Schaden entstehen, kann er zusätzlich Ersatz dafür verlangen. Die Verzugsregelung wird dabei angerechnet.

§ 566 BGB Kauf bricht nicht Miete

(1) Wird der vermietete Wohnraum nach der Überlassung an den Mieter von dem Vermieter an einen Dritten veräußert, so tritt der Erwerber anstelle des Vermieters in die sich während der Dauer seines Eigentums aus dem Mietverhältnis ergebenden Rechte und Pflichten ein.

(2) Erfüllt der Erwerber die Pflichten nicht, so haftet der Vermieter für den von dem Erwerber zu ersetzenden Schaden wie ein Bürge, der auf die Einrede der Vorausklage verzichtet hat. Erlangt der Mieter von dem Übergang des Eigentums durch Mitteilung des Vermieters Kenntnis, so wird der Vermieter von der Haftung befreit, wenn nicht der Mieter das Mietverhältnis zum ersten Termin kündigt, zu dem die Kündigung zulässig ist.

> **Beispiel**
>
> § 8 Sach- und Rechtsmängel
>
> 1. Der Verkäufer schuldet den lastenfreien Besitz- und Eigentumsübergang des Vertragsgegenstandes, soweit nicht Rechte ausdrücklich in diesem Vertrag übernommen werden. Ausgeschlossen werden alle Rechte und Ansprüche des Käufers wegen altrechtlicher Dienstbarkeiten. Der Verkäufer erklärt, dass ihm von solchen nichts bekannt ist.

Kurz zu den sogenannten altrechtlichen Dienstbarkeiten: Das BGB gilt seit dem 1. Januar 1900. Zu diesem Zeitpunkt wurden auch die Grundbücher eingerichtet. Dabei wurden alle verbrieften Rechte in die jeweiligen Abteilungen eingetragen. Dabei könnten alte Rechte vergessen oder übersehen worden sein, wie zum Beispiel ein Schafweiderecht oder das Recht, mit einer Kutsche über das Grundstück zu fahren. Mittlerweile sind über 120 Jahre vergangen, also mehr als drei Generationen. Es kann davon ausgegangen werden, dass nur in ganz seltenen Fällen, die nur unter erheblichen Anstrengungen zu beweisen sind (Zeugen dürften nicht mehr leben) und eher im ländlichen Bereich zu finden sein könnten, solche Rechte existieren. Die Wahrscheinlichkeit spricht eher gegen das Bestehen solcher Rechte. Da die Eigentümer für solche Rechte nicht einstehen können, weil sie diese auch nicht kennen und solche auch von deren Verkäufern nicht übernommen haben können, wird ein solcher Passus in fast jedem Kaufvertrag stehen. Die rechtliche Grundlage findet sich in Art. 187 des Einführungsgesetzes zum BGB.

Art. 187 Einführungsgesetz zum BGB

(1) Eine Grunddienstbarkeit, die zu der Zeit besteht, zu welcher das Grundbuch als angelegt anzusehen ist, bedarf zur Erhaltung der Wirksamkeit gegenüber dem öffentlichen Glauben des Grundbuchs nicht der Eintragung. Die Eintragung hat jedoch zu erfolgen, wenn sie von dem Berechtigten oder von dem Eigentümer des belasteten Grundstücks verlangt wird; die Kosten sind von demjenigen zu tragen und vorzuschießen, welcher die Eintragung verlangt.

(2) Durch Landesgesetz kann bestimmt werden, dass die bestehenden Grunddienstbarkeiten oder einzelne Arten zur Erhaltung der Wirksamkeit gegenüber

dem öffentlichen Glauben des Grundbuchs bei der Anlegung des Grundbuchs oder später in das Grundbuch eingetragen werden müssen. Die Bestimmung kann auf einzelne Grundbuchbezirke beschränkt werden.

> **Beispiel**
>
> 2. Der Käufer hat den Vertragsgegenstand besichtigt. Der Verkäufer schuldet weder ein bestimmtes Flächenmaß, noch die Verwendbarkeit des Vertragsgegenstandes für Zwecke des Käufers oder dessen Eignung zur Erreichung steuerlicher Ziele des Käufers.

Für ein Flächenmaß (hier ist die Grundstücksfläche gemeint) kann der Verkäufer nicht einstehen, da die Vermessung amtlich erfolgt und diese Zahl einfach stimmt. Durch die Besichtigung und insgesamte Inaugenscheinnahme der Immobilie kennt der Käufer die Verwendbarkeit. Deswegen hat er sie ja auch erworben. Für eine andere Verwendung kann der Verkäufer ebensowenig einstehen, wie für die steuerlichen Ziele des Käufers.

> **Beispiel**
>
> 3. Alle Ansprüche und Rechte wegen Sachmängeln am Vertragsgegenstand, insbesondere wegen des Bauzustands bestehender Gebäude, werden hiermit ausgeschlossen. Dies gilt nicht für Sachmängel, die zwischen Vertragsschluss und Übergabe entstehen und über eine gewöhnliche Abnutzung hinausgehen; hierfür wird jedoch die Verjährungsfrist auf zwei Monate ab Übergabe verkürzt. Der Verkäufer erklärt, dass ihm nicht erkennbare Mängel, insbesondere auch Altlasten sowie Abstandsflächenübernahmen und Baulasten nicht bekannt sind. Garantien werden nicht abgegeben.

8 Krönung all Ihrer Bemühungen – der Kaufvertrag

> 4. Dem Käufer ist der Zustand des mitverkauften Inventars (= Küchenmöblierung) bekannt. Das Alter des Inventars wurde bei der Preisbildung berücksichtigt. Die Parteien schließen daher sämtliche Mängelrechte des Käufers wegen des Zustandes aus.
> 5. Aufschiebend bedingt auf die Zahlung des Kaufpreises tritt der Verkäufer an den dies annehmenden Käufer alle Ansprüche ab, die ihm gegen Dritte (etwa frühere Eigentümer, Sachversicherer, Schädiger, Werkunternehmer oder Planer) wegen eines Mangels oder Schadens am Vertragsobjekt zustehen (werden). Zugehörige Unterlagen (zum Beispiel Aufträge, Rechnungen, Abnahmeprotokolle, Bürgschaften) sind – soweit vorhanden – unaufgefordert bei Besitzübergang zu übergeben.
> 6. Von der vorstehenden Rechtsbeschränkung ausgenommen ist eine Haftung für Vorsatz und Arglist. Der Verkäufer weist darauf hin, dass es in der Nachbarschaft infolge eines Kanalrückstaus zu einem Wasserschaden kam und daher ggf. Vorsorgemaßnahmen zu treffen sind.
> 7. Der Notar hat über den Inhalt und die sich aus der Haftungsregelung ergebende Rechtslage belehrt.

Hier kommen wir an ein sensibles Thema: die Mängel. Im Gegensatz zu Neubauten, bei denen es eine Gewährleistung von fünf Jahren ab Übernahme gibt, gibt es für Gebrauchtimmobilien keinerlei Gewährleistung. Man kauft „gebraucht wie gesehen". Wenn Sie allerdings als Verkäufer von einem Mangel wissen und ihn dem Käufer nicht mitteilen, dann haften Sie für den Schaden, der aus diesem Verschweigen entsteht. Im Volksmund sagt man oft „versteckter Mangel". Man meint also einen Mangel, den man versteckt. Juristisch wird dies als „arglistige Täuschung" bezeichnet und ist mit Schadenersatz belegt oder kann einen Rücktritt vom Vertrag auslösen. In gravierenden Fällen kann ein Kaufvertrag auch nach Eigentumsumschreibung nachträglich aufgehoben werden. Teilen Sie also von Beginn an dem potenziellen Käufer alle Eigenschaften der Immobilie mit, dann kann nichts mehr passieren. Das Motto:

„Was ich nicht weiß, macht mich nicht heiß" ist eher untauglich. Als Eigentümer wird Ihnen immer das Wissen um die Eigenschaften, Mängel und Schäden unterstellt.

Bei diesem Vertrag wurde ausdrücklich auf einen Umstand aus der Vergangenheit (Kanalprobleme) hingewiesen.

Bei stark renovierungs-, modernisierungs- oder sanierungsbedürftigen Immobilien müssen Sie diesen Umstand immer erwähnen.

§ 123 BGB Anfechtbarkeit wegen Täuschung oder Drohung

(1) Wer zur Abgabe einer Willenserklärung durch arglistige Täuschung oder widerrechtlich durch Drohung bestimmt worden ist, kann die Erklärung anfechten.

(2) Hat ein Dritter die Täuschung verübt, so ist eine Erklärung, die einem anderen gegenüber abzugeben war, nur dann anfechtbar, wenn dieser die Täuschung kannte oder kennen musste. Soweit ein anderer als derjenige, welchem gegenüber die Erklärung abzugeben war, aus der Erklärung unmittelbar ein Recht erworben hat, ist die Erklärung ihm gegenüber anfechtbar, wenn er die Täuschung kannte oder kennen musste.

Beispiel

§ 9 Öffentliche Lasten

1. Der Verkäufer versichert, dass öffentliche Lasten, für die der Vertragsgegenstand haftet, nicht rückständig sind. Hinsichtlich etwaiger privatrechtlicher Versorgungsanlagen (Elektrizität, Gas, Heizwärme, Telefon etc.) hat der Käufer ab Lastenübergang vertragliche Vereinbarungen mit den Versorgern zu treffen.

> 2. Der Verkäufer hat Erschließungsbeiträge, Anliegerbeiträge und Kostenerstattungsansprüche nach dem Baugesetzbuch, den Kommunalabgabengesetzen oder anderer Rechtsvorschriften zu tragen, die bis zum Tag des Vertragsschlusses bautechnisch begonnen sind, unabhängig vom Zeitpunkt des Entstehens der Beitragsschuld. Der Notar hat zu Erkundigungen bei den Erschließungsträgern geraten
> 3. Baukostenzuschüsse, Hausanschlusskosten und Nacherhebungen von Erschließungskosten, die anlässlich einer künftigen Bebauung des Vertragsbesitzes oder künftiger Veränderungen der Erschließungsanlagen angefordert werden, treffen in jedem Fall den Käufer, soweit sie noch nicht bezahlt sind. Vorausleistungen des Verkäufers sind dem Käufer anzurechnen, etwaige Erstattungsansprüche werden an den Käufer abgetreten.

Als öffentliche Last wird die Belastung eines Grundstücks mit Abgaben bezeichnet. Die Zahlungsverpflichtung trifft unabhängig vom Zeitpunkt ihres Entstehungsgrundes den jeweiligen Grundeigentümer im Zeitpunkt der Inanspruchnahme. Daher ist das Grundstück, unabhängig davon, wer es besitzt, „belastet". Da die Zahlungspflicht aufgrund öffentlichen Rechts entsteht, spricht man von „öffentlichen Lasten". Öffentliche Lasten werden nicht in das Grundbuch eingetragen (vgl. www.juraforum.de).

Beispiele für öffentliche Lasten sind grundbezogene kommunale Abgaben wie Erschließungs- und Anliegerbeiträge. Ob und in welchem Umfang die Kommune diese erhebt, regelt sie in Satzungen, zu deren Erlass sie durch Abgabengesetze des jeweiligen Bundeslandes ermächtigt wird.

Beim Grundstücksverkauf ist der Verkäufer gemäß § 436 BGB verpflichtet, den Erwerber von der Zahlung öffentlicher Lasten für Maßnahmen freizuhalten, die bis zum Vertragsschluss bautechnisch begonnen sind. Die Vertragsparteien können aber auch eine abweichende Regelung treffen.

Grundsätzlich übernimmt der Käufer jeden Vertrag, den der Eigentümer/Verkäufer über das Grundstück abgeschlossen hat. Daher ist der Käufer verpflichtet, diese auf seinen Namen zu ändern ab dem Zeitpunkt der Übergabe.

> **Beispiel**
>
> § 10 Kosten und Steuern
>
> 1. Die Kosten dieser Urkunde und ihres Vollzuges, die Kosten für Genehmigungen und Zustimmungserklärungen und die Grunderwerbsteuer trägt der Käufer, mehrere als Gesamtschuldner. Zahlt der Käufer diese nicht, kann der Verkäufer von dem Vertrag zurücktreten.
> 2. Die Kosten privater Genehmigungserklärungen, von Zustimmungserklärungen und Vollmachtsbestätigungen trägt die Partei, die sie veranlasst hat.

Diese Regelungen sind üblich. Sie können individuell geändert werden. Noch eine Bemerkung zum Thema „Zustimmungserklärungen": Unter bestimmten Bedingungen sind bei Kaufverträgen Zustimmungen Dritter erforderlich. Falls ein Verkäufer oder Käufer minderjährig ist, muss das Vormundschaftsgericht zustimmen. Gleiches gilt bei Personen, die amtlich betreut werden müssen und nicht mehr geschäftsfähig sind. Hier ist ebenfalls die gerichtliche Zustimmung erforderlich. Bei Verkäufen landwirtschaftlicher Güter muss das zuständige Amt eine Bodenverkehrsgenehmigung erteilen. Diese Verträge sind bis zur Zustimmung „schwebend unwirksam". Sie können erst durchgeführt werden, wenn die Zustimmung erteilt ist.

Genehmigungserklärungen sind immer dann erforderlich, wenn ein Vertreter der jeweiligen Partei ohne notarielle Vollmacht oder gänzlich ohne Vollmacht erscheint. Die vertretene Partei muss den Vertrag notariell genehmigen.

Es gibt noch andere mögliche Genehmigungen, zum Beispiel eine Baugenehmigung, die positive Bauvoranfrage beim Kauf eines unbebauten Grundstückes, den Nachweis einer amtlichen Vermessung bei Teilung, ein Testat bzw. eine Freistellungserklärung bei Altlasten oder andere individuelle Bedingungen, die erst eintreten müssen, damit der Kaufvertrag durchgeführt werden kann.

Alle diese Bedingungen gehören zu den sogenannten „aufschiebenden Bedingungen" eines Kaufvertrages. Solange alle diese Dinge nicht geklärt und keine Zustimmungen oder Genehmigungen erteilt sind, gilt ein solcher Vertrag als nicht zustande gekommen.

Nebenbei: Auch Immobilienmakler haben so lange keinen Anspruch auf Entlohnung, sprich: Provision.

> **Beispiel**
>
> § 11 Auflassung
>
> 1. Die Vertragsparteien sind sich darüber einig, dass das Eigentum an dem veräußerten Grundbesitz von dem Verkäufer auf den Käufer zu dem in § 2 Abs. 1 genannten Verhältnis übergeht. Die Einigung ist unbedingt, beinhaltet jedoch keine Eintragungsbewilligung.
> 2. Der Verkäufer erteilt dem amtierenden Notar, dessen Vertreter, Abwickler oder Aktenverwahrer einseitig unwiderruflich, unbedingt und über den Tod hinaus sowie befreit von § 181 BGB Vollmacht, die Eintragung des Erwerbers als Eigentümer im Grundbuch zu bewilligen, wenn der Verkäufer hierzu schriftlich zugestimmt hat oder hilfsweise der Käufer die Zahlung des vereinbarten Kaufpreises (jeweils ohne Zinsen) durch Bankbestätigung nachgewiesen hat. Der Verkäufer ist zur Zustimmung verpflichtet, wenn der geschuldete Kaufpreis bezahlt ist. Der Eintragungsantrag ist für den Käufer zu stellen.

Mit „Auflassung" bezeichnet man die Umschreibung des Eigentums im Grundbuch vom Verkäufer/Eigentümer auf den Käufer/neuer Eigentümer. Der Begriff Auflassung ist schon sehr alt. Beim Verkauf eines Hausgrundstückes wurde das Tor bzw. die Tür offen gelassen. Damit konnte jeder den neuen bzw. zukünftigen Eigentümer sehen. Die Rechtsgrundlage steht im § 873 BGB. Ein Grundstückskaufvertrag besteht aus zwei Teilen: der erste Teil ist die gegenseitige schuldrechtliche Verpflichtung zwischen Verkäufer und Käufer, wonach der Verkäufer seine Sache hergibt und der Käufer dafür den Kaufpreis zahlt. Sind diese Verpflichtungen erfüllt, steht dem Übergang des Eigentums nichts mehr im Wege. Bei beweglichen Gütern ist das einfach: Der eine gibt das Geld, der andere bekommt die Ware. Da das bei Grundstücken nicht geht, muss dieser Eigentumsübergang im Grundbuch registriert werden. Das ist der sachenrechtliche Teil des Geschäfts.

Da der Käufer per se das Recht hat, beim Grundbuch Anträge zu stellen, weil er als vorgemerkter zukünftiger Eigentümer vom Grundbuchamt genauso behandelt werden muss wie ein Eigentümer, könnte er mit der beurkundeten Ausfertigung des Kaufvertrages die Eigentumsumschreibung beantragen, bevor der Kaufpreis gezahlt ist. Das Grundbuchamt nimmt jeden Antrag entgegen und muss ihn ausführen (ungeachtet der Erfüllung der im Vertrag ausgehandelten Bedingungen). Das darf und kann der Grundbuchbeamte nicht prüfen. Daher ist dieser Passus in den Ausfertigungen, die die Vertragsparteien und die Ämter vom Notar erhalten (Bauamt wegen Vorkaufsrechtsverzicht, Finanzamt wegen Grunderwerbsteuer), durchgestrichen oder ausgeblendet.

§ 873 BGB Erwerb durch Einigung und Eintragung

(1) Zur Übertragung des Eigentums an einem Grundstück, zur Belastung eines Grundstücks mit einem Recht sowie zur Übertragung oder Belastung eines solchen Rechts ist die Einigung des Berechtigten und des anderen Teils über den Eintritt der Rechts-

änderung und die Eintragung der Rechtsänderung in das Grundbuch erforderlich, soweit nicht das Gesetz ein anderes vorschreibt.

(2) Vor der Eintragung sind die Beteiligten an die Einigung nur gebunden, wenn die Erklärungen notariell beurkundet oder vor dem Grundbuchamt abgegeben oder bei diesem eingereicht sind oder wenn der Berechtigte dem anderen Teil eine den Vorschriften der Grundbuchordnung entsprechende Eintragungsbewilligung ausgehändigt hat.

> **Beispiel**
>
> § 12 Vormerkung
>
> 1. Der Verkäufer bewilligt unwiderruflich und die Parteien beantragen die Eintragung einer Vormerkung zur Sicherung des Anspruches auf Erwerb des Eigentums zugunsten des Käufers zu dem in § 2 bezeichneten Verhältnis im Grundbuch. Der Antrag auf Eintragung der Auflassungsvormerkung soll schnellstmöglich gestellt werden.
> 2. Schon jetzt wird die grundbuchliche Löschung dieser Vormerkung bewilligt und beantragt, sobald die vertragsgemäße Eigentumsumschreibung erfolgt und weder Zwischeneintragungen vorgenommen wurden, noch schädliche Anträge gestellt worden sind.

Um den Anspruch auf das Eigentum zu sichern, nachdem der Kaufpreis gezahlt ist, wird eine Vormerkung zugunsten des Käufers eingetragen. Der Verkäufer als Eigentümer bewilligt diesen Eintrag. Ab diesem Zeitpunkt darf nichts eingetragen werden, was den Käufer benachteiligt. Daher steht diese Vormerkung im ersten Rang in Abteilung II im Grundbuch. Wie oben schon angeführt, sind dies zum Beispiel Einträge zur Beschlagnahme des Grundbesitzes oder andere, den Wert der Immobilie nachteilig beeinflussende Einträge oder hinderliche Einträge des Eigentümers oder eines Amtes bzw. eines Gläubigers bezüglich der Verfügbarkeit der Immobilie in Abteilung II oder Abteilung III, es sei denn, es sind Einträge, die der Käufer bewilligt, zum Beispiel für die Finanzierung des Kaufpreises oder Wohnrechte und Nießbrauchrechte oder andere Dinge, die ihm in Zukunft nützen oder dienen.

> **Beispiel**
>
> § 13 Finanzierung des Kaufpreises
>
> 1. Allein der Käufer hat dafür zu sorgen, dass etwa benötigte Finanzierungsmittel rechtzeitig zur Verfügung stehen. Um ihm dies zu erleichtern, ist der Verkäufer verpflichtet, die Beleihung des Vertragsobjekts für die Finanzierung des Erwerbspreises mit erforderlichen Grundpfandrechten bereits vor Umschreibung zu gestatten, jedoch ohne eine persönliche Haftung oder Kosten zu übernehmen und nur zu den nachfolgenden Abreden.
> 2. Zur Absicherung des Verkäufers weist der Käufer seine Darlehensgeber unwiderruflich an, die Darlehensvaluten bis zur Höhe des Erwerbspreises nur auf die in § 3 genannten bzw. noch bekanntzugebenden Konten zu überweisen, soweit der Kaufpreis nicht anderweitig zur Freistellung des verkauften Grundstücks von eingetragenen Belastungen zu verwenden ist. Auf die unwiderrufliche Zahlungsanweisung ist in der Grundpfandrechtsbestellungsurkunde nochmals gesondert hinzuweisen.
> 3. Die Grundschuldgläubiger dürfen die Grundpfandrechte nur insoweit als Sicherheit verwerten oder behalten, wenn deren Sicherungszweck dahin gehend eingeschränkt wird, dass diese nur zur Sicherung des tatsächlich mit Tilgungswirkung auf die Kaufpreisschuld ausgezahlten und von dem Gläubiger finanzierten Erwerbspreises dienen. Alle weiteren Zweckbestimmungserklärungen, Sicherungs- und Verwertungsvereinbarungen innerhalb oder außerhalb dieser Urkunde gelten erst, nachdem der Erwerbspreis vollständig bezahlt ist, in jedem Fall ab Eigentumsumschreibung. Ab diesem Zeitpunkt gelten sie für und gegen den Käufer als neuem Sicherungsgeber. Diese

8 Krönung all Ihrer Bemühungen – der Kaufvertrag

> Sicherungsabrede muss in der jeweiligen Grundpfandrechtsbestellungsurkunde noch einmal gesondert wiederholt werden.
> 4. Alle bis zur Eigentumsumschreibung im Zusammenhang mit den Grundpfandrechten entstandenen Rechte des Verkäufers werden bereits jetzt auf den Tag der Umschreibung an den Käufer im angegebenen Beteiligungsverhältnis abgetreten.

Häufig fragen sich die Verkäufer, warum sie eine Eintragung des Käufers zu seinen Gunsten dulden sollen, die den eigenen Grundbesitz belastet. Wie Sie den sehr klaren Formulierungen des Notars entnehmen können, geschieht dies ohne Risiko für den Verkäufer. Meistens haben Käufer keinen Grundbesitz oder andere Sicherheiten, die sie der Bank geben können, um ein Darlehen zur Finanzierung des Kaufs dieser Immobilie zu erlangen. Also stellt der Verkäufer sein Grundbuch zur Verfügung. Die Bank kann nach den Grundschulden oder Hypotheken, die noch auf dem Grundbesitz lasten, eine Grundschuld eintragen. Der Käufer muss dafür den Platz der Auflassungsvormerkung zugunsten der Bank räumen und im Rang hinter die Bank zurücktreten. Das ist der formale Akt.

Früher gab es die Notaranderkonten. Nachdem die finanzierende Bank des Käufers im Grundbuch gesichert war, überwies sie das Geld auf das Anderkonto. Der Notar zahlte die Gelder zum Teil oder komplett an die Bank des Verkäufers und den möglichen überbleibenden Teil an den Verkäufer. Seine alte Bank gab die Löschungsbewilligung heraus, die Grundschulden wurden gelöscht und die Bank des Käufers stand nun an erster Rangstelle im Grundbuch. Das stellte einen ein recht hohen Verwaltungsaufwand mit hohen Kosten (Vermögensschadenhaftpflichtversicherungen, Zahlungen in den Sicherungsfonds bei den Notarkammern) beim Notar und auch ein hohes Sicherheitsrisiko dar, denn der

Notar war der Einzige, der über die Gelder auf dem Konto verfügen durfte. Da es Mitte der Neunzigerjahre einige wenige Notare gab, die die Gelder zweckentfremdeten und veruntreuten, wurde das Notaranderkonto für die üblichen Abwicklungen (ungefähr mindestens 95 % aller Kaufverträge) von den Notarkammern verbannt und darf nur zu sehr speziellen Abläufen herangezogen werden, wenn zum Beispiel Gelder für ein Mündel oder eine betreute Person eine Zeit lang dort stehen müssen, bis sie verwendet werden können, bei Ehepaaren in Scheidung oder Trennung von Geschäftspartnern, wenn unklar ist, wer wie viel bekommt oder andere gravierende und vom Üblichen abweichende Fälle, damit Käufer ungehindert das Eigentum übertragen bekommen können. Denn mit der Zahlung auf das Anderkonto hat der Käufer seine Verpflichtung erfüllt.

Der heutzutage übliche Weg ist die Zahlungsabwicklung über Treuhandaufträge an den Notar. Der Verwaltungsaufwand und die Kosten dieses Verfahrens sind deutlich geringer, die Sicherheiten sind höher für alle Beteiligten.

Der Notar schickt den beurkundeten Kaufvertrag an die Bank des Verkäufers, sollten im Grundbuch noch Belastungen registriert sein. Falls der Verkäufer schon im Besitz von Löschungsbewilligungen seiner alten Kreditgeber ist, dann kann der Notar sofort die Löschungsanträge beim Grundbuchamt stellen. Im anderen Falle schickt die alte Bank dem Notar die Löschungsbewilligungen mit der Treuhandauflage, die Löschung erst dann zu beantragen, wenn sicher ist, dass das Geld der Restschuld auch bei der Bank landet.

Die finanzierende Bank des Käufers schickt aufgrund des abgeschlossenen Darlehensvertrags dem Notar die Grundschuldbestellungsurkunde mit der Auflage, diese im Grundbuch einzutragen. Dazu hat der Verkäufer (wie schon oben geschildert) den Käufer ermächtigt. Die Treuhandauflage der Bank lautet sinngemäß, dass die Eintragung nur dann zu geschehen hat, wenn sicher ist, dass nach der Eintragung und Auszahlung der Gelder die Löschung der Bank des Verkäufers gewährleistet ist, damit die Bank des Käufers an die erste Rangstelle im Grundbuch nachrücken kann. Dieses Verfahren geschieht „Zug um Zug".

Der Käufer hat aufgrund des Darlehensvertrages und der eingetragenen Sicherheiten zugunsten seiner Bank einen Anspruch auf die Auszahlung des Darlehens. Damit die Bank nicht direkt an den Käufer auszahlt, tritt dieser seine Zahlungsansprüche an den Verkäufer ab bzw. weist seine Bank an, den Kaufpreis nur an den Verkäufer und eventuell seine Bank oder andere Gläubiger auszuzahlen (damit der Verkäufer nicht mit einem belasteten Grundstück und ohne Kaufpreis auf seinem Grundbesitz sitzen bleibt und sich der Käufer ein paar vergnügte Stunden oder Jahre machen kann, je nach Höhe des Kaufpreises).

Es handelt sich hier um ein Routineverfahren, um allen Beteiligten die notwendigen Sicherheiten zu verschaffen: dem einen das neue Eigentum am Grundbesitz, dem anderen das Geld.

Beispiel

§ 14 Vollmachten

1. Die Vertragsparteien erteilen hiermit

   - Frau Notarfachwirtin
   - Frau Notarfachangestellte
   - alle geschäftsansässig beim beurkundenden Notar,

   Durchführungsvollmacht
   und zwar jeder für sich allein unter Befreiung von den Beschränkungen gemäß § 181 BGB mit der Befugnis zur Erteilung von Untervollmachten.

Aufgrund der Vollmacht sind die Bevollmächtigten berechtigt, im Namen der Vollmachtgeber alle Erklärungen abzugeben, die zur Ausführung und Durchführung dieser Urkunde noch zweckmäßig sein sollten. Sie sind befugt, Rangbestimmungen zu bewilligen und zu beantragen sowie alle Erklärungen abzugeben, mit denen diese Urkunde ergänzt oder abgeändert wird. Die Vollmacht umfasst die Berechtigung zur Stellung, Änderung und Rücknahme von Grundbuchanträgen jeder Art.

2. Der Verkäufer erteilt – mit der Befugnis zur Erteilung von Untervollmachten – dem Käufer je einzeln, mehrere Käufer erteilen sich untereinander gegenseitig

   Finanzierungsvollmacht
   unter Befreiung von den Beschränkungen des § 181 BGB.
   Die Bevollmächtigten sind berechtigt, Grundpfandrechte aller Art samt Zinsen und Nebenleistungen in beliebiger Höhe und in vollstreckbarer Form zu bestellen, für die Käufer gemeinschaftlich oder einzeln die persönliche Zwangsvollstreckungsunterwerfung zu erklären und den mit diesem Vertrag erworbenen Grundbesitz sowie den jeweiligen Eigentümer der sofortigen Zwangsvollstreckung gemäß § 800 ZPO zu unterwerfen und die zur Eintragung der Unterwerfung erforderlichen Anträge zu stellen, sofern eine eigene persönliche Haftung des Verkäufers ausgeschlossen ist. Sie sind berechtigt, Erklärungen abzugeben, die zur Eintragung der Grundpfandrechte, zur Rangbeschaffung, zur Löschung und zur Rangänderung erforderlich und zweckmäßig sind.

3. Von den Vollmachten darf nur vor den Notaren Dr. Neutral, Großkaro, Steinhart, Dr. Kämpfer oder Dr. Ausputz sowie deren amtlich bestellten Vertretern Gebrauch gemacht werden.
4. Die Vollmachten erlöschen mit der Eigentumsumschreibung. Sie erlöschen nicht durch den Tod eines der Vollmachtgeber.
5. Über die Bedeutung der Vollmachten, insbesondere soweit sie zur Bestellung von Grundpfandrechten ermächtigen, wurden die Vertragsbeteiligten von dem Notar belehrt.

Durch Erteilung dieser Vollmachten erledigt das Notariat alle notwendigen Schritte. Dies dient zur Rationalisierung des gesamten Arbeitsablaufs und dem Komfort der beteiligten Parteien. Sie müssen auf diese Weise nicht mehrfach zum Notar, um Unterschriften beglaubigen zu lassen. Es dient auch zur Einhaltung der Termine, die im Vertrag vereinbart sind. Gerade bei Löschungsbewilligungen sind manche Banken und Bausparkassen oder andere Gläubiger manchmal zögerlich und sehr langsam, sodass es zu Verzögerungen im Ablauf kommen kann. Die meisten Notariate haben ein sehr gut funktionierendes Zeitmanagement und halten die Termine eng nach. Auch Notare sind trotz ihrer amtlichen Funktion Dienstleister. Die Qualität eines guten Notariats spricht sich auch herum. Da der Notar keine Werbung machen darf, sind eine flüssige Abwicklung, ein gut zu verstehender Vertrag, klare Erläuterungen, verständliche Belehrungen und ein gut funktionierendes Sekretariat die beste Werbung.

Beispiel

§ 15 Vollstreckungsunterwerfung

1. Der Käufer – mehrere als Gesamtschuldner – unterwirft sich in Ansehung des Kaufpreises und der Zinsforderung in Höhe von fünf Prozentpunkten jährlich über dem Basiszins gemäß § 247 BGB ab dem Datum der Erteilung der vollstreckbaren Ausfertigung der sofortigen Zwangsvollstreckung in sein gesamtes Vermögen. Der Notar wird ermächtigt, auf Kosten des Käufers jederzeit auf entsprechenden Antrag eine vollstreckbare Ausfertigung dieser Urkunde ohne Nachweis der die Entstehung oder Fälligkeit begründenden Tatsachen zu erteilen, jedoch erst nach notarieller Fälligkeitsmitteilung und gemäß deren Inhalt.

> 2. Der Verkäufer – mehrere als Gesamtverpflichtete – unterwirft sich wegen der Verpflichtung zur Räumung des Vertragsgegenstandes der sofortigen Zwangsvollstreckung. Der Notar wird angewiesen, dem Käufer auf einseitiges Verlangen gegen Nachweis der Kaufpreiszahlung eine vollstreckbare Ausfertigung zu erteilen.
> 3. Der Notar belehrte über die Bedeutung der Unterwerfung unter die sofortige Zwangsvollstreckung und über ihre Rechtsfolgen.

Bei einem Kaufvertrag über Immobilien stehen enorme wirtschaftliche Mittel zur Disposition: einmal die Immobilie des Eigentümers und auf der anderen Seite die Geldmittel des Käufers aus eigenem liquidem Guthaben oder in Form von Wertpapieren, aus dem Verkauf einer Immobilie und aus der Darlehenszusage eines Kreditgebers. Es ist für den normalen Bürger und auch für den gewerblich Tätigen sowie für Unternehmen jeder Art und Größe eine Transaktion von höchster wirtschaftlicher Bedeutung, verbunden mit einem hohen finanziellen und existenziellen Risiko. Daher müssen die jeweiligen Ansprüche vollständig und termingerecht erfüllt werden. Wenn diese nicht freiwillig erfüllt werden, müssen sie gerichtlich geltend gemacht werden. Nachdem ein Richter nach Beweiserhebung und durch Zeugenaussagen davon überzeugt ist und ein Urteil gefällt hat, kann ein vollstreckbarer Titel ausgestellt werden, es sei denn, der Verlierer eines Prozesses geht in Berufung und das Ganze geht über mehrere Instanzen. Es vergeht viel Zeit und kostet viel Geld. Erst mit einem vollstreckbaren Titel ist eine Zwangsvollstreckung möglich.

Der notarielle Kaufvertrag hat aufgrund dieses Umstandes einen besonderen und absoluten Beweiswert. Er ist eine öffentliche Urkunde. Demzufolge ist es üblich und normal, dass die gegenseitigen Ansprüche aus einer solchen Urkunde sofort vollstreckbar werden können.

Falls also eine der Parteien ihre Verpflichtungen nicht erfüllt, sei es die Zahlung des Kaufpreises oder die Räumung der Immobilie, kann der Notar auf den Antrag einer Partei eine vollstreckbare Urkunde ausstellen, ohne dass vorher bei Gericht Klage erhoben werden muss. Diese vollstreckbare Ausfertigung hat den gleichen Wert wie ein rechtskräftiges Urteil und wird auf dem üblichen gerichtlichen Weg dem „untreuen" Vertragsteil zugestellt. Der Gerichtsvollzieher kann vollstrecken – entweder auf Zahlung oder auf Räumung.

Das trifft auch auf Darlehensverträge zu. Auch dort findet sich eine Vollstreckungsunterwerfung, wie auch in der Grundschuldbestellungsurkunde, die im Grundbuch gewahrt wird.

Falls sich der Teil, gegen den eine Vollstreckung unternommen wird, im Recht befinden sollte (die Zahlung ist geleistet oder die Immobilie ist geräumt), kann er sich mit einer Vollstreckungsgegenklage wehren.

Beispiel

§ 16 Grundbucheinsicht
Der Notar hat den Grundbuchstand durch Abruf der Daten aus dem elektronischen Grundbuch am 14. Juni 2016 und letztmalig heute festgestellt. Der Verkäufer erklärt, dass er nach dem Tage des Datenabrufs keine Eintragungsanträge gestellt hat.

§ 17 Belehrungen des Notars
Der Notar erläuterte den Beteiligten die Vertragsbestimmungen und belehrte wie folgt:

Das Eigentum am Vertragsgegenstand geht nicht schon mit der Errichtung dieser Urkunde, sondern erst mit der Umschreibung im Grundbuch auf den Käufer über.

Hierzu sind die Unbedenklichkeitsbescheinigung des Finanzamts (nach Zahlung der Grunderwerbsteuer), erforderliche Genehmigungen, die Verzichtserklärung der Kommune auf gesetzliche Vorkaufsrechte und die Zahlung der Gerichtskosten notwendig.

Alle Vereinbarungen müssen richtig und vollständig beurkundet werden, sonst kann der ganze Vertrag nichtig sein.

Dieser Passus wird oft auch als „Schwarzgeldparagraf" bezeichnet. Die Grundlage dazu steht in § 311b BGB. Oftmals sollen durch niedrige „offizielle" Kaufpreise Grunderwerbsteuer und andere Kosten gespart werden. Bitte machen Sie das nicht. Zunächst ist der Vertrag im Ganzen nicht rechtswirksam, weil nicht alle Vereinbarungen beurkundet sind; er ist nichtig wegen Formmangels nach § 125 BGB. Andererseits ist es Steuerhinterziehung und somit ist ein Straftatbestand erfüllt. Falls alle Beteiligten stillhalten, ist dieses Geschäft „geheilt", wenn die Eigentumsumschreibung erfolgt ist. Bekommt jedoch irgendjemand ein schlechtes Gewissen oder will das Geschäft rückgängig machen, weil ein anderer Käufer mehr bietet, entsteht ein großer Schaden. Daher achten Sie bitte darauf, dass alles mit rechten Dingen zugeht. Die kleine Ersparnis im Verhältnis zum gesamten Geschäft lohnt den Aufwand an Ärger, Angst und Nerven nicht.

§ 311b BGB Verträge über Grundstücke, das Vermögen und den Nachlass

(1) Ein Vertrag, durch den sich der eine Teil verpflichtet, das Eigentum an einem Grundstück zu übertragen oder zu erwerben, bedarf der notariellen Beurkundung. Ein ohne Beachtung dieser Form geschlossener Vertrag wird seinem ganzen Inhalt nach gültig, wenn die Auflassung und die Eintragung in das Grundbuch erfolgen.

§ 125 BGB Nichtigkeit wegen Formmangels.

Ein Rechtsgeschäft, welches der durch Gesetz vorgeschriebenen Form ermangelt, ist nichtig. Der Mangel der durch Rechtsgeschäft bestimmten Form hat im Zweifel gleichfalls Nichtigkeit zur Folge.

8 Krönung all Ihrer Bemühungen – der Kaufvertrag

> **Beispiel**
>
> Unabhängig von den Vereinbarungen in dieser Urkunde haften alle Beteiligten kraft Gesetzes für die Grunderwerbsteuer und die Kosten als Gesamtschuldner. Der jeweilige Eigentümer haftet kraft Gesetzes für rückständige öffentliche Lasten (zum Beispiel Grundsteuern, Erschließungskosten, etc.).
> Eine steuerliche Beratung hat der Notar nicht übernommen, jedoch auf die mögliche Steuerpflicht einer Veräußerung nicht selbst genutzter Immobilien vor Ablauf von zehn Jahren („Spekulationsgeschäft") und bei Betriebsvermögen hingewiesen.
> § 18 Auftrag an den Notar
>
> 1. Der Notar wird von den Vertragsparteien bevollmächtigt und beauftragt, die zu dieser Urkunde erforderlichen Genehmigungen, Negativzeugnisse, Lastenfreistellungsunterlagen und Erklärungen zu beantragen, diese einzuholen, entgegenzunehmen und (als Eigenurkunde) abzugeben. Sämtliche für die Durchführung dieses Vertrages erforderlichen Genehmigungen werden mit dem Eingang bei dem beurkundenden Notar für und gegen alle Beteiligten wirksam.
> 2. Der Notar wird ermächtigt und beauftragt, diesen Vertrag insgesamt durchzuführen und die Beteiligten im Grundbuchverfahren uneingeschränkt zu vertreten. Alle zum Vertragsvollzug erforderlichen Anträge sollen ausschließlich von ihm gestellt, eingeschränkt und zurückgenommen werden können. Die Beteiligten verzichten übereinstimmend auf jegliches Recht eigener Antragstellung. Anfechtbare Bescheide sind jedoch den Beteiligten selbst zuzustellen; Abschrift an den Notar wird erbeten.
>
> Vorstehendes Protokoll wurde vorgelesen, mit sämtlichen Zusätzen und Streichungen genehmigt und eigenhändig unterschrieben:

Der nun folgende Vertrag über den Verkauf einer Eigentumswohnung wird nach dem gleichen Grundmuster formuliert. Es gibt jedoch ein paar besondere Merkmale, die erläutert werden müssen. Insbesondere weil es sich hierbei um eine vermietete Wohnung handelt. Die Paragrafen, die ich im Grundstückskaufvertrag erläutert habe, lasse ich unkommentiert.

> **Beispiel**
>
> Urkundenrolle Nr.:/2016 S
> Verhandelt
> zu
> Irgendwo
> am
> 21. Oktober 2016
> Vor mir, der unterzeichnenden Rechtsanwältin
> Daniela Hörzu
> als amtlich bestellte Vertreterin des Notars
> Udo Steinhart
> mit dem Amtssitz in Irgendwo
> erschienen heute:
>
> 1. Herr Raimund Wurzel
>
>   - geb. am 08.07.1950,
>   - Nussallee 2, 63.450 Hanau,
>   - handelnd nicht im eigenen Namen sondern als vollmachtloser Vertreter ohne Übernahme einer persönlichen Haftung für
>   - Frau Renate Zahnhaar geb. Zunder
>   - geb. am 28.08.1962,
>   - wohnhaft Blumenweg 9, A-1486 Unterfeld,
>
>   mit dem Versprechen, eine Genehmigungserklärung alsbald nachzureichen, die mit Eingang beim amtierenden Notar allen Beteiligten gegenüber als zugegangen und rechtswirksam gelten soll.

In diesem Fall habe ich das Risiko einer vollmachtlosen Vertretung auf mich genommen, weil die Verkäuferin und ich ein großes Vertrauen zueinander hatten und wir uns aufeinander verlassen konnten. Der Grund lag in der sehr schwierigen terminlichen Übereinstimmung aller Beteiligten. Dies ist eine absolute Ausnahme – sie kam in meiner Laufbahn nur zwei Mal vor.

8 Krönung all Ihrer Bemühungen – der Kaufvertrag

Beispiel

Der Erschienene wies sich aus durch Vorlage seines Personalausweises der BRD.

2. Herr Schneller Raffer,

   geb. am 30.04.1981,
   wohnhaft Mannomann-Straße 1881, 63XXX Meinhaus.

Der Erschienene wies sich aus durch Vorlage seines Personalausweises der BRD.
Vorbemerkung

1. Die amtlich bestellte Notarvertreterin wird nachfolgend „Notar" genannt. Der Notar belehrte nach § 18 Abs. 2 Hessisches Datenschutzgesetz. Er wies darauf hin, dass die Speicherung und Verarbeitung der mit der Angelegenheit zusammenhängenden Daten erfolgt.
2. Der Notar fragte, ob er oder eine der mit ihm beruflich verbundenen Personen in einer Angelegenheit, die Gegenstand dieser Beurkundung ist, bereits außerhalb des Notaramtes tätig war oder ist. Die Frage wurde verneint.
3. Die Erschienenen erklären sich damit einverstanden, dass der beurkundende Notar je eine Ablichtung ihrer Ausweisdokumente zu seinen Akten nimmt.
4. Der amtierende Notar wies darauf hin, dass der Vertrag zu seiner Rechtswirksamkeit der Genehmigung durch den Verkäufer in grundbuchtauglicher Form bedarf.
5. Die durch den Erschienenen zu 1) Vertretene wird im folgenden „Verkäufer" genannt. Der Erschienene zu 2) wird im folgenden „Käufer" genannt.

Die Erschienenen baten um die Beurkundung des folgenden
Kaufvertrages
über eine Eigentumswohnung
§ 1 Grundbuchstand

1. Der Verkäufer ist grundbuchlich eingetragener Eigentümer folgenden Wohnungseigentums, eingetragen beim

   - Amtsgericht Irgendwo
   - Grundbuch von Dönerhaus
   - Blatt 9999,

> und zwar 54/10.000 Miteigentumsanteil an dem Grundstück der Gemarkung Dönerhaus, Flur 1, Flurstück 23/4,
>
> Gebäude- und Freifläche, Südostwestnordstraße 50, 52, 54, 56, 58, 60, 62, 64, 66, 68, 70, 72, 74, 76 und 78, in Größe von 12.990 m^2,
> verbunden mit dem Sondereigentum an den Räumen mit Nr. 123 des Aufteilungsplanes bezeichnet., vorbehalten sind Sondernutzungsrechte an den Pkw-Abstellplätzen Nr. 1 bis 213 und den Kellerräumen Nr. 1 bis 190; hier zugeordnet ist das Sondernutzungsrecht an Kellerraum Nr. 123 und am Pkw-Abstellplatz Nr. 123.
> Die Veräußerung des Wohnungseigentums bedarf der schriftlichen Zustimmung des Verwalters.
> - nachfolgend „Vertragsgegenstand" genannt -

Nach dem Wohnungseigentumsgesetz (WEG) gibt es das Gemeinschaftseigentum (das sind Grundstück, das tragende Mauerwerk, Dach, Decken, Flure, Versorgungsleitungen, Aufzüge, Treppenhäuser und alle Dinge, die nicht als Sondereigentum möglich sind. Dies steht in der Teilungserklärung und der Gemeinschaftsordnung. Sondereigentum sind laut Aufteilungsplan alle in sich geschlossenen Einheiten; Grundlage hierfür ist der Aufteilungsplan, der vom Bauamt genehmigt ist. Das Sondereigentum teilt sich auf in zwei Arten: als „Wohnungseigentum" wird eine Wohnung bezeichnet, als „Teileigentum" alles, was nicht Wohnung ist, zum Beispiel Gewerberäume, Hobbyräume, Garagen. Für jedes Sondereigentum ist ein Grundbuchblatt eingerichtet. Sondernutzungsrechte sind nicht selbstständig grundbuchfähig. Es sind Räumlichkeiten oder Flächen, die einem Sondereigentum zugeordnet werden müssen, sonst können sie als Gemeinschaftseigentum von allen genutzt werden. Sondernutzungsrechte können als Bestandteil des Gemeinschaftseigentums nur von denjenigen genutzt werden, deren Sondereigentum sie zugeordnet sind. Allerdings

8 Krönung all Ihrer Bemühungen – der Kaufvertrag

können Sondernutzungsrechte innerhalb der Eigentümergemeinschaft auch einem anderen Sondereigentum durch Kauf oder andere Rechtsgeschäfte zugeordnet werden.

Da in den meisten Teilungserklärungen eine Zustimmungserklärung des Verwalters formuliert ist, muss der Vertrag auch an den Verwalter gehen. Der darf seine Zustimmung nicht verweigern. Es würde die Rechte des Eigentümers und die vom Grundgesetz und vom BGB garantierte Verfügbarkeit über sein Eigentum einschränken. Es ist reine Formsache und „eigentlich" eine überflüssige Bürokratie. In neueren Teilungserklärungen ist dies nicht formuliert oder lediglich eine Informationspflicht des Verwalters erwähnt über den Verkauf und die Eigentumsänderung.

Außerdem muss der Verwalter dem Notar nachweisen, dass er ordentlich bestellt ist. Fehlt dieser Nachweis, ist der Kaufvertrag schwebend unwirksam. Er kann demnach erst durchgeführt werden, wenn diese Bedingungen erfüllt sind.

Beispiel

Das Eigentum ist eingetragen auf Renate Zahnlos geb. Zunder. Die Namensänderung der Eigentümerin auf den Nachnamen „Zahnhaar" ist nachgewiesen durch Heiratsurkunde, unter deren Vorlage die entsprechende Grundbuchberichtigung – soweit erforderlich – beantragt wird.

2. Der Vertragsgegenstand ist im Grundbuch wie folgt belastet:

Abteilung II:
II, 1: Lastend auf dem früheren Flurstück 12/3:
Beschränkte persönliche Dienstbarkeit (Transformatorenrecht) für Elektrizitäts-AG Mitteldeutschland, Kassel.
Abteilung III:
III, 2: DM 124.000,00 Briefgrundschuld für vormals BfG Bank AG Filiale Frankfurt nebst Zinsen und Nebenleistung, nunmehr umgestellt und eingetragen wie folgt:
EUR 63.400,19 Grundschuld mit Brief nebst Zinsen und Nebenleistungen abgetreten an Bauspar AG, Nürnberg.

Hier gibt es einen eher seltenen Fall einer Briefgrundschuld. Dabei wird vom Amtsgericht ein „Deutscher Grundschuldbrief" ausgestellt. Dieser Brief ist wie ein Wertpapier handelbar durch Verkauf, Abtretung oder Teilabtretung. Das Besondere daran: Wie bei einem Sparbuch hat derjenige Anspruch auf die aufgedruckte Summe (oder eine Restsumme unter Berücksichtigung der Teilabtretungen), der den Grundschuldbrief vorlegt. Falls die Grundschuld im Grundbuch gelöscht werden soll, geht es nur durch Vorlage des Briefes zusammen mit der Löschungsbewilligung. Fehlt dieser Brief, muss ein Aufgebot bestellt werden. Durch Zeitungsinserat und öffentlichen Aushang wird der Halter des Briefes gesucht. Findet er sich nach acht Wochen nicht, erlischt sein Anspruch und die Grundschuld kann gelöscht werden. Falls Sie eine Briefgrundschuld besitzen und den Brief dazu: Bitte sehr sorgfältig aufbewahren!

Buchgrundschulden sind sicherer – sie werden nur im Grundbuch eingetragen – daher: Buchgrundschuld.

> **Beispiel**
>
> § 2 Kaufvertrag
>
> 1. Der Verkäufer verkauft den in § 1 näher bezeichneten Vertragsgegenstand mit allen Rechten und Bestandteilen an den Käufer zu Alleineigentum.
> 2. Inventar und Mobiliar werden nicht mitverkauft.
> 3. Die durch den Verkäufer bis zum Übergabezeitpunkt geleisteten Rücklagen werden aufschiebend bedingt mit Zahlung des Kaufpreises auf den Käufer übertragen. Zum Stichtag 31. Dezember 2015 weist das anteilige Rücklagenkonto ein Guthaben von 3100,00 € aus. Die Rücklagen sind im Gesamtkaufpreis enthalten. Der Käufer wird dem Finanzamt eine entsprechende Mitteilung über die Höhe des Rücklagenkontos einreichen, der Verkäufer übernimmt für die Höhe des angegebenen Betrags keine Gewähr.

Eigentümergemeinschaften nach dem WEG sind verpflichtet, Instandhaltungsrücklagen zu bilden. Diese müssen pro Sondereigentum jeweils ausgewiesen werden. Die Rücklagen fließen aus dem Privatvermögen der einzelnen Eigentümer in die Gemeinschaftskasse und gehören damit zum Gemeinschaftseigentum. Die Berechnung übernimmt die Verwaltung, daher kann der Eigentümer keine Gewähr dafür übernehmen. Zumal es ihm nicht mehr als Einzeleigentümer gehört.

> **Beispiel**
>
> § 3 Kaufpreis, Fälligkeit
>
> 1. Der Kaufpreis für den Vertragsgegenstand beträgt 78.500,00 € (in Worten: Euro achtundsiebzigtausendfünfhundert).
> 2. Der Kaufpreis ist fällig am 30. November 2016, jedoch frühestens zehn Tage ab Datum eines notariellen Schreibens, in welchem dem Käufer bestätigt wird, dass
>
>   a) die Auflassungsvormerkung zugunsten des Käufers im Grundbuch eingetragen ist und ihr keine Rechte vorgehen bzw. gleichstehen, mit Ausnahme der im Kaufvertrag bezeichneten und von Rechten, bei deren Bestellung der Käufer mitgewirkt hat;
>
>   b) der Notar in grundbuchtauglicher Form über alle Unterlagen verfügt zur Freistellung von solchen Belastungen, die im Grundbuch vor oder mit der Vormerkung eingetragen und vom Käufer nicht zu übernehmen sind. Ihre Verwendung darf allenfalls von Zahlungsauflagen abhängig sein, für die der Kaufpreis ausreicht;
>
>   c) die Verwalterzustimmung und der Verwalternachweis dem Notar in grundbuchtauglicher Form vorliegt.
>
> 3. Von dem Kaufpreis sind zunächst die in Abteilung III eingetragenen Gläubiger abzulösen. Der Notar wird allseits bevollmächtigt, unter Vorlage einer beglaubigten Abschrift dieser Urkunde die Lastenfreistellungsunterlagen einzuholen, für alle am Vertrag und dessen Finanzierung Beteiligten auch gemäß § 875 Abs. 2 BGB entgegenzu-

nehmen und zu verwenden. Er ist nicht verpflichtet die Zustimmung des Verkäufers zu erteilten Treuhandaufträgen einzuholen. Soweit Gläubiger für die Lastenfreistellung Ablösebeträge verlangen, hat der Verkäufer gegen den Käufer nur Anspruch auf Erfüllung dieser Zahlungsauflagen, nicht auf Zahlung an sich oder sonstige Dritte, ohne dass ein Gläubiger insoweit ein eigenes Forderungsrecht erwirbt. Zur Überprüfung der geforderten Ablösebeträge sind Notar und Käufer weder berechtigt noch verpflichtet. Die Erfüllung der Zahlungsauflagen durch den Käufer erfolgt für Rechnung des Verkäufers in Anrechnung auf den Kaufpreis. In seiner Fälligkeitsmitteilung wird der Notar dem Käufer die Bankverbindung der abzulösenden Gläubiger mitteilen.

4. Der nicht zur Ablösung der Gläubiger verbleibende Restbetrag ist zahlbar auf folgendes Konto des Verkäufers:

   - Kontoinhaber: Frau Renate Zahnhaar
   - Bank: DKB Bank Berlin
   - Konto-Nr.: 123 456 78
   - BLZ: 901 234 567

5. Der Verkäufer verpflichtet sich, den Notar unverzüglich schriftlich zu unterrichten, sobald der Kaufpreis in voller Höhe bezahlt ist. Sofern der Verkäufer dieser Verpflichtung nicht nachkommt, bleibt es dem Käufer vorbehalten, durch Bankbestätigung den Nachweis der Kaufpreiszahlung zu erbringen. Soweit Treuhandaufträge von abzulösenden Gläubigern erteilt wurden, genügt die Entlassung.

§ 4 Verzinsung
Wenn fällige Beträge nicht termingerecht auf dem in § 3 genannten Konto eingegangen sind, sind sie vom Tage des Verzuges an bis zum Eingang auf dem Konto mit Zinsen von jährlich fünf Prozentpunkten über dem jeweiligen Basiszins gemäß § 247 BGB zu verzinsen.

§ 5 Übernahme von Belastungen

1. Der Kaufgegenstand wird frei von im Grundbuch eingetragenen Belastungen verkauft, mit Ausnahme des in Abteilung II, 1 eingetragenen Rechts, das übernommen wird.
2. Die Vertragsbeteiligten beantragen die Löschung der in Abteilung III, 2 eingetragenen Belastung.

§ 6 Besitz, Nutzen und Lasten

1. Die Übergabe des Vertragsgegenstandes erfolgt am Tage nach der Kaufpreiszahlung.
2. Vom Tage der Übergabe an gehen sämtliche Nutzen und Lasten, die Verkehrssicherungspflicht sowie die Gefahr des zufälligen Untergangs und einer zufälligen Verschlechterung auf den Käufer über. Er ist auch verpflichtet, von diesem Zeitpunkt an die öffentlichen Abgaben und Lasten zu zahlen.
3. Der Verkäufer verpflichtet sich, bei Übergabe die Hausschlüssel sowie – soweit vorhanden – sämtliche den Vertragsgegenstand betreffende in seinem Besitz befindlichen Unterlagen an den Käufer auszuhändigen. Der Verkäufer tritt aufschiebend bedingt durch die Kaufpreiszahlung dem Käufer alle versicherungsrechtlichen Ansprüche bezüglich des Vertragsgegenstandes ab.
4. Der Energieausweis wird dem Käufer zu dem in Absatz (3) genannten Zeitpunkt übergeben.

§ 7 Miet- und Nutzungsverhältnisse

1. Der Verkäufer erklärt: Der Vertragsbesitz ist vermietet; es bestehen weder Mietrückstände, Mietvorauszahlungen, Streitigkeiten (zum Beispiel Minderungen, Einwendungen gegen Nebenkostenabrechnungen), Pfändungen, Verfügungen über künftige Mietzinsansprüche noch abzugeltende Investitionen des Mieters.
2. Das Mietverhältnis ist dem Käufer bekannt. Er hat ein Exemplar des Mietvertrages erhalten. Der Verkäufer hat dem Käufer am Tag des Nutzungsübergangs (Stichtag) das Original des Mietvertrages, etwaige Mietsicherheiten (Kaution; Bürgschaft), sowie alle sonstigen Unterlagen für die Abwicklung des Mietverhältnisses zu übergeben.
3. Zum Stichtag tritt der Verkäufer alle dann entstehenden Rechte aus dem Vertrag an den dies annehmenden Käufer ab und wird hinsichtlich der Pflichten für künftige Zeiträume von ihm freigestellt. Ab dem Stichtag ist der Käufer umfassend – auch zu Kündigungen, Modernisierungsarbeiten und Mieterhöhungsverlangen – ermächtigt und bevollmächtigt, jedoch auf eigene Kosten und eigenes Risiko.

Falls ein Käufer das Mietverhältnis kündigen will, zum Beispiel wegen Eigenbedarfs, kann er dies erst, wenn er als Eigentümer eingetragen ist. Das ist eine sehr enge Auslegung und daher als sicher zu betrachten.

> **Beispiel**
>
> 4. Die Abrechnung der Nebenkosten mit den Mietern erfolgt bis zum Stichtag unverzüglich durch den Verkäufer, ab dem Stichtag durch den Käufer. Nach der Abrechnung hat der Verkäufer auch die Unterlagen und etwaige Überschüsse aus Nebenkostenvorauszahlungen für das laufende Abrechnungsjahr zu übergeben.
> 5. Der Notar hat dem Verkäufer empfohlen, zur Haftungsvermeidung den Mietübergang dem Mieter anzuzeigen und ggf. dessen Zustimmung zur künftigen ausschließlichen Verwaltung der Mietsicherheiten durch den Käufer unter Freistellung des Verkäufers von seiner Verpflichtung zur Rückgabe der Mietsicherheiten einzuholen (§§ 566 Abs. 2, 566a Satz 2 BGB).

Bei allen vermieteten Immobilien ist dies absolut wichtig. Der Käufer erhält vom Verkäufer die Kautionen der Mieter. Entweder übergibt er ihm die Sparbücher oder überweist die Summe der Kautionen inklusive der angesammelten Zinsen an den Käufer. Angenommen, Käufer und spätere neue Eigentümer sind nicht in der Lage, Mietern beim Auszug die Kaution zurückzuzahlen, weil sie gesetzwidrig mit Privat- oder Betriebsvermögen verschmolzen sind, dann haften Verkäufer in jedem Falle ehemaligen Mietern auf Rückzahlung der Kaution – auch noch Jahre nach dem Verkauf. Um dies zu vermeiden, müssen Mieter Verkäufer freistellen von der Rückzahlungsverpflichtung und aus der Haftung entlassen.

8 Krönung all Ihrer Bemühungen – der Kaufvertrag

§ 566 BGB Kauf bricht nicht Miete

(2) Erfüllt der Erwerber die Pflichten nicht, so haftet der Vermieter für den von dem Erwerber zu ersetzenden Schaden wie ein Bürge, der auf die Einrede der Vorausklage verzichtet hat. Erlangt der Mieter von dem Übergang des Eigentums durch Mitteilung des Vermieters Kenntnis, so wird der Vermieter von der Haftung befreit, wenn nicht der Mieter das Mietverhältnis zum ersten Termin kündigt, zu dem die Kündigung zulässig ist.

§ 566a BGB Mietsicherheit

Hat der Mieter des veräußerten Wohnraums dem Vermieter für die Erfüllung seiner Pflichten Sicherheit geleistet, so tritt der Erwerber in die dadurch begründeten Rechte und Pflichten ein. Kann bei Beendigung des Mietverhältnisses der Mieter die Sicherheit von dem Erwerber nicht erlangen, so ist der Vermieter weiterhin zur Rückgewähr verpflichtet.

> **Beispiel**
>
> § 8 Sach- und Rechtsmängel
>
> 1. Der Verkäufer schuldet den lastenfreien Besitz- und Eigentumsübergang des Vertragsgegenstandes, soweit nicht Rechte ausdrücklich in diesem Vertrag übernommen werden. Ausgeschlossen werden alle Rechte und Ansprüche des Käufers wegen altrechtlicher Dienstbarkeiten. Der Verkäufer erklärt, dass ihm von solchen nichts bekannt ist.
> 2. Der Käufer hat den Vertragsgegenstand genau besichtigt. Er wird verkauft wie er steht und liegt. Der Verkäufer schuldet weder ein bestimmtes Flächenmaß, noch die Verwendbarkeit des Vertragsgegenstandes für Zwecke des Käufers oder dessen Eignung zur Erreichung steuerlicher Ziele des Käufers.

3. Alle Ansprüche und Rechte wegen Sachmängeln am Vertragsgegenstand, sowohl am Sonder-, als auch am Gemeinschaftseigentum werden hiermit ausgeschlossen. Dies gilt nicht für Sachmängel am Sondereigentum, die zwischen Vertragsschluss und Übergabe entstehen und über die gewöhnliche Abnutzung hinausgehen; hierfür wird jedoch die Verjährungsfrist auf zwei Monate ab Übergabe verkürzt. Der Verkäufer erklärt, dass ihm Mängel, insbesondere auch Altlasten sowie Abstandsflächenübernahmen und Baulasten nicht bekannt sind. Garantien werden nicht abgegeben.
4. Aufschiebend bedingt auf die Zahlung des Kaufpreises tritt der Verkäufer an den dies annehmenden Käufer alle Ansprüche ab, die ihm gegen Dritte (etwa frühere Eigentümer, Sachversicherer, Schädiger, Werkunternehmer oder Planer) wegen eines Mangels oder Schadens am Vertragsobjekt zustehen (werden). Zugehörige Unterlagen (zum Beispiel Aufträge, Rechnungen, Abnahmeprotokolle, Bürgschaften) sind – soweit vorhanden – unaufgefordert bei Besitzübergang zu übergeben.
5. Von der vorstehenden Rechtsbeschränkung ausgenommen ist eine Haftung für Vorsatz und Arglist.
6. Der Notar hat über den Inhalt und die sich aus der Haftungsregelung ergebende Rechtslage belehrt.

§ 9 Öffentliche Lasten

1. Der Verkäufer versichert, dass öffentliche Lasten, für die der Vertragsgegenstand haftet, nicht rückständig sind. Hinsichtlich etwaiger privatrechtlicher Versorgungsanlagen (Elektrizität, Gas, Heizwärme, Telefon etc.) hat der Käufer ab Lastenübergang soweit erforderlich vertragliche Vereinbarungen mit den Versorgern zu treffen.
2. Der Verkäufer hat Erschließungsbeiträge, Anliegerbeiträge und Kostenerstattungsansprüche nach dem Baugesetzbuch, den Kommunalabgabengesetzen oder anderer Rechtsvorschriften, für die ein Bescheid bis zur Übergabe zugestellt wird, zu tragen. Er versichert, dass er alle bisher angeforderten Beiträge im obigen Sinne bezahlt hat.
3. Forderungen aus Bescheiden, die ab Übergabe zugestellt werden, hat der Käufer zu tragen, auch wenn sie Maß-

nahmen aus früherer Zeit betreffen. Der Notar hat zu Erkundigungen bei den Erschließungsträgern geraten. Baukostenzuschüsse, Hausanschlusskosten und Nacherhebungen von Erschließungskosten, die anlässlich einer künftigen Bebauung des Vertragsbesitzes oder künftiger Veränderungen der Erschließungsanlagen angefordert werden, treffen in jedem Fall den Käufer, soweit sie noch nicht bezahlt sind. Vorausleistungen des Verkäufers sind dem Käufer anzurechnen, etwaige Erstattungsansprüche werden an den Käufer abgetreten.

§ 10 Kosten und Steuern

1. Die Kosten dieser Urkunde und ihres Vollzuges, die Kosten für Genehmigungen und Zustimmungserklärungen und die Grunderwerbsteuer trägt der Käufer, mehrere als Gesamtschuldner. Zahlt der Käufer diese nicht, kann der Verkäufer von dem Vertrag zurücktreten.
2. Die Kosten für eine etwa erforderliche Verwalterzustimmung und die durch die Lastenfreistellung entstehenden Mehrkosten einschließlich etwa damit verbundener Treuhandaufträge trägt der Verkäufer.
3. Die Kosten privater Genehmigungserklärungen, von Zustimmungserklärungen und Vollmachtsbestätigungen trägt die Partei, die sie veranlasst hat.

§ 11 Auflassung

1. Die Vertragsparteien sind sich darüber einig, dass das Eigentum an dem veräußerten Grundbesitz von dem Verkäufer auf den Käufer zu dem in § 2 Abs. 1 genannten Verhältnis übergeht. Die Einigung ist unbedingt, beinhaltet jedoch keine Eintragungsbewilligung.
2. Die Vertragsbeteiligten erteilen dem amtierenden Notar, dessen Vertreter oder Aktenverwahrer einseitig unwiderruflich, unbedingt und befreit von § 181 BGB Vollmacht, die Eintragung des Käufers als Eigentümer im Grundbuch zu bewilligen. Der Verkäufer muss dem Käufer das Eigentum Zug-um-Zug gegen Zahlung des geschuldeten Erwerbspreises verschaffen. Alle Beteiligten weisen daher den Notar gem. § 53 BeurkG an, die Umschreibung gemäß dieser Vollmacht durch Eigenurkunde erst zu ver-

anlassen, nachdem der Verkäufer ihm den Eingang des geschuldeten Betrages schriftlich bestätigt oder hilfsweise der Käufer die Zahlung des vereinbarten Kaufpreises (jeweils ohne Zinsen) durch Bankbestätigung nachgewiesen hat. Der Eintragungsantrag ist für den Käufer zu stellen.

§ 12 Vormerkung

1. Der Verkäufer bewilligt unwiderruflich und die Parteien beantragen die Eintragung einer Vormerkung zur Sicherung des Anspruches auf Erwerb des Eigentums zugunsten des Käufers zu dem in § 2 bezeichneten Verhältnis im Grundbuch. Der Antrag auf Eintragung der Auflassungsvormerkung soll schnellstmöglich gestellt werden.
2. Schon jetzt wird die grundbuchliche Löschung dieser Vormerkung bewilligt und beantragt, sobald die vertragsgemäße Eigentumsumschreibung erfolgt und weder Zwischeneintragungen vorgenommen wurden, noch schädliche Anträge gestellt worden sind.

§ 13 Löschung der Vormerkung wegen mangelnder Kaufpreiszahlung

Der Käufer bevollmächtigt den beurkundenden Notar (dessen Vertreter oder Amtsnachfolger) unwiderruflich – unter Befreiung von den Beschränkungen des § 181 BGB und über seinen Tod hinaus –, die Löschung der Auflassungsvormerkung – auch ohne Eintragung des Eigentumsübergangs – zu bewilligen und zu beantragen. Die Beteiligten weisen den Notar an, die Löschung der Vormerkung unter folgenden Voraussetzungen zu veranlassen:

- Der Notar hat die Mitteilung über die Kaufpreisfälligkeit an den Käufer übersandt.
- Der Verkäufer hat dem Notar schriftlich mitgeteilt, dass er wegen nicht rechtzeitiger Zahlung des Kaufpreises vom Kaufvertrag zurückgetreten ist.
- Und der Käufer hat dem Notar auf schriftliche Anforderung hin nicht innerhalb von vier Wochen nachgewiesen (etwa durch Bankbestätigung), dass der Kaufpreis gezahlt ist, bzw. dass er Klage auf Feststellung erhoben hat, nur den bereits gezahlten Kaufpreisteil zuschulden.

> Es genügt jeweils Absendung an die im Urkundeneingang aufgeführte Anschrift, auch ohne Zugangsnachweis. Der Notar wies darauf hin, dass er nicht nachprüfen kann, ob der Verkäufer berechtigt vom Vertrag zurückgetreten ist, falls der Käufer nicht seinerseits die Kaufpreiszahlung nachweist.
> Der Notar ist nicht verpflichtet, die Löschung der Vormerkung zu veranlassen, wenn der Käufer Gründe vorträgt, wonach ihm eine Einrede gegen den Kaufpreisanspruch zusteht (insbes. falls der überwiegende Kaufpreisteil schon gezahlt ist).
> Die Abtretung des Anspruchs auf Übereignung ist ausgeschlossen.

Auf diesen Passus möchte ich besonders hinweisen. Er gilt nicht nur beim Kauf von Eigentumswohnungen. Ich habe ihn einfügen lassen, um ein zusätzliches Sicherheitspolster zu haben. Sollten Sie als Verkäufer Bedenken wegen der Finanzierbarkeit des Erwerbs durch Ihren Käufer haben, empfiehlt es sich, diese Formulierung in einen Kaufvertrag aufzunehmen.

Die erste Eintragung für einen neuen Käufer nach dem Abschluss des Kaufvertrags ist die Auflassungsvormerkung im Grundbuch. Angenommen, Ihr Käufer hat eine schriftliche Zusage seiner Bank für die Finanzierung und legt sie vor. Sie beurkunden im Vertrauen auf die Solvenz und Seriosität des Käufers und schließen den Vertrag ab. Aus irgendeinem Grund zieht die Bank die Zusage zurück und es kommt nicht zum Abschluss des Darlehensvertrags. Andere Banken verweigern ebenfalls eine Finanzierung. Die Gründe sind unerheblich. Kurz und knapp: Der Kauf scheitert an der Möglichkeit, die Kaufsumme aufzubringen. Dann ist das Grundbuch mit der Auflassungsvormerkung zugunsten des Käufers belastet und Sie sind an einem weiteren Verkauf gehindert. Sie müssen nun die Vormerkung aus dem Grundbuch klagen. Das dauert Monate und kostet viel Geld. Sie können sicher sein, dass Sie die Kosten von Ihrem Käufer, jetzt Prozessgegner, nicht mehr erstattet bekommen. Ich habe mir schon beizeiten angewöhnt, erst einen Kaufvertragstermin festzulegen, wenn der Käufer die Grundschuldbestellungsurkunde vorlegt. Dann ist sicher, dass der Darlehensvertrag unterschrieben ist und nach Eintragung der Grundschuld der Kaufpreis gezahlt wird.

> **Beispiel**
>
> § 14 Finanzierung des Kaufpreises
>
> 1. Allein der Käufer hat dafür zu sorgen, dass etwa benötigte Finanzierungsmittel rechtzeitig zur Verfügung stehen. Um ihm dies zu erleichtern, ist der Verkäufer verpflichtet, die Beleihung des Vertragsobjekts für die Finanzierung des Erwerbspreises mit erforderlichen Grundpfandrechten bereits vor Umschreibung zu gestatten, jedoch ohne eine persönliche Haftung oder Kosten zu übernehmen und nur zu den nachfolgenden Abreden.
> 2. Zur Absicherung des Verkäufers weist der Käufer seine Darlehensgeber unwiderruflich an, die Darlehensvaluten bis zur Höhe des Erwerbspreises nur auf die in § 3 genannten bzw. noch bekannt zu gebenden Konten zu überweisen, soweit der Kaufpreis nicht anderweitig zur Freistellung des verkauften Grundstücks von eingetragenen Belastungen zu verwenden ist. Auf die unwiderrufliche Zahlungsanweisung ist in der Grundpfandrechtsbestellungsurkunde nochmals gesondert hinzuweisen.
> 3. Die Grundschuldgläubiger dürfen die Grundpfandrechte nur insoweit als Sicherheit verwerten oder behalten, wenn deren Sicherungszweck dahin gehend eingeschränkt wird, dass diese nur zur Sicherung des tatsächlich mit Tilgungswirkung auf die Kaufpreisschuld ausgezahlten und von dem Gläubiger finanzierten Erwerbspreises dienen. Alle weiteren Zweckbestimmungserklärungen, Sicherungs- und Verwertungsvereinbarungen innerhalb oder außerhalb

dieser Urkunde gelten erst, nachdem der Erwerbspreis vollständig bezahlt ist, in jedem Fall ab Eigentumsumschreibung. Ab diesem Zeitpunkt gelten sie für und gegen den Käufer als neuem Sicherungsgeber. Diese Sicherungsabrede muss in der jeweiligen Grundpfandrechtsbestellungsurkunde noch einmal gesondert wiederholt werden.

4. Alle bis zur Eigentumsumschreibung im Zusammenhang mit den Grundpfandrechten entstandenen Rechte des Verkäufers werden bereits jetzt auf den Tag der Umschreibung an den Käufer im angegebenen Beteiligungsverhältnis abgetreten.

§ 15 Vollmachten

1. Die Vertragsparteien erteilen hiermit

- Frau M., Notarfachwirtin
- Frau D., Notarfachwirtin
- Frau A., Notarfachwirtin
- Frau K., Notarfachwirtin

alle geschäftsansässig beim beurkundenden Notar, **Durchführungsvollmacht**

- und zwar jeder für sich allein unter Befreiung von den Beschränkungen gemäß § 181 BGB mit der Befugnis zur Erteilung von Untervollmachten.
- Aufgrund der Vollmacht sind die Bevollmächtigten berechtigt, im Namen der Vollmachtgeber alle Erklärungen abzugeben, die zur Ausführung und Durchführung dieser Urkunde noch zweckmäßig sein sollten. Sie sind befugt, Rangbestimmungen zu bewilligen und zu beantragen sowie alle Erklärungen abzugeben, mit denen diese Urkunde ergänzt oder abgeändert wird. Die Vollmacht umfasst die Berechtigung zur Stellung, Änderung und Rücknahme von Grundbuchanträgen jeder Art.

2. Der Verkäufer erteilt – mit der Befugnis zur Erteilung von Untervollmachten – dem Käufer je einzeln, mehrere Käufer erteilen sich untereinander gegenseitig

Finanzierungsvollmacht

- unter Befreiung von den Beschränkungen des § 181 BGB.

Die Bevollmächtigten sind berechtigt, Grundpfandrechte aller Art samt Zinsen und Nebenleistungen in beliebiger Höhe und in vollstreckbarer Form zu bestellen, für die Käufer gemeinschaftlich oder einzeln die persönliche Zwangsvollstreckungsunterwerfung zu erklären und den mit diesem Vertrag erworbenen Grundbesitz sowie den jeweiligen Eigentümer der sofortigen Zwangsvollstreckung gemäß § 800 ZPO zu unterwerfen und die zur Eintragung der Unterwerfung erforderlichen Anträge zu stellen, sofern eine eigene persönliche Haftung des Verkäufers ausgeschlossen ist. Sie sind berechtigt, Erklärungen abzugeben, die zur Eintragung der Grundpfandrechte, zur Rangbeschaffung, zur Löschung und zur Rangänderung erforderlich und zweckmäßig sind.

3. Von den Vollmachten darf nur vor den Notaren U., G., S., Dr. K. oder Dr. P. sowie deren amtlich bestellten Vertretern Gebrauch gemacht werden.
4. Die Vollmachten erlöschen mit der Eigentumsumschreibung. Sie erlöschen nicht durch den Tod eines der Vollmachtgeber.
5. Über die Bedeutung der Vollmachten, insbesondere soweit sie zur Bestellung von Grundpfandrechten ermächtigen, wurden die Vertragsbeteiligten von dem Notar belehrt.

§ 16 Vollstreckungsunterwerfung

1. Der Käufer – mehrere als Gesamtschuldner – unterwirft sich in Ansehung des Kaufpreises und der Zinsforderung in Höhe von fünf Prozentpunkten jährlich über dem Basiszins gemäß § 247 BGB ab dem Datum der Erteilung der vollstreckbaren Ausfertigung der sofortigen Zwangsvollstreckung in sein gesamtes Vermögen. Der Notar wird ermächtigt, auf Kosten des Käufers jederzeit auf entsprechenden Antrag eine vollstreckbare Ausfertigung dieser Urkunde ohne Nachweis der die Entstehung oder

Fälligkeit begründenden Tatsachen zu erteilen, jedoch erst nach notarieller Fälligkeitsmitteilung und gemäß deren Inhalt.
2. Der Verkäufer – mehrere als Gesamtverpflichtete – unterwirft sich wegen der Verpflichtung zur Räumung des Vertragsgegenstandes der sofortigen Zwangsvollstreckung. Der Notar wird angewiesen, dem Käufer auf einseitiges Verlangen gegen Nachweis der Kaufpreiszahlung eine vollstreckbare Ausfertigung zu erteilen.
3. Der Notar belehrte über die Bedeutung der Unterwerfung unter die sofortige Zwangsvollstreckung und über ihre Rechtsfolgen.

§ 17 Grundbucheinsicht
Der Notar hat den Grundbuchstand durch Abruf der Daten aus dem elektronischen Grundbuch am 18. Oktober 2016 und heute festgestellt. Der Verkäufer erklärt, dass er nach dem Tage des Datenabrufs keine Eintragungsanträge gestellt hat.
§ 18 Teilungserklärung

1. Der Notar wies darauf hin, dass die Veräußerung der Eigentumswohnung der Zustimmung des Verwalters, nämlich der

    - ABCD Hausverwaltung GmbH
    - Salzweg 234, 63XXX Hannover

    bedarf. Der Notar wird beauftragt, dem Verwalter den Verkauf des Vertragsgegenstandes anzuzeigen und seine Genehmigung einzuholen. Die Verwaltereigenschaft ist durch die Vorlage einer Niederschrift des Bestellungsbeschlusses nachzuweisen.

2. Ein Exemplar der Teilungserklärung vom 17. Dezember 1998 sowie etwaiger Nachträge, wurde dem Käufer bereits ausgehändigt. Er erklärt, dass ihm der Inhalt der Teilungserklärung bekannt ist. Der Notar wies darauf hin, dass der Umfang des gemeinschaftlichen und des Sondereigentums sowie die Rechtsverhältnisse der Miteigentümer sich aus den vorgenannten Unterlagen sowie den bindenden Beschlüssen, Vereinbarungen und bisher geschlossenen Verträgen der Eigentümergemeinschaft ergeben.

Sie haben als Verkäufer die Pflicht, dem Käufer die Teilungserklärung vor dem Kauf auszuhändigen, bzw. zu besorgen. Falls Sie das nicht können oder selbst keine Teilungserklärung in den Akten haben, dann geben Sie dem Käufer eine Vollmacht, damit er diese beim Verwalter selbst besorgen kann. Da der Käufer nicht nur Ihr Sondereigentum erwirbt, sondern auch Teile am Gemeinschaftseigentum, muss er dies ebenso kennen. Natürlich ist auch die Gemeinschaftsordnung ein wichtiges Element des Eigentums, stellt sie doch das „Grundgesetz der Eigentümergemeinschaft" dar. Und zur Kenntnis gelangt er nur durch den Inhalt der Teilungserklärung und Gemeinschaftsordnung. Hat Ihr Käufer das Exemplar nicht erhalten, kann der Notar die Beurkundung des Kaufvertrages ablehnen. Denn der Kaufgegenstand ist dem Käufer nicht vollständig inhaltlich bekannt. Allerdings liegt das im Ermessen des Notars.

Beispiel

3. Im Verhältnis zum Verkäufer übernimmt der Käufer ab Besitzübergang alle Rechte, ab Lastenübergang alle Pflichten gegenüber Eigentümergemeinschaft und Verwalter hinsichtlich des Vertragsobjekts, insbesondere die Verpflichtung zur Zahlung des Wohngeldes. Das Wohngeld beträgt zurzeit monatlich 200,00 €.
4. Der Verkäufer versichert, dass alle angeforderten oder fälligen Voraus- und Nachzahlungen bezüglich des Wohngeldes für die vorausgegangenen Abrechnungszeiträume bezahlt sind. Etwaige Wohngeldnachzahlungen werden von dem Käufer und dem Verkäufer zeitanteilig getragen.
5. Umlagen für Maßnahmen, die vor Lastenübergang durchgeführt wurden, treffen noch den Verkäufer. Er sichert zu, dass Beschlüsse der Eigentümergemeinschaft über Sonderumlagen nicht gefasst worden sind. Der Käufer hat von den letzten drei Wohnungseigentümerversammlungen die Protokolle erhalten sowie die letzten drei Abrechnungen des Wohngeldes.

8 Krönung all Ihrer Bemühungen – der Kaufvertrag

Angenommen, die Eigentümerversammlung beschließt, dass für energetische Sanierungen und Modernisierungen monatlich Sonderumlagen für die Instandhaltungsrücklagen gebildet werden für die kommenden vier Jahre, um die Finanzierung der Maßnahmen sicherzustellen. Die Wohnung wird verkauft, bevor das Protokoll vorliegt. Dann müssen Sie als Verkäufer den Käufer über diesen Umstand informieren. Tun Sie das nicht, liegt ein Mangel vor, für den Sie in voller Höhe haften. In diesem Falle hat die Erwähnung Folgen für die Höhe des Kaufpreises. Es ist jedoch besser, Sie passen den Kaufpreis jetzt an und vermeiden damit Ärger in der Zukunft. Das ist in jedem Fall billiger. Auch wenn Sie an dem Beschluss wegen Abwesenheit nicht beteiligt waren oder Ihnen zum Beispiel wegen eines langen Auslandsaufenthaltes keine Protokolle vorliegen, wird Ihnen als Eigentümer unterstellt, es wissen zu müssen.

Der Verkäufer übergibt dem Käufer vor der Beurkundung des Kaufvertrages die Protokolle der letzten drei Eigentümerversammlungen und die letzten drei Wohngeldabrechnungen. Die Verwaltung hat dem Käufer auf Verlangen Einsicht in die Beschlusssammlung zu gewähren. Dies dient der vorvertraglichen Information. Auch ein Käufer ist verantwortlich für die Einholung der Informationen über den Zustand der Ware. Damit hat der Verkäufer seine Pflichten erfüllt und dem Käufer alle für seine Entscheidung wichtigen und wesentlichen Informationen geliefert. Bei Eigentumswohnungen ist es deshalb sehr positiv zu bewerten, dass die Protokolle schriftlich vorliegen. In kleinen Häusern mit zwei bis fünf Wohnungen sparen die Eigentümer oft an einer professionellen externen Verwaltung und verwalten das Haus auch praktisch selbst. Hier kann es sein, dass sowohl kaum Instandhaltungsrücklagen vorhanden sind, weil immer alle Schäden und Mängel gemeinsam sofort behoben und bezahlt werden, als es auch an Protokollen der Eigentümerversammlungen fehlt. Man trifft sich einmal im Jahr zum gemütlichen Beisammensein. Das wird dann einfach nicht protokolliert.

> **Beispiel**
> 6. Der Verkäufer erteilt dem Käufer Vollmacht, für ihn in der Wohnungseigentümerversammlung das Stimmrecht auszuüben.

Da der Verwalter den Kaufvertrag erhält, hat er auch Kenntnis von dem neuen Käufer. Wenn die Übergabe noch nicht erfolgt ist und die Eigentumsumschreibung ohnehin erst Wochen nach der Kaufpreiszahlung vorgenommen wird, aber die nächste Eigentümerversammlung vor diesen Terminen stattfindet, ist es sinnvoll, dass der zukünftige Eigentümer schon jetzt an den Beschlüssen mitwirken kann.

> **Beispiel**
> § 19 Belehrungen des Notars
> Der Notar erläuterte den Beteiligten die Vertragsbestimmungen und belehrte wie folgt:
>
> - Das Eigentum am Vertragsgegenstand geht nicht schon mit der Errichtung dieser Urkunde, sondern erst mit der Umschreibung im Grundbuch auf den Käufer über.
> - Hierzu sind die Unbedenklichkeitsbescheinigung des Finanzamts (nach Zahlung der Grunderwerbsteuer), ggf. erforderliche Genehmigungen und die Zahlung der Gerichtskosten notwendig.
> - Alle Vereinbarungen müssen richtig und vollständig beurkundet werden, sonst kann der ganze Vertrag nichtig sein.
> - Unabhängig von den Vereinbarungen in dieser Urkunde haften alle Beteiligten kraft Gesetzes für die Grunderwerbsteuer und die Kosten als Gesamtschuldner. Der je-

8 Krönung all Ihrer Bemühungen – der Kaufvertrag

weilige Eigentümer haftet kraft Gesetzes für rückständige öffentliche Lasten (zum Beispiel Grundsteuern, Erschließungskosten, etc.).
- Eine steuerliche Beratung hat der Notar nicht übernommen, jedoch auf die mögliche Steuerpflicht einer Veräußerung nicht selbst genutzter Immobilien vor Ablauf von zehn Jahren („Spekulationsgeschäft") und bei Betriebsvermögen hingewiesen.

§ 20 Auftrag an den Notar

1. Der Notar wird von den Vertragsparteien bevollmächtigt und beauftragt, die zu dieser Urkunde erforderlichen Genehmigungen, Negativzeugnisse, Lastenfreistellungsunter-lagen und Erklärungen zu beantragen, diese einzuholen, entgegenzunehmen und (ggf. in Eigenurkunde) abzugeben. Sämtliche für die Durchführung dieses Vertrages erforderlichen Genehmigungen werden mit dem Eingang bei dem beurkundenden Notar für und gegen alle Beteiligten wirksam.
2. Der Notar wird ermächtigt und beauftragt, diesen Vertrag insgesamt durchzuführen und die Beteiligten im Grundbuchverfahren uneingeschränkt zu vertreten. Alle zum Vertragsvollzug erforderlichen Anträge sollen ausschließlich von ihm gestellt, eingeschränkt und zurückgenommen werden können. Die Beteiligten verzichten übereinstimmend auf jegliches Recht eigener Antragstellung. Anfechtbare Bescheide sind jedoch den Beteiligten selbst zuzustellen; Abschrift an den Notar wird erbeten.

Vorstehendes Protokoll wurde vorgelesen, mit sämtlichen Zusätzen und Streichungen genehmigt und eigenhändig unterschrieben:

Wie geht's jetzt weiter – oder ist das schon das Ende?

Mit diesem Kapitel endet der Zyklus des Immobilienverkaufs. Ich habe Ihnen möglichst viele Facetten geschildert, damit Sie die für Sie wichtigen Details herausfiltern. Wenn Sie alles genau beachten, kann Ihnen beim privaten Immobilienverkauf alles gelingen: der beste Kaufpreis vom besten Käufer in der passenden Zeit.

Sicher kann bei der Fülle der Details, die sich aufgrund bestimmter Sachverhalte und Regelungen am Markt ergeben, nicht alles berücksichtigt werden. In meiner rund 47 Jahre dauernden Laufbahn als Immobilienspezialist lerne ich fast jeden Tag eine neue Facette dazu.

Falls Ihnen ein Umstand oder eine Situation oder ein rechtlicher Sachverhalt über den Weg läuft, und Sie finden im Buch keine Lösung oder keine Anregung, suchen Sie einen Spezialisten auf. Es gibt gerade in der Immobilienbranche nicht so viele „Generalisten" oder „Allrounder", zumal die Vorgänge immer komplexer werden.

Schreiben Sie mir eine E-Mail und nennen Sie mir den konkreten Sachverhalt. Ich will versuchen, Ihnen behilflich zu sein oder einen direkten Rat zu geben.

Über meine Homepage www.radix-training.com können Sie sich Formulare oder Mustertexte herunterladen. Kostenlos, versteht sich. Allerdings kann ich keine Haftung dafür übernehmen, wenn Sie diese nutzen.

Wenn Sie nach der Lektüre der acht Kapitel der Meinung sind, das es ganz schön viel Arbeit ist und viel Erfahrung und Routine nötig ist, um Ihren Immobilienverkauf gewinnbringend durchzuführen und abzuschließen, bleibt immer noch der Gang zum Experten, dem Immobilienmakler.

Die Frage ist: Wie finden Sie den richtigen? Was kann er für Sie tun? Wie tut er das? Nach welchen Kriterien wählen Sie ihn aus? Alle diese Fragen und noch viele mehr beantworte ich in Kap. 9.

Nun wünsche ich Ihnen eine gute Hand bei der Auswahl und der Entscheidung, Ihre Immobilie vertrauensvoll in fremde Hände zu legen.

9

Nachtrag: Oder doch lieber zum Profi?

Soll ein Makler mit meiner Immobilie Geld verdienen? Leicht und schnell? Vier bis sechs Prozent von meinem Preis? Der Makler kann doch auch nicht mehr als ich. Es gibt doch das Internet. Da kann ich doch auch inserieren. Bilder kann ich selbst machen. Das bisschen Text kann ich doch auch schreiben, wenn ich mir die Exposés der Makler ansehe, dann eher besser. Und was tun die überhaupt? Was passiert denn in deren Büro? Mit ein paar Klicks im Internet, ein paar Telefonaten und ein paar Besichtigungen mehrere 1000 € oder mehr – ohne nennenswerten materiellen Aufwand. Kein Wunder, dass die so große Autos fahren. Und wenn ich mal einen Makler anrufe, ist der nie da, der Anrufbeantworter läuft. Vielleicht ist er die Hälfte des Jahres im Urlaub oder immer mit Kunden unterwegs. Nein, das Geld ist mir zu schade. Ich will doch meinen Käufer davor bewahren, für eine kaum sichtbare und messbare Leistung auch noch einen Haufen Geld hinzulegen, mehrere Monatsgehälter. Und mein Haus kann ich doch besser allein zeigen. Ich kenne es doch in- und auswendig und kann dem Käufer alles haarklein erklären. Der Kaufpreis? Da gibt es doch Internetportale, die mir eine kostenlose Bewertung machen. Da die meisten Käufer verhandeln wollen, packe ich noch was

> drauf und die Provision vom Makler auch noch. Bei den niedrigen Zinsen ist das doch easy. Steht doch in allen Zeitungen, dass Immobilien immer teurer werden und teurer neu gebaut wird. Und im Fernsehen sehe ich doch, wie Makler arbeiten. Das kann ich auch.

Das würden Sie sicher auch denken, wenn Sie das Buch nicht bis hierher gelesen hätten. So denken ziemlich viele Leute, die dieses Buch nicht gelesen haben, oder mit Maklern keine oder schlechte Erfahrungen hatten. Aus Urteilen über Makler werden bestätigte oder neue Vorurteile, diese werden kolportiert und durch manche Fernsehsendung noch verstärkt. Jetzt bin ich ein wenig ketzerisch: Die Makler, die sich darüber beschweren, sind selbst schuld an ihrem eigenen Ruf. Sie verhalten sich genauso, wie es diesen Vorurteilen entspricht. Das sind eher deutlich mehr als 50 % der Berufsangehörigen, wenn ich den Mitteilungen meiner Kunden und den Botschaften der Teilnehmer in meinen Seminaren und Vorträgen glauben kann. Da es (noch) keinen qualitativ und staatlich „gefilterten" Zugang zu dieser Tätigkeit gibt, tummelt sich halt auch jede Bildungsschicht in diesem Beruf. Um es zurückhaltend und liebevoll kritisch auszudrücken.

Da Sie das Buch gelesen haben, wissen Sie jetzt, wie komplex der nach außen hin trivial erscheinende Immobilienverkauf tatsächlich ist. Wenn Sie sich zutrauen, privat selbst zu verkaufen, dann ist das sicher ein brauchbarer Leitfaden und guter Ratgeber.

Wenn Sie nach der Lektüre der acht Kapitel zur Ansicht gelangen, dass das ganz schön viel Arbeit ist, viele Kenntnisse und viel Erfahrung verlangt, viel Geschick bei Verhandlungen, viel Spezialausbildungen, viele Beziehungen und Kontakte zu Experten, dann wissen Sie jetzt, was ein professioneller Immobilienmakler tun muss und wie es

9 Nachtrag: Oder doch lieber zum Profi?

hinter den Kulissen aussieht, welcher (Kosten)Apparat in Bewegung zu setzen ist, um das alles zu bewältigen.

> In jedem Fall wissen Sie jetzt, welche hohen Anforderungen ich an den Maklerberuf stelle und wie anspruchsvoll die Tätigkeit eines verantwortungsvollen und professionellen Immobilienmaklers per se ist. Im Detail werde ich es in diesem Kapitel erläutern. Um es auf die Spitze zu treiben: Der Makler ist meiner Auffassung nach die „eierlegende Wollmilchsau, auf der man auch reiten kann".

In diesem Kapitel möchte ich Ihnen auch eine Hilfe geben, sich für den richtigen Immobilienmakler zu entscheiden. Wenn Sie die Dienste eines Immobilienmaklers oder einer Immobilienmaklerin in Anspruch nehmen möchten. Zunächst will ich Ihnen einen Überblick über das Berufsbild und die Maklerstruktur in Deutschland verschaffen.

Ich bezeichne den Maklerberuf gelegentlich als die „Königsdisziplin in der Immobilienwirtschaft". Der Beruf des Immobilienmaklers ist einzigartig in der vielfältigen Welt der Immobilien. Fast nirgendwo kann der Mensch alle seine Talente, Fähigkeiten und Eigenschaften nutzen und einsetzen, wie in dieser Branche. Das macht diesen Beruf einmalig, abwechslungsreich und höchst anspruchsvoll.

Ganzheitlichkeit charakterisiert deshalb den Maklerberuf: das harmonisch aufeinander abgestimmte fachliche Wissen, technisches Know-how und menschliches Miteinander. Der Mensch steht im Mittelpunkt mit seinen Bedürfnissen, seinem Bedarf, seinen Wünschen, Ängsten und Zwängen, seinen Sorgen, seinem wirtschaftlichen Wohlergehen und seiner Zukunft – schlicht: seiner Existenz.

Die Immobilie ist das zentrale Wirtschaftsgut. Grund, Boden und Gebäude vereinen alle Gütereigenschaften: Investitionsgut, Verbrauchsgut, soziales Gut. Daher ist der

Umgang mit Immobilien von hoher Verantwortung und klarem ethischen Verhalten gekennzeichnet.

> Daher steht über allem die Empathie als zwingend notwendige Eigenschaft. Voraussetzung ist die Fähigkeit zur Selbsterkenntnis und Selbstwahrnehmung. Damit sich Makler in die Situation des Kunden hineindenken können, sie verstehen, um gemeinsam die richtige Lösung zu finden. Dann wird aus Empathie Sympathie, sie führt zum Geschäft mit dem Ziel des Gewinns für alle Beteiligten.

9.1 Kompetenzen – die drei wichtigsten Fähigkeiten

Fachkompetenz
Der Makler hat das fachliche Wissen und Können aus der Immobilienwirtschaft, des Immobilienrechts, Baurechts, Vertragsrechts, des allgemeinen bürgerlichen Rechts, der Bautechnik, Bauphysik, des Marketings und der Werbung, der Kommunikation. Er sollte auch fotografieren und gut texten können, eine gute Allgemeinbildung haben und sich ständig fortbilden, um immer auf dem aktuellen Stand des Wissens zu sein.

Soziale Kompetenz
Der Makler ist respektvoll, achtsam und empathisch im Umgang mit seinen Mitmenschen als Kunden, als Kollegen im Büro und untereinander als Wettbewerber, als Geschäftspartner, als Gesprächspartner in Ämtern und Behörden, bei Lieferanten und im allgemeinen geschäftlichen und gesellschaftlichen Umfeld mit Politik, Vereinen, Verbänden, Umwelt und Interessengruppen.

Vermittlungskompetenz
Der Makler kann das fachliche Wissen sinnvoll, effizient, gezielt und zum Nutzen aller am Geschäft Beteiligten vermitteln: durch gekonnte Rhetorik, wirkungsvolles Marketing, effektvolle Werbung, aussagefähige Textgestaltung, zielgerichtete und elegante Verhandlungs- und Gesprächsführung.

9.2 Immobilienmakler als Partner des Verbrauchers

Meiner Auffassung nach ist der Begriff „Makler" nicht mehr zeitgemäß. Der Makler nach dem Berufsbild des EBGB (Einführungsgesetz zum BGB) von 1896 geprägt als „neutraler Vermittler" hat in der heutigen Massengesellschaft ausgedient. Der Wortlaut des Gesetzes hat sich bis heute nicht geändert, lediglich das Wort „Mäkler" wurde im Jahr 2020 durch das Wort „Makler" ersetzt. Standen damals wenigen Eigentümern wenige Menschen gegenüber, die sich Immobilieneigentum leisten konnten und Vertraulichkeit über Verkaufs- und Kaufabsichten oberste Maxime waren, so hat sich die Nachkriegsgesellschaft zu einer eher offenen „Masseneigentümer"-Gesellschaft entwickelt. Obwohl Deutschland mit knapp unter 50 % Eigentumsanteil der Haushalte im Verhältnis zur Gesamtbevölkerung am Ende in Europa rangiert (noch vor der Schweiz, die in der Statistik den letzten Platz einnimmt), so ist es dennoch der größte und durchschnittlich teuerste Immobilienmarkt in Europa. Und was Immobilienmakler betrifft: der immer noch am unprofessionellsten bearbeitete. Obwohl Verbraucher sehr gern Maklerdienste in Anspruch nähmen, wenn alle Makler ausgebildet und der Beruf als solcher geregelt wäre. Die Menschen suchen Lösungen in der immer komplexer und spezieller werdenden wirtschaftlichen Umgebung.

Schon vor über 20 Jahren habe ich den Begriff „Immobilienberater" in einer Marke geprägt: „DIV Deutscher ImmobilienberaterVerbund" – dies ist ein von mir gegründetes Netzwerk von Immobilienmaklern und Maklerunternehmen.

Eigentümer von Immobilien und Kauf- oder Mietinteressenten haben ein ständiges Grundbedürfnis: Sie möchten oder müssen ein Problem lösen. Sei es aus wirtschaftlichen, geschäftlichen oder persönlichen, privaten Gründen. Um dies lösen zu können, muss ein Immobilienmakler mehr können, als in der Vergangenheit erforderlich war. Der professionelle Immobilienmakler wird sich zukünftig zum Immobilienberater wandeln müssen. Das Ergebnis der Beratung kann sein, dass eine Immobilie verkauft oder gekauft bzw. vermietet oder gemietet werden muss oder eine neue Finanzierung erforderlich und kein Verkauf nötig ist. Möglicherweise ist auch eine gänzlich andere Lösung gefragt, die weder ein Rechtsanwalt noch ein Bankberater, ein Steuerberater oder ein Notar bieten kann. Dazu wird ein Immobilienspezialist gebraucht – der Generalist mit dem umfassenden Wissen und den möglichen Lösungen. Daher wird der klassische Immobilienmakler irgendwann verschwinden.

Meine Vision vor über 40 Jahren, gewachsen aus den vorhergehenden Jahren und den gesammelten und verinnerlichten Erfahrungen mit Kunden, Bauträgern, Architekten, Sachverständigen, Anwälten und Notaren, Seminarteilnehmern und Gästen in meinen Vorträgen in ganz Deutschland und mit interessierten Laien, gewinnt langsam Kontur und wandelt sich – langsam aber sicher – in Wirklichkeit:

9.2.1 Immobilienberater als neues Berufsbild

Immobilienmakler bzw. -berater müssen umfassend ausgebildet sein und sich ständig weiterbilden, in allen Facetten der Immobilienwirtschaft, im rechtlichen und praktischen Umgang mit Immobilien. In einer neu zu schaffenden Ausbildungsordnung werden die Voraussetzungen zu schaffen sein für den in naher Zukunft notwendigen Sachkundenachweis, bevor sich ein Immobilienmakler und -berater selbstständig machen kann. Dem ist der Gesetzgeber Mitte 2018 teilweise nachgekommen und hat eine Weiterbildungspflicht – 20 Stunden in 3 Jahren – eingeführt. Allerdings fehlt immer noch die Pflichtausbildung, bevor der Makler seine Gewerbeerlaubnis erhält. Der Sachkundenachweis steht in der Koalitionsvereinbarung der Ampel-Koalition.

9.2.2 Honorar statt Provision

Der neue Immobilienberater wird dann virtuos auf der gesamten Klaviatur der Immobilie tätig werden. Er wird der kreative Problemlöser für den Verbraucher und sich in Spezialfällen entsprechender Spezialisten und Experten bedienen. Er wird dann auch nicht mehr nur von Provisionen im Erfolgsfall leben, sondern auch von frei zu vereinbarenden Honoraren, ähnlich der Tarife von Steuerberatern, Anwälten oder anderer beratender Berufe.

Beginnen wir also damit, auf welcher gesetzlichen Grundlage Immobilienmakler arbeiten müssen.

Da ist zum ersten die Erlaubnis zur Tätigkeit als Immobilienmakler nach dem berühmten § 34c der Gewerbeordnung (GewO). Diese ist am 21. Juni 1869 erstmalig erlassen worden, nach Abschaffung der Zünfte. Sie hat zum Ziel, allen Gewerbetreibenden und Handwerkern gleiche

Wettbewerbsbedingungen zu schaffen und allen Menschen die Möglichkeit zu geben, einen Beruf ihrer Wahl zu ergreifen und auch von Beruf zu Beruf und aus der angestellten Tätigkeit in eine Selbstständigkeit zu wechseln. Seither gibt es in Deutschland die Gewerbefreiheit.

> § 1 Abs. 1 GewO: Der Betrieb eines Gewerbes ist jedermann gestattet, soweit nicht durch dieses Gesetz Ausnahmen oder Beschränkungen vorgeschrieben oder zugelassen sind.

Gesellschaftliche, politische und wirtschaftliche Veränderungen und Änderungen der Ansprüche der Verbraucher, zum Beispiel Sicherheitsbedürfnisse oder eine besondere Zuverlässigkeit und charakterliche Eignung, führten zu beruflich bedingten Regelungen, die erfüllt werden müssen, um ein Gewerbe als Selbstständiger ausüben zu dürfen, zum Beispiel ein Meisterbrief im Elektrohandwerk, im Kfz-Handwerk, bei Wachdiensten, Auktionatoren oder Friseuren. In solchen Berufen dürfen sich nur Meister selbstständig machen oder solche Gewerbetreibende, die besondere Anforderungen erfüllen, und die sie nur über eine Spezialausbildung, Prüfung und Zulassung erwerben können.

Für die Tätigkeit als Immobilienmakler gibt es keinerlei qualitative Zugangsbeschränkung. Die Politik war bislang gegen eine Pflichtausbildung, weil diese die Gewerbe- und Niederlassungsfreiheit beeinträchtigen würde.

> So stellt sich die Frage: Gehört das Vermögen von Menschen zum Sicherheitsbereich? Zum schützenswerten Gut (neben der Gesundheit und der körperlichen Unversehrtheit)? Ich meine: Ja!

9 Nachtrag: Oder doch lieber zum Profi?

Bislang muss der Immobilienmakler lediglich seine wirtschaftliche und rechtliche Zuverlässigkeit nachweisen durch

- Auszug aus dem Gewerbe-Zentralregister
- die Unbedenklichkeitsbescheinigung des Finanzamtes
- einen Auszug aus dem Schuldnerverzeichnis
- das polizeiliche Führungszeugnis

Das heißt:

- Gewerberechtliche Straftaten dürfen nicht vorliegen oder müssen verjährt sein.
- Alle Steuern müssen zum Zeitpunkt der Antragstellung bezahlt sein.
- Ein Insolvenzverfahren darf nicht eröffnet oder seine Antragstellung mangels Vermögen eingestellt worden sein.
- Das polizeiliche Führungszeugnis (Typ 0) darf keinen Eintrag führen (es dürfen keine Straftaten vorliegen, eventuelle Straftaten müssen verjährt sein).

Es lag eine Beschlusslage der alten Bundesregierung vor, die im Koalitionsvertrag vereinbart wurde, dass Immobilienmakler ihre Sachkunde nachweisen müssen, wenn sie als Immobilienmakler zugelassen werden wollen. Es wurde zum allgemeinen Bedauern aller Marktteilnehmer nicht beschlossen, sondern ein Gesetz verabschiedet, das lediglich vorsieht, dass sich Immobilienmakler weiterbilden müssen – 20 Stunden innerhalb von 3 Jahren – an einem anerkannten Institut oder durch interne Schulungen mit entsprechenden Fachkräften. § 34c GewO – Abs. 2a: Gewerbetreibende nach Absatz 1 Satz 1 Nummer 1 und 4 sind verpflichtet, sich in einem Umfang von 20 Stunden innerhalb eines Zeitraums von drei Kalenderjahren weiterzubilden; das Gleiche gilt entsprechend für unmittelbar bei der erlaubnispflichtigen Tätigkeit mitwirkende beschäftigte Personen. Der erste Weiterbildungszeitraum beginnt am 1. Januar des Kalenderjahres, in dem

1. eine Erlaubnis nach Absatz 1 Satz 1 Nummer 1 oder 4 erteilt wurde oder
2. eine weiterbildungspflichtige Tätigkeit durch eine unmittelbar bei dem Gewerbetreibenden beschäftigte Person aufgenommen wurde.

Bis zum Ende des Jahres 2020 müssen alle Makler, die keine Fachausbildung als Immobilien-Kaufleute oder Immobilien-Fachwirte und seit dem Beginn des Jahres 2018 die Gewerbeerlaubnis haben, die Pflichtweiterbildung absolvieren und dies mit einem Zertifikat belegen. Online-Weiterbildungen müssen eine Lernerfolgskontrolle nachweisen – meist ein Multiple-Choice-Test. Für Kaufleute und Fachwirte beginnt der Dreijahreszeitraum nach der bestandenen Prüfung. Sollte diese Bescheinigung nicht vorgelegt werden bzw. auch nach Abmahnungen dauerhaft nicht vorgelegt werden, wenn also eine Ordnungswidrigkeit vorliegt, drohen Bußgelder bis hin zum Entzug der Gewerbeerlaubnis.

Geregelt wird dies zusätzlich in § 15b der Makler- und Bauträgerverordung (MaBV). In einem Anhang zu diesem Paragrafen stehen die Themen, in denen sich die Makler und Verwalter von Wohnimmobilien weiterbilden müssen.

§ 15 MaBV – Weiterbildung

(1) Wer nach § 34c Absatz 2a der Gewerbeordnung zur Weiterbildung verpflichtet ist, muss sich fachlich entsprechend seiner ausgeübten Tätigkeit weiterbilden. Die inhaltlichen Anforderungen an die Weiterbildung sind an den Vorgaben der Anlage 1 auszurichten. Die Weiter-

bildung kann in Präsenzform, in einem begleiteten Selbststudium, durch betriebsinterne Maßnahmen des Gewerbetreibenden oder in einer anderen geeigneten Form erfolgen. Bei Weiterbildungsmaßnahmen in einem begleiteten Selbststudium ist eine nachweisbare Lernerfolgskontrolle durch den Anbieter der Weiterbildung erforderlich. Der Anbieter der Weiterbildung muss sicherstellen, dass die in Anlage 2 aufgeführten Anforderungen an die Qualität der Weiterbildungsmaßnahme eingehalten werden. Der Erwerb eines Ausbildungsabschlusses als Immobilienkaufmann oder Immobilienkauffrau oder eines Weiterbildungsabschlusses als Geprüfter Immobilienfachwirt oder Geprüfte Immobilienfachwirtin gilt als Weiterbildung.

(2) Die zur Weiterbildung verpflichteten Gewerbetreibenden sind verpflichtet, nach Maßgabe des Satzes 2 Nachweise und Unterlagen zu sammeln über Weiterbildungsmaßnahmen, an denen sie und ihre zur Weiterbildung verpflichteten Beschäftigten teilgenommen haben. Aus den Nachweisen und Unterlagen müssen mindestens ersichtlich sein:

1. Name und Vorname des Gewerbetreibenden oder der Beschäftigten,
2. Datum, Umfang, Inhalt und Bezeichnung der Weiterbildungsmaßnahme sowie
3. Name und Vorname oder Firma sowie Adresse und Kontaktdaten des in Anspruch genommenen Weiterbildungsanbieters.

Die in Satz 1 genannten Nachweise und Unterlagen sind fünf Jahre auf einem dauerhaften Datenträger vorzuhalten und in den Geschäftsräumen aufzubewahren. Die Aufbewahrungsfrist beginnt mit dem Ende des Kalenderjahres, in dem die Weiterbildungsmaßnahme durchgeführt wurde.

(3) Die für die Erlaubniserteilung zuständige Behörde kann anordnen, dass der Gewerbetreibende ihr gegenüber eine unentgeltliche Erklärung mit dem Inhalt nach dem Muster der Anlage 3 über die Erfüllung der Weiterbildungspflicht in den vorangegangenen drei Kalenderjahren durch ihn und seine zur Weiterbildung verpflichteten Beschäftigten abgibt. Die Erklärung kann elektronisch erfolgen.

(4) Für zur Weiterbildung verpflichtete Gewerbetreibende und ihre zur Weiterbildung verpflichteten Beschäftigten, die im Besitz eines Ausbildungsabschlusses als Immobilienkaufmann oder Immobilienkauffrau oder eines Weiterbildungsabschlusses als Geprüfter Immobilienfachwirt oder Geprüfte Immobilienfachwirtin sind, beginnt die Pflicht zur Weiterbildung drei Jahre nach Erwerb des Ausbildungs- oder Weiterbildungsabschlusses.

Dieses Gesetz wird von allen Teilen der Branche als völlig ungenügend beurteilt. Es ist ein Einstieg – zugegeben: ein sehr schwacher! – in eine zukünftig strengere Regelung. Diese neue Bestimmung widerspricht auch sämtlichen Forderungen aus der Immobilienbranche nach einer sinnvollen Regelung der beruflichen Tätigkeit eines Maklers und der Schaffung eines Berufsbildes.

In meiner Erfahrung nach ca. 47 Jahren Maklertätigkeit und über 27 Jahren Tätigkeit in der Ausbildung von Immobilienmaklern, Immobilienkaufleuten und Immobilienfachwirten, Immobilienökonomen und Bachelors im Bankwesen, Teilgebiet Immobilienwirtschaft, kann ich sagen: Wer nach sechs Jahren Tätigkeit als Immobilienmakler ohne fachliche Ausbildung tätig ist, weiß zwar mehr als am Anfang der sechs Jahre. Ideal wäre eine Ausbildungspflicht wie in den USA, Kanada, in den Niederlanden oder in Österreich, Spanien, in den skandinavischen Ländern,

Frankreich oder Großbritannien und eine zwei- bis dreijährige Pflichtprüfung des Wissens wie bei Berufen mit Zertifikat nach der DIN EN 15733, die europaweit die Anforderungen an die Arbeit von Immobilienmaklern beschreibt. Dafür wird von der Branche zuwenig Werbung gemacht.

Es gibt allerdings einen Lichtblick: im Koalitionsvertrag der Bundesregierung (auch „Ampelregierung" genannt) ist der Sachkundenachweis enthalten. Da der Koalitionsvertrag „abgearbeitet" wird, kann ich nur hoffen (und dafür arbeiten …), dass der Sachkundenachweis für Immobilienmakler kommt.

9.3 Maklerstrukturen in Deutschland

Nach übereinstimmenden Zahlen aus den großen Internetportalen und Instituten für Marktbeobachtung gibt es derzeit ungefähr 40.000 Immobilienmakler in Deutschland. Davon leben ca. 40 bis 50 % originär von dieser Tätigkeit, die anderen 50 bis 60 % sind Makler, die diesen Beruf als sogenanntes zweites Standbein ausüben. Die Fluktuation in der Branche ist sehr hoch. „Man" sagt, dass von 100 Anfängern in diesem Beruf 50 % nach sechs Monaten bis einem Jahr aufgeben, weitere 30 % sind etwa drei Jahre tätig, die weiteren 20 % länger als fünf Jahre. Niemand weiß es genau, denn „Makler sterben still". Ich gehöre mit über 47 Jahren Berufszugehörigkeit damit zu einer verschwindend geringen Minderheit.

Nach Untersuchungen des Grabener Verlages in Kiel, die jährlich zwischen 1992 und 2004 durchgeführt wurden (danach wurde die Untersuchung nicht weitergeführt, weil sich die Zahlen stabilisierten), sind fast 80 % der Immobilienmakler als Einzelpersonen oder in Büros mit bis zu fünf Maklern tätig, weitere 15 % in Büros oder Filialbetrieben mit bis zu 30 bis 35 Maklern und internen Mitarbeitern und nur fünf Prozent bei Großmaklern, in der Regel Organisationen mit Handelsvertreterstrukturen.

Sowohl in der Qualität als auch in der regionalen und bundesweiten Verbreitung und Bedeutung gibt es einige nennenswerte Maklernetzwerke, die überwiegend nach dem Prinzip des Franchising arbeiten: Remax (aus USA(Kanada), Engel & Völkers, DIV-AbacO, Dahler & Company, Falc Immobilien, ERA (USA), Amarc21 (fast ausschließlich in Nordrhein-Westfalen und Teilen von Niedersachsen), Century21 (USA/Kanada), Kensington International, Evernest, iad (aus Frankreich), Königskinder Immobilien, Orange, eXp Realty …

Dazu gibt es Maklernetzwerke, die als reine Handelsvertreterorganisationen oder mit franchiseähnlichen Strukturen aufgebaut sind: LBS-Immobilien (jeweils in den einzelnen Bundesländern mehr oder weniger stark organisiert), von Poll, Postbank Immobilien, Debeka, Wüstenrot, Garant Immobilien (nur Süddeutschland), MacMakler, Homeday.

Dazu gibt es Maklergruppen, die sich in sogenannten MLS – Multiple Listing Systems engagieren mit mehreren Tausend Immobilien, zu denen jeder angeschlossene Makler Zugang hat, um Gemeinschaftsgeschäfte zu ermöglichen. Zu den Namhaften gehören die 2022 gegründete Makler AG imag und die einige Jahre vorher vom IVD ebenfalls als AG gegründete Immobilie1, und eine kleine Maklergemeinschaft die Deutsche Maklergenossenschaft.

Insgesamt sind in diesen Organisationen nach Schätzungen und eigenen Ermittlungen über die jeweilgen Homepages etwa bis 15 % aller Makler tätig. Die Zahlen sind auch hier nicht sehr zuverlässig ermittelbar, da die Fluktuationsrate sehr hoch ist und die Angaben der Unternehmen nicht immer zuverlässig überprüft werden können.

Dann gibt es noch den IVD, den Immobilienverband Deutschland, gegründet 2004 aus dem Zusammenschluss des ältesten Maklerverbandes, dem RDM Ring Deutscher Makler (ehemals Reichsbund Deutscher Makler, gegründet 1924 in Köln mit historischen Wurzeln bis ins 19. Jahrhundert) und dem VDM Verband Deutscher Makler, gegründet 1963 in Frankfurt. Der IVD ist somit Rechtsnachfolger beider Bundesverbände.

Es existieren noch vier Landes- und fünf Bezirksvereine des RDM: Berlin und Brandenburg, Bremerhaven, Düsseldorf, Essen, Münster, Saarbrücken, Sachsen, Sachsen-Anhalt und Südwestfalen mit rund 650 Mitgliedern. Diese Verbände sind die berufspolitischen Organisationen der Makler. In ihnen sind zusammen nach eigenen Angaben ca. 6000 Makler organisiert.

Die Aufgaben der Berufsverbände sind im Wesentlichen die politische Vertretung der Berufe der Makler, Hausverwalter und Sachverständigen, der Verbraucherschutz und die stetige Verbesserung der Qualität der Makler durch Seminare und Schulungen sowie die Information der Öffentlichkeit über immobilienrelevante Themen.

70 % der deutschen Immobilienmakler sind weder in einem Verband noch in Maklernetzwerken oder Unternehmensverbünden organisiert.

Die Verbraucher können davon ausgehen, dass sowohl die freien Unternehmensverbünde, wie die nach dem Konzept des Franchising organisierten (auch „Systemmakler" genannt) oder die Handelsvertreterorganisationen, wie auch die Mitglieder der politischen Berufsverbände eine gute Arbeitsqualität erzeugen. Es gibt sicherlich eine Fülle exzellent arbeitender kleiner Immobilienmakler, die zuweilen das von mir angestrebte und oben beschriebene Ideal erfüllen. Eine Qualitätsnorm, wie wir sie aus den Nachbarländern, insbesondere Österreich, Frankreich, Skandinavien, aus den Niederlanden und Großbritannien oder gar den USA und Kanada, Australien, Neuseeland oder Brasilien kennen, ist in Deutschland (noch) nicht gegeben. Daher kann ich Ihnen zur allgemeinen Empfehlung für Makler aus einer der oben genannten Organisationen und Verbände noch zwei besondere Empfehlungen geben:

> Es gibt in Deutschland Immobilienmakler und Immobilienunternehmen, die eine Zertifizierung nach der DIN-EN 15733 nachweisen können, die von der DIA Deutschen Immobilienakademie, deren Unternehmen DIA Consulting AG mit der Zertifizierungsstelle DIA-Zert zertifiziert sind und die sich alle drei Jahre einem Audit stellen müssen. Diese Immobilienmakler kann ich eindeutig empfehlen. Sie erfüllen an Wissen und Können mehr als die Norm, sie sind absolut zuverlässig und integer. Wenn einer dieser Immobilienmakler in Ihrer Nähe ist, dann nehmen Sie diesen oder einen Makler, der in einem dieser Unternehmen tätig ist. Denn auch die angestellten Makler in diesen Unternehmen müssen die Anforderungen der Europäischen Norm (EN) und der DIN erfüllen. Sonst können diese Unternehmen nicht zertifiziert werden. Die Zertifizierung erstreckt sich auch auf die Arbeitsabläufe im Unternehmen und das Wissen und die Erfahrung im Unternehmen. Die Anforderungen an die Makler sind der Homepage der DIA-Zert zu entnehmen: http://www.diaconsulting.de/de/7/Zertifizierungsstelle.html?sid=44MZr4AF52kHk

> Außerdem zu empfehlen sind Makler mit dem Zertifikat „Immobilienmakler (IHK)". Dieses Zertifikat wird durch ein Seminar bei einem Lehrinstitut erworben, das die Anforderungen erfüllt und Dozenten entsprechend beschäftigt, die von ihrem Wissen und ihrer Erfahrung dem Inhalt des Rahmenlehrplans der Industrie- und Handelskammern entsprechen. Es ist ein von der IHK zertifizierter Lehrgang mit ca. 110 h Dauer. Dieser Lehrgang wird auch von Industrie- und Handelskammern teilweise direkt durchgeführt oder von Instituten wie der TA Hameln mit den

> Bildungszentren in Hameln, Hannover, Hildesheim und Göttingen, oder von der SWF Südwestdeutschen Fachakademie für die Immobilienwirtschaft. Die Abschlüsse heißen unterschiedlich auch „Immobilien-Consultant" oder ähnlich. Die Lehrinhalte sind ziemlich übereinstimmend. Die Lehrgangsteilnehmer lernen in einem sehr dichten Lehrplan alle notwendigen rechtlichen, fachlichen und sachlichen Erfordernisse für die Tätigkeit als Immobilienmakler, darunter die wichtigsten Themen aus dem BGB (Vertragsrecht, Maklerrecht, Mietrecht, Grundbuch, Schuld- und Sachenrecht), dem Baurecht und dem Wohnungseigentumsrecht, der praktischen Tätigkeit als Immobilienmakler, die wichtigsten Grundlagen für Wertermittlungen und Marketing. Automatisch werden auch die ethischen Grundsätze mitgeliefert, nach denen ein ordentlicher Kaufmann handeln muss. Als Dozent gerade in diesem Speziallehrgang seit 1995 verweise ich auf den Lehrinhalt zum Beispiel der TA Hameln: http://www.ta.de/immobilienmakler-ihk.html

So viel zu den gesetzlichen Voraussetzungen der Zulassung als Immobilienmakler. Das nächste Gesetz regelt die Tätigkeit der Immobilienmakler in einer Rechtsverordnung, der „Makler- und Bauträgerverordnung" vom 20. Juni 1974. Darauf bin ich bereits oben in Kap. 5 eingegangen („Exposé-Inhalte" mit den §§ 10 und 11).

§ 11 – Informationspflicht und Werbung

Der Gewerbetreibende hat dem Auftraggeber schriftlich und in deutscher Sprache folgende Angaben mitzuteilen, soweit sie im Einzelfall in Betracht kommen:

1. in den Fällen des § 34c Absatz 1 Satz 1 Nummer 1 der Gewerbeordnung

    a) unmittelbar nach der Annahme des Auftrags die in § 10 Absatz 2 Nummer 2 Buchstabe a und f genannten Angaben und

b) spätestens bei Aufnahme der Vertragsverhandlungen über den vermittelten oder nachgewiesenen Vertragsgegenstand die in § 10 Absatz 2 Nummer 2 Buchstabe b bis e und Absatz 3 Nummer 1 bis 3 genannten Angaben,

2. in den Fällen des § 34c Absatz 1 Satz 1 Nummer 3 der Gewerbeordnung spätestens bis zur Annahme des Auftrags die in § 10 Absatz 2 Nummer 2 und Absatz 4 genannten Angaben; vor diesem Zeitpunkt hat der Gewerbetreibende dem Auftraggeber die Angaben zu machen, die zur Beurteilung des Auftrags nach dem jeweiligen Verhandlungsstand erforderlich sind; im Fall des § 10 Absatz 4 Nummer 3 entfällt die Verpflichtung, soweit die Angaben vom Auftraggeber stammen. Ist der Auftraggeber eine natürliche Person, kann er die Übermittlung der Angaben in der Amtssprache eines Mitgliedstaates der Europäischen Union oder eines Vertragsstaates des Abkommens über den Europäischen Wirtschaftsraum verlangen, wenn er in diesem Mitgliedstaat oder Vertragsstaat seinen Wohnsitz hat.

Das hört sich komplizierter an, als es ist. Ich halte es jedoch für erforderlich, auch dem interessierten Laien zu erläutern, was damit gemeint ist.

Wenn Sie als Verkäufer Auftraggeber eines Maklers sind, hat er nach § 10 MaBV die Pflicht, alle Daten der Immobilie zu notieren:

- den Zustand und die Bauweise,
- Art und Nutzung der Immobilie
- Daten der Flächenangaben,
- den aktuellen Grundbuchstand (darunter eventuelle Belastungen in Abt. II und III),
- eine eventuelle Baulast,

- Miet- und Pachteinnahmen (mit den dazu gehörigen Verträgen)
- laufende Rechtsstreite mit Mietern oder Nachbarn (nur solche, die das Grundstück betreffen, keine privaten Streitigkeiten),
- öffentliche Planungen (Bebauungspläne, Straßenbau, öffentliche Ver- und Entsorgung),
- notwendige Modernisierungen und Sanierungen,
- Energieausweis,
- Versicherungen,
- Angaben über die Eigentümer oder Vertreter der Eigentümer (Testamentsvollstrecker, Insolvenzverwalter, Nachlasspfleger, amtliche Betreuer).

Sind Sie als Kaufinteressent der Auftraggeber, so hat Ihnen der Makler alle diese Daten und Angaben über die Sie interessierende Immobilie zu machen und ist verpflichtet, Ihre Adresse und die anderen Kontaktdaten zu notieren (Telefon und/oder E-Mail-Adresse).

9.4 Wie und von wem wird ein Makler beauftragt?

Diese Frage ist immer wieder Diskussions- und Streitpunkt: Käufer, Verkäufer, beide? Bei der Vermietung ist es geklärt: der Auftraggeber. Das ist in der Regel der Vermieter. Die gesetzliche Basis ist das sogenannte „Bestellerprinzip". Es gilt seit dem 1. Juni 2015.

Eine gute und neutrale Erklärung gibt uns Wikipedia:

> Unter dem Begriff „Bestellerprinzip" wurde in der Bundesrepublik Deutschland im Bereich der Immobilienwirtschaft eine Neuregelung der Provision für Immobilienmakler im Bereich der Mietwohnungsvermittlung diskutiert. Sie sieht

vor, dass Vermittler von Mietwohnungen von denjenigen bezahlt werden, welche die Leistung des Maklers bestellen. Das Bestellerprinzip wurde als Zielsetzung in den Koalitionsvertrag der großen Koalition im Jahr 2013 aufgenommen: „Vermieter und Mieter sollen weiter als Auftraggeber auftreten können. Dabei gilt das marktwirtschaftliche Prinzip: wer bestellt, der bezahlt".

Mit der Einführung des Bestellerprinzips ist es dem Wohnungsvermittler untersagt, vom Wohnungssuchenden eine Provision zu verlangen, es sei denn, der Vermittler sucht ausschließlich im Auftrag des Suchenden, mit dem ein Mietvertrag dann auch zustande kommt (vgl. § 2 Abs. 1a WoVermRG).

Das Bestellerprinzip wurde im Zuge des Mietrechtsnovellierungsgesetzes (MietNovG) umgesetzt, welches durch das Bundeskabinett am 1. Oktober 2014 beschlossen und vom Bundesrat am 27. März 2015 gebilligt wurde. Das Gesetz trat nach seinem Art. 4 überwiegend am 1. Juni 2015 in Kraft. Im Rahmen dieses Novellierungsgesetzes wurde daneben auch die sogenannte Mietpreisbremse umgesetzt, die die Mietpreissteigerung – gerade in Ballungsräumen – eindämmen soll.

Da Vermieter dadurch auf die Beauftragung von Maklern verzichten könnten, um die zusätzlichen Kosten zu vermeiden, geht die Bundesregierung davon aus, dass sich die gegenüber Vermietern durchzusetzende Courtage halbieren wird. Tatsächlich hatte sich die durchschnittliche Courtage nach einem Jahr bei etwa einer Monatsmiete eingependelt, der Umsatz der Immobilienmakler ging um 20 % zurück.

Das Bestellerprinzip wurde auf mehrere Verfassungsbeschwerden (u. A. vom IVD) hin am 29. Juni 2016 vom Bundesverfassungsgericht für grundgesetzkonform erklärt.

9 Nachtrag: Oder doch lieber zum Profi?

> Die Regelung sei gerechtfertigt, um sozialen und wirtschaftlichen Ungleichgewichten entgegenzuwirken, die auf dem Mietwohnungsmarkt zulasten der Wohnungssuchenden bestünden.

Dies gilt nur bei Vermietungen von Wohnräumen. Bei der Vermietung von Gewerberäumen ist die Gestaltung völlig frei, wie auch beim Verkauf von Immobilien. Allerdings nicht mehr uneingeschränkt, denn es gibt erstmals in Deutschland ein eigenes Maklervertragsrecht. Dazu mehr im nächsten Kapitel.

Die aktuell gültige gesetzliche Grundlage existiert seit dem 1. Januar 1900 (und im Einführungsgesetz seit August 1896) des Bürgerlichen Gesetzbuches; unverändert bis heute in den §§ 652–654 BGB:

> Hier zitiere ich Dr. Detlev Fischer, ehem. Richter am Bundesgerichtshof (IX. Zivilsenat) in Karlsruhe aus seinem Buch „Maklerrecht anhand der höchstrichterlichen Rechtsprechung" (Ausgabe 2015, 2. Auflage): „Das allgemeine Maklerrecht hat im Bürgerlichen Gesetzbuch mit drei Bestimmungen (§§ 652 bis 654 BGB) nur eine völlig lückenhafte gesetzliche Regelung erfahren. Bis heute ist es eine durch und durch richterrechtlich geprägte Rechtsmaterie geblieben, die in erster Linie durch die Rechtsprechung des Maklerrechtssenats des Bundesgerichtshofes gestaltet wird" (vgl. Fischer 2015).

Ich zitiere hier aus dem Gesetzestext und erläutere die Bedeutung in der Praxis. Da die meisten Immobilienmakler mangelnde Rechtskenntnisse besitzen, entstehen immer wieder Konflikte. Diese rühren oftmals aus dem Gefühl des Verbrauchers, bei der Höhe der Provision im Verhältnis zur tatsächlich sichtbaren Tätigkeit übervorteilt worden zu sein, in oft fehlerhaft formulierten Verträgen (auch zu finden bei Großmaklern und Maklernetzwerken mit eigenen Rechtsabteilungen) oder durch die Anwendung von Allgemeinen Geschäftsbedingungen, die für die Tätigkeit des Maklers eher unüblich sind, weil alle Vertragsverhältnisse individuell sind und keine Verträge über Dauerleistungen (Abonnements) oder Massengüter (Reisen, Kleidung, Möbel, Finanzdienstleistungen) darstellen. Dies ergibt sich aus der Charakteristik der Maklertätigkeit und aus dem Gesetz.

In praktischer Bedeutung drückt sich das wie folgt aus: Über jedes Kaufangebot von Immobilien muss ein separater Maklervertrag abgeschlossen werden, auch wenn ein und derselbe Interessent mehrere Immobilien zeitlich nacheinander oder zusammen zum gleichen Zeitpunkt angeboten bekommt, und falls der Makler von diesem Interessenten im Erfolgsfall Provision haben möchte. Für jedes Mal muss auf das Widerrufsrecht aufgrund des Fernabsatzgesetzes hingewiesen und dieser Hinweis bestätigt werden. Und nicht zu vergessen: Die Identitätsprüfung wegen des Geldwäschegesetzes ist nach aktueller Rechtslage erst bei Vereinbarung eines Termins beim Notar zum Abschluss des Kaufvertrages vorzunehmen.

§ 652 BGB Entstehung des Lohnanspruchs

(1) Wer für den Nachweis der Gelegenheit zum Abschluss eines Vertrags oder für die Vermittlung eines Vertrags einen Maklerlohn verspricht, ist zur Entrichtung des Lohnes nur verpflichtet, wenn der Vertrag infolge des Nachweises oder infolge der Vermittlung des Maklers zustande kommt. Wird der Vertrag unter einer aufschiebenden Bedingung geschlossen, kann der Maklerlohn erst verlangt werden, wenn die Bedingung eintritt.

(2) Aufwendungen sind dem Makler nur zu ersetzen, wenn es vereinbart ist. Dies gilt auch dann, wenn ein Vertrag nicht zustande kommt.

9.4.1 Was bedeutet „Nachweis der Gelegenheit zum Abschluss eines Vertrages"?

Der Auftraggeber muss wissen, mit wem ein Vertrag abgeschlossen werden kann (Käufer oder Verkäufer, gewerblicher Mieter oder Vermieter, Wohnungsmieter). Dieses Wissen muss „ursächlich" sein, das heißt, der Auftraggeber kannte die Gelegenheit vorher nicht und er muss wissen, dass und was er dafür zahlen muss. Dies alles kann mündlich, schriftlich, textlich oder konkludent (Willenserklärung, wenn sie ohne ausdrückliche Erklärung durch schlüssiges Verhalten abgegeben wird) erfolgen.

Was ist die Konsequenz daraus?
Um den Lohnanspruch durchzusetzen, muss der Makler das auch beweisen. Um es zu beweisen, muss der Makler vorher eine „Beweissicherung" durchführen: den Maklervertrag. Das äußert sich darin, dass der Makler zuerst den Lohnanspruch definiert, dies entweder unter Zeugen, oder schriftlich oder textlich (E-Mail) bestätigen lassen muss – dann ist der Maklervertrag geschlossen ...

Fernabsatz und Widerrufsrecht
Im Fernabsatzgesetz nach § 312b–c BGB gilt dies für alle Verträge, die außerhalb der Geschäftsräume des Unternehmers, des Maklers, abgeschlossen werden. Für solche Verträge gibt es für den Verbraucher ein 14-tägiges Widerrufsrecht nach § 3 Abs. 1 Satz 1 FernAbsG in Verbindung mit § 361a BGB.

§ 312b BGB Außerhalb von Geschäftsräumen geschlossene Verträge

(1) Außerhalb von Geschäftsräumen geschlossene Verträge sind Verträge,

(2) die bei gleichzeitiger körperlicher Anwesenheit des Verbrauchers und des Unternehmers an einem Ort geschlossen werden, der kein Geschäftsraum des Unternehmers ist,

(3) für die der Verbraucher unter den in Nummer 1 genannten Umständen ein Angebot abgegeben hat,

(4) die in den Geschäftsräumen des Unternehmers oder durch Fernkommunikationsmittel geschlossen werden, bei denen der Verbraucher jedoch unmittelbar zuvor außerhalb der Geschäftsräume des Unternehmers bei gleichzeitiger körperlicher Anwesenheit des Verbrauchers und des Unternehmers persönlich und individuell angesprochen wurde, oder

(5) die auf einem Ausflug geschlossen werden, der von dem Unternehmer oder mit seiner Hilfe organisiert wurde, um beim Verbraucher für den Verkauf von Waren oder die Erbringung von Dienstleistungen zu werben und mit ihm entsprechende Verträge abzuschließen.

Dem Unternehmer stehen Personen gleich, die in seinem Namen oder Auftrag handeln.

(2) Geschäftsräume im Sinne des Absatzes 1 sind unbewegliche Gewerberäume, in denen der Unternehmer seine Tätigkeit dauerhaft ausübt, und bewegliche Gewerberäume, in denen der Unternehmer seine Tätigkeit für gewöhnlich ausübt. Gewerberäume, in denen die Person, die im Namen oder Auftrag des Unternehmers handelt, ihre Tätigkeit dauerhaft oder für gewöhnlich ausübt, stehen Räumen des Unternehmers gleich.

9 Nachtrag: Oder doch lieber zum Profi?

§ 312c BGB Fernabsatzverträge

(1) Fernabsatzverträge sind Verträge, bei denen der Unternehmer oder eine in seinem Namen oder Auftrag handelnde Person und der Verbraucher für die Vertragsverhandlungen und den Vertragsschluss ausschließlich Fernkommunikationsmittel verwenden, es sei denn, dass der Vertragsschluss nicht im Rahmen eines für den Fernabsatz organisierten Vertriebs- oder Dienstleistungssystems erfolgt.

(2) Fernkommunikationsmittel im Sinne dieses Gesetzes sind alle Kommunikationsmittel, die zur Anbahnung oder zum Abschluss eines Vertrags eingesetzt werden können, ohne dass die Vertragsparteien gleichzeitig körperlich anwesend sind, wie Briefe, Kataloge, Telefonanrufe, Telekopien, E-Mails, über den Mobilfunkdienst versendete Nachrichten (SMS) sowie Rundfunk und Telemedien.

§ 3 FernAbsG Widerrufsrecht, Rückgaberecht

(1) Dem Verbraucher steht ein Widerrufsrecht nach § 361a des Bürgerlichen Gesetzbuchs zu. Die Widerrufsfrist beginnt abweichend von § 361a Abs. 1 Satz 3 des Bürgerlichen Gesetzbuchs nicht vor Erfüllung der Informationspflichten gemäß § 2 Abs. 3 und 4, bei der Lieferung von Waren nicht vor dem Tag ihres Eingangs beim Empfänger, bei der wiederkehrenden Lieferung gleichartiger Waren nicht vor dem Tag des Eingangs der ersten Teillieferung und bei Dienstleistungen nicht vor dem Tag des Vertragsabschlusses; die Widerrufsbelehrung bedarf keiner Unterzeichnung durch den Verbraucher und kann diesem auch auf einem dauerhaften Datenträger zur Verfügung gestellt werden. Das Widerrufsrecht erlischt

(2) bei der Lieferung von Waren spätestens vier Monate nach ihrem Eingang beim Empfänger und

(3) bei Dienstleistungen

    a) spätestens vier Monate nach Vertragsschluss oder

    b) wenn der Unternehmer mit der Ausführung der Dienstleistung mit Zustimmung des Verbrauchers vor Ende der Widerrufsfrist begonnen hat oder der Verbraucher diese selbst veranlasst hat.

§ 361a BGB Widerrufsrecht bei Verbraucherverträgen

(1) Wird einem Verbraucher durch Gesetz ein Widerrufsrecht nach dieser Vorschrift eingeräumt, so ist er an seine auf den Abschluss eines Vertrags mit einem Unternehmer gerichtete Willenserklärung nicht mehr gebunden, wenn er sie fristgerecht widerrufen hat. Der Widerruf muss keine Begründung enthalten und schriftlich, auf einem anderen dauerhaften Datenträger oder durch Rücksendung der Sache innerhalb von zwei Wochen erfolgen; zur Fristwahrung genügt die rechtzeitige Absendung. Die Frist beginnt mit dem Zeitpunkt, zu dem dem Verbraucher eine deutlich gestaltete Belehrung über sein Widerrufsrecht, die ihm entsprechend den Erfordernissen des eingesetzten Kommunikationsmittels seine Rechte deutlich macht, auf einem dauerhaften Datenträger zur Verfügung gestellt worden ist, die auch Namen und Anschrift des Widerrufsempfängers und einen Hinweis auf den Fristbeginn und die Regelung des Satzes 2 enthält. Sie ist vom Verbraucher bei anderen als notariell beurkundeten Verträgen gesondert zu unterschreiben oder mit einer qualifizierten elektronischen Signatur

9 Nachtrag: Oder doch lieber zum Profi?

zu versehen. Ist der Vertrag schriftlich abzuschließen, so muss dem Verbraucher auch eine Vertragsurkunde, der schriftliche Antrag des Verbrauchers oder eine Abschrift der Vertragsurkunde oder des Antrags ausgehändigt werden. Ist der Fristbeginn streitig, so trifft die Beweislast den Unternehmer.

(2) Auf das Widerrufsrecht finden die Vorschriften dieses Titels, soweit nichts anderes bestimmt ist, entsprechende Anwendung. Die in § 284 Abs. 3 Satz 1 bestimmte Frist beginnt mit der Erklärung des Verbrauchers nach § 349. Der Verbraucher ist vorbehaltlich abweichender Vorschriften zur Rücksendung auf Kosten und Gefahr des Unternehmers verpflichtet; dem Verbraucher dürfen bei einer Bestellung bis zu einem Betrag von 40 € die regelmäßigen Kosten der Rücksendung vertraglich auferlegt werden, es sei denn, dass die gelieferte Ware nicht der bestellten entspricht. Hat der Verbraucher die Verschlechterung, den Untergang oder die anderweitige Unmöglichkeit zu vertreten, so hat er dem Unternehmer die Wertminderung oder den Wert zu ersetzen; die §§ 351 bis 353 sind nicht anzuwenden. In den Fällen des Satzes 4 haftet der Verbraucher nur für Vorsatz und grobe Fahrlässigkeit, wenn er über sein Widerrufsrecht nicht ordnungsgemäß belehrt worden ist und auch keine anderweitige Kenntnis hiervon erlangt hat. Für die Überlassung des Gebrauchs oder die Benutzung einer Sache sowie für sonstige Leistungen bis zu dem Zeitpunkt der Ausübung des Widerrufs ist deren Wert zu vergüten; die durch die bestimmungsgemäße Ingebrauchnahme einer Sache oder Inanspruchnahme einer sonstigen Leistung eingetretene Wertminderung bleibt außer Betracht. Weitergehende Ansprüche bestehen nicht.

(3) Informationen oder Erklärungen sind dem Verbraucher auf einem dauerhaften Datenträger zur Verfügung gestellt, wenn sie ihm in einer Urkunde oder in einer anderen lesbaren Form zugegangen sind, die dem Verbraucher für eine den Erfordernissen des Rechtsgeschäfts entsprechende Zeit die inhaltlich unveränderte Wiedergabe der Informationen erlaubt. Die Beweislast für den Informations- oder Erklärungsinhalt trifft den Unternehmer. Dies gilt für Erklärungen des Verbrauchers gegenüber dem Unternehmer sinngemäß.

Das ist die Regel bei Kaufinteressenten (es sei denn, diese kommen ausnahmsweise ins Büro des Maklers). Für Verträge mit Verkäufern oder Vermietern ist es häufiger der Fall, dass diese Verträge im Büro des Maklers abgeschlossen werden. Als Verkäufer/Vermieter wissen Sie jetzt, warum Sie der Makler in sein Büro bittet.

Der Makler muss, um sofort tätig werden zu können, Sie als Vertragspartner darüber informieren. Sie erklären gegenüber dem Makler, dass Sie darüber informiert wurden und beauftragen den Makler, sofort tätig zu werden. Für dieses eine Vertragsangebot haben Sie nicht mehr das Recht auf Widerruf des Maklervertrages bzw. der Widerruf ist wirkungslos. Der Makler kann daraufhin das Kauf- oder das gewerbliche Mietangebot machen, ohne befürchten zu müssen, dass Sie als Auftraggeber den Maklervertrag kündigen und damit das Angebot kaufen oder (gewerblich) mieten, verkaufen oder vermieten können, ohne Provision zahlen zu müssen.

9.4.2 Was bedeutet „Vermittlung eines Vertrages"?

Die Vermittlung ist das Herbeiführen einer Einigung zwischen unterschiedlichen Ansichten und Interessen. Das heißt: Der Makler muss aktiv bei beiden Parteien dafür werben und tätig werden, dass ein Vertrag zwischen beiden zustande kommt. Da dies nahezu ausschließlich unter Zuhilfenahme von Texten, Schriftstücken und wechselseitiger Verhandlungen (oft auch unter Zeugen) geschieht, ist die Beweisführung hier etwas einfacher. Trotzdem muss vorher der Maklervertrag geschlossen werden.

9.4.3 Was sind „aufschiebende Bedingungen"?

Unter „aufschiebenden Bedingungen" werden folgende Sachverhalte verstanden:

- Klärung eines vertraglichen oder gesetzlichen Vorkaufsrechtes: Hinweis dazu: Wenn der im Grundbuch eingetragene Vorkaufsberechtigte erwirbt, ist für diesen keine Provision fällig, weil es weder Nachweis noch Vermittlung gibt und keinen Maklervertrag; das Gleiche gilt für einen Mieter nach einer Teilung eines Mehrfamilienhauses in Eigentumswohnungen, während der Mieter darin wohnen bleibt gemäß des gesetzlichen Vorkaufsrechts im Wohnungs-Mietrecht.
- Abwarten einer Baugenehmigung oder Bauvoranfrage
- Klärung der Baureifmachung eines Grundstücks
- Genehmigung des Kaufvertrags durch das Vormundschaftsgericht
- Nachgenehmigung eines abwesenden Verkäufers
- alle anderen frei zu formulierenden Gründe

9.4.4 Was sind Aufwendungen, die ersetzt werden können?

Unter Aufwendungen, die ersetzt werden können, werden folgende Sachverhalte verstanden:

- „Zeit" findet man häufig als Wort in den Maklerverträgen. Zeit vergeht einfach, sie ist keine „Aufwendung", kann also nicht in Rechnung gestellt werden.
- Es handelt sich im Wesentlichen um nachzuweisende Kosten, die individuell angefallen sind und deren Erstattung vorher vereinbart sein muss.
- Sie müssen einzeln nachgewiesen werden, zum Beispiel Entlohnung nach Stundensätzen, Kostenpauschalen für Besichtigungen, Kilometerpreise für Fahrten, Kosten für Inserate, Wertermittlungen, Homestaging, öffentliche Besichtigungen, Pauschalen für Telefon, Fax und Internet.
- Prozentpauschalen vom Kaufpreis oder der Provision sind nicht zulässig, es sei denn, sie sind ausdrücklich individuell unter „besondere Vereinbarungen" oder in seinem separaten Schriftstück verabredet.
- Die Einzelpreise müssen individuell vereinbart werden.
- Vereinbarungen, die möglicherweise zu den „Allgemeinen Geschäftsbedingungen (AGB) im BGB" zählen könnten oder entsprechend interpretiert werden könnten, sind nichtig, sofern sie den anderen Vertragspartner unangemessen benachteiligen. Indiz: Sie sind gedruckt und nicht handschriftlich notiert.
- Es gibt eine Höchstgrenze für diese Erstattungen. Sie liegt bei 15 % der Provision. Erstattungen darüber sind möglich bei entsprechendem Nachweis – sie dürfen nicht den Charakter einer „Ersatz-Provision" haben ...

Da jedes Geschäft eines Immobilienmaklers individuell ist, sind AGB-Regelungen zu Maklerverträgen überflüssig (siehe oben).

§ 653 BGB Maklerlohn

(1) Ein Maklerlohn gilt als stillschweigend vereinbart, wenn die dem Makler übertragene Leistung den Umständen nach nur gegen eine Vergütung zu erwarten ist.

(2) Ist die Höhe der Vergütung nicht bestimmt, so ist bei dem Bestehen einer Taxe der taxmäßige Lohn, in Ermangelung einer Taxe der übliche Lohn als vereinbart anzusehen.

9.4.5 Was bedeutet: „den Umständen nach"?

Hier wird es sehr schwammig und auslegbar. Ein Beispiel: Ein Verkäufer gibt dem Makler einen Schlüssel und bittet ihn, das Haus/die Wohnung zu verkaufen. Er sagt ihm auch mündlich Provision zu (unter Zeugen oder noch besser in einem Schriftstück, wegen der Beweislast, die beim Makler liegt). Der Makler findet einen Käufer. Der Verkäufer muss zahlen, weil es sich der Verkäufer gefallen ließ, dass der Makler tätig war.

Einen sogenannten „taxmäßigen" Lohn gibt es nicht. Im Gegensatz zu allen artverwandten beratenden Berufen oder Dienstleistern gibt es keine Gebührentabelle. Die Entlohnung ergibt sich aus dem üblichen Geschäftsverkehr und der in den jeweiligen Regionen üblichen Entlohnungshöhe. Auskunft hierzu erteilt die IHK oder der Maklerverband IVD.

> Für Entlohnungen für Makler haben sich in den vergangenen Jahrzehnten Provisionssätze etabliert, die von Bundesland zu Bundesland unterschiedlich sind. Es gibt hierzu keine festen Regeln. Die Sätze werden mit dem Begriff „ortsüblich" bezeichnet.

> Baden-Württemberg, Bayern, Rheinland-Pfalz und Nordrhein-Westfalen: sechs Prozent (Verkäufer und Käufer jeweils drei Prozent). Es ist jedoch nicht immer durchsetzbar, dass der Verkäufer die volle Höhe zahlt. Manchmal verlangen Makler vom Käufer vier Prozent und kommen somit auf sieben Prozent.

Hessen, Niedersachsen, Hamburg, Berlin: zwischen fünf und sechs Prozent, die meistens vom Käufer zu tragen sind. In manchen Gegenden in Niedersachsen sind auch Teilungen zwischen Käufer und Verkäufer üblich, wobei Verkäufer etwa 40 % und Käufer 60 % der Gesamtprovision tragen.

In Sachsen, Thüringen und Brandenburg sind Teilungen von Provisionen zwischen fünf und sechs Prozent üblich. Auch hier tragen Verkäufer etwa 40 % und Käufer 60 % der Provisionen.

In Schleswig-Holstein und Mecklenburg-Vorpommern hat sich ebenfalls eingebürgert, dass sich Verkäufer und Käufer die Provision zwischen fünf und sechs Prozent teilen, zumeist hälftig. Ansonsten trägt auch hier der Verkäufer zwischen 35 und 40 % der Gesamtprovision und der Käufer zwischen 60 und 65 %. In manchen Gegenden sind auch reine Käuferprovisionen üblich.

Im Niedrigpreisbereich unter einer Kaufsumme von 50.000 € sind pauschale Honorare von 3000 bis 4000 € möglich und hinsichtlich der Kosten, die ein Makler durch den Vertrieb hat, gerechtfertigt.

Oberhalb von Preisgrenzen in Höhe von 500.000 € (im ländlichen Bereich) und einer Million Euro (in städtischen Gebieten) liegen die Provisionen (unabhängig davon, welche Seite sie zahlt) vier Prozent und reduzieren sich im zweistelligen Millionenbereich auf bis zu ein bis zwei Prozent. Bei einer Vermittlung in Berlin im dreistelligen Millionenbereich haben sich Käufer und Makler auf 0,8 % geeinigt.

> Quelle: eigene Ermittlungen und Kenntnisse; bestätigt durch die Empirische Markterkundungsstudie von Dr. Monika Huber, München, unter Mitwirkung von Prof. Dr. Siegfried Sandner und Dr. Kai Fischer, München. Es ist die bisher einzige Studie über übliche Gebühren für Makler, Verwalter, Baubetreuer und Bewertungs-Sachverständige in Deutschland, im Jahr 2014 erstellt im Auftrag des Maklerverbandes IVD und aktualisiert aus der Studie von 1997, erstmals durchgeführt von der Hochschule Anhalt. Diese Studie findet oftmals bei Gericht Anwendung bei Streitigkeiten über Provisionshöhen.

Zahlreiche Immobilienmakler berechnen das Entgelt als Verkaufs- oder Vertriebshonorar ausschließlich dem Verkäufer oder dem gewerblichen Vermieter (hier ist es schon seit Jahrzehnten eher üblich), weil sie den Vertrag mit dem Verkäufer oder Vermieter abschließen und sich als alleinige Partei für den Verkäufer und Vermieter betrachten, genau wie ein Anwalt, der auch nur eine Seite vertreten darf. Dazu werde ich später einige wichtige Ausführungen machen.

§ 654 BGB Verwirkung des Lohnanspruchs

Der Anspruch auf den Maklerlohn und den Ersatz von Aufwendungen ist ausgeschlossen, wenn der Makler dem Inhalt des Vertrags zuwider auch für den anderen Teil tätig gewesen ist.

Dieser Paragraf soll die Doppeltätigkeit ausschließen. Er ist höchst gefährlich in Gegenden, in denen sowohl vom Käufer als auch vom Verkäufer Provision verlangt wird, ähnlich wie die Beauftragung und Entlohnung von Anwälten. Doppeltätigkeit ist dort „Parteiverrat" und wird mit der Höchststrafe geahndet: lebenslanges Verbot der Anwaltstätigkeit.

Die Vorschrift besagt, dass der Makler nur für einen Teil tätig sein darf. Allerdings darf der Makler diesen Umstand „abbedingen", indem er beide Teile darüber informiert, auch für den jeweils anderen Teil tätig zu sein und honoriert zu werden. Um dem traditionellen Leitbild des Maklers als „neutralem" Vermittler gerecht zu werden. Auf innewohnende Widersprüche habe ich oben bereits hingewiesen. Grundsätzlich gilt:

- Verkaufs- und Vermietungsverträge müssen immer schriftlich abgeschlossen werden, um einen Beweis zu haben. Bei Vermietungsaufträgen – sowohl von einem Mietsuchenden, als auch von einem Vermieter – ist die Schriftform vorgeschrieben nach den neuen Bestimmungen des Wohnungsvermittlungsgesetzes.
- Sie müssen aufpassen bei Doppeltätigkeit: Hier muss der Makler eine strikte Unparteilichkeit wahren. Das bedeutet, der Makler muss auch die Interessen der anderen Partei wahren und im Vertrag konkret darauf hinweisen.
- Der Haken? Sobald ein Verkaufsauftrag abgeschlossen wurde und Verpflichtungen eingegangen sind, entsteht per se eine Parteilichkeit.

An dieser Stelle kann nicht auf jede Einzelheit und Besonderheiten eingegangen werden, dazu ist das Maklerrecht zu komplex. Und wird von der Rechtsprechung immer wieder im Detail neu bestimmt.

9.5 Das neue Makler-Vertragsrecht für Verbraucher ... das Bestellerprinzip „light"?

Die Änderungen des Wohnungsvermittlungsgesetzes haben atmosphärisch dazu beigetragen, dass Nachfrager bei Verkaufsimmobilien Angebote eher ablehnen, wenn Verkaufsprovision hinzukommt. Endlich und erstmals gibt es eine gesetzlich verankerte Provisionsregelung, ein eigenes Mak-

9 Nachtrag: Oder doch lieber zum Profi?

lervertragsrecht für Verbraucher. Für die Immobilienmakler bedeutet das Inkrafttreten des Gesetzes zum 23. Dezember 2020 (sozusagen ein „Weihnachtsgeschenk" des Staates für den privaten Immobilienmarkt, immerhin rund 80 % des gesamten Immobilienhandels) eine Zeitenwende.

Davon profitieren alle Beteiligten, die Käufer, die Verkäufer und auch die Makler. Selbst den ewigen Motzern und Uneinsichtigen, die sich schon immer gegen Regeln gewehrt haben, wird diese Regelung zum Vorteil gereichen. Sie schafft endlich auch Klarheit. Die befürchtete „Deckelung" der Provisionen, wie sie zum Beispiel in Österreich existiert, ist ausgeblieben. Der Markt wird es richten. Nach anfänglichem „Schluckauf" bei Verkäufern wird sich der kundige, qualitativ hochwertig arbeitende Makler durchsetzen. Und die Gelegenheitsmakler (ohne Zulassung nach § 34c GewO), für die das Gesetz auch gilt, weil sie nur eine bis drei Immobilien pro Jahr vermitteln, werden sich zu Gunsten der Profis vom Markt verabschieden (müssen).

Denn Immobilienverkäufer, die jetzt fast immer an den Vermittlungskosten, zumindest zur Hälfte, beteiligt sind, werden nur leistungsfähige Makler oder Maklerunternehmen beauftragen. Das wird sich mittel- bis langfristig auf die Branche übertragen und dazu führen, dass sich immer mehr private Verkäufer den guten Maklern anvertrauen.

In der Branche wird immer wieder behauptet, die Provisionen **müssen** immer geteilt werden. Und es wird behauptet, dass Käufer **keinen Anspruch** auf Beratung haben, wenn nur Verkäufer den Makler einseitig entlohnen – die 50/50-Teilung sei fair.

Ich muss dem massiv entgegenhalten, dass die **erste Behauptung ebenso falsch ist wie die zweite**. Das Gesetz ist erstens überschrieben mit „**… Verteilung der Maklerkosten …**", und zweitens **müssen Käufer beraten und informiert** werden (siehe oben §§ 10 und 11 MaBV). Dazu kommen noch die anderen Gesetze für Verbraucher, wie das „Gesetz gegen den unlauteren Wettbewerb (UWG)" und die „Preisangabenverordnung (PAngV)". Damit ist alles gesagt.

9.6 Das „Gesetz über die Verteilung der Maklerkosten bei der Vermittlung von Kaufverträgen über Wohnungen und Einfamilienhäuser"

- § 656a –Textform
  Ein Maklervertrag, der den Nachweis der Gelegenheit zum Abschluss eines Kaufvertrages über eine Wohnung oder ein Einfamilienhaus oder die Vermittlung eines solchen Vertrages zum Gegenstand hat, bedarf der Textform.

§ 126b BGB Textform: Ist durch Gesetz Textform vorgeschrieben, so muss eine lesbare Erklärung, in der die Person des Erklärenden genannt ist, auf einem dauerhaften Datenträger abgegeben werden. Ein dauerhafter Datenträger ist jedes Medium, das 1. es dem Empfänger ermöglicht, eine auf dem Datenträger befindliche, an ihn persönlich gerichtete Erklärung so aufzubewahren oder zu speichern, dass sie ihm während eines für ihren Zweck angemessenen Zeitraums zugänglich ist, und 2. geeignet ist, die Erklärung unverändert wiederzugeben.

Das bedeutet, dass es keine mündlichen Verträge mehr gibt und auch keine konkludenten. Textform bedeutet mindestens E-Mail oder ein anderer Datenträger. Meine Empfehlung: immer Schriftform. Das ist für alle Beteiligten das Sicherste und vermeidet Missverständnisse.

9 Nachtrag: Oder doch lieber zum Profi?

- § 656b – persönlicher Anwendungsbereich der §§ 656c und 656d
  Die §§ 656c und 656d gelten nur, wenn der Käufer ein Verbraucher ist.

§ 13 BGB Verbraucher: Verbraucher ist jede natürliche Person, die ein Rechtsgeschäft zu Zwecken abschließt, die überwiegend weder ihrer gewerblichen noch ihrer selbstständigen beruflichen Tätigkeit zugerechnet werden können.

Das bedeutet: Es ist der typische Endverbraucher, der auch keine Mehrwertsteuer zusätzlich zahlen darf, weil er sie nicht als Vorsteuer geltend machen kann. Auch wenn ein Käufer mehrere Eigentumswohnungen hat und „quasi" gewerblicher Immobilieneigentümer ist, gilt er als Verbraucher. Es sei denn, er hat eine Gesellschaft (zum Beispiel GbR, OHG, GmbH), ist daran beteiligt oder Geschäftsführer.

- § 656c – Lohnanspruch bei Tätigkeit für beide Parteien
  (1) Lässt sich der Makler für beide Parteien des Kaufvertrages über eine Wohnung oder ein Einfamilienhaus einen Maklerlohn versprechen, so kann dies nur in der Weise erfolgen, dass sich die Parteien in gleicher Höhe verpflichten.

Das bedeutet:

1. Es handelt sich bei den Immobilien ausschließlich um Eigentumswohnungen und Einfamilienhäuser (auch mit Einliegerwohnung). Die Abgrenzung Hauptwohnung zu Einliegerwohnung liegt darin, dass die Einliegerwohnung eine untergeordnete Wohnung ist mit einem erheblichen Unterschied in der Größe nach Quadratmetern.

2. Der Makler muss strikte Neutralität wahren, mit beiden Parteien jeweils einen Maklervertrag abschließen und die Provision in jeweils gleicher Höhe vereinbaren.

(2) Vereinbart der Makler mit einer Partei des Kaufvertrags, dass er für diese unentgeltlich tätig wird, kann er sich von der anderen Partei keinen Maklerlohn versprechen lassen.

Das bedeutet: keine Werbung mehr mit „kostenlos für Verkäufer". Diese unsinnige und eher reißerische Werbung gehört der Vergangenheit an.

(3) Ein Erlass wirkt auch zugunsten des jeweils anderen Vertragspartners des Maklers. Von Satz 3 kann durch Vertrag nicht abgewichen werden.

Das bedeutet: Verhandlungen über die Provision wirken sich doppelt aus – nach oben und nach unten. Beispiel: Möchten Interessenten nur kaufen, wenn Makler bei der Provision nachlassen, dann müssen sei auch bei Verkäufern in gleicher Höhe nachlassen. Bieten Interessenten den Maklern einen zusätzlichen Bonus, dann müssen diese Boni auch bei den Verkäufern zusätzlich berechnet werden. Wollen Verkäufer die Makler mit Boni zu intensiverer Tätigkeit animieren, müssen die Makler auch bei Käufern diese Boni erheben. Das sind die Auswirkungen bzw. die Konsequenzen aus dem Gesetz. Dummerweise hat der Gesetzgeber nicht bedacht, dass es auch Kaufpreis- oder Provisionserhöhungen geben kann.

(4) (2) Ein Maklervertrag, der von Absatz 1 Satz 1 und 2 abweicht, ist unwirksam. § 654 bleibt unberührt.

Das bedeutet: Volle Transparenz muss gewahrt werden. Den § 654 BGB habe ich oben erläutert.

9 Nachtrag: Oder doch lieber zum Profi?

Resümee daraus: Verhandlungen über Provisionen werden sich wohl auf Kaufpreise auswirken. Weil Provisionsverhandlungen mit beiden Parteien das gesamte Verfahren kompliziert gestalten. Das ist die übereinstimmende Meinung von Fachleuten.

Nun kommen wir zum vierten Paragrafen:

- § 656d – Vereinbarungen über die Maklerkosten
  (1) Hat nur eine Partei des Kaufvertrags über eine Wohnung oder ein Einfamilienhaus einen Maklervertrag abgeschlossen, ist eine Vereinbarung, die die andere Partei zur Zahlung oder Erstattung von Maklerlohn verpflichtet, nur wirksam, wenn die Partei, die den Maklervertrag abgeschlossen hat, zur Zahlung des Maklerlohns mindestens in gleicher Höhe verpflichtet bleibt.

Das bedeutet: Hier ist das sog. „Bestellerprinzip" geregelt. Der Satz ist etwas kompliziert und verschachtelt formuliert, typisch juristisch eben. Die Möglichkeit, einen Teil der Provision auf die andere Seite abzuwälzen, ist dem Sinne dieses Satzes gemäß möglich, nicht verpflichtend. Eine sog. „Kann-Bestimmung". Das kann von einem Euro bis zu 50 % der vereinbarten Provision geschehen. Denn, so steht es in der Vorschrift, es muss mindestens (!) die Hälfte der Provision beim Vertragspartner verbleiben. Das heißt: Verkäufermakler schließen mit Verkäufern im Rahmen des Verkaufsauftrages eine bestimmte Provisionshöhe in Prozent oder in Euro ab und können einen Teil dieser Kosten auf Käufer übertragen, wenn diese damit einverstanden sind und es sich im Rahmen der Verhandlungen ergeben könnte oder sollte. Umgekehrt geht es auch. Jetzt können Makler mit Immobilien-Suchenden einen provisionspflichtigen Suchauftrag abschließen und einen Teil der Provision auf Verkäufer abwälzen. Mir der jeweils anderen Partei wird dann kein Maklervertrag abgeschlossen, sondern nur eine Kostenübernahme vereinbart.

- Der Anspruch gegen die andere Partei wird erst fällig, wenn die Partei, die den Maklervertrag abgeschlossen hat, ihrer Verpflichtung zur Zahlung des Maklerlohns nachgekommen ist und sie oder der Makler einen Nachweis darüber erbringt.
- (2) § 656c Absatz 1 Satz 3 und 4 gilt entsprechend

Hier muss nichts weiter erklärt werden – das ist sehr eindeutig beschrieben.

> Sicher sind im ersten Augenblick diese Regelungen für juristische Laien oder auch für Anwender recht kompliziert, wie unschwer aus meiner Darstellung und Interpretation zu entnehmen ist. Das von mir und vielen professionellen Maklern empfohlene Verfahren ist jetzt auch erstmals gesetzlich geregelt im § 656d BGB. Das heißt: Das Bestellerprinzip ist möglich und schafft sowohl Klarheit als auch eine Vereinfachung des gesamten Verkaufsvorgangs von privaten Wohnimmobilien. Ich möchte Ihnen als Verkäufer (oder Vermieter) die Zusammenarbeit mit einem Makler und seinem Kunden, Ihrem zukünftigen Käufer, erheblich vereinfachen und vorteilhafter gestalten. Es stellen sich die Fragen: Wie kann der Makler

Wichtig

- seiner Aufgabe als Ihr aktiver „Verkäufer" Ihrer Immobilie seinem Auftrag gerecht werden, diese zügig und zu einem angemessenen Preis verkaufen? Wie kann er also konkret Ihre Interessen wahren?
- sein Entgelt absichern, ohne unnütze Hürden aufzubauen aus überzogenem Sicherheitsbedürfnis heraus? Die den Verkauf eher erschweren als erleichtern? Und

9 Nachtrag: Oder doch lieber zum Profi?

Käufern einen unbeschwerten, unkomplizierten Zugang zur Immobilie ohne zusätzliche Kosten verschaffen?
- seine Bürokratie und die Betriebsabläufe vereinfachen, auch angesichts der anderen Gesetze?

Wichtig

Zu allen drei Fragen gibt es eine gute Antwort: Der Verkaufsauftrag mit Provision, bzw. Verkaufshonorar vom Auftraggeber. Die Vorteile liegen auf der Hand, Nachteile sind nicht erkennbar:

a) Der Makler hat eine einseitige vertragliche und gegenseitige Verpflichtung. Die haben auch Sie als Verkäufer gegenüber dem Makler. Sie dürfen zum Beispiel keinen weiteren Makler mehr beauftragen.
b) Einmalige Klärung des Widerrufsrechtes mit Ihnen, dem Verkäufer.
c) Einmalige Identifizierung des Verkäufers nach dem Geldwäschegesetz (GWG). Allerdings müssen auch Käufer identifiziert werden, bevor der Kaufvertrag abgeschlossen wird.
d) Da Käufer sowieso alles zahlen (Kaufpreis netto für Ihre Immobilie plus Kosten des Verkaufs), kann man das doch gleich addieren und in einen Gesamtpreis zusammen anbieten. Maklerleistung wird jetzt nicht mehr auf die Provisionsfrage verengt.
e) Der Käufer zahlt diesen einen Gesamtpreis, den Kaufpreis. Er ist durch die Bank komplett finanzierbar. Fast alle Banken ziehen dies seit Jahren vor, weil das Eigenkapital komplett erhalten bleibt und Provisionen, wie auch Einbauküchen oder andere mobile Gegenstände, die in der Immobilie verbleiben, nicht finanzierbar sind, wenn die Beträge hierfür separat ausgewiesen werden.
f) Durch die Veröffentlichung des Gesamtpreises und die legale Darstellung des Angebotes als „provisionsfrei" erhöht sich automatisch die Nachfrage nach Ihrem Angebot, weil „nichts dazukommt". Jeder Nachfrager weiß schließlich, dass in allen Angeboten und auf allen Märkten

(Auto, Kleider, Möbel, Brötchen, Lebensmittel) auch Verkaufshonorare, Provisionen oder Kosten des Verkaufs, des Marketing, der Werbung einkalkuliert sind.

g) Es entsteht für Sie nun ein Gleichgewicht von Preis (Provision/Honorar) und Leistung. Der Makler ist also verpflichtet, Ihnen sein Marketing zu präsentieren und seine Leistungen zu nennen. Sie können jetzt endlich vergleichen, welcher Makler die beste und umfangreichste Leistung bietet. Der gute Makler wird Ihnen einen umfangreichen Marketingplan unterbreiten. So entsteht Wettbewerb um die beste Leistung. Sie als Verbraucher profitieren davon.

h) Häufig wird die Käuferprovision als Verhandlungsargument des Käufers herangezogen, um den Kaufpreis herunterzuhandeln, weil sie die Immobilie sichtbar verteuert. Dieser Verhandlungsgrund entfällt. Davon profitieren Sie als Verkäufer! Denn nach meiner Erfahrung seit etwa 36 Jahren und der Erfahrung aller Makler, die mit Innenprovision/Verkaufshonorar arbeiten, ist der Netto-Erlös für die Immobilie höher bzw. in jedem Falle stabiler und kalkulierbarer als bei Maklerangeboten mit zusätzlicher Provision.

i) Der Makler schließt nur einen Vertrag mit Ihnen ab, anstatt viele Verträge mit Interessenten, die den Verkauf einfach aus bürokratischer Sicht verlangsamen und damit behindern. Dazu zählt auch die Formalität „Widerrufsrecht nach dem Fernabsatzgesetz".

j) Sie ziehen mit dem Makler „an einem Strang", weil Ihre Interessen jetzt klar vertreten werden.

k) Die Dienstleistung für den Käufer ist jetzt keine „Sonderleistung" mehr, die mühsam argumentiert werden muss und auf Unverständnis stößt, weil sie der Käufer ohnehin erwartet. Sie wird jetzt zur Selbstverständlichkeit. Denn nur mit bester, umfassender und exzellenter Dienstleistung für Ihren zukünftigen Käufer wird der Makler seinen Vertrag Ihnen gegenüber erfüllen, insbesondere die Hauptpflicht daraus: den Verkauf Ihrer Immobilie!

l) Zu guter Letzt: Private Verkaufsangebote werden als Wettbewerb für Ihre Immobilie jetzt uninteressant, weil sie regelmäßig unprofessionell dargestellt werden (es sei denn, Sie unternehmen die Schritte aus den ersten acht Kapiteln dieses Buches in professioneller Weise).

9 Nachtrag: Oder doch lieber zum Profi?

> Hand aufs Herz: Wenn Ihnen als Kaufinteressent ein professionelles Maklerangebot unterbreitet wird, das perfekt aufbereitet und schmackhaft dargeboten wird, begleitet von einer Dienstleistung, die nichts zu wünschen übrig lässt, durch einen Makler, der Ihnen die Wünsche von den Augen abliest, alle Formalitäten für Sie erledigt, die er erledigen kann, Ihnen Arbeit erspart (und Sie brauchen kein Extra-Honorar von drei bis sieben Prozent zu zahlen!) dann würden Sie sich doch freuen und diesen Makler und sein Angebot nutzen, oder?

Häufig möchten Makler ihre Provisionsansprüche im Kaufvertrag sichern. Ist dies möglich oder notwendig? Grundsätzlich nein. Warum? Der Makler ist nicht am Vertrag beteiligt – es ist kein Beweis für den Nachweis oder die Vermittlung. Es darf auch kein Ersatz für den Maklervertrag darstellen. Der Notar würde damit automatisch eine Parteinahme vornehmen. Das Bundesverwaltungsgericht hat einem Düsseldorfer Notar, der zahlreiche solche Verträge abschloss, die Zulassung entzogen.

Die Ausnahme ist vielleicht ein Vertrag „zugunsten Dritter" nach § 328 BGB.

§ 328 BGB Vertrag zugunsten Dritter

(1) Durch Vertrag kann eine Leistung an einen Dritten mit der Wirkung bedungen werden, dass der Dritte unmittelbar das Recht erwirbt, die Leistung zu fordern.

Von den meisten Notaren in allen Bundesländern wird diese Variante abgelehnt, obwohl sie rechtlich möglich wäre. Die Notarkammern der Länder und die Bundesnotarkammer sind überwiegend dieser Auffassung und empfehlen dies dringend ihren Notaren, denn die Makler sind für ihre eigenen Verträge selbst verantwortlich und brauchen dazu nicht die Hilfe der Notare. Der lapidare Satz, dass ein Makler am Zustandekommen des Kaufvertrages ursächlich tätig war, ist lediglich deklaratorisch, d. h. ohne rechtliche Wirkung, und schmeichelt bestenfalls der Eitelkeit des Maklers.

9.7 Jeder macht was er will, keiner was er soll, aber alle machen mit …

Diese leicht ironische Überschrift soll andeuten, dass es in Deutschland (im Unterschied zu den meisten Ländern in Europa und Übersee) keinen einheitlichen Qualitätsmaßstab für die Maklertätigkeit gibt. Die einzige Ausnahme sind zertifizierte Immobilienmakler nach der DIN-EN 15733 der DIAZert und Immobilienmakler (IHK) durch die einheitliche, durch die IHK zertifizierte Ausbildung (s. oben). Auch der Ausdruck „geprüfte Makler", den viele auf den Homepages verwenden und auf ihre Visitenkarte drucken, ist kritisch zu betrachten und zuweilen abmahnfähig nach den allgemeinen Wettbewerbsregeln, denn es fehlt ein einheitlicher Prüfungsmaßstab sowohl hinsichtlich der Organisation, die prüft, als auch hinsichtlich des Prüfungsinhaltes. Obwohl der IVD und die Verbände des RDM großen Wert auf eine gute Qualität legen, ist das jeweilige Siegel keine Garantie dafür. Zu unterschiedlich sind die Makler auch in diesen Berufsverbänden. Hier hat sich in den letzten zehn Jahren einiges verbessert. Es wird nicht mehr jeder Makler aufgenommen, der bestimmte Anforderungen an Wissen und Können vermissen lässt und man hat sich auch schon von Maklern getrennt, die den ethischen Anforderungen an diesen Beruf nicht mehr genügen.

9 Nachtrag: Oder doch lieber zum Profi?

Bei vielen Unternehmensverbünden und Handelsvertreterorganisationen ist es zwar durch die Seminare und ständigen Brancheninformationen einigermaßen gewährleistet, dass die angehörigen und verbundenen Makler einen gewissen Mindeststandard erfüllen. Von Sanktionen bei Nichterfüllen dieses Standards habe ich noch nichts gehört. Hauptsache, die Franchisegebühren und die Provisionsabgaben werden gezahlt und eine Trennung erfolgt in der Regel erst dann, wenn nicht gezahlt wird. Ob es einen Zusammenhang zwischen Minderqualität und der Nichtzahlung von Gebühren und Provisionen gibt, kann vermutet werden, ist aber mit letzter Sicherheit nicht zu beantworten.

Die bekannten Maklernetzwerke werben damit, dass sich Immobilien besser verkaufen lassen, wenn eine bestimmte Marke dafür wirbt und dass sich durch das Netzwerk mehr Anfragen ergeben. Das ist nur zu einem verschwindend geringen, nicht messbaren Teil der Fall. Der Grund liegt einfach darin, dass es in Deutschland keine Kultur des Gemeinschaftsgeschäftes gibt. Ein Gemeinschaftsgeschäft ergibt sich, wenn ein Makler die Immobilie anbietet und ein anderer einen Käufer oder Mieter besorgt und beide sich die Provision teilen. Intern wird solch ein Verfahren „Metageschäft" genannt. Der Ausdruck „meta" kommt aus dem italienischen und bedeutet „die Hälfte". Zwei Partner teilen sich Einsatz und Gewinn (oder Verlust).

Es gibt zwei wesentliche Gründe, warum Gemeinschaftsgeschäfte in Deutschland nicht funktionieren: Es sind zum einen die fehlenden einheitlichen geschäftlichen Verfahren, die unterschiedlichen Provisionsregeln und die lückenhaften gesetzlichen Regelungen und Anwendungen der §§ 652 bis 654 BGB und damit die fehlende Sicherheit, für geleistete Arbeit auch das Entgelt zu erhalten. Das neue Maklerrecht hat bei den meisten Abwicklungen privater Wohnimmobilien positive Veränderungen geschaffen.

Rechtsanwalt und Notar Uwe Bethge (Spezialgebiet Immobilien) aus Hannover hat es in einem Buch über Maklerrecht und Urteile einmal als „Volkssport" bezeichnet, Makler um ihre Provision zu betrügen (vgl. Bethge 2005). Diese Formulierung lehne ich ab. Obwohl sich mancher Mitbürger beim Verhalten eines Großteils der Makler schon einmal die Frage stellen mag: „Wie komme ich um Provision herum?" Verständlich und nachvollziehbar.

Der zweite Grund, warum es auch in den Maklernetzwerken nicht funktioniert, ist trivial: Alle Maklerorganisationen, die nach dem Prinzip des klassischen Franchising arbeiten oder als Handelsvertreterorganisationen tätig sind, müssen an diese Organisationen zwischen zehn und 40 % ihrer Provision abführen und haben dazu alle anderen Kosten des Marketing zu tragen, dazu die Büromiete und andere gesetzlichen Abgaben sowie die Schaffung wirtschaftlichen Reserven für umsatzschwache Zeiten. Je nach Hierarchiestufe können die Abgaben bis zu 60 % betragen. Bei manchen Maklerbetrieben erhalten die Makler nur 25 % der Provision (für die Hereinnahme von Aufträgen und für den Verkauf jeweils 12,5 %). Natürlich haben diese Makler sonst keinerlei Kosten außer dem Führen des eigenen Pkw. Aus dieser wirtschaftlichen Situation erklären sich auch die überproportionale Fluktuation und das mangelnde Interesse an Gemeinschaftsgeschäften.

In USA und Kanada ist das Verfahren, Immobilien fast ausschließlich durch Gemeinschaftsgeschäfte zu verkaufen, durch den überstaatlichen Maklerverband **REALTORS®** den Maklern berufsständisch vorgeschrieben: Alle Angebote müssen allen Maklern zur Verfügung gestellt werden in einem sogenannten „MLS", einem „Multiple Listing System". Damit ist sichergestellt, dass allen Maklern alle Angebote für den jeweiligen Kunden zur Verfügung stehen, ohne Unterschied von Person und Organisation. Damit werden die Verkäufe hinsichtlich der Preisgestaltung und der Preisstabilität für den Verbraucher besser kalkulierbar und das Ergebnis verlässlicher. Die Verkaufszeiten liegen zu weit über 90 % zwischen wenigen Tagen und längstens drei Monaten. Dieses System dient also weit mehr den Verbrauchern, als die Art und Weise, wie in Deutschland Maklergeschäfte abgewickelt werden – von oben geschilderten Ausnahmen abgesehen. Der Anteil der Gemeinschaftsgeschäfte in den USA und Kanada liegt zwischen 60 und 80 %. Zum Vergleich: In Deutschland liegt der Anteil geschätzt bei etwa einem Prozent, auch in Maklerorganisationen – genau weiß es niemand. Man hört hin und wieder davon. Es gibt hier durchaus Bemühungen, diese Geschäfte zu forcieren. Es sind meines Erachtens aber lediglich Geschäftsideen, die finanziell mehr den Initiatoren dienen sollen als den Teilnehmern.

In den USA und Kanada herrschen absolut strenge Regeln für das Geschäft, die Vorbild für das deutsche Maklerwesen sein können. Hierzulande fehlt es den Verbänden an Mut und der Bereitschaft, dies mit dem Gesetzgeber durch- und umzusetzen. Oder es fehlt dem Gesetzgeber an der nötigen Konsequenz, weil er von den Verbänden dazu nicht ermutigt wird. Hin und wieder beschleicht mich das dumpfe Gefühl, dass sich Makler die Einmischung des Staates verbitten, weil er die Geschäfte stören könnte, verkompliziert oder Makler ein besonders starkes Beharrungsvermögen besitzen nach dem Motto: „Das haben wir noch nie so gemacht, das haben wir immer schon so gemacht, wo ist das Formular und da könnte ja jeder kommen". Oder sie haben die Eigenschaft der Ware angenommen, die sie verkaufen: immobil – unbeweglich. Eine Minderheit der Makler bemüht sich um Bewegung und Verbesserung, zum Beispiel die Makler, die beim Maklermagazin „Immobilienprofi" aus Köln dem „CompetenceClub" angehören, wobei die Wirkung nach außen eher bescheiden ist und sich diese Makler mit einem gesunden Maß an Egoismus mehr dem eigenen Fortkommen und der eigenen geschäftlichen Entwicklung verpflichtet fühlen. Davon profitieren sicherlich deren Kunden, nicht jedoch die gesamte Maklerschaft, geschweige denn der gesamte Markt. Durch das neue Maklerrecht für Verbraucher in den §§ 656a – d BGB ist die Grundlage für vermehrte Gemeinschaftsgeschäfte geschaffen. Ein Makler hat den Verkaufsauftrag und wird einseitig vom Verkäufer entlohnt, der andere hat einen konkreten Suchauftrag und wird vom Käufer entlohnt. Beide haben jeweils unabhängig voneinander je einen Vertrag nach dem § 656d BGB. Dann steht gemeinschaftlichen Geschäften nichts mehr im Wege.

Ein kurzer Blick über den großen Teich sei gestattet: In den USA und in Kanada müssen Immobilienmakler eine zwei- bis dreijährige Ausbildungszeit durchlaufen, in der sie mehrfach geprüft werden. Nur Makler, die im Verband durch die letzte bestandene Prüfung Aufnahme fanden, dürfen als selbstständige Makler arbeiten und ein Unternehmen oder Büro in einer der Maklerunternehmen gründen. Alle anderen Personen sind von der Tätigkeit ausgeschlossen. Ein Vergehen (die Tätigkeit als „Schwarzmakler") wird empfindlich sanktioniert. Das bedeutet, dass sich Makler nur solche Personen nennen dürfen, die dem Verband als ordentliche Mitglieder angehören. In Ausbildung befindliche Makler sind als Assistenten tätig und arbeiten unter der Obhut eines Maklers.

Es existiert hier eine Entsprechung zur deutschen Gewerbeordnung, wonach zugelassene Makler Personen beschäftigen dürfen, die noch keine Zulassung nach § 34c GewO haben. Makler von Banken, Bausparkassen oder Versicherungen (und deren Tochtergesellschaften) benötigen nach der Gewerbeordnung keine separate Zulassung, da die Unternehmen nach den §§ 32 und 33 des

9 Nachtrag: Oder doch lieber zum Profi?

Kreditwesengesetzes (KWG) staatlich zugelassen sind. Die Zulassung erteilt die Bundesanstalt für Finanzdienstleistungsaufsicht (BaFin).

Allerdings ist es in Deutschland möglich, dass jeder Bürger eine bis drei Immobilienvermittlungen im Jahr durchführen kann, ohne eine Genehmigung zu besitzen. Und er darf dafür auch eine Provision berechnen. Die fehlende Genehmigung nach § 34c GewO und die §§ 652 bis 654 BGB sowie §§ 656a–d BGB stehen diesbezüglich in keinem Zusammenhang. Daher habe ich sie auch in getrennten Absätzen erläutert.

Die gesetzlichen Vorschriften und die vom Maklerverband vorgeschriebenen Verfahren und die Ethikregeln (Code of Ethics), nach denen die Makler in den USA und Kanada handeln müssen, dienen in erster Linie dem Verbraucherschutz. Dies hat dazu geführt, dass dort kaum eine Immobilie „von privat an privat" verkauft wird. Selbst Privatverkäufer bedienen sich der Marketingdienstleistung von Maklern und wickeln dann den Vertrag in eigener Regie ab. Die dortigen Makler schließen auch die Verträge inhaltlich ab. Die Notare werden gebraucht, um die Eigentumsänderung zu registrieren.

Aus einem Artikel der FAZ (Frankfurter Allgemeinen Zeitung vom 6. März 2011); dort werde ich zitiert: Auch Raimund Wurzel, (ehemaliger – d. Verfasser) Geschäftsführer des Deutschen Immobilienberaterverbunds (DIV), dem bundesweit rund 70 Vermittler angehören, spricht sich für eine strenge Regulierung aus: „In Deutschland wird nur noch jedes zweite Eigenheim und jede zweite Eigentumswohnung über einen Makler vermittelt". Anders sei die Situation im Ausland, wo das Vermittlungsgeschäft streng reguliert sei, sagt Wurzel. „Dort werden fast alle Immobilientransaktionen über Makler abgewickelt".

Deutschland

Weder die Höhe der Courtage ist gesetzlich geregelt, noch gibt es Bestimmungen, ob Käufer oder Verkäufer den Makler bezahlen müssen. Je nach Region schwankt die Höhe der Provision im Schnitt zwischen fünf und 6,8 % zuzüglich Mehrwertsteuer. Nur bei der Vermietung ist die Provision durch das Gesetz zur Regelung der Wohnungsvermittlung (WoVermG) auf zwei Monatskaltmieten begrenzt. In den meisten Gegenden tragen Mieter und Käufer allein die Courtage (Anmerkung des Verfassers: außer bei Eigentumswohnungen und Einfamilienhäusern nach §§ 656a–d BGB). Nur in einigen Regionen Süd- und Ostdeutschlands teilen sich Käufer und Verkäufer schon seit jeher die Provision. Es gibt keine Ausbildungs- oder Qualifikationsvorgaben für Vermittler. Wer will, kann schon morgen als Makler tätig sein. Nicht einmal eine Büroadresse ist nötig. Sogenannte „Bettkanten-Makler" arbeiten einfach aus ihren Schlafzimmern heraus. Im Gegensatz zu allen anderen Ländern können Makler in Deutschland auch Immobilien anbieten, für die sie keinen konkreten Vermittlungsauftrag des Eigentümers haben. (Anmerkung d. Verfassers: mit Ausnahme der neuen Regelungen der § 656a–d BGB).

Dänemark

Wer in Dänemark als Makler tätig sein will, muss eine aufwendige staatliche Fach- und Eignungsprüfung bestehen. Die meisten Vermittler absolvieren deshalb, wie in anderen skandinavischen Staaten auch, ein Maklerstudium. Alternativ verfügen sie über eine kaufmännische Ausbildung und belegen mehrjährige Fortbildungskurse im Abendstudium. Die Courtage in Höhe von bis zu zwei Prozent des Immobilienpreises zahlt der Verkäufer, für den der Makler ausschließlich tätig ist. Der Käufer hingegen lässt den Kaufvertrag und die Abwicklung der Übertragung der Eigentumsrechte durch einen Anwalt prüfen, der dafür (je nach Kaufpreis) eine Gebühr von 0,5 bis 1,5 % des Immobilienpreises erhebt.

Frankreich

In Frankreich müssen Makler ein Jura-Studium und daran anschließend sogar noch eine Ausbildung bei einem Notar absolvieren. Sie sind nicht nur als Immobilienvermittler tätig, sondern erbringen darüber hinaus auch juristische Dienstleistungen. Zu ihren Aufgaben zählen die genaue

Prüfung der Eigentumsrechte und die korrekte Ausarbeitung des Kaufvertrags. Makler in Deutschland bieten diese Dienste zwar auch an, nur ist unklar, ob sie auch qualifiziert sind. Sie haften gegenüber dem Käufer, dass weder Restschulden noch unbezahlte Steuern auf der Immobilie lasten. Makler mit Notarzulassung erledigen darüber hinaus auch die Übertragung der Eigentumsrechte. Die reine Vermittlungscourtage beträgt fünf Prozent des Immobilienpreises und wird vom Verkäufer getragen.

Großbritannien

Makler auf der britischen Insel haben mindestens eine kaufmännische Ausbildung absolviert und anschließend eine Zusatzqualifikation zum Immobilienvermittler erworben. Viele verfügen über ein abgeschlossenes betriebswirtschaftliches Studium. Britische Makler müssen sich spezialisieren: Sie sind entweder als Estate Agents ausschließlich für Verkäufer tätig und kassieren von diesen ihre Courtage. Im anderen Fall arbeiten sie als Relocation Agents nur für Käufer, die in diesem Fall auch die Provision zahlen müssen. In beiden Fällen beträgt die Courtage zwei Prozent des Immobilienpreises. Zudem unterliegen Makler in ihrer Tätigkeit strengen gesetzlichen Auflagen. Der Property Misdescriptions Act beispielsweise verpflichtet sie, in Werbeanzeigen und Exposés ausschließlich jederzeit überprüfbare Fakten zu nennen. Auf Verstöße stehen Gefängnisstrafen.

Niederlande

Wer als Makler tätig sein will, muss eine mehrjährige Ausbildung und anschließend einen staatlichen Test absolvieren. Danach wird er öffentlich vereidigt und verpflichtet sich damit, bei seiner Vermittlungstätigkeit verbindliche Geschäftsbedingungen und Verhaltensmaßstäbe einzuhalten. Die Höhe der Courtage hängt vom Immobilienwert ab. Sie beträgt maximal zwei Prozent der Kaufsumme und wird immer von demjenigen gezahlt, der den Makler beauftragt hat. Da in der Regel Verkäufer die Vermittler mit der Suche nach einem Erwerber beauftragen, kommen sie auch in den meisten Fällen für die Provision auf. Der Makler darf nicht gleichzeitig bei Käufer und Verkäufer kassieren.

Schweden

In Schweden übernehmen Makler neben der Immobilienvermittlung auch die Funktion des Notars. Sie sind damit auch für die korrekte Übertragung der Eigentumsrechte verantwortlich. Der Beruf kann deshalb nur von Absolventen eines Fachstudiums des Makler- und Notariatswesens ausgeübt werden. Im Gegensatz zu Deutschland genießen Makler in Schweden hohes gesellschaftliches Ansehen. Nach einer Studie des Bundesamtes für Bauwesen und Raumordnung (BBR) liegen die Provisionen schwedischer Makler trotz „der hohen Ausbildungsvoraussetzungen unterhalb der in Deutschland üblichen Kosten": Für die Immobilienvermittlung und Eigentumsübertragung beträgt die Maklergebühr insgesamt fünf Prozent des Kaufpreises. Gezahlt wird die Courtage üblicherweise vom Verkäufer, der die Kosten dann steuerlich seinem Gewinn aus dem Immobilienverkauf gegenüberstellt.

USA (und Kanada)
Makler in den Vereinigten Staaten sind ausschließlich für Verkäufer und Vermieter tätig und werden deshalb auch von diesen bezahlt. Die Höhe der Courtage schwankt je nach Region zwischen drei und sechs Prozent des Verkaufspreises. Allerdings wird dafür einiges verlangt: Wer als Immobilienvermittler arbeiten will, muss zunächst Fachkurse an einem College belegen und das staatliche Abschlussexamen bestehen. Absolventen dürfen sich anschließend als Real Estate Salesperson bei einem Makler anstellen lassen. Nach einer je nach Bundesstaat zwei- bis dreijährigen Festanstellung, der Absolvierung von berufsbegleitenden Hochschulkursen in der Immobilienwirtschaft und im Vermittlungsrecht können sie sich einem zweiten Staatsexamen unterziehen und nach Bestehen selbstständig als Real Estate Broker arbeiten. Teilweise übernehmen sie die Aufgabe eines Notars. In Kalifornien dürfen auch Juristen nach Bestehen ihres Staatsexamens als Makler selbstständig tätig sein, wenn sie zuvor praktische Erfahrungen als Salesperson bei einem Broker erworben haben. In Kanada ist eine gesetzliche Regelung in Vorbereitung, die strikt dafür sorgen soll, dass ein Makler immer nur eine Partei vertreten darf – entweder den Käufer/Mieter oder den Verkäufer/Vermieter. Damit ist zusätzliche Klarheit geschaffen.

Schweiz
Makler in der Schweiz kann (wie in Deutschland) jeder werden. Es gibt allerdings im Zivilgesetzbuch der Schweiz eine besondere Vertretungsregelung. Danach kann immer nur eine Partei vertreten werden. Da die Verkaufs- und Vermietungsaufträge immer nur von den Eigentümern erteilt

> werden, haben sich die Schweizer Makler dazu entschlossen, immer nur von den Auftraggebern (eben von Vermietern und Verkäufern) entlohnt zu werden. Aufträge werden auch nur qualifizierten Maklern gegeben, weil nur derjenige gute Arbeit macht, der auch was gelernt hat und vom Geschäft etwas versteht.
>
> Dies wäre auch für Deutschland die einfachste Lösung: Makler dürfen keine zwei Parteien mehr vertreten und der sogenannte „Nachweismakler" würde sich automatisch erledigen.

Da liegt in Deutschland noch ein weiter Weg vor uns. Das fehlende System und nur bei privaten Wohnimmobilien verbindliche Provisionsregeln führen dazu, dass sich geschätzt 50 % der Verkäufer und 80 % der privaten Vermieter von Immobilien auf den Weg machen, ihre Immobilie „von privat an privat" selbst zu verkaufen oder zu vermieten – mit allen Unzulänglichkeiten, ohne fachliche Hilfe, Routine und Erfahrung. Bei gewerblichen Verkäufen und Vermietungen liegen die professionellen Vermittlungen zwischen 70 und 90 %. Obwohl die Gewerbetreibenden im Umgang mit Verträgen durchaus gewandt sind, nutzen sie die Dienste eines Maklers, weil sie professionelle Tätigkeit und Abwicklung in ihrer eigenen Arbeit schätzen. Dann allerdings muss der Makler Spitzenklasse sein. Das ist bei Maklern von gewerblichen Verkäufen und Vermietungen in der Regel der Fall.

9.8 Wie finde ich jetzt den richtigen Makler für den Verkauf bzw. die Vermietung meiner Immobilie?

Die einzige Möglichkeit ist, sich mit jedem Makler in Ihrer Umgebung in Verbindung zu setzen und einen persönlichen Termin zu vereinbaren. Schauen Sie sich die Homepages an.

Schauen Sie in seinem Büro vorbei. Gehen Sie zu ihm oder vereinbaren Sie einen Termin bei sich zu Hause.

Bitte beachten Sie dabei:

- Klingende oder bekannte Namen und Marken sind nicht gleichzusetzen mit hoher Qualität.
- Eine große Angebotsvielfalt ist ebenso kein Ausweis für Qualität, wie eine große Stückzahl von Immobilien. Das lässt meistens darauf schließen, dass Makler keine festen Aufträge haben.
- Makler, die damit werben, dass sie auch privat verkaufen dürfen und keinen Verkaufsauftrag abzuschließen brauchen, meiden Sie besser. Wenn Ihr Angebot mehrfach im Internet sichtbar wird, ist kaum ein Nachfrager interessiert daran oder nur solche, die auf ein Schnäppchen hoffen.
- Makler, die in Netzwerken arbeiten und damit werben, dass das Netzwerk Kunden bringt (so die Eigenwerbung der Netzwerke, die in den internen Seminaren zur Unternehmensphilosophie gehört und gelehrt wird), erliegen oft einer eigenen Täuschung und enttäuschen damit auch Sie.
- Makler, die damit werben, dass mit ihrem Markennamen ein höherer Preis zu erzielen ist, täuschen Sie ebenso. Sie wollen einfach nur einen Auftrag erhalten und für eine gewisse Zeit die Immobilie vom Markt nehmen, um später Ihren Preis herunterzuhandeln, unter das von Ihnen gesetzte Limit und mit dem Ausdruck des größten Bedauerns. Als Erlösung präsentieren sie dann genau den richtigen Kunden, auch wenn er den niedrigsten Preis zahlt, Hauptsache verkauft. Das wird in manchen Organisationen tatsächlich auch so gelehrt!
- Der „Platzhirsch", das alteingesessene Büro ist oftmals arrogant nach dem Motto: „Zu mir kommen sie doch

9 Nachtrag: Oder doch lieber zum Profi?

sowieso alle, weil schon alle immer gekommen sind". Das merken Sie spätestens an seinem Verhalten bei der persönlichen Begegnung. An ihnen ist die Zeit vorbeigegangen.
- Makler, die sagen, dass sie besser seien als die anderen, unterliegen auch oft einer eigenen Täuschung. Außerdem gehört es sich nicht, andere Maklerkollegen schlechter darzustellen.
- Meiden Sie Makler, die sofort beim ersten Besuch einen Verkaufsauftrag abschließen wollen, ohne Ihre Immobilie gründlich auf Marktfähigkeit analysiert zu haben
- Sogenannte „kleine Makler" im Home Office ohne Schaufensterbüro mit einem geringen Angebot arbeiten oft mit höchster Qualität.

Ich gebe Ihnen jetzt eine Liste, nach der Sie prüfen und vergleichen können, was Makler tun sollten. Falls Sie einen Makler beauftragen wollen – oder schon einen beauftragt haben – prüfen Sie die Leistungen des Maklers:

Fragen

Hat Ihr Makler eine fachlich einwandfreie Verkaufsanalyse durchgeführt?
Wurde eine Marktpreisermittlung durchgeführt?
Hat Ihr Makler eine Markt- und Wettbewerbsanalyse durchgeführt?
Hat Ihr Makler nach allen für den Verkauf wichtigen Dokumenten gefragt?
Hat Ihr Makler Sie über die Durchsetzbarkeit Ihrer Angebotsbedingungen aufgeklärt?
Hat Ihr Makler Ihre Immobilie gründlich angeschaut?
Hat Ihr Makler alle bedeutenden Daten Ihrer Immobilie genau aufgenommen?
Hat Ihr Makler Sie über eventuelle Mängel Ihrer Immobilie informiert?

Hat Ihr Makler mit Ihnen über Mängelbeseitigung gesprochen?
Hat Ihr Makler optische Maßnahmen zur besseren Präsentation Ihrer Immobilie vorgeschlagen?
Hat Ihr Makler eine Immobilien-Fachausbildung?
Nimmt Ihr Makler an beruflichen Weiterbildungen teil?
Ist Ihr Makler in der Lage, Kostenvoranschläge für Sanierungen und/oder Modernisierungen zu unterbreiten?
Ist Ihr Makler in der Lage, Ihnen einen Energiepass anzubieten bzw. zu erstellen?
Informiert Sie Ihr Makler über alle Verkaufsaktivitäten?
Bietet Ihr Makler einen vorbildlichen Besichtigungsservice an?
Ist Ihr Makler in der Lage, konkrete Zielgruppen für Ihre Immobilie anzusprechen?
Hat Ihr Makler Kontakte zu Finanzierungsspezialisten?
Bietet Ihr Makler Ihren potenziellen Käufern eine Finanzierungsberatung an?
Ist Ihr Makler in der Lage, die Immobilie Ihrer potenziellen Käufer marktgerecht zu verkaufen?
Macht Ihr Makler mit anderen Maklern Gemeinschaftsgeschäfte?
Gehört Ihr Makler einer größeren Maklergemeinschaft an?
Hat Ihr Makler einen kundenfreundlichen Verkaufsauftrag?
Ist der Verkaufsauftrag auch mit einer Ausstiegsklausel versehen?
Ist Ihr Makler in der Lage, spezielle Marketingveranstaltungen durchzuführen, zum Beispiel einen Tag der offenen Tür?
Beherrscht Ihr Makler das sogenannte „Bieterverfahren"?
Hat Ihr Makler vorgeschlagen Verkaufsschilder aufzuhängen?
Hat Ihr Makler ein emotional gestaltetes Exposé angefertigt?
Hat Ihr Makler emotional ansprechende Fotos angefertigt?
Ist Ihr Makler in der Lage, Ihre Immobilie in über 20 Internetportalen darzustellen?
Hat Ihr Makler Ihre Immobilie Ihren Nachbarn angeboten?
Hat Ihnen Ihr Makler eine Flyer-Aktion angeboten?

> Ist Ihr Makler ständig erreichbar – auch am Wochenende?
> Ist Ihr Makler ständig mit Ihnen in Kontakt?
> Kann Ihr Makler mit Gläubigern und Banken kompetent verhandeln – auch in kritischen Situationen?

9.8.1 Sie werden jetzt Chef

Stellen Sie sich vor, Sie sind ein Arbeitgeber und suchen einen Arbeitnehmer, der an Ihrer Stelle die Tätigkeit ausübt, die Sie mangels spezieller Kenntnisse und Fähigkeiten nicht ausüben können. Hier gebe ich Ihnen einen Fragekatalog für Ihre Maklerbewerber:

Nach der beruflichen Qualifikation
- Sind Sie hauptberuflich Immobilienmakler?
- Haben Sie eine Vermögensschaden-Haftpflichtversicherung?
- Haben Sie weiterführende Schulungen/Fachseminare besucht?
- Welche Fachseminare haben Sie besucht?
- Arbeiten Sie mit Maklerkollegen zusammen – innerhalb und außerhalb Ihres Büros?

Nach seinen Marketingkenntnissen
- Erstellen Sie einen Marketingplan, der individuell auf meine Bedürfnisse zugeschnitten wird?
- Stellen Sie spezifische und aktuelle Marktinformationen zur Verfügung?
- Aktuelle Analyse des Marktes/der Wettbewerber.
- Informationen über allgemeine Marktaktivitäten und -trends.

- Verwenden Sie neben Inseraten, Internet und Schildern auch andere Methoden, um potenzielle Käufer über mein Angebot zu informieren?

Nach seinen Erfolgen
- Wie ist das Verhältnis zwischen verkauften Immobilien und Verkaufsaufträgen?
- Wie lange ist die durchschnittliche Zeitspanne bis zum Verkauf der beauftragen Immobilie?
- Wie ist der durchschnittliche Abstand zwischen Angebotspreis und echtem Kaufpreis laut Kaufvertrag?

Was tun Sie sonst noch für mich?
- Sind Sie mein Ansprechpartner oder Ihr Assistent/Ihre Assistentin?
- Wie oft werden wir miteinander in Verbindung stehen?
- Informieren Sie mich über Ihre Verkaufsaktivitäten?

Und das sollte Sie Ihr Makler fragen, der sich bei Ihnen bewirbt. Sie können ihm sehr gut helfen, sich bestens auf die notwendige Beratung und die für Sie wertvollen Informationen im Zusammenhang mit Ihrem beabsichtigten Immobilienverkauf vorzubereiten. Nur ein Profi wird genau sein und konkret fragen. Daran erkennen Sie, ob es sich um einen Profi handelt.

Fragen

Wie lange wohnen Sie schon in Ihrem Heim?
Was haben Sie am liebsten gemocht, solange Sie dort wohnten?
Was hat Sie am meisten gereizt an Ihrem Heim, als Sie es kauften?
Warum beabsichtigen Sie, Ihr Heim zu verkaufen?
Welchen Zeitrahmen haben Sie sich für den Wohnungswechsel gesteckt?

> Welche Verbesserungen haben Sie an Ihrem Eigentum durchgeführt?
> An welchen neuen Wohnsitz werden Sie wechseln?
> Was sollte ein Käufer insbesondere wissen?
> Welche Preislage von/bis schwebt Ihnen beim Verkauf vor?
> Müssen Sie eine Finanzierung ablösen?
> Wollen Sie einen Spitzenpreis erzielen oder lieber rasch verkaufen?
> Welche Einbauten oder Einrichtungen sollen in ihrem Heim verbleiben?
> Wie viel Zeit benötigen Sie schätzungsweise für Ihren Umzug?
> Welche Art des Marketings für Ihre Immobilie erwarten Sie?
> Unter welchen Voraussetzungen bzw. unter welchen Bedingungen würden Sie einem Makler den Verkaufsauftrag erteilen?
> Was erwarten Sie von einem Makler, wenn Sie ihm einen Auftrag erteilen?
> Welche Fragen kann ich Ihnen sonst noch beantworten?

9.8.2 Zehn Grundsätze des Immobilienverband Deutschland (IVD)

1. Marktkenntnis

Professionelle Immobilienmakler kennen den Markt vor Ort. Sie informieren über Preise, Mieten und Marktentwicklungen und stehen bereits im Vorfeld mit Sachkenntnis bei der Bewertung der Immobilie zur Verfügung. Sie kennen Angebot und Nachfrage des jeweiligen Immobiliensegments und betreuen Käufer und Verkäufer mit transparenten Informationen rund um das Grundstücksgeschäft.

2. Auftragsverhältnis

IVD-Mitglieder haben sich über die Standesregeln des Verbandes verpflichtet nur tätig zu werden, wenn ihnen ein Auftrag des Eigentümers oder Kunden vorliegt. Der IVD empfiehlt, dass alle Vereinbarungen zwischen dem Kunden und dem Immobilienmakler schriftlich festgehalten werden.

3. Beratung ohne Zeitdruck

Ein qualifizierter Makler ist bereit, sich für das Anliegen seiner Kunden in seinem Büro oder zu Hause beim Kunden Zeit zu nehmen. Er wird niemals auf einen Vertragsabschluss unter Zeitdruck hinarbeiten, sondern dem Kunden eine ausführliche Prüfung des Angebots gestatten. Ein Alarmsignal für Kunden sind Behauptungen des Maklers, der richtige Käufer oder Verkäufer sei schon in der Kartei und der erfolgreiche Verkauf nur noch Formsache. Gegen die Einbeziehung externer Hilfe, beispielsweise eines Sachverständigen oder Rechtsanwalts, wird ein seriöser Makler nichts einwenden. Zudem wird er niemals eine Immobilie ohne Besichtigungstermin vermitteln. Die Beratung sollte nicht nur am Telefon durchgeführt werden. Der Immobilienmakler sollte vor Ort sein, sodass ihn der Kunde in seinem Büro aufsuchen kann.

4. Individuelle Beratung

Ein professionell arbeitender Makler spricht mit dem Kunden intensiv über dessen persönliche Wünsche und Bedürfnisse sowie seine wirtschaftliche Situation, ehe er einen ersten Vorschlag macht. Er wird alle Einwände des Kunden ernst nehmen und ihn von sich aus vor Risiken warnen. Auf keinen Fall wird er Vorauszahlungen verlangen. Die Wünsche des Kunden lassen sich nicht pauschal mit dem Hinweis auf das Internet und die Vermarktung durch Online-Portale beantworten. Wer eine Immobilie verkaufen oder kaufen will, sollte sich genau beschreiben lassen, wie der Makler vorzugehen gedenkt und welche Aktivitäten er im Detail plant. Ein guter Makler ist in der Lage, ein genaues Bild der Marktlage zu geben. Er wird seine Aufgabe, die infrage kommenden Zeiträume für die Abwicklung aller Formalitäten und den voraussichtlichen Aufwand klar benennen.

5. Besichtigungstermine und weitere Beratung

Bei der Besichtigung treffen Verkäufer und Käufer in der Regel zum ersten Mal aufeinander. Hier werden auch die unterschiedlichen Interessen der beiden Parteien besonders deutlich. Ein professionell arbeitender Immobilienmakler ist bei jeder Besichtigung dabei. Vor Ort lassen sich alle wichtigen Fragen besonders gut klären. Die Kenntnis der Immobilie, der genauen Lage eines Grundstücks, des Zustands der Immobilie, etwaige erforderliche Investitionen bei der Renovierung oder energetischen Verbesserung einer Immobilie und die Beantwortung der vielen Fragen rund um die konkrete Immobilie helfen beiden Parteien bei dem Abschluss der Verhandlungen.

6. Haftpflicht

Der Makler sollte eine Vermögensschaden-Haftpflichtversicherung abgeschlossen haben. Auch qualifizierte Makler sind nicht vor Fehlern gefeit. Im Ernstfall kann etwas so Simples wie ein übersehener Zahlendreher finanzielle Folgen erheblichen Ausmaßes haben. Professionelle Makler sichern daher sich und damit ihre Kunden vor möglichen Schäden aufgrund einer Panne, eines Irrtums oder eines Versehens ab. Die im IVD organisierten Makler sind verpflichtet, eine solche Versicherung abzuschließen.

7. Problembewusste Beratung

Ein qualifizierter Immobilienmakler ist ein Berater, der realistische Einschätzungen über einen Kauf- oder Verkaufswunsch abgibt. Er wird genauestens prüfen, wo eventuell Probleme bestehen oder auftauchen könnten und wird bei deren Lösung helfen. In Teilungserklärungen oder in Sondernutzungsrechten von Eigentumswohnungen verbergen sich beispielsweise mitunter komplizierte Sachverhalte.

8. Provision
Kunden sollten mit ihrem Immobilienmakler einen schriftlichen Vertrag abschließen, in dem auch alle Vergütungsfragen geregelt sind. Die Provision ist ein erfolgsabhängiges Honorar, das nur am Ende einer erfolgreichen Vermittlung der Immobilie an den Immobilienmakler gezahlt wird.

9. Kundenpflege
Ein professioneller Makler behandelt seinen Kunden auch nach dem erfolgreichen Abschluss des Kauf- oder Mietvertrages als Kunden und bleibt Ansprechpartner für die Beteiligten bis zum Abschluss des Immobiliengeschäfts. Kompetente Makler verfügen über eine umfassende Ausbildung und über mehrjährige praktische Erfahrung. Jeder professionell arbeitende Makler wird daher Referenzen seiner bisherigen Tätigkeit vorweisen können – also auf erfolgreich vermittelte Objekte und zufriedene Kunden verweisen können.

10. Mitgliedschaft im Fachverband
Ein wichtiger Qualitätsnachweis für Makler ist die Mitgliedschaft in einem Berufsverband wie dem Immobilienverband IVD. Der Kunde sollte keine Scheu davor haben, den Makler nach seiner Aus- und Weiterbildung zu fragen. Seriöse Makler geben darüber bereitwillig Auskunft. Der IVD beispielsweise verpflichtet seine Mitglieder, regelmäßig Schulungen und Seminare zu besuchen, um auf dem aktuellen Wissensstand rund um die Immobilie zu sein. Jedes Verbandsmitglied muss eine umfassende Aufnahmeprüfung bestehen, in der das notwendige immobilienwirt-

schaftliche Wissen überprüft wird. IVD-Mitglieder müssen zudem den Nachweis über den Abschluss einer Vermögensschaden-Haftpflichtversicherung erbringen.

9.8.3 Letzter Filter: der Marketingplan

Wenn Sie sich für einen Makler entschieden haben, soll er Ihnen einen Marketingplan ausarbeiten. Dies dient Ihnen als Checkliste für die Leistungen, die Sie mit dem Makler vereinbart haben. Dies ist der Anhang zum Verkaufsauftrag. Hier erhalten Sie ein Beispiel:

- Bewertung Ihrer Immobilie
- Recherche der aktuellen Marktsituation konkurrierender Immobilienangebote
- Recherche zum Umfeld der Immobilie (Schulen, Freizeit, Verkehr, Shopping, Ärzte)
- Regelmäßige Berichterstattung über unsere Verkaufsaktivitäten an den Verkäufer, evtl. ein „Tracking" der Immobilie beim Makler in dessen Programm
- Individuelles Marketing-/Verkaufsstrategie-Konzept erstellen und dem Verkäufer vorstellen
- Dokumentation zusammenstellen (Grundbuchauszug, Grundrisse, Flurkarte, Lageplan, Energiepass, Versicherungsnachweise);
- bei Eigentumswohnungen zusätzlich Teilungserklärung, Eigentümer-Protokolle, Wirtschaftspläne,
- bei Mehrfamilienhäusern zusätzlich Aufstellung von Mieterlisten, Sanierungsnachweise, Betriebskosten und eventuelle Mieter-Rechtstreitigkeiten
- Zusammenstellung der Beleihungsunterlagen für die finanzierende Bank des Käufers
- Fotos erstellen, um Ihre Immobilie attraktiv und realitätsnah in Szene zu setzen, vielleicht sogar ein Video

- Attraktive Grundrisse erstellen
- Exposé anfertigen mit Informationen, emotionalen, animierenden Texten und Fotos Ihrer Immobilie
- Veröffentlichung des Exposés in unserem Büro-Schaufenster
- Veröffentlichung des Exposés auf zahlreichen Immobilienportalen deutschland- und europaweit
- Annoncen schalten in der örtlichen Tageszeitung
- Zusammenarbeit mit anderen Maklerbüros vor Ort und deutschlandweit
- Verteilung von Nachbarschaftskarten oder -briefen mit dem Ziel, die Nachbarschaft über den Verkauf Ihrer Immobilie zu informieren
- Wir bieten Ihre Immobilie unseren vorgemerkten Interessenten an
- Wir beantworten die Anfragen per Mail, Telefon oder Post
- Wir verschicken Exposés per Post oder per Mail an Interessenten
- Die Erstbesichtigung Ihrer Immobilie erfolgt in unserem Büro bei einem virtuellen Rundgang Ihrer Immobilie (wahlweise)
- Durchführung von Besichtigungen, wenn die Finanzierbarkeit des Kaufpreises durch den Interessenten vorher nachgewiesen wurde
- Open-House-Besichtigungen nach vorheriger Absprache mit dem Verkäufer
- Auf Wunsch Vermittlung von Handwerkern bei (kleinen) Objektverschönerungen
- Durchführung von Verkaufsverhandlungen
- Finanzierungs-Vermittlung über unabhängige Finanzierungspartner
- Erstellung des Kaufvertragsentwurfs

- Organisation der Beurkundung des Kaufvertrages beim Notar
- Begleiten des Verkäufers und Käufers zum Beurkundungstermin beim Notar
- Auf Wunsch Mitwirken bei der Schlüssel-/Wohnungs-/Hausübergabe
- Unterstützung/Suchservice bei Kauf oder Anmietung einer neuen Immobilie für den Verkäufer

9.8.4 Vertragstypen

In Deutschland herrscht Vertragsfreiheit. Jeder kann mit jedem einen Vertrag abschließen – mündlich, schriftlich, konkludent, textlich und in ggf. vorgeschriebener Form. Bei manchen Verträgen ist die Schriftform vorgeschrieben, z. B. bei besonders komplexen Verträgen, wie einem Franchisevertrag. Die meisten Immobilienmakler haben keine juristischen Kenntnisse, geschweige denn eine Ausbildung, die juristische Grundkenntnisse vermittelt und schließen Verträge ab, die sie irgendwo abgeschrieben haben. Mit allen Fehlern und Unzulänglichkeiten und bauen zusätzlich Formulierungen ein, um sich besonders zu schützen. Da Sie als Eigentümer auch keine juristischen Kenntnisse haben, nicht zu reden von einer volljuristischen Ausbildung, kann es passieren, dass Unkenntnis auf Unkenntnis stößt und man – an das Gute im Menschen glaubend – einen Auftrag abschließt, der erhebliche Mängel hat und sich für den einen oder anderen Vertragspartner als übervorteilend herausstellt. Manche Makler nutzen die Unkenntnis der Verkäufer und Käufer oft aus. Da manche Verbraucher „keinen Ärger mit Gericht und so …" haben möchten, wird das dann hingenommen und in Zukunft jeder Makler gemieden.

> Ich bin der Auffassung, Sie als mündiger Bürger und Verbraucher sollten genaue Kenntnis über die gesetzlichen Regelungen und die vertragliche und praktische Ausgestaltung der Zusammenarbeit mit einem Maklerunternehmen erlangen. Nur dann können Sie auf „Augenhöhe" mit dem Makler reden und verhandeln. Ich verhandele lieber mit Menschen, die sich gut auskennen, weil sie auch dann genau beurteilen können, ob das ausgehandelte und formulierte Ergebnis ausgewogen ist. Ich kläre jeden meiner Kunden über die Details des Vertrages auf. Nur diese Offenheit und Klarheit schafft Zufriedenheit und Gewissheit auf beiden Seiten. Dieses Verhalten prägt die gegenseitige Loyalität, denn Verkäufer und Makler sitzen auf der gleichen Seite des Tisches.

Es haben sich unterschiedliche Arten von Verkaufsaufträgen entwickelt, wie sie üblicherweise gelehrt werden und allgemein gebräuchlich sind:

9.8.4.1 Allgemeinauftrag

„Eigentlich" ist der Allgemeinauftrag kein richtiger Auftrag. Wenn Sie als Verkäufer einen solchen „Auftrag" vergeben, dann können Sie mehr als einen Makler tätig werden lassen und selbst auch privat verkaufen, ohne befürchten zu müssen, dass Sie dem Makler eine Entschädigung oder gar ein Leistungsentgelt zahlen müssen. Sie und der Makler sind also der Meinung, es ist richtig nach dem Motto der Müller zu handeln: „Wer zuerst kommt, mahlt zuerst". Möglicherweise denken Sie auch, der Wettbewerb unter den Maklern wird schon das beste Ergebnis bringen. Dieser Vertrag wird von manchen Maklern sogar schriftlich angeboten, obwohl es völlig ausreichend ist, dem Makler oder mehreren Maklern die textlich verfasste Erlaubnis zu erteilen, einen Käufer zu finden, selbst wenn Sie einen Teil der Provision übernehmen müssen. Konsequenz daraus: Mehrere Makler und Sie bieten an. Ihr Angebot ist günsti-

9 Nachtrag: Oder doch lieber zum Profi?

ger, weil keine Provision dazukommt. Das ist vielleicht ein Marktvorteil. Die Makler sind also im Nachteil. Makler, die einen solchen „Auftrag", besser das Einverständnis, entgegennehmen, haben Sie nicht unter Kontrolle. Sie wissen nicht, wie die Makler Ihre Immobilie anbieten. Das kommt schon eher einem Glücksspiel gleich, und es ist eine einseitige Betrachtung. Sie müssen sich immer fragen: „Warum akzeptiert es der Makler, wenn noch mehr Makler im Spiel sind und ich auch noch anbiete?" Ich will Ihnen das sehr deutlich sagen: Makler dieser Provenienz sind keine Profis. Sie wollen möglichst viele Immobilien im Angebot haben. Sie probieren es halt. Wenn es klappt ist es gut, wenn es nicht klappt, ist es traurig, aber vielleicht klappt es bei einer anderen Immobilie. Diese Makler sehen das eher leidenschaftslos und ohne Engagement. Sie wissen: Sie investieren in eine Wahrscheinlichkeit von fünf bis 15 %, ob sie diese, Ihre Immobilie verkaufen und sie verpflichten sich zu nichts. Sie können von solchen Maklern keine Leistung erhalten. Die einzige Leistung ist die, sich erst einmal zu schützen (Nachweisbestätigung, Widerrufsregelung), um die Provision zu bekommen und dann die Adresse der Immobilie und Ihre Adresse zu nennen.

Jetzt kommen wir zum Entscheidenden: Ihrem potenziellen Käufer. Er schaut sich im Internet um und findet Ihre Immobilie, von Ihnen privat angeboten und von einem oder mehreren Maklern, oft direkt untereinander in den Ergebnislisten. Das Internet ist eben transparent. Dieser potenzielle Käufer wird sich fragen: „Was ist daran faul, dass diese Immobilie so oft angeboten wird, von unterschiedlichen Personen, und dann noch zu unterschiedlichen Preisen?" Möglicherweise denkt der Interessent: „Jetzt kann ich verhandeln. Der Eigentümer hat es wohl nötig zu verkaufen". Er versucht, die Makler gegeneinander und gegen Sie auszuspielen.

Meine dringende Empfehlung: Finger weg!

9.8.4.2 Einfacher Alleinauftrag

Bei einem einfachen Alleinauftrag verpflichtet sich der Makler zu Tätigkeit. Sie als Eigentümer können auch selbst verkaufen und verpflichten sich, keine anderen Makler zu beauftragen bzw. kein Einverständnis zu geben, die Immobilie ihren Kunden anzubieten. Der Makler kann mit Ihnen eine Entschädigung vereinbaren, einen „Ersatz für Aufwendungen" nach § 652 Abs. 2 BGB. Dies kann er nur in Einzelbeträgen tun, weil es sich um den Ersatz von Aufwendungen handelt, die tatsächlich entstanden sind. Und das muss vorher schon festgelegt werden, zum Beispiel für Exposé-Erstellung, Wertermittlung, Inserate, Internet, Besichtigungen, Schilder, Homestaging, Energieausweis etc., eben für alle Tätigkeiten, die der Makler für Sie entfaltet. Dieser Ersatz dient dazu, dass im Falle der Vertragskündigung oder des Verkaufs durch Sie privat der Makler für seinen materiellen Einsatz entschädigt wird. Das ist fair und gerecht. Nach den üblichen AGB-Regeln im BGB ist es nicht gestattet, Pauschalen oder gar Prozente von Kaufpreisen oder Provisionen festzulegen. Diese müssen individuell vereinbart werden. Sie dürfen nach oberster Rechtsprechung etwa 15 % der Provision nicht übersteigen. Im Einzelfall, bei Niedrigpreisangeboten unter 50.000 € Kaufpreis kann es im Ausnahmefall auch mehr sein. Das ist gestattet.

9.8.4.3 Qualifizierter Alleinauftrag

Unter einem qualifizierten Alleinauftrag wird in der Branche verstanden, dass der Makler völlig allein die Verkaufsaktivitäten unternimmt und Sie als Eigentümer alle an Sie herantretenden Kaufinteressenten an den Makler verweisen müssen. Das ist die sogenannte „Verweisklausel". Diese hat

9 Nachtrag: Oder doch lieber zum Profi?

der BGH schon mehrfach in Abrede gestellt, wenn Sie nach den AGB-Regeln im BGB abgeschlossen wurde. Selbst wenn Sie eine solche Klausel unterschrieben haben, dürfen Sie privat verkaufen, auch wenn diese Klausel handschriftlich irgendwo eingefügt wurde. Denn Sie sind der Eigentümer, niemand darf Ihnen Ihre Rechte als Eigentümer beschneiden oder gar beeinflussen. Das Eigentum genießt einen hohen Schutz vor Einwirkungen Dritter. Nur Sie als Eigentümer können Ihre Eigentumsrechte einschränken. Das geht nur durch einen notariellen Vertrag, wie eben ein Kaufvertrag, eine Grundschuldbestellung oder Beschränkungen und Belastungen in Abt. II des Grundbuches. Eine „echte Verweisklausel" müsste also, um durchsetzbar zu sein, notariell beurkundet werden und bedarf zusätzlich einer Eintragung als „Verkaufsbeschränkung" im Grundbuch Abt. II. Die Kosten bei Gericht und Notar, zusammen etwa zwei Prozent, richten sich nach dem Wert der Urkunde, des vereinbarten Angebotspreises also. Dass dies hinsichtlich des Verfahrens an sich und bezüglich der Kosten sowohl für Sie als Eigentümer als auch für den Makler im herkömmlichen Immobiliengeschäft unzumutbar ist, steht außer Zweifel. Allerdings kann der Makler mit Ihnen eine Kostenerstattung vereinbaren, wenn Sie privat verkaufen. Diese kann individuell auch bis zur Höhe der Provision ausgehandelt werden, dem sogenannten „entgangenen Gewinn".

Es gibt durchaus Maklerunternehmen, die sich aufgrund ihrer Bekanntheit oder Position im Markt eine besondere „Fach- und Vertragsautorität" zurechnen. Hierzu zählen der übliche „Platzhirsch", manche großen Netzwerke und manche Bankmakler. Die Aussage ist oft: „Wir sind die XY-Firma, bei uns ist das so. Nur wir dürfen verkaufen und Sie müssen alle Interessenten unbedingt an uns verweisen". Davor knicken viele Verbraucher ein und verhalten sich unterwürfig. Man will keinen Ärger mit der Bank oder dem großen Makler: „Die haben sicher große Rechtsabteilungen und dann stimmt der Vertrag schon. Die sind ja immer stärker als wir kleinen Verbraucher. Dann unterschreibe ich das halt – die verkaufen das sicher, die sind ja groß und haben viele Kunden". Das ist oft auch ein Geschäft mit der Angst.

> Diese Arroganz ist für mich immer wieder eine Quelle größten Ärgernisses, weil die Kunden schlicht für dumm verkauft und übervorteilt werden. Das kann kein professioneller Makler hinnehmen. Ich schon gar nicht.

> Lieber Leser, liebe Leserin, lieber zukünftiger Maklerkunde, Sie sind Chef im Ring, Sie sind Eigentümer. Sie sind völlig gleichberechtigt, egal wie groß und mächtig und einschüchternd Ihr Makler oder Maklerunternehmen zu sein scheint. Lassen Sie sich nicht ins Bockshorn jagen. Prüfen Sie den Vertrag oder lassen Sie ihn prüfen. Lesen Sie sorgfältig meine Ausführungen hierzu. Gern können Sie mir den Vertrag auch zur Prüfung schicken. Ich werde umgehend antworten. Das Maklerrecht ist kompliziert. Schließen Sie nur einen Vertrag ab, den Ihnen der Makler auch ausführlich erklärt. Dann wissen Sie auch, ob dieser Makler ein echter Profi ist.

9.8.4.4 Mein eigener Vertragsentwurf: Verkaufs-/ Marketingauftrag

Ich habe Ihnen nun die drei gebräuchlichsten Vertragstypen geschildert und meine fachliche Meinung und die Bedeutung für Sie dargelegt.

9 Nachtrag: Oder doch lieber zum Profi?

Ich möchte Ihnen nun einen Verkaufsauftrag vorstellen, den ich anhand vieler Verträge, zahlreicher Gerichtsurteile und nicht zuletzt streng am BGB entlang formuliert habe, der nach dem Urteil vieler Rechtskundiger einwandfrei ist – sowohl in sachlicher, inhaltlicher, wie auch juristischer Hinsicht. Von absolut „rechtssicher" kann ich hier nicht sprechen, weil es nach dem Erscheinen dieses Buches möglicherweise ein Gericht geben kann, das eine Entscheidung trifft, die zur Anpassung einer bestimmten Vertragspassage führen kann. Und ich kann auch nicht kontrollieren, ob Sie bei der Anwendung dieses Vertrages (die ich gern gestatte) Formulierungen einbauen, die fehlerhaft sind. Daher: Ich übernehme hierfür keine Haftung.

Wie Sie an der Überschrift dieses Abschnitts schon erkennen können, nenne ich meinen Vertrag „Verkaufs-/Marketingauftrag". Er hat den Charakter eines unkritischen Alleinverkaufsauftrages, wie er unter Abschn. 9.8.4.2 und 9.8.4.3 (ohne den Makel der „Verweisklausel") kategorisiert ist. Es ist ein Vertragsmuster, anhand dessen Sie einen Ihnen von Ihrem Makler vorgelegten Vertrag prüfen können, ob Sie sich diesen Vertrag zumuten können oder ob Änderungen notwendig sind.

Dieser Vertrag entspricht den Empfehlungen, die ich in diesem Kapitel gebe: Sie als Verkäufer zahlen den Makler, weil er nur in Ihrem Interesse handeln soll. Die Vorteile habe ich ausführlich dargelegt.

Alle Maklerunternehmen nutzen aus Gründen der Rationalisierung Vertragsvordrucke. Diese werden nach den Regeln der Allgemeinen Geschäftsbedingungen im BGB ab § 305 beurteilt. Hier zitiere ich diesen Paragrafen mit dem Absatz 1. Die weiteren Bestimmungen sind sehr umfangreich, sodass ich auf die Darstellung hier verzichte.

§ 305 BGB Einbeziehung Allgemeiner Geschäftsbedingungen in den Vertrag

(1) Allgemeine Geschäftsbedingungen sind alle für eine Vielzahl von Verträgen vorformulierten Vertragsbedingungen, die eine Vertragspartei (Verwender) der anderen Vertragspartei bei Abschluss eines Vertrags stellt. Gleichgültig ist, ob die Bestimmungen einen äußerlich gesonderten Bestandteil des Vertrags bilden oder in die Vertragsurkunde selbst aufgenommen werden, welchen Umfang sie haben, in welcher Schriftart sie verfasst sind und welche Form der Vertrag hat. Allgemeine Geschäftsbedingungen liegen nicht vor, soweit die Vertragsbedingungen zwischen den Vertragsparteien im Einzelnen ausgehandelt sind.

Diese Änderungen und Ergänzungen, die Sie mit dem Makler verhandeln und als Ergebnis in der Regel handschriftlich einfügen oder hinzusetzen, gelten dann absolut für und wider beide Vertragspartner, weil sie individuell ausgehandelt sind. Und dieses Aushandeln auch deutlich erkennbar ist. Es kommt hier nicht auf Ästhetik an, sondern auf den Inhalt. Die Erläuterungen habe ich jeweils kursiv unter den Paragrafen gesetzt. Es ist ein Vertrag nach dem bisherigen Recht und nach dem neuen Maklerrecht für Verbraucher.

> **Beispiel**
>
> **Verkaufs- und Marketingauftrag gemäß §§ 652–654 BGB** (allgemeines Maklerrecht für alle Immobilienarten mit Ausnahme der unten angeführten und beim Verkauf an alle anderen Käufer außer Verbrauchern) und **§§ 656a – d BGB** (gilt nur für Eigentumswohnungen und Einfamilienhäuser bzw. Einfamilienhäuser mit Einliegerwohnung beim Verkauf an Verbraucher) Stand August 2020

Eigentümer/Auftraggeber:_____
(nachstehend Auftraggeber genannt)
Hier wird eingetragen: die Adresse des Eigentümers oder der Eigentümer bzw. des Sprechers der Eigentümer- oder Erbengemeinschaft, eines Testamentsvollstreckers, eines amtlichen Betreuers, eines Insolvenzverwalters oder eines notariell oder vertraglich mit dem Verkauf Beauftragten.
Nummer des Personalausweises:_____
Dies ist die notwendige Identifizierung nach den Bestimmungen des Geldwäschegesetzes.
handelnd in Vollmacht auch für Miteigentümer, bzw. Miterben..
(evtl. ergänzen oder nicht Zutreffendes streichen)
Hier werden die Miterben oder Miteigentümer, wie sie aus dem Grundbuch ersichtlich sind, eingetragen.
Hiermit beauftrage ich den Makler:_____
(nachstehend Makler genannt)
Hier wird die vollständige Firmenadresse eingetragen und der Name des Maklers, mit dem Sie diesen Vertrag abschließen.
einen Käufer nachzuweisen, bzw. zu vermitteln für das Immobilienangebot: _____
Hier wird die Immobilie eingetragen mit Adresse, ggf. Grundbuchblatt Nr., bei Eigentumswohnungen Lage im Haus (zum Beispiel X Etage, links/mitte/rechts ...). Die Formulierung „nachzuweisen, bzw. zu vermitteln" entspricht der Formulierung im § 652 BGB, wonach der Makler Ihnen den Käufer nachweisen muss (Adresse und Kontaktdaten), damit Sie auch selbstständig Verhandlungen mit ihm führen können, bzw. der Makler gemeinsam mit Ihnen und dem zukünftigen Käufer Verhandlungen einleiten und führen muss, um auf beide Parteien einzuwirken, sich auf einen Kaufvertrag und übereinstimmende Bedingungen zu einigen.
zum Netto-Verkaufs-/Verhandlungspreis: €_____
Das ist der Preis, den Sie für Ihre Immobilie erhalten sollen.
Der Angebots-/Verhandlungspreis beträgt: €_____
Zu diesem Preis wird die Immobilie am Markt angeboten mit dem Attribut „provisionsfrei". Das Wort „Verhandlungspreis" ist deshalb nötig, weil es bei Immobilien in der Regel kein Festpreisangebot geben kann (Festpreise gibt es nur im Buchhandel) – eine absolute Preisangabe ohne das Wort

„Verhandlung" entspricht einer sogenannten „zugesicherten Eigenschaft". Diese kann kein Makler zusichern, sonst würde er sich schadenersatzpflichtig machen für die Differenz, die durch Verhandlungen entstehen kann.

(inklusive Verkaufshonorar € pauschal oder %_____
_____inkl. Mwst.)

An dieser Stelle wird das Honorar eingetragen, das Sie mit dem Makler ausgehandelt haben. Entweder eine Pauschale oder ein Prozentsatz vom vertraglich mit dem Käufer vereinbarten Kaufpreis. Gegenüber dem privaten Verbraucher gelten alle Preisangaben gesetzlich immer inklusive Mehrwertsteuer.

ursprüngliche Preisvorstellung des Auftraggebers: _____ €

Hier setzen Sie den Preis ein, den Sie ursprünglich veranschlagt haben.

Vom Makler ermittelter Marktpreis: _____ €

Hier steht der Preis, den der Makler aufgrund einer Schätzung ermittelt hat. Dies ist der Hinweis darauf, dass der Makler Sie aufgeklärt hat über die Durchsetzbarkeit Ihrer Angebotsbedingungen (siehe auch § 2 dieses Vertragsentwurfes)

§ 1 Auftragsdauer

Der Auftrag läuft vom _____ bis _____. Wird er nicht unter Einhaltung einer Monatsfrist schriftlich gekündigt, verlängert er sich jeweils um drei Monate. Nach Ablauf eines Jahres bedarf dieser Auftrag einer schriftlichen Erneuerung.

Die üblichen Zeiten liegen je nach Größe, Lage, Preis und Art der Immobilie zwischen zwei und sechs Monaten. Beim sogenannten „Massengeschäft" (Ein-, Zwei- und Dreifamilienhäuser, Eigentumswohnungen und einfachen Baugrundstücken) dürfen die Verträge nur maximal auf ein Jahr befristet sein. Bei außergewöhnlichen Immobilien, wie zum Beispiel extravaganten Häusern und Wohnungen im gehobenen und Luxus-Segment, Gewerbe- und Industrieimmobilien oder großen Mehrfamilienhäusern und Wohn- und Geschäftshäusern, die aufgrund ihrer Beschaffenheit und der Preise nur für eine kleine Gruppe von Interessenten in Frage kommen, kann sich die Verkaufsdauer oftmals über mehrere Jahre erstrecken. Hier können längere Fristen eingetragen werden.

§ 2 Pflichten des Maklers/Versicherung:
Makler verpflichtet sich zu intensiven Nachweis- und Vermittlungstätigkeiten mit angemessener Werbung ...

Das bedeutet, dass der Makler zu Tätigkeit verpflichtet ist, wie zum Beispiel ein Arbeitnehmer, und gemäß seinem Marketingplan vorgeht, den er mit Ihnen abgesprochen hat. Dabei ist es wichtig zu wissen, dass eine angemessene Werbung sich auf die Art und die Preislage der Immobilie bezieht, so kann eine kleines Apartment nicht genau so beworben werden wie eine Villa oder eine Gewerbeimmobilie. Hier müssen Sie dem Makler vertrauen.

... und Ausnutzung aller sich ergebenden Abschlusschancen, ...

Das bedeutet, dass der Makler auch beim kleinsten positiven Räuspern des Kunden und beim niedrigsten Preisgebot verpflichtet ist, Sie zu informieren. Es ist schließlich Ihre Entscheidung und nicht die Entscheidung des Maklers. Er darf sich nicht über Ihren Willen hinwegsetzen und seine Auffassung als alleinseligmachend empfinden. Informiert er Sie nicht und es entsteht daraus ein Nachteil oder gar ein Vermögensschaden, haftet der Makler, zum Beispiel, wenn er Sie nicht über ein Preisangebot informiert. Sie verkaufen später zu einem deutlich niedrigeren Preis, als das ehemalige Preisangebot betragen hat. Sie finden dies per Zufall heraus und können es beweisen. Hier haftet der Makler wegen der Vernachlässigung seiner Pflichten und muss Schadenersatz leisten.

... zur Aufklärung des Auftraggebers über die Durchsetzbarkeit seiner Angebotsbedingungen ...

Dieser Passus bedeutet, dass der Makler Sie über den Markt informiert hat, eine Analyse der Verkäuflichkeit Ihrer Immobilie (Preisspanne, Zeit, Zustand, sachliche Bedingungen etc.) erstellt hat und Sie objektiv darüber aufklärt und erläutert, welche Möglichkeiten sich unter bestimmten Umständen ergeben können, ob Sie etwa renovieren sollten oder ob ein Homestaging sinnvoll ist, ob die Immobilie geräumt werden soll, Kostenvoranschläge eingeholt oder ein Bauschaden- bzw. Bodengutachten eingeholt werden soll. Der Makler muss alle vorhandenen oder zu schaffenden Umstände in Betracht ziehen, um für Sie das bestmögliche Ergebnis zu erzielen.

... und zur Information über die Verkaufs-Aktivitäten.

Sie einigen sich mit dem Makler, in welchen Abständen, oder auch unregelmäßig, Sie über die Aktionen und Werbemaßnahmen, Gespräche, Telefonate (aktive an bestehende Datei-Kunden oder passive von neuen Kunden) Besichtigungen oder beginnende Verhandlungen zu informieren sind. Gute Makler haben entsprechende Programme, die jede Aktivität festhalten (sofern der Makler sie eingibt; manches geht automatisch, wie zum Beispiel Internet-Anfragen, die sofort bei der Immobilie verbucht werden). Diese Aktivitätenlisten, auch „Maklerbuch" genannt, die der Makler aufgrund der gesetzlichen Bestimmungen der Makler- und Bauträgerverordnung führen muss, werden mittlerweile meistens per E-Mail übermittelt. Als Auftraggeber haben Sie immer Anspruch darauf. Rufen Sie ab und zu mal an. Sie bezahlen den Makler, also haben Sie auch die Kontrolle über seine Arbeit.

Falls der Makler während der Vertragsdauer für längere Zeit abwesend sein sollte (zum Beispiel Urlaub, längere Krankheit) oder aus dem Unternehmen ausscheidet, wird er das Angebot dem Maklerbüro übergeben bzw. einem anderen Makler (im Unternehmen oder ein Kooperationspartner), um die Fortführung der Verkaufsaktivitäten sicher zu stellen.

Einzelmakler haben oft das Problem, dass der Verkaufsprozess unterbrochen wird, wenn sie krank sind oder im Urlaub. Fragen Sie den Makler nach einer Lösung für den Fall, dass er ganz allein und auch ohne Sekretärin oder externe Telefonannahme arbeitet. Er sollte zumindest per E-Mail erreichbar sein. Besichtigungen können Sie notfalls allein durchführen. Aus diesem Grunde empfiehlt es sich, mit einem Maklerbüro zusammenzuarbeiten, in dem mehrere Personen mit dem Makler zusammenarbeiten, mindestens eine Mitarbeiterin oder ein Mitarbeiter im Innendienst, die über die Immobilie informiert sind und handeln können. Manchmal arbeiten Makler auch in Kooperation, um sich in Urlaubs- oder Krankheitszeiten sich gegenseitig zu helfen.

Der Makler bestätigt hiermit, im Besitz einer Vermögensschaden-Haftpflichtversicherung zu sein.

Dies möge er Ihnen bitte durch eine Kopie des aktuellen Versicherungsscheines und der (bezahlten) aktuellen Prämienrechnung nachweisen. Bei Maklern mit der DIN-EN 15733 ist dies Pflicht. Beim IVD wird es auch zur Pflicht gemacht, nicht

9 Nachtrag: Oder doch lieber zum Profi?

unbedingt bei allen Makler-Netzwerken. *Bankmakler sind über ihr Institut automatisch versichert.*
§ 3. Pflichten des Auftraggebers
Der Auftraggeber verpflichtet sich, während der Laufzeit des Auftrags keine Maklerdienste Dritter in Anspruch zu nehmen und verzichtet auf eigene Werbung in Medien jeglicher Art bzw. stellt laufende Werbung ein.

Dies ist rechtswirksam zu vereinbaren, nicht jedoch das private Verkaufsverbot und die Verweisung von Interessenten ausschließlich an den Makler (siehe oben „qualifizierter Verkaufsauftrag").

Erhält der Auftraggeber Kenntnis von der Maklertätigkeit Dritter bezüglich des Angebots, hat er dies unverzüglich zu untersagen.

Oftmals ist es der Fall, dass Immobilienmakler, die bei Ihnen zu Besuch waren, dies automatisch als Einverständnis Ihrerseits werten, die Immobilie anbieten zu dürfen. Sie haben dann schon Fotos gemacht, ohne dass Sie sich und Ihre Immobilie darauf vorbereitet haben, und setzen Ihre Immobilie ungefragt ins Internet. Das ist eine immer wieder zu beobachtende Unsitte. Machen Sie daher alle Makler, die Sie besuchen, darauf aufmerksam, dass ohne Auftragserteilung keine Veröffentlichung stattfinden darf und jeder Interessent, der sich bei Nichtbeachtung dieser Anweisung bei Ihnen daraufhin meldet, abgewiesen wird. Sollte während der Auftragsdauer trotzdem der eine oder andere Makler Ihre Immobilie anbieten (was für Sie und für mich eher unverständlich ist), müssen Sie diesem Makler die Veröffentlichung untersagen. Manchmal ist juristische Hilfe mittels einer einstweiligen Verfügung mit Unterlassungserklärung nötig ...

Der Auftraggeber gibt dem Auftragnehmer alle erforderlichen Unterlagen und Informationen über das Angebot vollständig und richtig.

Dies bezieht sich auf alle Dokumente über die Immobilie, die Sie besitzen. Ist nicht alles vorhanden, was benötigt wird, wie oftmals bei älteren Immobilien der Fall, geben Sie dem Makler eine Vollmacht (am Ende des Formulars oder eine separate), damit er sich die Dokumente besorgen kann, die ein Käufer für die Finanzierung braucht, oder die rechtlich vorgeschrieben sind, wie zum Beispiel eine Teilungserklärung bei Wohnungs- und Teileigentum. Und Sie müs-

sen den Makler über die Mängel und Schäden informieren – auch solche, die nur Sie kennen – rechtliche und sachliche Mängel.

Insbesondere wird auf die Bestimmungen des § 434 BGB (Haftung für Sachmängel durch den Verkäufer oder dessen Gehilfen) hingewiesen.

In diesem Paragrafen ist beschrieben, dass Sie als Verkäufer in jedem Fall für den Sach- und Rechtsmangel haften, wenn Sie ihn nicht offenlegen. Da der Makler durch diesen Verkaufsauftrag quasi Ihr Erfüllungsgehilfe ist, haftet er auch, wenn Sie und der Makler sich einig sind, über einen bestimmten Mangel, der den Verkauf beeinträchtigen könnte, Stillschweigen zu wahren. Informieren Sie ihn nicht darüber und der Makler wird haftbar und daraus schadenersatzpflichtig gemacht, dann haften Sie gegenüber dem Makler für dessen Schaden.

Private Kaufinteressenten benennt der Auftraggeber dem Makler unverzüglich schriftlich mit Namen und Anschrift, um Doppelangebote zu vermeiden, bzw. um potenzielle Interessenten erneut auf das Angebot aufmerksam zu machen.

Zunächst ist es fair und anständig, dass Sie privat bei Ihnen anfragende Interessenten freiwillig an den Makler verweisen. Schließlich hat er durch seine Aktivitäten auf Ihre Immobilie am Markt aufmerksam gemacht. Da Ihre Immobilie „provisionsfrei" angeboten wird, besteht für den Interessenten kein Grund, den Makler zu umgehen. Sie sind sich sicher, dass dieser Interessent, der wegen des Verkaufsschildes am Zaun oder am Fenster klingelt oder Sie anruft, weil er die Immobilie vom Foto sofort erkennt, vom Makler gut bedient und auf Ernsthaftigkeit und Finanzierbarkeit (soweit es dem Makler möglich ist) geprüft wird. Dies ist auch eine wichtige und den Verkauf durchaus fördernde Vereinbarung. Angenommen Sie haben aus vergangenen Aktivitäten eine Liste von Interessenten und geben diese dem Makler. Er kann jetzt unvoreingenommen und in Ihrem Auftrag bei diesen Leuten anrufen und ein neues Angebot abgeben. Da Sie jetzt den Makler bezahlen, ist es durchaus möglich, einen Interessenten problemlos erneut auf die Immobilie aufmerksam zu machen. Vielleicht hat er noch nicht das richtige Zuhause oder die geeignete Kapitalanlage gefunden und ein Verkauf kann rasch abgewickelt werden.

§ 4 Reservierungen/Marketing:
Der Auftraggeber gestattet den Abschluss von Reservierungen oder Kaufabsichtserklärungen und die Vermarktung mit Hilfe von Internet-Immobilien-Datenbanken mit weltweiten Zugriffsmöglichkeiten potenzieller Kaufinteressenten sowie in den Angebotslisten des Maklers und des speziellen Marketingkonzeptes. Der Auftraggeber gestattet die Anbringung eines Verkaufsschildes, die Verteilung von Nachbarschaftskarten und/oder Flyern und die Veranstaltung von „Öffentlichen Besichtigungen" nach vorheriger Terminvereinbarung. Terminvorschlag: am Samstag/Sonntag, den_____ um_____ Uhr.
Hier greift der Marketingplan. Er wird als Anlage dem Vertrag beigefügt. Die Gestattung einer Reservierung oder einer Kaufabsichtserklärung ist wichtig, da Sie dadurch den Makler in die Lage versetzen, in Ihrem Sinne schnell handeln zu können und einen potenziellen Erwerber quasi zu „sichern" mit einer Reservierung oder Kaufabsichtserklärung (das Formular finden Sie im Anhang), die Sie, der Erwerber und der Makler unterzeichnen.

§ 5 Verkaufshonorar
Das vom Auftraggeber zu zahlende Vertriebshonorar in in Höhe von _____ Euro oder ____ Prozent des Gesamtkaufpreises (jeweils incl. Mwst.) ist gemäß § 652 Abs. 1 BGB in Verbindung mit 656d BGB grundsätzlich verdient und fällig am Tage des rechtswirksamen Zustandekommens des Kaufvertrages.
In dieser gesetzlichen Bestimmung ist enthalten, unter welchen Umständen dieses Honorar („Maklerlohn") fällig wird und wann: „... wenn der Vertrag infolge des Nachweises oder infolge der Vermittlung des Maklers zustande kommt". Hier ist genau die Zeit beschrieben, denn zustande kommen kann ein Vertrag nur an einem bestimmten Tag. Und an diesem Tag ist zu zahlen. Sie können mit dem Makler natürlich auch vereinbaren, dass das Honorar erst dann zu zahlen ist, wenn der Kaufpreis gezahlt wird. Weil Sie in den seltensten Fällen das Geld in dieser Höhe auf dem Konto rumliegen haben.
Der Anspruch hängt nicht davon ab, ob der schließlich vereinbarte Kaufpreis mit vorangegangenen Kaufpreisvorstellungen übereinstimmt.
Da Sie mit dem Makler einen „Verhandlungspreis" verabredet haben, den Sie vielleicht nicht in der Höhe erzielen,

ist das Honorar trotzdem zu zahlen, denn Sie haben sich mit Hilfe des Maklers mit dem Käufer auf einen neuen Preis geeinigt. Wenn Sie mit dem Makler ein prozentual vom Kaufpreis abhängiges Honorar vereinbart haben, dann vermindert sich das Honorar im gleichen Verhältnis zum Kaufpreis. Der Makler „leidet" also mit. Andersherum ist es auch fair, den Makler zusätzlich zu entlohnen, wenn er durch geschicktes Anbieten einen deutlich höheren Preis erzielt. In der Regel beträgt der Bonus 20 % vom Mehrerlös. Das können Sie ja auch schon zu Anfang in einer besonderen Vereinbarung festhalten. Man kann nie wissen.

Zur Sicherung der Zahlung des Verkaufshonorars tritt der Auftraggeber einen Kaufpreisteil, der der Höhe des vereinbarten Verkaufshonorars (einschl. MwSt.) entspricht, an den Makler ab. Der Makler nimmt dies an. Diese Abtretung erstreckt sich auch auf Auszahlungsansprüche aus eventuell einzurichtenden Notaranderkonten. Der Makler ist berechtigt, die Abtretung des Teil-Kaufpreises gegenüber dem Käufer und ggf. dem Notar zu offenbaren und Zahlungen an sich zu veranlassen. Sollten dadurch zusätzlich Notarkosten entstehen, trägt diese der Makler.

Dies ist eine klassische Abtretung einer Forderung. Mit dieser Formulierung vereinfachen und beschleunigen Sie als Verkäufer die Zahlungsweise für das Honorar und sichern Ihren Makler auch ein bisschen ab. Gute Dienste sollen auch gut und schnell entgolten werden. Der Makler offenbart diese Abtretung dem Notar und dem Käufer. Damit ist der Notar verpflichtet, den Käufer darüber zu benachrichtigen, seine Bank anzuweisen, den Kaufpreis für die Immobilie an Sie auszuzahlen und das Honorar direkt an den Makler zu überweisen. Hier noch ein Wort zu Notaranderkonten: Diese dürfen Notare nur noch in ganz seltenen und speziellen Fällen einrichten. Der Zahlungsverkehr läuft direkt von Bank zu Bank mittels Treuhandaufträgen an den Notar. Eine wichtige Anmerkung: nach einem Rundschreiben der Bundesnotarkammer vom Dezember 2020 sollen die Notare keine Abtretungsklauseln mehr in den Verträgen vereinbaren. Es kann jedoch zwingende Gründe geben für eine Abtretung. Dies müssen die Parteien ausdrücklich vereinbaren und der Makler muss im Rubrum stehen als „Beteiligter" des Vertrages – dann ist es im Ausnahmefall möglich.

Rechte des Auftragnehmers gemäß § 652 BGB:
Der Auftragnehmer darf auch für den Käufer provisionspflichtig tätig werden. Im Falle der Übernahme des Ver-

triebshonorars gemäß § 414 BGB (Schuldübernahme) durch den Käufer befreit der Auftragnehmer den Auftraggeber von der Zahlungsverpflichtung. Der Auftragnehmer ist berechtigt, sich Untermakler zu bedienen oder mit anderen Maklern das Angebot im Rahmen eines Gemeinschaftsgeschäftes zu verkaufen, wobei die aktive Werbung über Medien jeglicher Art in der Öffentlichkeit dem Auftragnehmer vorbehalten bleibt.

Im Gesetz ist nicht geregelt, wer den Makler zu zahlen hat, sondern nur, dass unter bestimmten Bedingungen ein „Maklerlohn" zu zahlen ist. Da es durchaus vorkommen kann, dass ein Käufer das Verkaufshonorar separat zahlen möchte (aus welchen Gründen auch immer, und sei es, ein wenig an der Grunderwerbsteuer zu sparen, wenn er genügend Eigenkapital hat oder sein Arbeitgeber ihm die Erwerbskosten und eventuelle Provisionen erstattet). Dann werden Sie von dieser Verpflichtung freigestellt und im Rahmen einer „Schuldübernahme" gemäß § 414 BGB übernimmt der Käufer Ihre Honorarschuld gegenüber dem Makler.

Im zweiten Satz ist geregelt, dass auch andere Makler im Büro die Immobilie ihren Kunden anbieten sollen. Es zeugt von gutem Stil, wenn Ihr Makler seinen externen Maklerkollegen, die vielleicht auch schon bei Ihnen waren, um sich wegen des Verkaufsauftrages zu bewerben, Ihre Immobilie anbietet, damit sie diese im Gemeinschaftsgeschäft verkaufen können. Dass dies selten geschieht, habe ich oben schon ausgeführt. Zumindest sollten Sie ihm das gestatten, denn Sie haben ein gemeinsames Ziel: Verkauf zu besten Bedingungen.

§ 7 Rechte des Auftragnehmers gemäß § 656 d BGB

Der Auftragnehmer darf bis zu 50 % des vereinbarten Vertriebshonorars an den Käufer berechnen. Gemäß § 654 BGB ist der Käufer darüber zu unterrichten, dass beim Auftraggeber mindestens 50 % der Vertriebskosten verbleiben müssen. Der Auftraggeber muss seine Zahlung nachweisen, bevor der Käufer zahlen darf. Auf diese Variante kann verzichtet werden, falls der Auftraggeber dies wünscht. In diesem Falle wird dieser Absatz gestrichen.

§ 8 Vereinbarung gemäß § 656 c BGB

Es ist gewünscht, dass Auftraggeber und Käufer die gleichen Teile der Vertriebskosten bezahlen. In diesem Falle wird die oben genannte Summe gemäß Aufstellung in Verbindung mit § 5 (Vertriebshonorar) hälftig geteilt. Mit dem Käufer wird dafür ein separater Maklervertrag abgeschlossen. Gemäß § 654 BGB werden beide Parteien darüber informiert. Gemäß § 656 d darf der Käufer erst zahlen, wenn der Auftraggeber gezahlt hat. Auf diese Variante kann verzichtet werden, falls der Auftraggeber dies wünscht. In diesem Falle wird dieser Absatz gestrichen.

Zu diesen §§ ist keine nähere Erläuterung nötig – das habe ich oben im Gesetz schon beschrieben. Die Formulierungen sind so gewählt, dass sie auch für juristische Laien verständlich sind. Wichtige Anmerkung: falls eine Doppelprovision vereinbart wird wegen der Doppeltätigkeit nach § 656c BGB, muss sich der Makler komplett neutral verhalten. Er darf keine der beiden Parteien einseitig zum Nachteil der anderen Partei beraten oder sich in Preisverhandlungen einmischen. Hierzu gibt es schon aktuelle Rechtsprechung.

§ 9 Aufwendungsersatz

Nur für den Fall, dass der Auftraggeber während der Laufzeit des Vertrages selbst verkauft oder die Verkaufsabsicht aufgibt, hat der Makler Anspruch auf den Ersatz nachgewiesener Aufwendungen gemäß § 652 Abs. 2 BGB, die sich unmittelbar aus der Auftragsbearbeitung ergeben.

Der Aufwendungsersatz beträgt für:
HomeStaging (Kalkulation/pauschal) € _____
Allgemeine Beratungen je Stunde: € _____
Ermittlung des Verkaufspreis-Vorschlags: € _____
individuelle Besichtigungen je Stück: € _____
(inkl. Fahrtkosten, Spesen etc.)
Exposé-Erstellung pauschal: € _____
Veranstaltung „öffentliche Besichtigung" € _____
Verteilen von. Nachbarschaftskarten € _____
und/oder Flyern
Erstellung Energieausweis € _____
Bürokosten pauschal (Telefon,
Fax, Internet, Schriftwechsel, Porto): € _____

Diese Kosten sind regional oft unterschiedlich, wie auch die Kostenstrukturen der Makler unterschiedlich sind. Es sind hier Tätigkeiten aufgeführt, die der Makler selbst durchführt.

Marketingmaßnahmen (zum Beispiel Inserate, Homestaging) gemäß nachgewiesenem Aufwand (Vorlage der Rechnungen).

Wenn sich der Makler zusätzlicher Dienstleister bedient (in Absprache mit Ihnen und ggf. gegen Kostenvoranschläge), dann kann er diese Leistungen gesondert berechnen.

Im Falle der Vermittlung des Angebotes durch den Makler werden diese Kosten nicht erhoben. Nach ergebnislosem Ablauf des Auftrages wird der Auftraggeber die Kosten erstatten, die dem Makler gemäß dieser Aufstellung konkret und nachweisbar entstanden sind.

9 Nachtrag: Oder doch lieber zum Profi?

Der erste Satz ist selbstverständlich. Wenn Sie die Kosten für die Leistung erstatten, dann ist das nur fair und gerecht.

§ 10 Schadenersatz
Falls der Auftraggeber für Dritte (zum Beispiel Miteigentümer, Miterben) ohne entsprechende Vollmacht handelt, oder seine Vertragspflichten verletzt, oder privat an einen Interessenten verkauft, der ihm vom Makler während der Vertragsdauer nachgewiesen bzw. vermittelt wurde, ist er dem Makler zum Ersatz des sich daraus ergebenden Schadens mindestens bis zur Höhe des Vertriebs-Honorars verpflichtet.

An dieser Stelle ist ein seltener Fall beschrieben: Wenn Sie dem Makler den Vertrag gekündigt haben oder eine fest vereinbarte Laufzeit ohne Verlängerungsklausel zu Ende gegangen ist und danach einer der Interessenten, die Ihnen vom Makler zugeführt wurden (das erkennen Sie schnell an der Aktivitätenliste, die Ihnen der Makler zusendet) die Immobilie erwirbt, dann ist das Verkaufshonorar fällig. Dies kann auch noch ein Jahr oder zwei Jahre nach dem Verkauf sein. Die Zahlungspflicht tritt ein, sobald dem Makler bekannt wird, dass einer der Ihnen zugeführten Interessenten die Immobilie erworben hat. Hier gilt die dreijährige Verjährungsfrist nach § 195 BGB.

Verkauft der Auftraggeber an einen privaten Interessenten, obwohl eine Reservierung in Verbindung mit einer Kaufabsichtserklärung vergeben wurde, so ist er auch in diesem Falle dem Makler zum Ersatz des sich daraus ergebenden Schadens gemäß § 280 BGB (Schadenersatz wegen Pflichtverletzung) in Verbindung mit § 242 BGB (Leistung nach Treu und Glauben) und § 252 (Entgangener Gewinn) verpflichtet.

Das ist der seltenste Fall überhaupt: Angenommen, Sie haben gemeinsam mit dem Käufer und dem Makler diese Kaufabsichtserklärung unterschrieben und sich damit quasi „verpflichtet", zu einem bestimmten Preis in einem bestimmten Zeitraum den Kaufvertrag abzuschließen. Plötzlich und unerwartet kommt ein alter privater Interessent, der Nachbar oder jemand, der in letzter Sekunde erfahren hat, dass Sie Ihre Immobilie verkaufen, aus den Büschen, dann dürfen Sie auch an ihn verkaufen. Allerdings machen Sie das nur, wenn Ihnen kein Schaden aus der Verletzung des Vertrages entsteht (eine Kaufabsichtserklärung ist auch ein Vertrag) und Sie vom neuen Käufer deutlich mehr Geld bekommen als vom bisherigen. Da Sie dann keinen Nachteil daraus haben, zahlen Sie dem Makler sein verdientes

Honorar und/oder beauftragen ihn mit der Durchführung und Abwicklung des Verkaufsvorgangs bis zum Notar.

§ 11 Widerruf/Kündigung/Gerichtsstand:
Der Auftraggeber kann diesen Verkaufsauftrag vorzeitig gemäß § 671 BGB widerrufen, wenn der Makler trotz vorhergehender schriftlicher Abmahnung seiner Tätigkeitspflicht nach Ziffern 2 und 4 nicht nachkommt.

Als Gerichtsstand wird .... vereinbart.

Das ist ein Widerrufsrecht aufgrund von bestimmten Bedingungen. Es ersetzt nicht das Widerrufsrecht nach dem Fernabsatzgesetz, das nur dann gilt, wenn der Makler den Verkaufs-/Marketingauftrag bei Ihnen zu Hause abschließt. Dieses Widerrufsrecht tritt nicht ein, wenn der Vertrag im Büro des Maklers abgeschlossen wird.

Als Gerichtsstand vereinbaren Sie immer Ihren Wohnort bzw. den Sitz des nächsten Amts- oder Landgerichts. Dann haben Sie es nicht so weit zum Gericht, wenn es einmal zum Prozess mit dem Makler kommen sollte.

§ 12 Besondere Vereinbarungen
Hier können Sie alles verabreden, was sonst noch wichtig ist. Da es individuelle Vereinbarungen sind, gelten diese im Wortlaut und gehören nicht zu den Passagen, die (weil vorgedruckt) zu den Allgemeinen Geschäftsbedingungen zählen.

§ 13 Vollmacht
Der Auftraggeber erteilt dem Makler Vollmacht zur Einsicht in das Grundbuch, die Grundakte, das Liegenschafts-, Altlasten- und Denkmalkataster, die Bauakte, das Baulastenverzeichnis sowie in alle übrigen behördlichen Akten und in die Akte der Realgläubiger (soweit sich die jeweiligen Unterlagen auf das Auftragsobjekt beziehen) und in die Unterlagen der Hausverwaltung (bei Eigentumswohnungen). Der Makler kann auch schriftliche Auszüge aus den Unterlagen und Akten anfordern. Diese Vollmacht ist auf Wunsch vom Makler auch als gesonderte Urkunde zu erstellen.

Diese Vollmacht ist notwendig, um den Makler in die Lage zu versetzen, seine Dienstleistung voll entfalten zu können:

Er muss das Grundbuch einsehen und einen Grundbuchauszug besorgen können, denn die Banken benötigen zur Beleihung einen Auszug, der nicht älter als drei Monate ist.

Die Einsicht in die Grundakte ist ebenso notwendig. In

9 Nachtrag: Oder doch lieber zum Profi?

der Grundakte sind alle Verträge aufbewahrt, die jemals seit dem Jahr 1900 (vielleicht sind auch schon welche aus früherer Zeit übernommen worden) abgeschlossen wurden. Das betrifft insbesondere Eintragungen in Abt. II des Grundbuchs, in der Rechte und Beschränkungen vermerkt sind. Diesen liegen immer Verträge zugrunde. Manchmal ist es notwendig (gerade bei sehr alten Eintragungen), die Verträge anzuschauen, ob diese noch Bestand haben können oder ob vergessen wurde, Löschungsanträge zu stellen. Da verbirgt sich manche Überraschung. Z.B. gibt es in Baden-Württemberg das „Servitutenbuch", das der König von Württemberg im Jahr 1836 angelegt hat, in dem dauerhafte Grunddienstbarkeiten eingetragen sind, die bis heute gelten.

Gute Makler haben eine Online-Verbindung zum Katasteramt und besorgen sich die Lagepläne. Ansonsten muss der Makler zum Katasteramt gehen oder einen Lageplan schriftlich besorgen. Dazu benötigt er Ihre Vollmacht.

Kopien von Bauplänen bekommt der Makler nur, wenn er dem Archiv beim Bauamt eine Vollmacht vorlegt. Einsicht in das Baulastenverzeichnis, das Denkmal-, Baum- und Altlastenkataster bekommt der Makler auch ohne Vollmacht.

Falls der Makler mit Ihrer Bank verhandeln soll, benötigt er ebenfalls eine Vollmacht. Insbesondere ist es wichtig, wenn es sich um eine prekäre Situation zwischen Ihnen und der Bank handelt und ein besonderes Verhandlungsgeschick, eine besondere Sachkenntnis verlangt wird oder Sie aus emotionalen Gründen „einfach nicht mehr mit der Bank reden können".

Wenn Sie als Verkäufer einer Eigentumswohnung die letzten drei Abrechnungen und die Protokolle benötigen, Ihnen beim Kauf keine Teilungserklärung ausgehändigt wurde, alles im Verlaufe der Zeit abhandengekommen ist oder Sie weit entfernt von der Wohnung wohnen, dann kann der Makler nur mit einer Vollmacht diese wichtigen Dokumente bei der Hausverwaltung besorgen.

Ort und Datum

Makler   Auftraggeber

9.8.4.5 Haben Sie jetzt einen sogenannten „Vertragskater"?

„Vertragskater" nennt man in Fachkreisen das Gefühl, das zu der Frage veranlasst: „Habe ich das jetzt richtig gemacht?" Das stellen Sie jetzt fest. Nachdem Sie mit Ihrem Makler den Vertrag ausgehandelt und abgeschlossen haben, sollte er sich nicht sofort verabschieden, sondern Ihnen im Anschluss daran erläutern, was jetzt die nächsten Schritte sind. So arbeiten Profis.

Sie gehen beide den Marketingplan durch und bereiten sich vor:

- Richten Sie das Haus für Fotos her, damit es sich von der Schokoladenseite zeigt (vgl. Kap. 4). Vertrauen Sie dabei den Hinweisen des Maklers.
- Planen Sie den Fototermin oder einen Tag für ein Immobilienvideo.
- Planen Sie das Homestaging, falls erforderlich.
- Sie sprechen sich ab, wie Sie sich bei Besichtigungen verhalten. Tipp: Lassen Sie den Makler die Immobilie präsentieren. Er hat mit den Interessenten vorher gesprochen und weiß daher, worauf sie besonderes Augenmerk legen und was ihnen besonders wichtig ist.
- Planen Sie den Tag für die „Öffentliche Besichtigung". Es sind immer zwei Personen vom Maklerbüro anwesend: eine Person, die die Interessenten empfängt und die Adressen und Kontaktdaten notiert, ohne deren Nennung niemand hereingelassen wird, eine andere Person präsentiert die Immobilie.
- Sorgen Sie für einen Raum oder eine Ecke, in der sich der Makler mit den Kunden ungestört unterhalten kann. Kunden sind oft befangen, wenn die Eigentümer dabei sind.

9 Nachtrag: Oder doch lieber zum Profi?

- Planen Sie, ab welchem Tag das Verkaufsschild aufgehängt werden soll, wenn es wünschenswert ist. Bei Eigentumswohnungen wird es etwas problematisch, wenn es an der Balkonbrüstung oder am Fenster außen hängt, weil damit eine (kurzzeitige) Veränderung des äußeren Erscheinungsbildes des Gemeinschaftseigentums vorliegt. Manche Eigentümer beschweren sich. Das kommt allerdings selten vor. Denn irgendwann wollen die auch verkaufen und dann können sie feststellen, wie wirkungsvoll ein solches Schild ist.
- Legen Sie fest, ab wann Flyer-Werbung oder das Verteilen der Nachbarschaftskarten durchgeführt werden kann.
- Legen Sie großen Wert darauf, dass Sie das Exposé zur Korrektur bekommen, bevor es an die Öffentlichkeit geht. Es könnten sich Fehler eingeschlichen haben. Falls Sie mit manchen Textpassagen nicht einverstanden sind, sprechen Sie mit dem Makler darüber. Es geht jetzt nicht darum, ob Ihnen das stilistisch oder hinsichtlich des Ausdrucks gefällt, was der Makler geschrieben hat, sondern darum, dass und wie es der potenzielle Käufer registriert. Dabei müssen die Fakten stimmen, Grammatik und Rechtschreibung müssen ebenso in Ordnung sein. Und der Text muss sich flüssig und logisch lesen lassen.
- Und vor allem: Die Werbemaßnahmen dürfen erst beginnen, wenn Sie alle Vorbereitungen getroffen haben.
- Klären Sie ab, wie Sie mit den privaten Anfragern umgehen. Das haben Sie zwar vertraglich gelöst, Sie sollten es dennoch mit dem Makler in jedem Fall kurz ansprechen, denn jeder Fall ist anders. Merke: Verkauft ist erst, wenn der Notar die Unterschriften beglaubigt hat!

> **Beispiel**
>
> Es kann passieren (wie mir unlängst beim Verkauf einer Eigentumswohnung), dass ein Beurkundungstermin geplant war, die Käufer jedoch nicht erschienen und ein potenzieller Käufer kurz vorher beim Eigentümer direkt nachfragte, ob die Immobilie noch zu haben sei. Im guten Glauben an den Verkaufstermin verneinte mein Auftraggeber dies mit der Bemerkung: „Die Wohnung ist verkauft". Glücklicherweise rief mich ein anderer Interessent an, der bei der öffentlichen Besichtigung anwesend war und erwarb die Wohnung.

- Klären Sie ab, welchen Notar Sie nehmen sollen. Ich empfehle immer den Notar, den niemand kennt, außer mir. Der Makler sollte auf jeden Fall beim Beurkundungstermin anwesend sein.
- Legen Sie großen Wert darauf, dass sie erst zum Beurkundungstermin gehen, wenn die Finanzierung des Käufers sicher ist. Der gute Makler legt selbst größten Wert darauf.
- Legen Sie fest, dass die Übergabe nur mit dem Makler stattfindet. Bei Unstimmigkeiten kann es der Makler richten. Sie lesen gemeinsam die Zählerstände ab. Sie prüfen, ob alle Gegenstände, die mitverkauft wurden, auch vorhanden sind. Sie notieren Schäden, die beim Auszug entstanden sind. Als Verkäufer haben Sie im Makler dann auch einen wichtigen Zeugen, wenn es über bestimmte Sachverhalte zum Streit kommt und Ihr Käufer Sie vor Gericht ziehen will, um noch ein paar Euro rauszuschlagen.

Dann kann es losgehen – viel Erfolg Ihnen und Ihrem Makler!

Ende gut, alles gut!

Sie haben das Buch aufmerksam gelesen, vielleicht durchgearbeitet und die für Ihren speziellen Verkaufsfall notwendigen Anregungen, Beschreibungen, Techniken und Vorgänge gut und genau kennengelernt. Jetzt können Sie mit Ihrem Makler auf Augenhöhe verhandeln und auch konkret unterscheiden, welcher Makler für Sie infrage kommt. Dabei ist es vorteilhaft, wenn auch Ihr Makler das Buch gelesen hat. Dann weiß er, was und wie er es tun muss.

Meine Erfahrung in den zurückliegenden fast fünf Jahrzehnten, in unterschiedlichen Marktsituationen und durch hunderte Gespräche mit professionellen Kollegen zeigt mir, dass die besten Verkaufsergebnisse immer dann erzielt werden, wenn sich ein Profi darum kümmert. Das betrifft nicht nur den Preis, der erzielt wird, sondern auch den Ablauf des Verkaufsvorgangs, die zeitliche und wirtschaftliche Kalkulation und die Sicherheit, die Privatleute nur sehr selten selbst schaffen können.

Es existiert mit Recht der Ausdruck „der ehrliche Makler". Mein Buch soll Ihnen helfen, bei einer der wichtigsten wirtschaftlichen und emotionalen Entscheidungen in Ihrem Leben richtig zu liegen.

Dazu wünsche ich Ihnen viel Glück, Erfolg und Freude beim Gelingen Ihres Vorhabens.

Literatur

Bethge, U. (2005): Maklerrecht in der Praxis, Deutscher Anwaltverlag, Bonn 2005.

Fischer, D. (2015): Maklerrecht: anhand der höchstrichterlichen Rechtsprechung, Deutscher Fachverlag, Frankfurt am Main 2015.